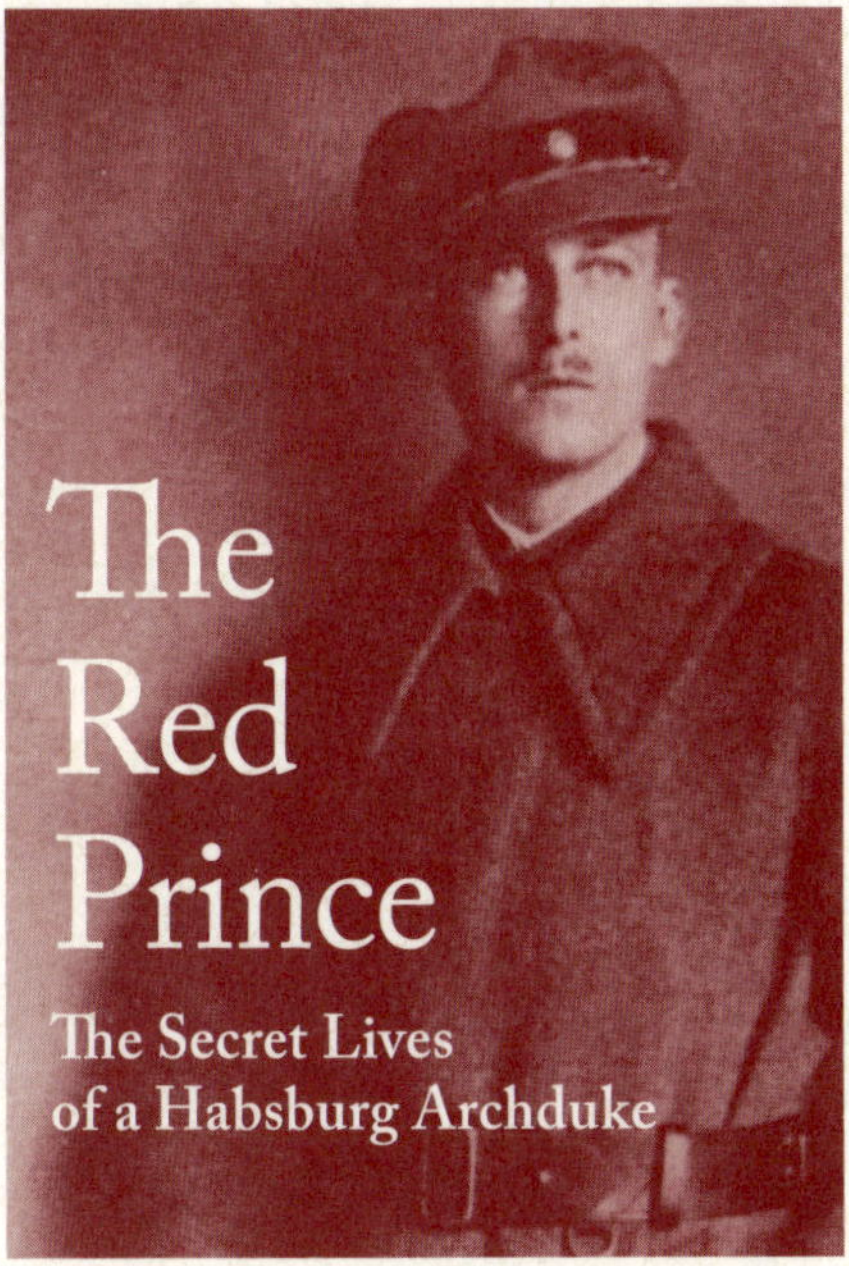


# 赤い大公

## ハプスブルク家と東欧の20世紀

ティモシー・スナイダー
池田年穂 訳

慶應義塾大学出版会

この人生、汝が永劫の人生！　——ニーチェ

赤い大公　目次

# プロローグ
*Prologue*

むかしむかし、マリア・クリスチーナという愛らしいお姫様がお城に住んでいました。お城でお姫様は、終わりから遡って始まりまでという風な読書の仕方をしていました。そこへナチスがやってきました。その後にはスターリニストたちがやってきました。この本はお姫様の家族の物語です。だからこの本は終わりから始めることにしましょう。

一九四八年八月一八日の午後一一時に、ウクライナの大佐が、キエフにあるソヴィエトの牢獄で亡くなった。彼はウィーンで、第二次世界大戦中は反ヒトラーの、そして冷戦初期には反スターリンの諜報活動を行っていた。ゲシュタポの追跡はかわしたが、ソヴィエトの防諜機関はかわせなかった。ある日ウクライナの大佐は同僚たちに昼食をとりにゆくよと言って出かけたが、ウィーンで目撃されたのはそれが最後だった。彼は赤軍兵士に誘拐され、飛行機でソヴィエト連邦に連れてゆかれ、堪えがたい尋問を受けた。牢獄の中の病院で亡くなり、墓標なき墓に葬られた。

そのウクライナの大佐には兄がいた。兄も大佐だったし、ナチスに抵抗していた。その勇気のために、兄はドイツの牢獄や強制収容所で戦時中を過ごした。ゲシュタポの拷問によって、左半身は麻痺し、片目は失明した。第二次世界大戦後に故郷に戻ると、彼は一家の所領の返還を要求した。所領はポーランドにあったし、兄はポーランド人だった。一九三九年にナチスに押収された所領は、一九四五年には今度は共産主義者たちによって没収されていた。彼の一家がドイツの血筋であることを知っていたナチスの尋問官たちは彼に、自分が人種的にドイツ人であることを認めさせようとした。彼は肯《がえ》んじなかった。今度は新たな共産主義体制の下で同じ主張を聞かされた。お前は人種的にはドイツ人だ、そう彼は言われた。よって新生ポーランドに所領を持つ資格などないのだ、と。ナチスが奪ったものを、共産主義者たちは手放さなかった。

そうこうする間にも、そのポーランドの大佐の子どもたちは、新しい共産主義秩序に適応するのに苦労していた。医学部の入学願書に、大佐の娘は家族の社会階級を記入せねばならなかった。選択肢には、マルキスト官僚政治における標準的なカテゴリーが並んでいた。曰く、労働者階級、小農、インテリゲンチアなどである。長い間ためらってから、困惑した娘はこう記した――ハプスブルク。然り。その医学部志願者は若きお姫様、マリア・クリスチーナ・ハプスブルクだった。彼女の父のポーランドの大佐も、叔父のウクライナの大佐も、皇帝たちの血を引き、ヨーロッパで最も高貴な家系に連なる、ハプスブルク家の大公だったのだ。

マリア・クリスチーナの父アルブレヒトも、叔父のヴィルヘルムも、一九世紀末の生まれで、帝国というものが珍しくない時代に成人した。その頃、彼らの一族は、ヨーロッパでも最も誇り高く、最も歴史のあるハプスブルク君主国をいまだに支配していた。北の方《かた》ウクライナの山並みから南の方《かた》温かいアドリア海にまで広がるハプスブルク君主国は、ヨーロッパの一二もの民族を擁していたし、途切れることのない六〇〇年にわたる権力の座を誇っていた。ウクライナの大佐のヴィルヘルムも、ポーランドの大佐のアルブレヒトも、まさに民族主義の時代に、一族の帝国の版図を守り、拡大するよう育てられた。二人はそれぞれ、ハプスブルク君主国に忠誠でハプスブルクの皇帝に従う、ポーランドとウクライナの君主になるはずであった。

皇族や王族も民族主義に適応すべしというその考え方は、父シュテファンのものであった。ポーランドの摂政や君主の座につくことを願ってポーランド人になりきるために、ハプスブルクの皇族方の伝統的なコスモポリタニズムを捨てたのはシュテファンだった。長男のアルブレヒトは、彼の忠実な嫡子だった。末の息子のヴィルヘルムは反逆者で、別の民族を選んだ。けれど、二人ともが、父親の大前提は受け容れた。つまり、民族主義は不可避であるが、帝国の崩壊は避けられるとシュテファンは考えていたのだ。どの民族にも国家を持たせるのは、弱小民族を解放することにはならない。それどころか、生存するためには強国に依存せざるをえない劣等国のみっともない寄せ集めにヨーロッパを変えるだけだ、というのがシュテファンの見通しだった。彼の信ずるところでは、ヨーロッパ人は、彼ら自身の国家を持ちたいという野望を、帝国、それもハプスブルク君主国への忠誠に譲った方が、よほど便宜を与えられるのだ。不完全なヨーロッパにおいて、ハプスブルク共和国こそが、他のどんな選択肢に比べても、民族国家がドラマを繰り広げるのに恰好の舞台ではないか。民族国家としての政治は続けるがよろしい、そうシュテファンは考えた。ただし、自由な言論と議会を持たせるから、寛大な帝国の気心の知れた版図の中においてであると。

よって第一次世界大戦は、ハプスブルクの本家にとってと同様、シュテファンの分家にとっても悲劇であった。戦争が続く間に、ハプスブルクの敵陣営のロシア、イギリス、フランス、アメリカは、国民の感情をハプスブルク一門に敵対的なものとした。戦争が終わると、ハプスブルク君主国はばらばらにされ、民族主義がヨーロッパで覇を唱えた。一九一八年の敗北という悲劇がいちばん応えていたのは、末の息子でウクライナ人のヴィルヘルムだった。第一次世界大戦の前には、ウクライナの地は、ハプスブルクとロシアという二つの帝国に分断されていた。さすればこそ、ヴィルヘルムが自らに課した、民族にまつわる疑問が生じたのだ。ウクライナは統一されてハプスブルク朝の版図に加われるのだろうか？　彼は、父シュテファンがポーランドを支配しようと願ってきたように、ハプスブルク家のためにウクライナを支配できるのだろうか？　しばしの間、ヴィルヘルムならそれができるように見えたものだ。

　ヴィルヘルムは「ウクライナ・ハプスブルク」となり、ウクライナ語を学び、第一次世界大戦ではウクライナ軍部隊を指揮し、自ら選び取った民族に己を重ね合わせた。一九一七年にボルシェビキの革命がロシア帝国を崩壊させ、ウクライナが征服されることを可能にした。一九一八年にはヴィルヘルムは、ハプスブルクの皇帝によりウクライナの大草原《ステップ》に急派され、小農たちの間で民族意識を持たせようと活動し、貧しい者たちが富める者たちから奪った土地を保持するのに手を貸した。ヴィルヘルムはウクライナのどこにおいても伝説となった。ウクライナ語を話すハプスブルク家の一員、庶民を愛する大公、そう「赤い大公」として。

「赤い大公」ヴィルヘルム・フォン・ハプスブルクはさまざまないでたちをしたものだった。オーストリア軍将校の制服姿、ハプスブルクの大公としての宮廷での礼装、パリでの亡命者としてのスーツ姿、金羊毛騎士団の頸章、そしてときおりはワンピース姿と。彼は、サーベルも、ピストルも、舵も、ゴルフのクラブも扱えた。大公女である母のイタリア語を、父大公のドイツ語を、イギリスにいる王族の友人からは英語を、父が支配することを望んだ国のポーランド語を、そして自身が支配することを願う土地のウクライナ語をと、語学に堪能だった。ヴィルヘルムは決して無知ではなかったが、どだい無知な輩に国家の建設などできるわけはないのだ。房事の手合わせがつねにそうであるのと同様に、国家の革命も、つねに先例に倣うところがある。建国の父は皆、放蕩に耽ったものだ。政治的忠誠においても、性的な放縦においても、ヴィルヘルムが示したものは偽りない破廉恥な態度であった。彼には、誰か他の者が彼の忠誠心を定めるとか、彼の欲望に箍《たが》をはめたりするなどとは思いも浮かばなかった。もっとも、この無頓着さそのものが、倫理的な前提なるものを覆い隠すこともある。パリのホテルの部屋の香水のかぐわしさや、オーストリアのパスポートを偽造する際にインクを滲ませたといったことだけによってでも、その無頓着さは、国家が個人を規定する力を否定してしまうのだから。

　きわめて本質的なこの次元では、ヴィルヘルムのアイデンティティへの姿勢は、兄のアルブレヒトの姿勢とさして変わらなかった。アルブレヒトは家族思いで、ポーランドに忠誠心を持ち、父シュテファンにとっては良い息子だった。全体主義の時代に、お互いの行動はまるで把握しないまま、二人の兄弟は似たり寄ったりの振る舞いをした。どちらも、国籍というのは変更されてしまうものだというのは承知していたが、脅されることで自ら変えるのは拒んだ。アルブレヒトは、ナチスの尋問者に対し、自分がドイツ人であることを否定した。彼の一族は数世紀間ドイツの所領を支配したにもかかわらず、彼はナチスの持つ「出自が国籍を決める」という人種概念を拒絶した。アルブレヒトはポーランドを選んだのだ。ヴィルヘルムの方は、西側諸国がウクライナを保護してくれるかもしれないと願って、大変な危険を冒してソヴィエトに対する諜報活動をした。ソヴィエトの秘密警察による数ヶ月にもわたる尋問の間、彼はウクライナ語を話すことを選んだ。兄弟のどちらも全体主義国家による取り扱いから恢復することはなかったが、それを言うなら、二人が代表しているヨーロッパなるものも現実に回復することはなかったのだ。ナチスもソヴィエトも国家なるものを、現在の人間の意志でなく過去についての変えざる事実を表しているものとして扱った。両国ともヨーロッパのあまりにも大きな部分を、あまりにも暴力的に支配したので、そうした人種概念は今も我々の中に留まっている——偶々ある人種に生まれついたなどというのでなく、歴史の持つ不死の影響力としての人種概念が。

ここまで登場してきたハプスブルクの面々は、歴史についてもっと柔軟な考え方をしていた。王朝なるものは永遠に続きうるのだし、自らがそれに値しないと見なす王朝はまれである。スターリンの支配は四半世紀の間だったし、片やヒトラーはさらにその半分だった。ハプスブルク家の支配は数百年間だったのだ。一九世紀に生まれた、シュテファン、アルブレヒトとヴィルヘルムという彼の二人の息子たちにとっても、二〇世紀に一族は終焉するなどと思う理由はこれっぽっちもなかった。つまるところ、神聖ローマ帝国の崩壊を生き延びた神聖ローマ帝国の皇族一門にとって、宗教改革を生き延びたカトリックの君主一門にとって、フランス大革命とナポレオン戦争を生き延びた守旧的王朝派の一門にとって、民族主義はいかほどのものだというのか？　第一次世界大戦の前にハプスブルク家は、近代的思潮に適応していた。もっとも、船乗りが向かい風を斜めに受けて船をじぐざぐに進めるのに似ていたが。いくらか針路は変わろうが船は進み続けるはずであった。シュテファンと息子たちが「民族」に関わるときには、その関わりには、歴史的に不可避なものとしての感覚も、民族が前面に出て勝利し、帝国は戦慄し崩壊するはずだという虫の知らせも伴わなかったのだ。彼らは、ポーランドとウクライナへ自由をもたらすのは、ヨーロッパにおけるハプスブルク家の支配と調和させられると考えていた。彼ら自身の時間の感覚は、永遠に続く可能性の感覚であり、光彩を発するために朝の陽の光を待ち望む露の玉にも似て、栄光の光の射し始めた瞬間々々からなる人生の感覚だった。
その朝露が軍靴の黒い底皮に踏みつけられたとして、それがどうしたというのか？　ここまで登場してきたハプスブルクの面々は、戦いに敗れ、生きている間に「彼らの」民族を解放することはできなかった。つまりは、彼らの選んだ民族と同様に、彼らもナチスとスターリニストによって打ち負かされたのだから。けれども、彼らを裁き断罪した全体主義者たちも消え去ったのだ。ナチスと共産主義者たちの支配のもたらした恐怖は、二〇世紀のヨーロッパ史を、善が栄える方向への前進と見なすことを許さない。さればこそ、一九一八年のハプスブルク朝の崩壊を、解放の時代の幕開けと見るのも難しくなる。それでは、現代のヨーロッパの歴史をいかに語ることができようか？　物憂い永遠の感覚に浸り、願望に満ちて束の間の光彩を愛でていたとはいえ、おそらくはここまで登場してきたハプスブルクの面々は、その助けとなるものを持っている。つまるところ、過去の瞬間々々は、ウクライナの君主政治とかハプスブルク朝の復古のように、起こらなかったこと、おそらくは今後も起こりえないことに満ちている。けれど、過去の瞬間々々には、統一ウクライナ国家とか一体化したヨーロッパにおける自由なポーランドといった、不可能に思えたのに可能であることが証明されたことも含まれているのだ。そして、こうしたことが過去の瞬間々々にあてはまるならば、同じように現在の瞬間々々にもあてはまるのだ。

現在、長きにわたる亡命生活を経て、マリア・クリスチーナは、ポーランド国内の、青春時代までを送った城にふたたび住んでいる。彼女の父親のポーランドの大義は勝ち取られた。彼女の叔父の独立国家ウクライナも実現した。ポーランドはＥＵに加わっている。自国での自由な選挙を求めて抗議運動をするウクライナの民主主義者たちは、ＥＵの旗を振っている。愛国主義は高い次元のヨーロッパへの忠誠心と調和させられる、という祖父シュテファンの考えは、奇異なことだが、先見の明を持っていたように思える。

二〇〇八年、マリア・クリスチーナは祖父の城の中で、彼女の読書の習慣だったように「終わりから始めて始まりまで」物語を紡いでいる。彼女の叔父の「赤い大公」の物語を彼女は知らず、紡ぐこともなかろう。その終わりは、一九四八年のキエフでの死であった。その始まりは、彼女の生まれる前のこと、叔父ヴィルヘルムが祖父シュテファンのポーランドについての計画に反発し、ポーランドでなくウクライナを選んだことに由来する。さらに遡れば、多民族からなる帝国における皇帝フランツ・ヨーゼフ・フォン・ハプスブルクの長い長い治政が、ポーランド人、ウクライナ人ともに、民族解放を夢見ることを許したことに由来する。フランツ・ヨーゼフは一八六〇年にシュテファンが誕生した時には皇位についていたし、ヴィルヘルムが誕生した一八九五年にもまだ皇位にあった。彼は、シュテファンが自分の家族をポーランド人にすることに決めた時点でも、さらにはヴィルヘルムがウクライナを選んだ時点でも統治を続けていた。それだから、物語は、シュテファンがポーランドの城に家族共々落ち着き、ヴィルヘルムは自分の王国を持つことを夢み始め、フランツ・ヨーゼフが即位六〇周年を祝った、今より一世紀前の一九〇八年から始めてみよう。

GOLD

# 皇帝の夢

ヨーロッパの王朝でハプスブルクほど長く支配したものはなく、ハプスブルクの一門で皇帝フランツ・ヨーゼフほど長く統治した者もいなかった。一九〇八年一二月二日に、彼の治める帝国の最高級の人士たちが、在位六〇年の祝典のためにウィーンの帝立宮廷歌劇場に集まった。貴族や王子、士官や官吏、司教や政治家が、神の恩寵を得て彼らを統治していた人物が永遠のものであることを祝せんとして、集うてきたのだった。集うた場所である音楽の館もまた、時を超えた殿堂であった。フランツ・ヨーゼフのもとでウィーンに建てられた堂々とした建物の例に洩れず、帝立宮廷歌劇場はルネサンス様式を模した歴史を感じさせる様式だったが、ヨーロッパのモダンな街路でも最も美しい通りに面していた。「都心」を定めるためにフランツ・ヨーゼフの治下で敷かれた環状通りのリングシュトラーセに面した、珠玉のごとき建造物の一つであった。当時も、今と同じで、身分の高い者も低い者も、市街電車に乗り込み、手の中に永遠への切符を握って、果てしもなくリングシュトラーセを回ったものだった。

皇帝の祝賀は前の晩から始まっていた。リングシュトラーセに面したウィーン市民、市中至る所のウィーン市民が窓のところに一本ずつ蠟燭を灯し、それが夕べから夜にかけての暗い中に、かすかな金色の光を投げかけていた。この習慣は、革命と戦争のただ中で、フランツ・ヨーゼフがハプスブルクの皇位についた六〇年前にウィーンで始まっていたが、長い治政の間に帝国中にまで広まったものだった。ウィーンだけではない。プラハ、クラクフ、リヴィウ、トリエステ、ザルツブルク、インスブルック、スロヴェニアのリュブリアナやマリボル、モラヴィアのブルノ、ウクライナのチェルニウツィー、ブダペスト、サラエボ等々、中欧、東欧のどこでも数えきれない都会や町や村で、忠誠なハプスブルクの臣民たちは、敬意を表し、献身を露わにしたのだった。六〇年経ったので、フランツ・ヨーゼフは何千万という臣民――ドイツ人、ポーランド人、ウクライナ人、ユダヤ人、チェコ人、クロアチア人、スロヴェニア人、スロバキア人、ハンガリー人、ルーマニア人――のほとんどにとって、それまで知っていた唯一の統治者だった。もっとも、ウィーンでは、黄金色の輝きはノスタルジックなそれではなかった。市の真ん中では、ちらちらする何千本という蠟燭の光が、何百万という電灯の明かりの前では輝きを失ってしまっていたからだ。リングシュトラーセの大きな建物はたくさんの電球によって飾られていた。広場と交差点は巨大な電飾の星によって飾り立てられていた。ホーフブルク王宮自体が光に覆われていた。一〇〇万もの市民がその心躍る光景を眺めに出かけてきていた。

一二月二日の朝、リングシュトラーセにあるホーフブルクの王宮で、皇帝フランツ・ヨーゼフに大公や大公妃・大公女が臣従の礼をとっていた――血族の王子や王女で、彼と同じように過去のハプスブルクの皇帝たちの後継者たちだった。彼らのほとんどはウィーンにも宮殿を構えてはいたが、帝国中から集まってきていた。宮廷生活から逃れているさまざまな場所とか、野心のために活動の中心地にしているさまざまな場所から。たとえば大公シュテファンは、帝国南部のアドリア海に面して二つの宮殿、帝国北部のガリツィア地方の渓谷に二つの城を持っていた。シュテファンと妻のマリア・テレジアとは、皇帝に敬意を表するために、その日の朝六人の子どもたちをホーフブルク王宮に伴っていた。末息子のヴィリー（ヴィルヘルム）は一三歳で、宮殿の「儀式次第」によれば、ちょうど顔見せのできる年齢に達したところだった。己の一門が権力を持つことと世々続いていることが、金箔で飾られ示されている光景に、青い海のそばで育ったヴィリーは取り囲まれていた。父シュテファンが、式典用の礼服に身を包んでいるのを見るのも、珍しい機会だった。シュテファンの首の周りには、金羊毛騎士団の頸章がついていたが、騎士団の間でも最も高貴な騎士団の徽章だった。ヴィリーは、荘厳さや華麗さから一歩退いたところにいたように思える。玉座や宝石が納められた帝室の宝庫を視察する機会は逃さなかったが、司式をする者を、黄金の雄鶏として記憶していた。

夕べになると、帝立宮廷歌劇場では、皇帝と大公たちがふたたび集うたが、今回は観客の前であった。六時までには、残りの客たちも到着し、それぞれの場所を占めていた。きっかり七時をうつ前に、シュテファン、マリア・テレジア、六人の子どもたちも含まれていたが、大公たちや大公妃・大公女たちは、出のきっかけを待っていた。ふさわしい時刻になると、大公や大公妃・大公女は通路に堂々とした姿を現し、列をなして枡席へと大股に進んだ。シュテファン、ヴィリーの家族は、左側の桟敷に席を占めたが、立ったままであった。ようやくにして皇帝フランツ・ヨーゼフが姿を見せた。七八歳で六〇年の統治を行ってきた、猫背だが頑健で、堂々としたほおひげを蓄え、うかがい知れぬ表情をしていた。彼は桟敷の喝采に応えた。しばし、立ち尽くしていた。フランツ・ヨーゼフは立っていることで有名だった。どんな約束でも立ったままで済ませたので、幸いにもそれらを短い時間で終わらせることができた。彼はまた、耐えることでも知られていた。弟、妻、一人息子を、それぞれ禍々《まがまが》しい形で失っていた。彼は臣民より長生きしたし、いくつもの世代よりも長生きしたので、時そのものよりも長生きできそうに見えた。しかし今、きっかり七時に彼は着席したので、他の者たちも着席することができた。そしてそれに続く演《だ》し物を始めることができるようになったのだった。

幕が上がると、観客の見つめる先は、現在の皇帝の姿から過去の皇帝の姿へと移った。この祝典のために書き上げられた一幕の戯曲『皇帝の夢』は、そもそもハプスブルク家から初めて皇帝になった、ルドルフ一世を主人公にしていた。観客は、ルドルフ一世のことを、一三世紀にハプスブルク家を、それ以降ずっとそうであったように支配的王朝に仕立て上げたハプスブルクの一人の王であったと認識していた。彼は、一二七三年に、同輩諸侯によって神聖ローマ皇帝に選ばれた初のハプスブルクだった。大小さまざまの何百もの主権国家によって構成されていた中世ヨーロッパにおいて、この称号は限られた権力しか持っていなかったが、その在任者は、キリスト教世界全体の指導的地位だけでなく、消滅したローマ帝国の遺産をも己がものと要求し得たのである。一二七八年に、強大なボヘミア王のオタカル二世から、マルヒフエルトの戦いでオーストリアの地を奪ったのも、ルドルフ一世だった。オーストリアの地は、ルドルフ一世が息子たちに継承させる世襲領土の核となり、実際にそれ以降、フランツ・ヨーゼフ一世自身に至るまで、ずっとハプスブルク家が継承した。

舞台の上では、皇帝ルドルフ一世が、このオーストリアの地の行く末を、声に出して心配し始めていた。征服はすでになしとげられ、王の不安は未来のことにあった。息子たちに遺贈する領地はどうなるだろうか。彼らは後継者として相応しい人物になるだろうか。さらにその後に続くハプスブルク家の人間はどうだろうか。痩せて背が高く、その人生においてかなり冷酷な人物であったルドルフ一世を、背が低く、ふくよかで愛らしい俳優が演じていた。実際には残酷な行為をしていた人物が、舞台の上では昼寝を欠かせない愛嬌たっぷりな人間になっている。彼は玉座で眠ってしまう。すると「未来」という精霊が彼の背後から現れ、彼にその後何世紀にもわたるハプスブルク家一門の栄光を告げる。穏やかな音楽が流れ始めると、ルドルフ一世は「未来」に案内を頼む。すると「未来」は、ルドルフ一世が勝ち獲ったものが大事に守られることを示して彼を安心させようと、五つの夢の絵を渡すのである。[*1]

一番目の夢の絵は、二つの名高い王家の間で交わされた、婚姻協定を描いた絵である。一五一五年、ハプスブルク家は、ポーランドを統治し、東欧の指導的な一族であったヤギェウォ家を相手に一か八かの賭けをした。ハプスブルク家は、二重の結婚の取り決めを行うことで、ヤギェウォ家の王領地を獲得する可能性と引き換えに、自分たちの王領地を危険に晒したのである。ヤギェウォ家のラヨシュ二世は、一五二六年、オスマン帝国とのモハーチの戦いで軍を率いていた時、ポーランド、ハンガリー、ボヘミアの王であった。ラヨシュ二世の軍勢は敗れ、敗走する際、彼は川の中で馬の下敷きとなって死んでしまった。婚姻協定の結果として、ラヨシュ二世の妻はハプスブルク家の人間だった。それで、彼の死後、妻マリアの兄であるフェルディナントは、ボヘミアとハンガリーの王位を要求したのである。ボヘミアとハンガリーは、フランツ・ヨーゼフ一世に至るまで、その後ハプスブルク家を継承する統治者すべてによって継承権を主張され、ハプスブルク家の世襲領となった。ハンガリー王のマティアス・コルヴィヌス（マーチャーシュ一世）は一五世紀にこう記していた。「戦は他家に任せよ。幸いなる哉オーストリア、汝は結婚すべし。軍神マルスが他家に与えるものを、ヴィーナスが汝に授けるであろう」。王位継承権第六位の少女と結婚したハプスブルク一門の人間が、その後他の五人がありがたくも死んでいくのをじっと見ていた、ということがあったが、それでハプスブルク家がスペインを得たことを、彼は引き合いに出していた。ところが、マティアス・コルヴィヌス自身のハンガリー王国も、スペインの轍を踏んだのである。

しかし、「未来」がルドルフに説明したように、ハンガリーを支配するというのは、それほど簡単にいくものではなかった。ハプスブルクとオスマン帝国との間で激しい戦いが繰り広げられたからである。一六八三年、オスマントルコは、一〇万の軍勢でウィーン目指して進軍した。ハプスブルク領内の至るところで、教会の鐘が鳴らされたが、すぐに静まり返った。町がオスマントルコ軍の手に落ちる前に、せめても非常事態を知らせようとしたのだった。ウィーンは包囲され、ハプスブルク家は窮地に陥った。ハプスブルク家は、北方の隣国で、同じカトリック王国であるポーランドの助けを借りた。ポーランド王ヤン三世は、恐れられていた彼の騎兵隊を率いて南へと馳せ、ちょうどウィーン市街を見下ろすことのできる丘の上に宿営した。彼の騎兵隊は、後にイスラームの年代史家が回想したように、触れるものすべてを飲み込む黒い瀝青《ピッチ》の洪水の如く、オスマントルコ軍の野営地に襲いかかったのである。こうしてウィーンの包囲は解かれた。第二の夢の絵で、「未来」はルドルフに、ハプスブルクの皇帝とポーランド王の会見の様子を見せている。オスマントルコは戦いに敗れ、ハプスブルク家は、ハンガリーと中欧において誰もが認める統治者となった。

戦争に勝つと、ハプスブルク家は、今度は婚姻に関して頭を悩ますことになった。「未来」がルドルフに説明しているように、継承権の危機に直面したのである。ハプスブルク家は、同じ一族から出た二つの家系でもって、ヨーロッパと世界のかなりを支配していた。一方の家系は、スペインおよびスペインの持つ広範囲にわたる植民地を支配する君主たちを送り出し、もう一方の家系は神聖ローマ帝国皇帝と中欧の支配者を送り出していた。一七〇〇年にスペインの方の家系が絶えると、中欧の家系がスペインとその帝国の支配権を得ようとして争ったが、上手くゆかなかった。中欧の家系の方も、その継承権を手にする男子の後継者がいなかった。この問題の解決策は、神聖ローマ皇帝カール六世が発布した国事勅書（プラグマティッシェ・ザンクツィオン）で、「未来」が示した第三の夢の絵に描かれていた。絵の中で、カール六世が、八歳の大公女、マリア・テレジアを前にして、彼女が自分の後継者となることを宣言していた。マリア・テレジアは一七四〇年にハプスブルク朝の帝位に就き、ハプスブルク家の歴代の統治者の中でも最も有名な存在になった。「未来」は、マリア・テレジアが安定した手腕を発揮して上手に統治することを告げて、ルドルフを安心させている。

第四の夢の絵で「未来」がルドルフに明かしているように、女帝マリア・テレジアは、婚姻政策による帝国主義という一族の方針を、論理的に究極なところまで推し進めた。その絵は、まだ六、七歳のモーツァルトが弾くピアノを賞賛している、一七六三年のマリア・テレジアとその家族の様子を表していた。そこには彼女の一六人もの子どもの姿があった。モーツァルトを引き合いに出すのは、ハプスブルク家が文化的に洗練された統治者で、芸術の庇護者であることを示唆する手段として見事なものであったが、この絵が伝えたいことのおおもとは、マリア・テレジアが、子宮と機知とでヨーロッパにおける一族の勢力を拡大したことにあった。彼女は長男を統治者に相応しくなるよう訓練し、その後長男と共同統治したが、さらにできるかぎり多くの娘たちをヨーロッパの君主と結婚させた。長男は、啓蒙的な絶対主義君主のヨーゼフ二世で、無秩序に拡大したハプスブルク君主国の領土を良き施政の敷かれた国家に変貌させようという、母親と同じ願いを持っていた。末娘は、フランス革命における敵役として、フランス語名のマリー・アントワネットの方が広く記憶されている、マリア・アントーニアであった。

マリア・テレジアが、フランスの皇太子と結婚させるために娘をさっさと送り出したのは、ハプスブルク家の婚姻外交の典型的な例であった。フランスは古くからハプスブルク家の仇敵だった。フランスとハプスブルクの両君主国は、どちらもカトリック教国であったにもかかわらず、フランスは、オスマントルコ帝国がウィーンに進軍した際には、イスラーム教国のオスマントルコを支援していた。フランスの外交官の一人などは、賄賂をばら撒いてポーランドの介入を阻止しようとさえした。一六世紀と一七世紀の宗教戦争の間には、ハプスブルク家に対抗してプロテスタントの諸公を援助した。フランスの王家であるブルボン家は、ハプスブルク家にとってヨーロッパ大陸の覇権を争う主要な競争相手だったのである。ハプスブルク家と長期にわたる対立を重ねていくうちに、フランスは、国家の利益がすべての利害関係に優先する、という原理に則った近代的な外交策を生み出した。こうした冷酷さに対し、ハプスブルク家は、少女をフランスに送り込み、ハプスブルクの服を脱がせたのだ。一七七〇年に、一四歳のマリア・アントーニアが、ライン川を渡る際に着ていた服を捨てさせられた時、まさに象徴的にフランス王女、マリー・アントワネットに変えられたのだし、二つの最高の家柄の間でなされた婚姻協定に与《あずか》ることで、旧秩序の正統性を確認したのである。

マリア・テレジアが娘を贈ってブルボン家の敵意を抑えようとしてから一九年後、当の王家がフランス革命によって転覆させられてしまった。フランス王妃の地位から退けられたマリー・アントワネットは、大逆罪の告発やさらにひどい扱いを受ける、たんなる一市民になっていた。彼女が親しくしていたり、愛していた人々の首にギロチンの刃が落とされた。牢獄にいた一七九二年には、マリー・アントワネットは、噂では彼女の同性愛の愛人とされていた元女官長ランバル公妃マリー・ルイーズの切断された首に、口づけするよう要求された。一七九三年になると、革命を妨げた罪と、息子に性的虐待を加えた罪で有罪を宣告された。マリー・アントワネットは当時「革命広場」と呼ばれていたコンコルド広場でギロチンにかけられたのである。*2

一七九〇年代に、フランス革命が恐怖政治へ、さらには独裁制へと大きく揺れるにつれ、ナポレオン・ボナパルトと彼の率いる大軍が、ヨーロッパ中で古い秩序を覆そうとした。ナポレオンは、新しい種類の政治、つまり神によって王権が授けられるのではなく、民衆を代表していると主張する君主たちによる統治をもたらした。一八〇四年に自身がフランスの皇帝として戴冠すると、ナポレオンは、ハプスブルク家をはじめとする敵手たちから奪取した領土に創られた新しい王国の王位に、自分の親族を据えた。一八一〇年、ハプスブルク家は、自分たちの皇帝の娘、マリー・ルイーゼを花嫁としてナポレオンに差し出し、今回も婚姻外交を試みた。この取引は、ハプスブルク家の抜け目ない外交官であったクレメンス・フォン・メッテルニヒが取りまとめた。この二人は実際に結婚し、睦まじい夫婦になった。ハプスブルク家の中立を得て、ナポレオンは一八一二年にモスクワに進軍した。悲劇的な運命となるロシア帝国への侵攻は、形勢を一変させるほどの惨憺たるものになった。一八一三年、ハプスブルク家は勝者側となる対ナポレオン連合〈第六次対仏大同盟〉に加わり、ナポレオンは決定的な敗北を喫した。

フランス革命とナポレオン戦争は、「未来」がルドルフ一世に渡す第五の夢の絵の前奏曲だった。すなわち、一八一四年から一五年にかけて開催されたウィーン会議の絵である。オーストリア帝国の首都ウィーンを見渡せる三つの窓、メッテルニヒのスパイが聞き耳を立てる天井についた四つの格子、交渉する関係者が出入りする五つの扉、といったものが備わった二階の部屋で、ヨーロッパにおける平和が形成された。指針となる原則は、「法の支配」、意味するところはどの君主国も君主が治めるべきである、と「勢力均衡」、意味するところはどの国家もヨーロッパ大陸の他の国を攪乱してはいけない、とであった。「未来」がルドルフ一世に見せているこの最後の夢の絵は、希望に満ちたものだった。ハプスブルク家は、ナポレオン戦争を脱して浮かび上がり、勝利した側というだけでなく、中枢にあってヨーロッパの安定に関心を払い、またその安定がヨーロッパの他の大国のために益する——そんな強国となって立ち現れたのである。最後の対ナポレオン連合における同盟国、イギリス、ロシア、プロイセンは、どこもこの会議の結論を支持した。君主制を復活させたフランスは、ヨーロッパの大国の一つ、という以前の地位に戻ることになった。

「未来」が締めくくっているように、「世はなべてこともなし」である。狡猾さと暴力によって築かれたルドルフ一世の領土は、運に恵まれた結婚、女性の力、巧妙な外交によって維持され、拡大されている。戯曲が終幕に近づくと、ルドルフ一世は、自身も戦争に飽き飽きしているし、平和が結ばれるのを見て喜ばしいと言って、自分の王朝が辿る、この穏やかな展開を支持するのである。

この戯曲の作者は、政府の委員会から依頼され援助を受けた伯爵夫人で、平和という主題を強調することによって、失われた栄光というテーマをはぐらかしていた。ハプスブルクは、ウィーン会議において、北方では旧ポーランド領の領有権を、南方ではアドリア海の領有権をそれぞれ確定させて成功を収めたが、このように拡大したとはいえ、その支配領域は、それでも中欧の一帝国というに過ぎなかった。

観客も知っていたように、ルドルフ一世とフランツ・ヨーゼフ一世の間に在位した歴代の皇帝は、はるかに広大な領有権を主張していたし、ずっと大きな領土を治めていた。幾人かの皇帝にいたっては、全世界の、ひょっとしたらそれ以上の領有権すら要求していたのである。旧世界と新世界に跨り、日が沈むことのない帝国を有していたカール・フォン・ハプスブルク（神聖ローマ皇帝カール五世、スペイン王カルロス一世）は、プルス・ウルトラ（Plus Ulra）、つまり「さらに向こうへ」を自分のモットーとしていた。息子のフェリペ二世は、オルビス・ノン・スフィツィト（Orbis non sufficit）、つまり「世界を手にしてもまだ足りぬ」と刻まれた大きなメダルを鋳造させた。フリードリヒ・フォン・ハプスブルク（神聖ローマ皇帝フリードリヒ三世）の、母音字AEIOUを解読した有名な言葉も、永遠《とわ》に鳴り響くものであった。それは、彼が在位した一五世紀のラテン語では、Austria est imperare orbi universo, その後数世紀間ドイツ語では、Alle Erdreich ist Österreich untertan, つまり、我々が生きる現代の世界的言語では、Austria's empire is our universe.（オーストリアは全世界の支配者なり）となるのである。

AEIOU のもう一つの解釈の方は、もしかするとフランツ・ヨーゼフ一世の心情に最も近いものかもしれなかった。Austria erit in orbeultima, 英語では Austria will outlast all others（オーストリアは、他のどこよりも長続きするだろう）とか Austria will endure until the end of the world（オーストリアは、世界の終わりまで永らえるだろう）と解釈される。このモットーは、フランツ・ヨーゼフ一世自身の父親のお気に入りの文句だったし、ハプスブルク家から初めて神聖ローマ皇帝となった人物に敬意を表してルドルフと名付けられたフランツ・ヨーゼフ一世の息子によって、とりわけ思い起こされたものであった。祝典の二〇年前の一八八八年、皇太子ルドルフは、ハプスブルク帝国の過去の栄光を捨て、ヨーロッパの二流の大国として平凡な運命を辿ることを選んだ父親を、激しく非難していた。果てしない野望という伝統的な夢と、結局は外交的な妥協に終わる歴史とを調和させるのは、ルドルフが主張したように難しいことだった。フランツ・ヨーゼフ一世の息子で、後継者でもあった一九世紀のルドルフが、一八八九年に自らの頭を撃ち抜いた理由の一つに、こうした挫折感があった。[*3]

もしかすると、フランツ・ヨーゼフ一世は、栄光を放棄することを受け入れていたのかもしれない。逆説的に言えば、そこにこそ彼の偉大さの秘訣があるのかもしれなかった。しかし、たとえそうであったとしても、フランツ・ヨーゼフ一世は、戯曲を観て何かそれ以外のことにも気づいたに違いない。この戯曲は、彼を祝うために書かれた作品だった。それにもかかわらず、どの夢の絵も、彼の六〇年に及ぶ統治には関心を払わなかった。実際、『皇帝の夢』という演し物は、彼が生まれる一五年前の一八一五年で終わるのである。長い生涯の中で起こったすべての事件や業績を含め、フランツ・ヨーゼフ一世自身が戯曲から除外されていたのだった。

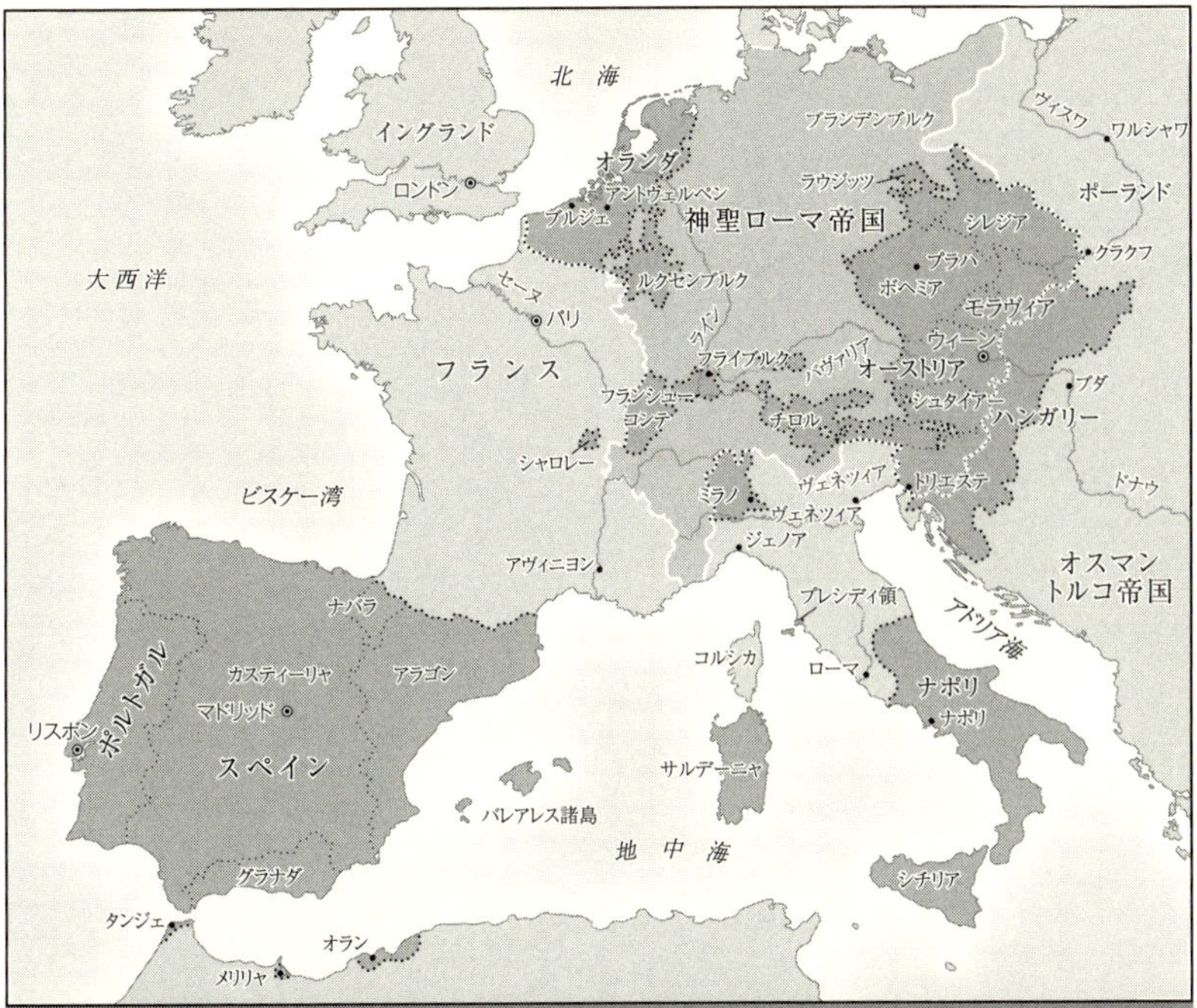


ハプスブルク支配地　1580年頃

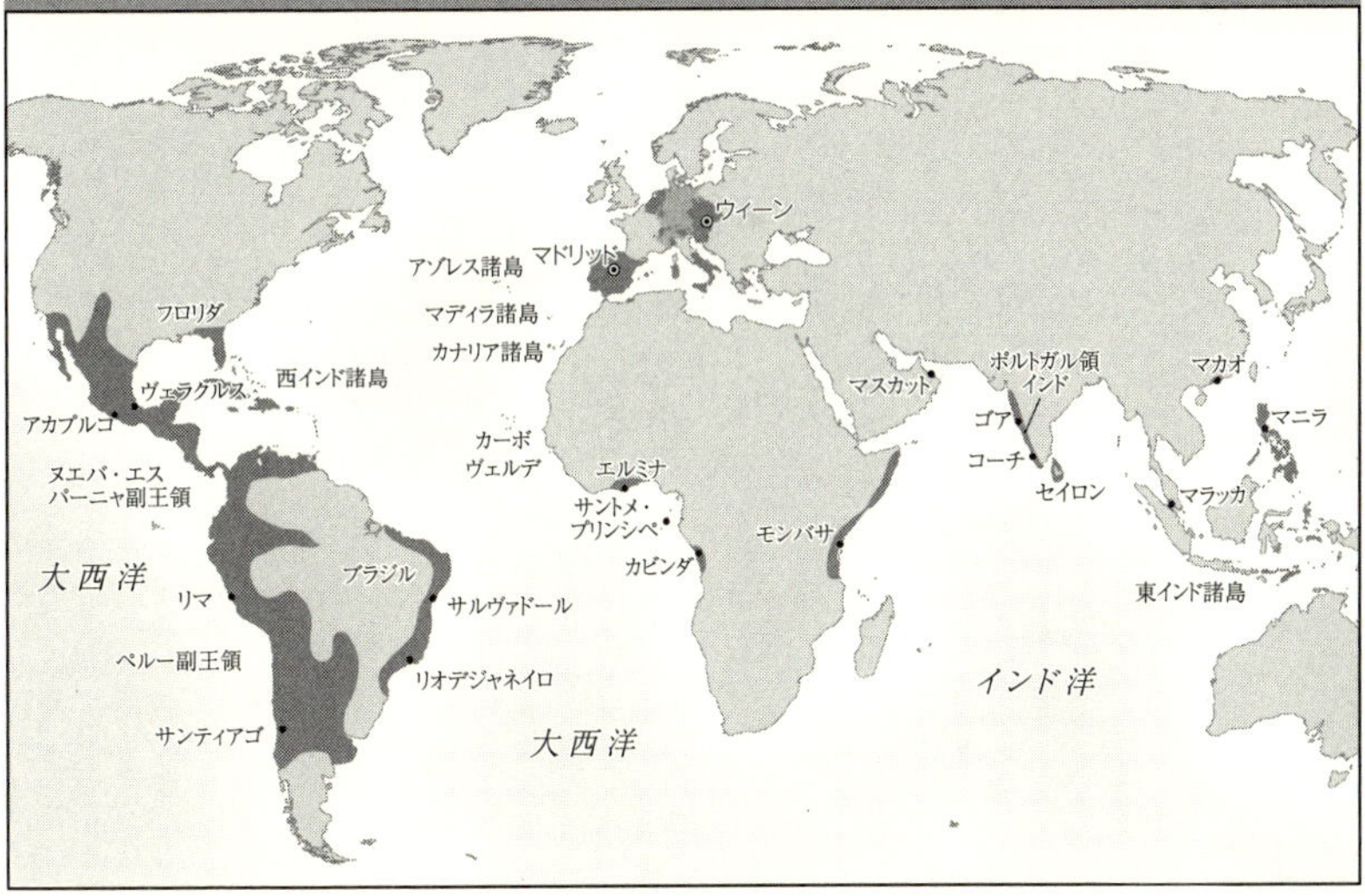

フランツ・ヨーゼフ一世は、一八三〇年、民族主義の時代のただ中に生まれたが、それは、王政復古に抵抗するフランス七月革命がパリで起きた年であり、ポーランドの叛乱者たちが一一月蜂起においてロシア帝国の支配を打破しようとしていた年だった。ウィーン会議で領土を拡大したハプスブルクは、イタリア、ドイツ、ポーランド、南スラブ（すなわちユーゴスラブ）の民族問題に直面する羽目になっていた。

こうした民族問題は、ナポレオンの置き土産だった。彼は自らイタリア王にもなった。そして神聖ローマ帝国とドイツの数多くの小国を解体し、ドイツ統一への道を用意した。後にセルビア人、クロアチア人、スロヴェニア人と呼ばれるようになる南スラブ人たちの土地の名称としてイリュリアを復活させ（はじめはイリュリア州としてフランス帝国に編入されたが、ウィーン会議の後イリュリア王国としてハプスブルクの支配下に入った）、一八世紀末に、周辺の帝国による分割で地図上から姿を消したポーランドを、ワルシャワ公国として部分的に復興させていた。ナポレオン時代に独立したこれらの国々を消滅させたハプスブルクとその同盟者たちは、民族主義を、ヨーロッパ全土で息の根を止めるべき革命思想として扱った。今や宰相となっていたメッテルニヒは、指揮下にある警察には陰謀者たちの逮捕を、検閲官には新聞や書籍の疑わしい部分の削除を命じた。フランツ・ヨーゼフ一世が若い頃のハプスブルク君主国は、警察国家だったのである。[*4]

フランツ・ヨーゼフ一世が、一八三〇年代から四〇年代に保守的な帝国を統治するための教育を受けていた頃、愛国者たちは、各帝国の敷いた黒くくっきりとした境界線にその土地々々の色が滲み出て不鮮明な地図となる、そんな未来のヨーロッパ像を描いていた。一八四八年二月、パリでもう一度革命が起こった。ハプスブルク帝国の版図においては、誇るべき歴史と多くの貴族階級を抱えた民族――ドイツ人、ポーランド人、イタリア人、ハンガリー人――が、抗議集会と反乱でもってハプスブルク家に挑戦する機会を摑んだ。彼らは、「民衆のための民族的自由」という新たな修辞法で、その地方のより広汎な権限を求めるという貴族階級の古臭い要求を覆い隠していた。宰相メッテルニヒは、洗濯物を入れる荷車に隠れてウィーンから逃亡しなければならなかった。

フランツ・ヨーゼフ一世は、一八歳という感じやすい年齢で帝位に就けられた。反抗的で貴族階級の強い民族に対抗して、彼はそれ以外の民族、ルーマニア人、クロアチア人、ウクライナ人、チェコ人に助けを求めた。皇帝に反抗する民族もいれば、忠誠を保つ民族もいたが、どちらの側も自分たちの存在を誇示していた。それゆえ、反抗的な民族の側が戦場で敗れたとしても、民族主義という原理は広く普及し、承認されていった。そのうえに、新しい皇帝は静かに社会革命を始めていたのだった。小作農階級が中心の民族の支持を得るため、彼は小作農を地主階級に対する義務から解放した。末は、小作農の子どもや孫も、富裕な農場主、あるいは都市居住者にまでなるかもしれない。歴史的に貴族階級というものを持たない諸民族も、自分たちは諸々の権利を受けるに値する民族なのだ、と考えるようになるのである。

一八四八年革命では、愛国的な思想に大きな反響があったのだが、実際には矛盾も顕わとなった。民族的な解放の名の下に、皇帝に対抗して戦うだけの力がある民族は、どれも他の民族を圧迫することを望んでいたのである。ハンガリー人はスロバキア人を、ポーランド人はウクライナ人を、イタリア人はクロアチア人を、といったように。こうした状況の中で、フランツ・ヨーゼフ一世は、民族同士の対立のなかで舵取りをし、至高の権力を取り戻すための針路を定めることができた。最も強力な軍隊を立ち上げることのできた民族であるハンガリー人は、ハプスブルク君主国に忠実な将校や兵士によって結局は敗北を喫した（もっとも、屈辱的なことに、フランツ・ヨーゼフ一世の方も、助けを求めて隣国であるロシア帝国の軍隊を呼ばなければならなかったが）。民族問題は、著作物によって煽られ、反乱者によって推し進められることができたのだが、解答らしきものは君主や将軍なしには得られなかったのである。

「諸国民の春」の名で記憶される一八四八年の二月革命、三月革命は、各国の王や皇帝たちにとって教訓となった。一八四八年以降、君主たちは、民族主義が内包する危機も好機も理解し、君主間で新たな種類の競争を始めたのである。民族が自分たちの統治者選びに失敗していたので、今や統治者たちの側が治める民族を選ぼうとしていた。競争の褒賞は、三〇余りの国家に分かれているが、統一されたならヨーロッパで最も裕福で強大な国家となるドイツだった。一八五〇年代に、フランツ・ヨーゼフ一世は、格の落ちる統治者たちに服従を求めることで、自らの王権の下にすべてのドイツ国家を統一させようとしたが、失敗に終わっていた。

ドイツはハプスブルク抜きで統一された。王朝支配とドイツの民族主義とを一体化させる方法を見出したのは、以前にはハプスブルクの臣下のような国家だったプロイセン王国だった。プロイセン王国は、ベルリンを首都に持つドイツの大きな君主国で、ホーエンツォレルン家が統治していた。かつてハプスブルクに臣従していたホーエンツォレルン家が、競争相手となっていたのである。ハプスブルク家が、神聖ローマ皇帝位を維持するための選挙で票が必要な時に、ホーエンツォレルン家はハプスブルク家から特権を付与された。また、ハプスブルク家はスペイン継承戦争中に支援を必要とした時、ホーエンツォレルン家に王の称号を与えることに同意した。ホーエンツォレルン家で最も偉大な統治者であったフリードリヒ・ヴィルヘルム一世は、国力における二つの柱である財政と軍隊を確立させた。一六八三年、ハプスブルクが、オスマントルコ帝国の包囲作戦から首都を防衛するのに必要な黄金を神聖な器物を溶かして得ていた時、プロイセン王国は徴税制度を確立させつつあった。一七四〇年、プロイセン王国は、マリア・テレジアを王位に就けるために一七一三年に制定されプロイセンも一七二八年に承認していた国事勅書（プラグマティッシェ・ザンクツィオン）の正当性を否定し、マリア・テレジアの統治権に異議を唱えてハプスブルク君主国を攻撃したが、最終的には富裕なシレジア地方の大半を奪うことになった。今やホーエンツォレルン家は、一つの王家というだけでなく、戦場でハプスブルク家を破ったまさに強国となったのである。[*5]

一八六六年、プロイセン王ヴィルヘルム一世は、フランツ・ヨーゼフ一世のハプスブルク君主国を攻撃した。サドワにおいて、数の上では劣勢だったプロイセン軍が、兵器と組織力に優ったおかげで決定的な勝利を収めた。プロイセン王国の軍勢はウィーンまで押し寄せかねなかったが、首相のオットー・フォン・ビスマルクは、ハプスブルク家を滅ぼしたいとは考えていなかった。自身がまだ残されているドイツの諸邦を国民国家たる君主国に統一する間、ハプスブルク君主国をロシア帝国やオスマントルコ帝国に対する防壁にしておきたかったのである。一旦ビスマルクが一八七〇年にフランス相手に戦争を引き起こして勝利すると、統一は成った。この戦争が起きたことでドイツの小国の多くがビスマルクの側につくことになり、勝利によってプロイセン王国はヨーロッパで最も強大な軍事力を持つに至った。一八七一年一月、ヴェルサイユ宮殿の鏡の間でドイツの統一が宣言された。かつてプロイセン王国の偉大な将軍が、王位を守るのは詩歌なのだ、と言った。ドイツの詩人の中でも最も偉大なフリードリヒ・シラーは、ドイツに国立劇場ができたときになって、ドイツ人は一つの国民になれる、と信じていた。結果から言うと、対外戦争が国立劇場の役割を果たした。ペンは剣とともにあると、より強くなるのである。

一八六六年の敗北とドイツからハプスブルク家が排除されたことは、ハプスブルク一族の次世代に深刻な影響を及ぼした。一八六〇年生まれのシュテファン大公は、国家統一というビスマルク時代に幼少年期を送った。一八六六年の戦争で、プロイセン軍は彼の故郷であるモラヴィア地方に殺到したが、そこで講和条約が結ばれた。一八七〇年代にシュテファンがモラヴィアで教育を受けていた頃、この地方は羨ましいほどに強大なドイツと隣り合わせだった。ハプスブルク家は、ドイツの統一によって永遠に守勢に回るかのような立場に置かれた。弱小な敵対者としてドイツに対抗するか、あるいは弱小な同盟者としてドイツに合流するか、ということになるだろう。フランツ・ヨーゼフ一世の世代は、世界を支配するということが手の届かないところにあることを知っていたが、それでも一八六六年まではヨーロッパを、少なくともドイツを支配することを夢見るくらいはできた。シュテファンの属する世代は、もはやヨーロッパの大国ではなく、ドイツを支配する候補ですらない一君主国において大人になった、最初の大公たちの世代であった。

ハプスブルク家拡大の伝統的手法であった婚姻さえも、今や敗北を思い出させるものでしかなかった。一八八六年、シュテファンがトスカーナの王女でもあったハプスブルク家の大公女と結婚した時、彼は己が運命を、もう一つの国家統一のイタリア統一によって孤児となっていた今一人のハプスブルクの運命と結びつけたのだ。シュテファンの幼少年時代がビスマルクの新しいドイツによって定められたのに対し、彼の花嫁となったマリア・テレジアの幼少女時代は、イタリアにおけるフランスの民族的な帝国主義とでもいうものによって決定づけられていた。フランス皇帝のナポレオン三世は、イタリア北部をハプスブルク家から勝ち取ろうとしていたピエモンテ＝サルデーニャ王国と同盟を結び、イタリア人の愛国心を煽っていた。一八五九年、フランスとピエモンテは、ソルフェリーノの戦いでオーストリアを破った。これは、小国が充満していたイタリア半島の統一の気運と運動をイタリア人が「リソルジメント」と呼ぶが、それが急激に勢いを増す始まりだった。イタリア人は自分たちの国家を建設するに際し、ドイツのおかげを被った。一八六六年、プロイセンがシュテファンの故郷のモラヴィアで、ハプスブルク帝国軍を破った時、ハプスブルク家はヴェネツィアも失った。中立を守ってもらうのと引き換えにハプスブルク家はヴェネツィアをフランスに割譲したのだが、その結果はただフランスがヴェネツィアをイタリアに与えるのを眺める羽目となった。

イタリアは統一された国民国家としての君主国になりつつあった。勝利で意気軒昂となったイタリアの愛国者たちは、今度は自分たちの国から外国の影響力をすべて引き揚げさせることを目指し、それにはフランスそのものも含まれていた。一八七〇年、プロイセン王国がフランスを攻撃し、フランス軍は祖国防衛のためにローマから撤退しなければならなかった。いずれにせよ、プロイセン軍はパリに着いた。ベルリンが統一ドイツの首都となったのと同じように、一八七一年にローマは統一されたイタリアの首都になった。ヨーロッパの覇権をめぐって歴史的なライバルであったフランスとハプスブルクが、両者とも鼻をへし折られてしまい、新しいドイツはヨーロッパ大陸で並ぶもののない覇者となった。大公女マリア・テレジアの父方、母方どちらの祖父も、かつてイタリアの領土を統治していた（トスカーナ大公と両シチリア王）。しかし、統一されたイタリア王国の成立によって、相続する領土がまったくない継承権を持つ家系が二つ残されたのである。要するに彼女のシュテファンとの結婚は、もはやハプスブルク家が統治することのないイタリアからの撤退であった。

そうした民族主義という悪夢が始まってはまずいので、夢の絵は一八一五年で終わらせなければならなかったのである。フランツ・ヨーゼフ一世はすでにあるものを維持しようとする警察国家に生まれ、革命の年に王位に就いた。彼の治世に見られたのは、平和ではなく敗北、安定ではなく喪失、世界的な強国ではなく激しい排他主義であった。フランツ・ヨーゼフ一世以外の君主は、誰もが民族主義を身に付け、民族国家的な君主国を創ることによって、近代ヨーロッパにおいて栄光ある場所を見出したように思えた。

こうしたことはどれも、夢の絵の題材として相応しくないように見えたのである。戯曲の中では、フランツ・ヨーゼフ一世が統治した六〇年間は、夢の絵とは違った技法によって示されなければならなかった。『皇帝の夢』の終幕近くで、ルドルフ一世自身が夢の絵に満足したと口にし、それ以外の物語を聞きたいと求める。そして、ルドルフ一世が自ら進んで栄光の新しい測り方、つまり領土の拡大を必要とせず、したがってフランツ・ヨーゼフ一世をハプスブルク家で最も偉大な統治者として奉ることのできる方法を提示する。皇帝フランツ・ヨーゼフ一世の方を向いて、両手を広げながら呼びかけるルドルフ一世が、新約聖書から引用しつつ、あらゆる美徳と達成の中でも至高のものとして「愛」をあげるのだ。「未来」もそれに賛同し、ハプスブルク家の一門すべてと同じく、ルドルフ一世とフランツ・ヨーゼフ一世は、ハプスブルク家が統治する民族と民衆のすべてから大いに愛された、と主張するのである。*6

それから、「愛」自身が姿を現す。ドイツ語においては愛は女性名詞であり、舞台の上では「未来」とルドルフ一世に舞台の中央を空けるよう求める女性で表現されている。彼女は、皇帝と彼が治める諸民族について、締めの台詞を口にする。山や谷の上を飛び、川を抜け海を越えながら、フランツ・ヨーゼフ一世の臣民たちが慎ましい日常を送るのを見てきたわ、と「愛」は語る。彼女は安心させるように、彼らは皆自分たちの皇帝を愛しているわ、と伝える。戯曲の最後の言葉は、皇帝への感謝の表現だが、ハプスブルク君主国内のすべての民族と民衆になり代わって「愛」が語る。この時点で観客には、皇帝と名指されているのはもはやルドルフ一世ではなく、フランツ・ヨーゼフ一世であることが、間違いないものとわかる。幕が下りると、観客の視線と拍手喝采は、残らずフランツ・ヨーゼフ一世に向けられた。「愛」は、表面的には罪のないテーマを通して過去と現在を結びつけ、ハプスブルク家の歴史を賛美の口調で締めくくった。[*7]

しかし、それはまるで見当違いというわけではなかった。少なくとも、ハプスブルクが帝冠領（crown-land）や権力、富を意味するかぎり、ハプスブルクの一門は、民族と民衆を愛した。何世紀もの間ハプスブルク家は、いちばん統治しやすいように、望ましい言語を使用してきたし、慣習にも順応してきた。彼らの愛情は、コスモポリタンだったし、差別的ではなく、利己的で思慮に欠け、つまるところある意味では完璧だった。ハプスブルク家は何か一つの民族性から成っている、とはまず言えなかった。幼い頃のヴィリーが理解したように、「私の家族は民族的にはきわめて混じり合ったものであった」のである。ハプスブルク家が民族性のようなものを受け継いでいるというなら、それは彼らの一族そのものであった。現代の民族主義は、家族のメタファーとして機能しており、民族とは父祖の地とか母なる地を共有する兄弟姉妹である、と主張する。ハプスブルク家の一門が、実際に何世紀にもわたり世代を重ねて統治していた間、そのようなメタファーを成り立たせるのに彼らが必要としていたのは何だったのだろうか——さらに、二〇世紀に入っても、ハプスブルク家の皇帝が、何百万人もの臣民から、父、あるいは祖父としてまだ認められていた時には、どうだったのだろうか。ハプスブルクにとっての父祖の地とは、ヨーロッパ中で先祖が足を踏み入れたところであり、世界中で先祖が船を乗り入れたところだった。ハプスブルクの臣民が持つ民族主義については、好きなようにさせることも、辛抱することもできたし、おそらくはいつかは抑制することもできた。[*8]

愛というテーマは、ハプスブルク家の歴史の中で、ある時代から次の時代へという変遷の中で、変貌させてゆくことができた。数世紀間、ハプスブルク家でいわれる愛とは、お輿入れで版図を広げることを意味していた。一九世紀になると、ここでいう愛は、もはやハプスブルク家の妙齢の王女と外国の王との間で結ばれるものではなく、ハプスブルク家支配の諸民族と、彼らの皇帝や王であるフランツ・ヨーゼフ一世との間でのものを指すようになった。愛はもはや帝国を拡大させることはできなかったが、たぶん帝国を維持することはできた。一八四八年以来の、フランツ・ヨーゼフ一世の統治の歴史は、彼の支配下の諸民族の中から民族主義が立ち現れてくる歴史であり、その統治における課題は、民族主義を、より強い忠誠心、つまり彼という人物と王位への忠誠心に調和させることができるかどうかだった。ハプスブルク君主国にはちょうど一ダースもの民族がいたので、民族国家となることはできなかったが、だからこそフランツ・ヨーゼフ一世と歴代政府は、大がかりな国家統一が起きている時代に、民族的な相違に何とか対処する方法を捜し求め、発見したのである。最後の五〇年間はずっと、民族問題における妥協の時代であった。

イタリアとプロイセン王国に戦場で敗れて以降、弱者の立場から交渉する羽目になったフランツ・ヨーゼフ一世と外交使節たちは、いろいろな国に対して相次いで妥協を重ねた。一八五九年にイタリアに敗れた衝撃の後、皇帝フランツ・ヨーゼフ一世は、一八六〇年に憲法とも言うべき「一〇月勅書」を公布した。これは、ハプスブルク家の諸領邦の地方議会に、ある程度の権限を与えるもので、それによって、以前よりハプスブルク君主国に属してきた諸民族の由緒ある貴族階級を慰撫するためのものだった。この勅書は、皇帝の権力は原則的には絶対であるが、運用面では地方毎の権威の拠りて立つところと調和させることができる、と言明していた。一八六六年にプロイセン王国に敗れた後、フランツ・ヨーゼフ一世は、ハプスブルク君主国内の貴族階級の強い民族の中でも最も巨大にしてかつ最も扱いが難しいハンガリー人との間で、折り合いをつけた。一八四八年のハンガリー革命は、飛び抜けて深刻なものだった。一八六七年の

「アウスグライヒ」（妥協）によって、ハンガリーの貴族階級は、ハプスブルク帝国の半分以上の支配権を得た。[*9]

一八六七年以降、ハプスブルク君主国は、オーストリア＝ハンガリー二重帝国と呼ばれ、帝国内の諸民族の歴史が分かれることになった。ハンガリーは、権力と富をハンガリー人の上流階級が手にし続けることを意図し、中央集権的政治体制の道を辿った。特に名前をつけられていなかったが、現在「オーストリア」と通常呼ばれる、帝国のもう半分の方では、ハンガリーとは異なる原理が優勢だった。オーストリアは、豊満な女性が岩に腰掛けるようにしてハンガリーの北東から南西にかけて覆いかぶさっている形の、奇妙な国家だった。北東部のガリツィア地方は、ポーランドから奪ったところで、ポーランド人、ウクライナ人、ユダヤ人が居住しており、南西部のイストリア半島やダルマチア地方は、以前ヴェネツィア共和国が所有していたところで、クロアチア人、スロヴェニア人、イタリア人が住んでいる――といったように、オーストリアは多様な諸領邦を含んでいた。それらの間に、古くからのハプスブルク家世襲領があり、ドイツ人やチェコ人が中心となる諸領邦であった。ユダヤ人はどこにでもいたが、特にガリツィア地方やウィーンに大勢居住していた。実際のところ、どの民族もほとんどすべての地域に存在していたのである。同化や二言語使用が広く行き渡っていた。帝国の官吏や将校の大部分が、自分たちは民族を超越しており、ハプスブルク朝の忠実な臣下であると考えていた。

フランツ・ヨーゼフ一世の民族政策は、夢の絵にはそぐわなかったが、ある種の威厳は保っていた。彼は壮大で前例のない実験を統轄していた。つまり、たくさんの民族からなるヨーロッパ世界で、多民族帝国なるものが生き残ることができるのか、さらには、もし生き残れるとしたら、それはいかなる方針に基づくのか、という実験である。第一の方針は、伝統的な自治権を要求する多数の貴族階級を抱える「歴史

ある民族」、つまりはかつて国家を持った民族と妥協する、というものだった。ハプスブルク家は、ハンガリーの貴族階級にハンガリー領土内での統治権を与えると、すぐにガリツィア地方の行政権もポーランド人に手渡した。第二の方針は、これらのきわめて強固な貴族階級を持つ民族とバランスをとるために、小農階級を支援することだった。一八四八年に、フランツ・ヨーゼフ一世は、農奴制の名残を一掃していた。一八六七年には、すべての民族を公的に平等にする、という憲法を公布した。一八七九年からは、フランツ・ヨーゼフ一世の閣僚たちは、平等な選挙権を成人男子全員に段階的に拡大させることを始め、一九〇七

年の選挙には完全な男子普通選挙を施行するに至った。議会の下院は、ハプスブルク君主国内の貴族階級ではなく、各民族の一般人口を代表するようになったのである。

第三の方針は、チェコ人と絶えず交渉することだった。チェコ人は、ハプスブルク君主国中央部の、ボヘミア地方とモラヴィア地方に住み、彼らの地は最も豊かで最も重い税を課せられていた。チェコ人は、彼らが何者であり、どこに住んでいるのか、ということだけでなく、何を代表しているのか、という点でも重要な存在だった。彼らはスラブ系民族であり、そのことによって君主国の未来を象徴していた。今やハプスブルク家は、ドイツやイタリアから切り離されてしまい、人口の面でスラブ系が優勢となる帝国を統治する運命にあったからである。ハプスブルク君主国の人口のほぼ半分は、スラブ系（チェコ人、ポーランド人、ウクライナ人、スロヴェニア人、クロアチア人、セルビア人）だった。そして、ほぼ四分の一ずつが、ドイツ人とハンガリー人だった。ハプスブルク家は、スラブ系の臣民から寄せられる忠誠心を維持しなければならなかったが、それは、野心的なチェコ人の民族主義的な運動を満足させる、ということを意味していた。それぞれのスラブ系民族を満足させなければ、彼らはハプスブルク朝をドイツ系民族による抑圧的な王朝と見なし、ハプスブルク家に対抗して団結するかもしれなかった。また、スラブ系民族は、ハプスブルク君主国の版図を越えて、ロシア帝国、あるいはセルビア王国のようなスラブ系国家との連携を決意する可能性もあった。シュテファンの故郷であるモラヴィア領邦では、一九〇五年に、ドイツ人とチェコ人が政治的集団として分離され、成人には別々の選挙が、子どもには別々の学校が与えられることになった。[*10]

二〇世紀初頭は、民族再生の時代であったが、それは、詩人や歴史家が、大衆を一つのまとまった運動へと引き込むことを意図して民族の歴史を作り出したからだった。民族のドラマにはつねに三幕が必要だった。外国人の侵略によって終わりを告げた過去の黄金時代、外国人の圧政によって闇に覆われた現在、そして、解放運動によってはっきりとした姿を現す未来、という三幕である。劇作家たちが、民衆の間に伝わる民族という藁をなって、忘れ去られた栄光という黄金を紡ぎ出す様子を、昔から自身が錬金術師であったハプスブルク家は、専門家としての関心をもって注視していた。ハプスブルク家は、すべての民族のそうしたドラマの「圧政の一幕」については、その地域における視点から配役が振られることを望んでいた。たとえば、チェコ人が、ハプスブルク家を圧政的なドイツ系王朝と見なすのでなく、自分たちの不満をその地域のドイツ人に限定してぶつける、あるいは、ウクライナ人が、自分たちの尊厳が傷つけられているのは、ポーランド人に統治権を与えたハプスブルク家ではなく、ガリツィア地方のポーランド貴族たちによってだと考える、というように。芝居の筋書きがそのように書かれれば、ハプスブルク君主国は、退場の指示を出されかねない俳優の役としてではなく、民族のドラマが上演されているヨーロッパという舞台そのものとして登場することも可能だったのである。

ハプスブルクは、貴族階級が有力な民族との妥協を重ねることによって、完全な民族的独立を要求し始める前にそれら民族を満足させたい、と思っていた。そして、小作農がほとんどという民族を支援することによって、彼らが政治に参加しだしたその暁には、民衆を惹きつけたいと考えていた。ハプスブルク家は、こうした小作農階級は、民主政治の時代に帝国への忠誠心という伝統的な体質を持ち込んでくれるのではないか、と考えていたのである。オーストリア帝冠領の諸領邦でのことなら、ウィーンを審判者《アービター》として、諍いにおける双方の言い分に耳を傾けて、妥協策を持ち出すこともできた。貴族階級の有力な民族と小作農がほとんどという民族のバランスを取り、双方から忠誠心を獲得し、彼らの不満をウィーンから逸らして互いに向け合うようにさせることで、ハプスブルク家は両者の中央に居座り続けるつもりだったのである。

このようにして民族主義という近代政治の世界に適応しようとしたにもかかわらず、フランツ・ヨーゼフ一世は、かつてセオドア・ローズベルトに語ったように、最後の旧来型君主となった。フランツ・ヨーゼフ一世を称賛するある伝記作家は、自分の生きた時代の思潮についてまるで知識がなかったからこそ彼は堅固だったのだ、と書いている。この皇帝は、電話もエレベーターも使おうとしなかった。夜分に具合が悪くなった時でさえも、侍医が正式なフロックコートにきちんと身を包んでいなければ、診察を受けようとはしなかった。王権神授説を主張して、絶対的な支配者であり続けた。憲法、成年男子の選挙権、それどころか議会そのものが、主権者たる君主が臣民に与える恩恵にすぎない、と理解されるべきであった。与えても良いが、取り上げることも可能だったのである。この君主は、自ら与えた憲法に則って、また議会が通した法に沿って統治することを選んだ。フランツ・ヨーゼフ一世は、選挙権を徐々に拡大させることを認めたが、そのことが自身の実際上の権力を強めることになる、と信じてのことだった。彼のモットーは、「力を合わせて」という意味のラテン語、「フィリブス・ウニティス」(Viribus unitis)であった。

フランツ・ヨーゼフ一世の統治における成功というのは、十分に現実味があったにもかかわらず、夢の絵としては魅力を欠いていた。それゆえ、終幕で、フランツ・ヨーゼフの世紀が劇中に現れなかったことを演劇的な迫力で覆い隠すために、ルドルフ一世はフランツ・ヨーゼフ一世の方を向いて両手を広げながら呼びかけるのだ。さらには終幕のエンディングに「愛」を登場させた。「愛」は科白を独り占めにして、観客の意識を自分たちの君主に向けさせたのである。もちろん、観客の誰もが、帝国内部の複雑な取り決めは、せめぎ合う力の間の妥協によるものだ、ということをわかっていた。古い民族は地方議会を与えられ、新しい民族は帝国議会への投票権をそれぞれ与えられた。古い民族は閣僚を、新しい民族は自分たちを代表して革新的な法律を立案する議員を、フランツ・ヨーゼフ一世の下に送り込んだ。古い民族は、皇帝の側近の地位を、新しい民族は、次世代のための錬成の場を手に入れたのであった。それぞれの妥協は、必然的に一つの危機を解決すると同時に、他のいくつもの危機の元となるが、そこで生じた危険には、ハプスブルク君主国の法的・政治的枠組みの範囲内で対応することができた。心地良くはないが、容認はできるそのような現実が、手頃な成功という好機をつかむ民族主義者と、数十年間の権力を得た皇帝の双方を喜ばせることになった。そうした現実は長い間続いたし、もっと長く続く可能性もあったのである。[*11]

シュテファン大公は、彼なりの不安を抱えつつも、自分の枡席から拍手を送っていた。愛が民族主義との妥協を意味することを理解していたし、愛も妥協も全面的に支持していた。しかし、民族主義との妥協の時代に終わりが近づいているのではないか、と不安も感じていたのである。さまざまな民族がそれぞれの特色を表に出したり、自分の要求を声高に主張したり、紛争を解決したりすることができる――そうしたハプスブルク君主国という舞台には、日の差さない裏口があることを彼は知っていた。

民族主義との妥協は、ハプスブルクの版図の中ではほどよく機能していたが、ハプスブルク君主国の外側からもたらされる民族主義的挑戦を抑えることはできなかった。すでに北部と西部の国境近辺の民族主義は、ドイツやイタリアからハプスブルク家を追い出していたが、別の脅威が東部や南部に迫っていたのである。ドイツやイタリアの統一は完成していたが、別の二つはまだであった。ポーランド、そして南スラブ、つまりユーゴスラブの統一である。バルカン半島に所領を持っていたシュテファンにとって、ハプスブルク君主国の南にある隣国で、ハプスブルク朝を嫌悪し、その領土を欲する王朝が統治するセルビア王国は、最大の心配の種だった。ハプスブルク君主国とセルビア王国の間には、ボスニアとヘルツェゴヴィナという係争の地が横たわっていたが、ハプスブルクは、数週間前の一九〇八年一〇月六日に、その二つを併合していた。一九〇八年一二月のこの時、新聞各紙の紙面は、戦争の噂で持ちきりだった。当夜のウィーン帝立王宮歌劇場には、セルビア王国に対する防止的な戦争の遂行を望む、ハプスブルク帝国軍参謀本部長も出席していた。[*12]

『皇帝の夢』に送られる拍手喝采が鳴り止んだ時、フランツ・ヨーゼフ一世の元に悪い知らせが届いた。ウィーンでは、彼のもとの諸民族に加えて、その時代をも称える歌劇を上演し、フランツ・ヨーゼフ一世に黄金の光を浴びせていた。しかしながら、彼の在位六〇年の祝典は、帝国内のすべての場所でウィーンのように平和裡に祝われていたわけではなかったのである。同時刻に同じ戯曲が上演されていたプラハでは、チェコ人が異議を唱えて暴動を起こしていた。祝典を彩るように掲げられていた黒と金色のハプスブルクの旗は、ひきちぎられて下ろされ、神聖を穢されていた。時には旗が燃やされることもあったが、それと同じことがセルビアでも同時に起こっていた。実際、チェコ人の中には、セルビアの大義を自分たちの大義とした者たちもいたのである。彼らは、オーストリアによるボスニアとヘルツェゴヴィナの併合に抗議して、「セルビア王国よ、永遠なれ！」と叫んでいた。[*13]

フランツ・ヨーゼフ一世は、この件についてろくに考えを巡らせはしなかった。プラハには戒厳令が敷かれた。ウィーンでは、帝立宮廷歌劇場でふたたび幕が上がり、オペラの次の演目が始まっていた。「故国から」という軽やかなバレエの曲に乗って、民族衣装に身を包んだ踊り手と歌手が、それぞれの民族の皇帝への愛を表現しながら舞台を横切っていった。しまいに、彼らは固まって巨大な合唱団となり、皇帝の方を向いて、各民族が一つにまとまって忠誠を誓うことを宣言した。シュテファンは、桟敷の自分の席から踊り手たちをじっと見ていた。多様な民族衣装によって表現されている、ハプスブルク君主国に属する一二の民族を見ていた。彼は、ハプスブルク家の王子の徴《しるし》である、金羊毛騎士団の頸章をつけていたが、衣装は変えることができるということを知っていた。彼自身、より意外性のある変化の方が好きだった。ガリツィア地方に戻れば、自分の城では、突然仮装舞踏会開催の告知をするのを好んでいた。彼自身はいつも、利口者の道化師といった滑稽な扮装をして、姿を現したものだった。

シュテファンは、皇帝フランツ・ヨーゼフ一世の夢が、どのようなものであるか理解していた。民族主義とは関わりなく、統治者に献身的な諸民族からなる帝国、という夢である。シュテファンにも自分の夢があった。民族主義を避けて通ることはできないし、国家統一も必然的なものであるが、それが必ずしもハプスブルク家を弱体化させるとは限らなかった。ドイツとイタリアは、己が民族主義によって反ハプスブルクになっていたが、ポーランドと南スラブは以前のままであった。これらは、一八一五年のウィーン会議によって抑圧され、夢の絵の中でも伏せられていた民族問題だったが、結局はフランツ・ヨーゼフ一世の存命中に、銃弾と銃剣でもって突きつけられる結果となった。フランツ・ヨーゼフ一世は、すでに妥協こそが永続性の鍵となることに気づいていた。しかし、ハプスブルク一族の中には、静的な夢の絵の涼しげな色彩の上に、民族主義の熱情という燃えるような色の絵の具が塗りつけられていることに気づいた者はまだ一人もいなかったし、民族解放に向かう行進曲の力強いメロディーと、伝統ある帝国の穏やかなハーモニーとを調和させせた者もいなかった。

ポーランドは最後の、そして最大の希望として残っている、とシュテファンは信じていた。民族主義との妥協と、帝国の栄光とを一致させる方法を見つけた、と思っていた。自身をポーランドの大義に捧げることで、民族主義との妥協を自分の中でも行うつもりだった。臣下となる民族からの崇拝を座して待つのではなく、自分からその民族に加わろうとした。民族主義的な政治という手荒い現実のための舞台としてのハプスブルク君主国を捨て、祝典後には首都ウィーンを発って、ハプスブルク家の大公としてというだけでなく、ポーランドの王子としてガリツィア領邦に帰還するつもりだった。彼はすでにポーランド語を習得していたし、ポーランドの美術や歴史も勉強していた。自分の城をポーランド風に改築し、子どもたちのためにポーランド人の家庭教師を雇っていた。三人の娘は、ポーランド貴族の御曹司たちの訪問を受けていた。シュテファンは、来るべきバルカン半島での戦争では、自分は戦いに加わらぬつもりだった。それよりも、子どもたちが結婚するのを見守っていたかったからである。彼は、その民族が王家を必要とするかどうかはまだわからないのに、王家を創設しようとしていた。

ポーランドはシュテファンが心に思い描いた王国であり、彼は豊かな想像力を持っていた。そして、それまでの人生で豊富な体験もしてきていた。モラヴィアでの幼少年時代には、プロイセン人がハプスブルク家の面目を失わせ、自分たちのドイツ国家を建設するのを眺めていた。青年時代には、イタリア半島のハプスブルク家の権力が失墜した地から逃亡してきた王女と結婚した。シュテファンは彼女をアドリア海沿岸の宮殿に連れて行ったが、そこで彼らが目にしたのは、セルビア王国の隆盛とユーゴスラビア統一という脅威だった。次はポーランドの番に違いなかった。シュテファンはそれに備えるつもりであったが、彼の家族もそうさせるつもりだった。

末息子のヴィリーも豊かな想像力を持っていた。子どもたちの中で、シュテファンの空想的な感性を最もよく受け継いでいたのがヴィリーだった。父の計画を理解し、模倣するのに十分な程の成長を遂げており、また父に反抗できるくらいにまで大人になっていた。ヴィリーの反抗は、ガリツィア領邦から、ハプスブルク君主国の中でもはるか北の寒冷な部分にある城から始まるが、そこで彼は、ウクライナ人という、父が無視した民族に愛情を注ぐことを選択する。しかし、ヴィルヘルムのウクライナという夢の始まりは、父のポーランドという夢の始まりと同じ様に、帝国南部のアドリア海の温暖な海辺に見出すことができる。そここそが、波に映える黄金色の日差しのように、彼らなりの夢の絵が揺らめき動きだすところだった。

BLUE

# 海辺の幼少年時代

時は、一九〇八年一二月のことだった。シュテファン・フォン・ハプスブルクは、ウィーン帝立宮廷歌劇場の枡席で、金羊毛騎士団の頸章をつけ、『皇帝の夢』を鑑賞していた。舞台上では、「未来」が、来るべきハプスブルク家の栄光をお見せしようと、数世紀の時間を超えて皇帝ルドルフ一世を差し招いていた。戦場での勝利、大都市の勃興、通商の隆盛が、ルドルフ一世の前に現れた。終幕の閉じる前に、「未来」はアドリア海をしぐさで指したが、そこには「アドリア海の青々とした波の上に浮かび、港の鬱蒼としたイトスギの林を通りすぎて来る、無敵な海軍の輝かしい艦隊」が登場していた。シュテファンは、その海を航海し、そのイトスギを植え、その海軍に属していたことがあった。その青い世界は、彼が子どもたちを育てた世界だった。そこは、シュテファンの末息子のヴィルヘルムが、幼少年時代のほとんどを過ごした場所であった。

時あらたまって、一九三四年七月のことだった。ヴィルヘルム・フォン・ハプスブルクは、モンマルトルにある派手なクラブで、父から譲り受けた遺産を使っていた。建物は赤い光に彩られていたが、ムーラン・ルージュのまさに赤い風車は、暗くなりつつある空に物憂げな弧を描いていた。ヴィルヘルムは席に着いて、名士の生活のルポを書いているジャーナリストの友人と喋っていた。ある時ヴィルヘルムは、時計で時間を確かめようとして腕を上げた。すると、袖口がまくれて錨の刺青が露になった。すぐ隣のテーブルにいた女性が、驚いてはっと息を飲んだ。粗野な水夫と席が同じだと思い、彼女は給仕長を呼んで苦情を言った。ヴィルヘルムと友人は大笑いしたが、翌日パリの新聞を読んだ者たちも、この話でくすくす笑うことができた。

さらに時は下って、一九四七年八月のことだった。ヴィルヘルム・フォン・ハプスブルクは、ソヴィエトの監獄に向けて走る、標識のついていない車の後部座席に座っていた。警備の者たちは、ヴィルヘルムの腕から時計を外した時、その下に錨の刺青があることに気づいたに違いない。その後の尋問の際、ヴィルヘルムは父シュテファンと、海辺で過ごした幼少年時代とについて触れた。彼がウクライナの民族主義者であり、よってスターリンの敵であることを証明することにしか興味のない尋問者にとって、そんな話は何の意味もなかった。彼は確かにウクライナの民族主義者であったが、いかにしてそうなったのだろうか？　ヴィルヘルムの、属する国を探す旅は、父の影響の下、ハプスブルク家が統治する温暖な地の海辺から始まった。その刺青が物語るものは、父と息子の両者を形成した、海軍国家への忘れられてしまった探究である。錨の刺青は、ヴィルヘルムの物語が終わる際に彼の腕についていたが、ヴィルヘルムの物語の始まりをも示唆しているのである。[*1]

シュテファンとヴィルヘルムは、ハプスブルク家の中で海を支配しようとした最後の者たちであったが、彼らが最初というわけではなかった。ハプスブルク帝国は、栄華をきわめていた一六世紀に、世界の海軍力の頂点に立っていた。一八世紀までには、スペイン、ポルトガル、オランダを失い、ハプスブルクは没落してヨーロッパのみに存在し、「日の沈まぬ帝国」を名乗る資格はなくなった。ただ、ナポレオンに勝利したことで、アドリア海の西海岸と東海岸に、歓迎すべき海への進出路を手にした。ハプスブルク帝国は、ヴェネツィアを海軍基地とし、主要な港とした。その後、一八四八年革命の時、イタリアの反乱者がヴェネツィアにあるハプスブルクの海軍工廠の指揮官を殺害した。それでハプスブルク帝国にとってはもっと良い港が、帝国海軍にとってはもっと安全な基地が必要となったのであった。[*2]

ハプスブルク帝国は、アドリア海の北端に、近代的な海港としてトリエステの町を再建した。一八五九年になると、トリエステはウィーンと鉄道で結ばれ、さらに一八六九年にスエズ運河が開通した後は、トリエステの船舶はアジアやアフリカまで航海することができるようになった。これら二つの段階を速やかに経ることで、ハプスブルク帝国はグローバリゼーションの時代に入った。この頃と同じ一八五〇年代から六〇年代、ハプスブルク帝国は、アドリア海の東海岸に、海軍基地としてプーラの村を再建した。建設が始まった頃、プーラには数百人が住んでいたが、それ以上の数の亡霊も住んでいた。金羊毛の神話で、メデイアが弟を裏切り、イアソンの手によって死に至らしめた、というのはこの地のことだった。プーラは、古代ローマ時代には公開広場があり、ビザンツ帝国、さらには神聖ローマ帝国の州行政府が置かれた地であった。その後、ゆったりと五〇〇年の時が流れ、昔ながらの生活様式に逆行していった。再建が始まると、プーラにある古代ローマ時代の廃墟では、山羊の鳴き声がこだました。二〇年の間に、プーラは、トリエステのように、数万の住民を抱える、近代的で多民族的な都市になった。[*3]

この新しいアドリア海の帝国は、イタリアの民族主義から身を守らねばならなかった。イタリアは、一八四八年にハプスブルク帝国に対して反乱を起こし、一八五九年にはこれを打ち破っていた。イタリア統一運動は、ここまでいけば完成という見通しのないプロセスだった。イタリアの愛国主義者にとっては、新しい王国は、アドリア海周辺を、トリエステ、プーラ、そして東の海岸沿いにさらに南下して領土を拡大すべきと思えた。イタリア人の思いの中では、アドリア海の東海岸と西海岸との間に違いはなかった。ハプスブルク帝国の支配下であっても、アドリア海東海岸の都市では、何世紀にもわたるヴェネツィア共和国の統治の遺産としてイタリア語が話されていた。海軍がイタリアと伍すことは、威信のみならず安全

アドリア海のハプスブルク
1908年頃

保障の観点からも喫緊の問題だった。イタリアとの海軍の軍備競争は、ハプスブルク帝国が勝つ見込みのあるもので、実際に勝利を収めた。国家統一の時代は、ハプスブルク帝国に海上支配を推し進めさせることになった。一八六六年の戦争で、ハプスブルク帝国は、ドイツの指導的地位をプロイセン王国に、ヴェネツィアの支配権をイタリア王国に明け渡したが、少なくとも海上ではイタリアを打ち破ったのである。[*4]

ハプスブルク帝国海軍の改革は、皇帝フランツ・ヨーゼフ一世の弟、マクシミリアン大公の仕事だった。一八四八年の革命後、プーラに建設した新しい海軍工廠の最初の礎石を据えたのも、一八五九年の大失敗から、ハプスブルク帝国はアドリア海を支配しなければならないという結論を導き出したのも、近代的な艦隊を所有することは可能であるし必要であることをフランツ・ヨーゼフ一世に納得させたのも、すべてマクシミリアンだった。アメリカの南北戦争で装甲艦が配置されたことを調べ、マクシミリアンは、木造の軍艦の時代は過ぎ去ったことを理解した。彼は、一八六二年の海軍予算の後ろ盾になっていたが、この海軍予算によって、ハプスブルク帝国は来るべき時代に装甲艦艦隊を所有することが保証されたのである。こうしている間ずっと、マクシミリアンはハプスブルク帝国海軍の過去の栄光を思い起こしていた。彼はトリエステに、舷窓のような丸い窓のついた、船に似せた、ミラマール城という宮殿を築いた。内側から見ても、この城は足音を低く静かに響かせ、深海にいるような印象を与えた。城内の廊下は、大西洋世界の支配者であった「スペイン・ハプスブルク」の、彼の先祖の肖像画で飾られた。マクシミリアンは、木造船ノヴァラ号の船員に、大航海時代に手向けるハプスブルク家の最終楽章として、世界一周航海をするよう命令を下した。[*5]

その後、メキシコの皇帝になることで、スペイン・ハプスブルクの偉業を模す機会が、マクシミリアンに訪れた。メキシコはこの時まで独立国であったが、債務があり、ヨーロッパの債権国、特にフランスは回収を望んでいた。フランスは、粒選りのメキシコの名士たちからの、「メキシコに来て、皇帝として自分たちを統治して欲しい」という提案を、マクシミリアンのところに持ってきた。彼は躊躇したが、大公妃が皇后になることを望んだので、最終的に承諾することになった。一八六四年四月、マクシミリアンは、フランス軍の支援を受けつつ、ノヴァラ号でメキシコへ向けて出発した。彼が皇帝となった帝国は、フランスがそれまで一度も鎮圧できたことのなかった共和主義者の反抗を受けた。フランスは一八六七年二月にメキシコから撤退し、マクシミリアンは同年五月にメキシコの共和主義者に捕らわれた。彼がハプスブルク一門の特別な権利について思い起こさせようとすると、捕らえた連中は一笑に付した。かつて彼は、共和主義者の指導者に死刑を宣したことがあったが、今度は彼自身が死刑判決を受けたのである。

一八六七年六月一九日の朝、ケレタロにある砂丘の上で、七発の銃声が響いた。そのうちの五発がマクシミリアンの体に命中した。倒れた後にもまだ息があって、おそらくは統治するために覚えたスペイン語であったろうが言葉も発していたので、将校がサーベルでマクシミリアンの心臓を指し示した。一人の兵士が情けをかけて止めの一発を撃ち込むと、マクシミリアンのメキシコ帝国はもはや存在しなくなった。最後までマクシミリアンは確たる尊厳を守り抜いた。死刑執行の前、彼は七人の処刑人それぞれに許しを与え、全員に金貨を渡して頭を撃たないように頼んだ。マクシミリアンの亡きがらを載せて、ノヴァラ号はオーストリアに帰還した。[*6]

メキシコの政府転覆によって、ハプスブルク帝国海軍は、偉大な指導者を失ったし、ハプスブルク一族の内部において海軍の特別な利益を代表していた大公を失う羽目にもなった。けれども、マクシミリアンの立派な後継者になりそうな若き大公シュテファンが、次の世代から出てきたように見えた。一八六〇年生まれのシュテファンは、ハプスブルク一門の中で、武人を輩出してきた家系の出身で、アスペルンでナポレオンに勝利したカール・フォン・ハプスブルク大公の孫にあたった。一八七四年の父の死後、シュテファンは、ハプスブルク帝国陸軍元帥で、相当な軍事戦略家であった伯父のアルブレヒト大公の養子として育てられた。アルブレヒト大公は、シュテファンら三人の兄弟を、指導者にすべく育て上げた。シュテファンの兄フリードリヒは、陸軍元帥になった。もう一人の兄弟である弟のオイゲンは、ドイツ騎士団の総長《グランドマスター》になった。姉のマリア・クリスチーナは、マクシミリアンが失敗していたところで、成功を収めた。スペイン王アルフォンソ一二世と結婚し、ハプスブルク家のスペインとの繋がりを復活させたのである。[*7]

上背があって活発で筋骨たくましいシュテファンは、アドリア海をハプスブルク帝国の支配下に置く、というマクシミリアンが手掛けた別の任務を引き継ぐため、海軍に送られた。一八七九年、帝国海軍士官学校での二年間を卒《お》えて、将校に任命された。彼が易々と階級を上げていっても、若い士官たちの間では人気を保ち続けた。上官からはそれほど人気者ではなかったかもしれないが。彼は、海軍とは公的な繋がりのないヨット競技の振興団体である、「インペリアル・アンド・ロイヤル・ヨット・スクワドロン」の創立メンバーの一人だった。当時、ほとんどの貴族は、ヨット競技をブルジョワ趣味のきわみだと感じていたので、シュテファンがこのスポーツを支援したことは、彼が進歩的な視点を持っていたことを表していた。彼はモダンな心証を有する男だと思われていたのである。[*8]

シュテファンは、恋愛面においては古風で、トスカーナの王女である、マリア・テレジア・フォン・ハプスブルク大公女に求愛した。彼女の父方の祖父は、一八五九年に転覆された最後のトスカーナ大公で、ハプスブルク=ロートリンゲン家のレオポルド二世だった。マリア・テレジアの母方の祖父は、両シチリア王で、一八四八年の反乱に対して過酷な鎮圧をしたことで「砲撃王」として知られる、ブルボン家のフェルディナント二世だった。一八六二年生まれのマリア・テレジアが少女であった頃に、イタリアは外国の王朝など必要としない、統一王国となっていった。マリア・テレジアは、シュテファンに求婚されて幸運であった。シュテファンに従って、プーラへ、つまりハプスブルク帝国が支配するアドリア海へついてゆけば、彼女は母語であるイタリア語を使い続けることができるからである。この二人の結婚は、海洋大国になるという野心を、ハプスブルク帝国が持ち続けていることを表していた。

マリア・テレジアは、求婚者とかなり近い血縁関係にあった。シュテファンの祖父のカール大公は、彼女の曽祖父でもあったのである。したがって、マリア・テレジアとシュテファンは「いとこちがい」の関係だった。これは、ハプスブルク家の婚姻に関するしきたりにおいて、最善の形であった。ハプスブルク家の人間同士の結婚は、対等結婚であり、間違いなくウィーンの宮廷を満足させるものだった。皇帝フランツ・ヨーゼフ一世は、すぐさま各国のトップに直筆の結婚通知状を発送するとともに、このカップルに純銀製の食器一式を贈った。アメリカ大統領のグロバー・クリーブランドは、シュテファンとマリア・テレジアが幸せな結婚生活を送ることを祈る返書を送った。二人の結婚生活は、前途洋々であった。彼らは、一八八六年二月二八日に、ウィーンのホーフブルク王宮で結婚した。シュテファンは、わずかながらも己が身分を上回る結婚をしたことになる。というのは、シュテファンの花嫁は、彼よりも皇帝との血縁関係が近く、よって帝室との関係も夫よりも近しいものだったからである。マリア・テレジアは、アドリア海の支配、というハプスブルク家の新たな野望の中心に置かれた。夫妻はプーラに居を構えた。時代に即した野望を叶えるべく、ハプスブルク一族の新たな家系を創始するという任を、新婚夫妻は完全に委ねられたのである。*9

シュテファンとマリア・テレジアの、ハプスブルク家同士の結婚は、厄介続きの時代にあった王朝にとって、ささやかな喜びの種であった。ハプスブルク帝国の版図が縮小されつつあったことで二人は結婚したのだったが、花嫁は、ハプスブルク帝国が支配するアドリア海にイタリアの代替地を見出すことになり、花婿は、ハプスブルク帝国の陸軍の相次ぐ敗北を補うものを、近代化され強化されつつある海軍に見出すことになった。いずれ探検に乗り出すことが約束されている海軍の艦隊によって、少なくとも、国際的な強国としての地位への返り咲きの様相を示すことができた。シュテファン自身も、若い頃は地中海、さらには中南米への航海に、多くの時を費やしていたのである。

けれども、ハプスブルク家のたいがいの者には、ハプスブルク君主国は、二流どころの内陸の帝国であるように思えていたし、責任にがんじがらめにされているように感じることもしばしばだった。フランツ・ヨーゼフ一世治下のハプスブルク君主国は、同盟国であるドイツに鼻をへし折られていたし、統治下の諸民族との妥協で身動きできなくなっていたので、ハプスブルクの一門の小国の王たちや大公たちのほとんどを、満足させることができなかった。そうした状態に陥った帝国は、栄光と引き換えにして国の存続を手にした。ヨーロッパにおいての継続的な安定という当てにならない保証を頼みに、太陽の沈まぬ帝国という昔からの夢を放棄したのだ。ハプスブルク家の大公たちが、王位を獲得するために結婚しようとする相手を得られず、偉大な勝利に向けて率いることのできる軍隊も有していないというのは、数世紀の間で初めてのことだった。彼らは、見たところ征服できそうもないヨーロッパの敵国に囲まれており、皇帝フランツ・ヨーゼフ一世のうわべは果てそうにない長寿によって、帝位の継承からも遠ざけられていた。

兄である皇帝よりもはるかに才能のあったマクシミリアン大公は、メキシコの夢を追い求めて新世界で逝った。皇太子で、フランツ・ヨーゼフ一世の一人息子であったルドルフ大公も、野心に悩まされた。ほとんどの王位継承者と同様に、ルドルフ大公は父親と難しい関係にあった。フランツ・ヨーゼフ一世は、ルドルフが一〇代の頃、この若者を真夜中に銃声で叩き起こし、雪の中を運動させるような家庭教師を是としていた。ルドルフの父親に対する反抗は、行動によるものではなく、思想上のものだった。彼は、人権や諸民族の権利の信奉者だったのである。とはいえ、父が統治しているかぎり、政治に関して自分の意見としては何も言うことはできなかった。ルドルフは、政府の政策を批判する、匿名の新聞記事を書いた。特に、ハプスブルク帝国のドイツとの同盟に憤慨していた。フランスのことを、彼自身支持していた自由主義や民主主義の故国と見なし、ドイツに対するよりも好意を持っていた。また彼は、十中八九、ドイツ皇帝のヴィルヘルム二世に嫉妬していた。ルドルフとヴィルヘルム二世とは半年も年齢が違わなかったが、片方はすでに帝位についていたのである。

一八八八年にルドルフは三〇歳になった。この年齢なのにと恥ずかしく思えたものだ。父が一八歳の若さで即位したことを考えればなおさらである。彼は妻と距離を置き、結婚を取り消したいと思っていた。彼女はルドルフとの間で娘を一人産んでいたが、ルドルフから性病をうつされていたので、彼女がいずれルドルフの息子を産む可能性はまったくなかった。教皇は、婚姻の無効を嘆願するルドルフの書簡を父であるフランツ・ヨーゼフ一世に送ったが、このことはことさらルドルフに、自分が子どものように無力であるということを意識させたに違いなかった。彼はアルコールやモルヒネ、女たちで自分を慰めたが、どれも彼の苦悩を強めただけであった。性病が彼を狂気に向かわせていたのかもしれない。数いる愛人の中で、ギリシャ人との混血の男爵令嬢マリー・ヴェッツェラは、彼のお気に入りではなかった。ルドルフのお気に入りの愛人で、こよなく愛していたであろう相手は、ミッツィ・カスパルだった。ルドルフは、彼女にウィーンの家を一軒与えていたが、彼女がそこに住むと同時に、共通の友人がそこで高級売春宿を経営していた。ルドルフは、こうした悲嘆に暮れる日々に、ミッツィ・カスパルとワイン酒場に通って流行歌を歌い、共にいることで己を慰めていた。それでも、ミッツィは、ルドルフが彼女と心中したいと言うと一笑に付し、思い止まらせたいと考えて警察に通報した。他方、マリー・ヴェッツェラは、これぞまさしく魔性の女《ファムファタール》であった。死に魅了されたルドルフに、本当に実行させてしまったのである。一八八九年一月三〇日、フランツ・ヨーゼフ一世は、一人息子がマイヤーリンクの猟場で死んでいるのが見つかった、という恐ろしい知らせを受けた。検死をした医師は、ルドルフとヴェッツェラが二人とも頭を撃ち抜かれ、ルドルフの右手のそばに銃が転がっているのを確認した。[*10]

皇太子の死によって、皇帝の直系は途絶えてしまった。フランツ・ヨーゼフ一世と、皇后エリーザベトが、その後息子をもうけることはありえなかったのである。皇后は歳をとり過ぎていたし、この夫妻は疎遠になっていた。フランツ・ヨーゼフ一世は、毎朝堅いベッドの上で目を覚まして冷たい水で沐浴し、一日中会議や書類の処理をこなしていた。エリーザベトの方は、一九インチ半のウェストを維持するため、一日中鏡を覗いたり美容体操をしていた。皇后は「私は自分の髪に縛られているのです」と告白した。彼女の髪は踵まで伸びていて、絶えず手入れをする必要があった。彼女は、美貌の女性の写真を集めていて、イスタンブールに駐在しているハプスブルクの外交官に、「トルコのハーレムにいる世界中から集めた美しい女性の写真」を手に入れるよう頼んだりした。また彼女には、少女たちに接吻する嗜好があった。ウィーンから離れて過ごし、しばしば南方のギリシャの島々をめぐる船旅をしていた。一八九〇年代には、彼女はウィーンに姿を現すとなると、年老いた顔をベールで隠していた。一八九八年九月一〇日、ジュネーヴで蒸気船に乗っていた時、エリーザベトは、イタリア人無政府主義者によって、大工用の錐の一突きで殺されてしまった。細長く鋭い刃で心臓を貫かれていたことに気づかず、彼女は内出血で亡くなった。[*11]

皇帝フランツ・ヨーゼフ一世は、弟のマクシミリアン、息子のルドルフ、妻のエリーザベトを失ってしまった。これらは、皇帝の個人の悲劇であったのは確かだが、ハプスブルク朝にとっても試練だったのである。フランツ・ヨーゼフ一世の統治は長期にわたっていたが、いつかは彼の死も必定であった。そうなったら、誰が後を継ぐのだろうか。マクシミリアンを別にして、皇帝にはまだ二人弟がいた。末弟のルートヴィヒ・ヴィクトル大公は、美術品を蒐集したり宮殿を建てたりしたが、これは一人の大公として許容範囲にある気晴らしであった。しかし、彼は、その方が男性を誘惑しやすいというので、女装も好んだ。慎重に行っていれば、この性癖は継承者の資格を失わせるものではなかったかもしれないが、親しい友人たちにはそれらしくもルッツィヴッツィ（Lutziwutzi）と呼ばれていたルートヴィヒ・ヴィクトルは、思慮深さとは無縁だった。ウィーンのツェントラールバート（セントラル・バス・ハウス）で御乱行の度が過ぎた後、ルートヴィヒ・ヴィクトル大公は慌ただしくザルツブルク近郊の城に送られてしまった。彼は自分の仲間にしようとして軍の将校たちをそこに招待し、彼らにズボンを脱がせるためのたくさんの策略を駆使した。こうして、遺された弟はカール・ルートヴィヒ大公だけになったが、彼はきわめて熱心なカトリック信者であったために、かえって死を招く羽目になった。一八九六年、ヨルダン川の、神聖だが汚れた水を飲んだ後、彼は亡くなった。

それでも、次の皇太子を儲けていたのはカール・ルートヴィヒであった。彼は、三人の妻のうち二番目の妻によって、三人の息子の父親となっていた。フランツ・フェルディナント、オットー・フランツ、フェルディナント・カールである。三人の中で最も有名なオットー・フランツは、カフェで裸になって踊る癖があり、一度など、椀に入ったほうれん草を皇帝の胸像にかけたことがあった。もう一つ、自分の妊娠中の妻を侮辱したというのも皇帝の気に障り、オットー・フランツは皇帝に横面を張られた。葬列の中の棺を愛馬で飛び越えようとしたのは、オットー・フランツか長男のフランツ・フェルディナントであったのか、はっきりしていない。それはともかく、オットー・フランツほど刺激的ではなかったが、フランツ・フェルディナントも、やはり情緒不安で悪名高かった。それでもフランツ・フェルディナントは活発だったし、何よりいちばん年嵩の甥だったので、皇太子となった。[*12]

オットー・フランツは梅毒に罹っていて、悲惨な死に方をした。兄である皇太子、フランツ・フェルディナントは結核に悩まされていたので、転地療養のために南方のアドリア海に行った。そこで彼は母方の従妹であるマリア・テレジアに会い、彼女の夫のシュテファンとともに船旅をした。フランツ・フェルディナントは、一行の中に彼が後にしてきたものとはまったく違う雰囲気を見出した。帝国首都のウィーンから遠く離れた、プーラという温暖で安全な港で、シュテファンとマリア・テレジアは、彼ら自身の立派な家系を築き、ハプスブルク一族の空気を新しくしつつあった。彼らの間に子どもができるまで長くはかからず、九年間で六人の子どもが生まれた。

最初の子どもは娘のエレオノーラで、一八八六年に生まれた。最初の息子、カール・アルブレヒトは、一八八八年、ルドルフが自殺する数ヶ月前に生まれた。カール・アルブレヒトは、ハプスブルク家の二人の軍事的英雄にちなんで名づけられた。カールというのは、父の伯父で後見人でもある人物の名前で、カールというのは、父の祖父で母の曽祖父でもあった人物の名前であった。このようにして名前を選ぶのは伝統的なものであり、遡った世代に対して敬意を表することだった。アルブレヒトという名前については、当人がまだ生きており、きわめて抜け目のない名前の付け方でもあった。シュテファンは、この時点では最も裕福な大公の一人、というわけではなかったが、養父のアルブレヒト大公が亡くなった折りには、莫大な遺産を相続する立場にあったのである。カール・アルブレヒトの後に、マリア・テレジアは二人の娘を生んだ。レナータとメヒティルディスである。メヒティルディスも、アルブレヒト大公に敬意を表して名づけられた。アルブレヒト大公の娘だったメヒティルディスは、タバコを吸っているのを父から隠そうとして、自分のドレスに火を付けてしまうという事故で亡くなっていた。

シュテファンは将来築く王朝についての計画を持っており、年下の息子二人の名前の付け方には、彼の強力な政治的構想力が表れていた。一八九三年生まれの次男は、レオ・カール・マリア・キリル・メトートと命名された。キリルとメトート、すなわちシリルとメソディアスというのは、カトリック教会のではなく、対立関係にある東方正教会のではあったが、兄弟の聖人であった。この兄弟は、一〇〇〇年前にスラブ民族への布教活動を行った宣教師で、東方正教会の奉神礼において伝統的に使われるものとなった古代教会スラブ語を創った。彼らの生涯は、一〇五四年のキリスト教の大シスマ（東西教会の分裂）以前であったが、分裂以降兄弟の業績は、東方正教会と結びつけて考えられるようになっていた。レオは、二人の聖人の祭日である七月五日に生まれた。古くから東方正教会によって祝われてきた祝日だったが、バルカン諸国の東方正教会信者の住民に対する影響力獲得のためのカトリック教会による戦術的な手段として、一八八〇年に列聖され、この祝日が認められたばかりだった。教皇レオ一三世がその変革を命じたのだが、レオのファーストネームは教皇の名からとったように見える。そして、サードネームであるマリアは、当時のバルカン諸国において東方正教会よりもカトリック教会によって崇められ重んじられていた聖母マリアと、明らかに関わっていよう。しかし、言い伝えによると、シリルとメソディアス兄弟の父親はレオという名であり、母親はマリアであった。それゆえ、レオとマリアという二つの名は、その時点での教皇の名と聖母マリアとつながるカトリック的要素であるが、東方正教会にちなんでいるとも解釈できたのである。これらの四つの名前（レオ、マリア、キリル、メトート）は、東方正教会の二人の聖人とその両親の名前である、と見ることも可能であった。[*13]

この名前は、キリスト教の中に存在する巨大な亀裂に橋を渡した。一〇五四年から、ヨーロッパのキリスト教世界は、ずっと東西に分けられてきた。シュテファンの息子レオは、ヨーロッパにおいてカトリックを信仰する最も重要な一族の後継者であったが、いつか東方正教会に対しても訴求力を持つために、そのように名づけられたのである。一九世紀末期のバルカン諸国では、宗教と関連づけるのは、ある種民族政策のようなものだった。シュテファンは、「東方問題」という当時最も喫緊の外交問題に対し、ハプスブルク家の答えの一つを提示していたのだった。ヨーロッパ南東部で、ハプスブルク帝国の古くからの敵手であるオスマン帝国が衰退しつつあった。「東方問題」は、大部分の住民が東方正教会の信者であるバルカン半島内の、オスマン帝国領の運命に直に絡んでいた。オスマン帝国の領土は、セルビアのような民族的な君主国が手にするのだろうか。それとも、自身も東方正教会であり、東方正教会を信仰するセルビアを従属国として扱いたがっている、ロシア帝国の手に落ちるのだろうか。イタリアとドイツが経験した後だったので、シュテファンは、民族的な統一が君主制を脅かしかねないことを知っていた。ハプスブルク君主国の勢力範囲でも南方に居住するクロアチア人は、ハプスブルク家と同様にカトリックであったが、彼らの話す地方言語は、セルビア語として分類される言語に非常に良く似ていた。「ユーゴスラブ」、つまり南スラブ国家を統合するセルビアが成立したら、プーラやそこにあるシュテファン自身の宮殿も含めて、アドリア海沿岸まで抱き込むことになる。

レオという名は、東方問題に対するシュテファンの答えであった。つまり、民族主義が継続することを許し、民族主義者が領土を統一することを許し、ユーゴスラビアなる国家が成立して東方正教会のセルビア人とカトリックのクロアチア人が統合するのを許すことだった——しかし、それはハプスブルクの支配下において実現されるべきであり、それを統治するハプスブルク家の人間は、己が息子であるべきだった。新しく統合された国々は、平穏で富裕な帝国と高度な文明に加わっているかぎり、地域における自分たちの願望を満たしながらもハプスブルク家の領邦になることができるのだ。

ハプスブルク家の中でこのように考えているのは、シュテファンだけではなかった。ルドルフ皇太子も、バルカン諸国においてハプスブルク帝国が支配権を握るようになるべきであるし、一八八六年に述べたように「ヨーロッパにおけるオリエント（東方）での覇権」を獲得すべきである、と考えていた。こうしたハプスブルク帝国の支配は、バルカン半島内の民族毎の君主国と同盟関係を求め、併せてそれらの国々の経済に浸透し、半島の文化的言語としてはドイツ語を支える、という政策によって達成されるべきだった。そして皇太子の地位をルドルフから継承したフランツ・フェルディナントも、同じ考えに夢中になっていた。おそらくフランツ・フェルディナントは、一八八〇年代終わりから一八九〇年代初めにかけて、シュテファンとともにアドリア海をヨットで旅した際、南スラブ民族の土地をハプスブルク君主国に平和的に吸収合併する、という考えについて話したことだろう。この計画によれば、オーストリア＝ハンガリー二重帝国は、オーストリア＝ハンガリー＝ユーゴスラビア三重帝国になる。おそらくオスマン帝国の最終的な崩壊によって危機的状況が生じるだろうが、その際にハプスブルク帝国は、何とかしてバルカン半島の東方正教会諸国を制圧し、そこの国民を新たなハプスブルク家の領邦として組み入れることになるだろう。シュテファンは、将来バルカン半島にできる勢力圏のためのハプスブルク家の候補者を用意することで、ルドルフやフランツ・フェルディナントが踏み出すことのなかった道を歩んでいるように見えた。間違い

シュテファン一家の肖像写真。1895年。左から、レナータ、レオ、ヴィルヘルム、マリア・テレジア、エレオノーラ、アルブレヒト、シュテファン、メヒティルディス

なく、シュテファンは、息子のレオを、ハプスブルク家のバルカン王国といった類のものの統治者にしようと目論んでいた。*14

一八九五年二月一〇日生まれの末息子、ヴィルヘルムの名前にも、同じ様なシュテファンの野心が込められていた。ヴィルヘルムというのは、一四世紀末に、婚姻によってポーランド王位を手に入れる心構えができていた、ハプスブルク家の大公の名前だった。彼は若い少女の王であったヤドヴィガ——ポーランドでは女王の統治はありえなかったので、彼女は王の称号であった——と婚約した。一三八五年、一一歳の少女との結婚を完全なものとするため、ヴィルヘルムがポーランド入りすると、ポーランドの貴族たちは彼を捕らえて国外に追放した。といっても、まだ少女であるヤドヴィガを気遣ってそうしたわけではなかった。貴族たちは、彼女をヴィルヘルム以外の誰かと結婚させたかったのである。ヤドヴィガは、リトアニア大公国の君主であるヨガイラと結婚し、彼ら

二人は、その後二世紀にわたってポーランドをはじめ東欧のかなりの部分を支配する、ヤギェウォ王朝の家系の礎となった。一五二六年にボヘミアとハンガリーを失い、ハンガリーの一部とボヘミアとをハプスブルク君主国の手に渡したのは、このヤギェウォ一門のラヨシュ二世である。それでもポーランド自体は、それ以降も二世紀以上独立を保った。*15

しかし、時期を待つことを知っていたハプスブルク一門は、ハプスブルク帝国と隣り合わせている、一つの帝国およびもう一つの将来の帝国と連携して、かつてのポーランド王国を分割し、一八世紀には多くのポーランド領を奪っていった。一九世紀になっても、かつてポーランドであった地は、ハプスブルク君主国、ロシア帝国、ドイツによって分割されたままだった。シュテファンも承知していたように、三者による分割の取り決めは、特段永続性のあるものではなかった。養父であったアルブレヒト大公は、ポーランドの中でもハプスブルク帝国の領土に含まれていた部分、ガリツィアと呼ばれる地域に広大な所領を有しており、シュテファンもそこにいる養父を訪ねていた。シュテファンは、帝国の支配に対するポーランドの抵抗の歴史の概要は知っていたことだろう。ナポレオンはかつて、彼らを抑圧する三つの国家に抵抗するようポーランド人を糾合した。一八〇九年、ナポレオン一世の時代に建国された国家であるワルシャワ公国の軍隊は、ハプスブルク帝国領であるガリツィアに侵攻すら行った。一八三〇年、さらには一八六〇年にも、ポーランド人はロシアの支配を覆そうとした。一八九〇年代には、ポーランド人の土地や財産を強制的に買い上げドイツ人の入植をはかり、また彼らの信仰するカトリック教会の影響力を弱めようとするベルリンで始められた政策に、ドイツにいるポーランド人たちが抵抗した。ハプスブルク帝国の領土内では、ポーランド文化にとって好都合な状況であり、ポーランド人が政治に進出する機会も豊富であった。ガリツィア領邦はポーランド人が統治し、またポーランドからは二人の首班も出していた。ポーランド人の中には、自分たちの忠誠に対する見返りとして、いつかハプスブルク家が、拡大されたハプスブルク君主国に属する形で、統一されたポーランド王国の建国を後押ししてくれるかもしれない、そう考える者もいたのである。[*16]

このポーランド王国の建国は、民族としての願望であり、カール・シュテファンは自分の一家がそれを実現しうると考えていた。一八九四年から一八九五年にかけて、ちょうど妻のマリア・テレジアがヴィルヘルムを宿していた時、シュテファンは、自身の運命がまさにポーランドと結びつけられそうになっていることを知った。養父アルブレヒト大公が亡くなろうとしていたのである。ヴィルヘルムが誕生して八日後にアルブレヒト大公が亡くなると、シュテファンはガリツィアの所領を相続した。彼は、「東方問題」に次いで、当時ヨーロッパで最も喫緊の民族問題であった「ポーランド問題」を扱うのに、自分が最適な位置にいる大公であることをよく弁《わきま》えていた。バルカン諸国における経験から、国家統一がいかなるものであるか想像できるようになっていた。南欧から見ていて、シュテファンはすでに、将来の国家統一は、ハプスブルク帝国の庇護下においてなされるべきである、という考えを持つようになっていた。ヴィルヘルムは、ポーランド問題に対する答えとなるべく生まれたのである。ポーランド問題とは、つまりこういうことだった。三つに分割されたかつてのポーランドは、果たしてふたたび統合されるのか、そうなった場合、独立国家となるのか、あるいは、どこかの帝国領となるのか。シュテファンの答えはこうであった。ポーランドは統合されるべきであり、それはハプスブルク帝国の版図に含まれるべきである。ポーランドはハプスブルク朝の領邦となり、ポーランドの摂政は我が一家の者がなるべきである。シュテファンの子どもたちは皆、後にポーランド語を習得することになるが、誕生して直ぐからポーランド語を覚えることになったのはヴィルヘルムだけだった。

シュテファンの計画の成否は、かつてのポーランドの半分以上を有するロシア帝国が、近い将来崩壊するかどうかに懸かっていた。また、ポーランドを分割していたもう一つの国であるドイツ帝国が、穏健な態度をとるかどうかに懸かっていた。折り良くヴィルヘルムという名前は、ドイツにも関連があった。一八九五年当時の最も有名なヴィルヘルムは、ドイツ皇帝のヴィルヘルム二世だった。ハプスブルクは、一八七九年にドイツと同盟を結んでいた。一八九〇年代にはドイツとハプスブルク君主国の関係はより緊密となったが、それもいくらかはシュテファンの私的な外交によるところがあった。息子が生まれて数週間後だったが、北海とバルト海を繋ぐ運河の開設を祝うためにドイツに向けて航行する小艦隊はシュテファンが指揮したのである。シュテファンはヴィルヘルム二世よりも優秀な船乗りであったが、ドイツ帝国のキール軍港は堂々たるものだった。この軍港と比べるとプーラにあるハプスブルク帝国の海軍基地はちっぽけなものに見え、ドイツ帝国海軍は比較にならない程強力になっていた。一八六六年の普墺戦争で示されたように、オーストリアは陸ではドイツにまったく太刀打ちできない状態だったが、シュテファンは今や外洋においても同じことが当てはまることを理解した。ハプスブルク君主国がドイツ帝国に対抗できないのであれば、同盟国になるしかないだろう。ドイツの皇帝にヴィルヘルムと名づけられた息子の誕生を伝えることは、複雑な気分の混じった喜びだった。同盟相手に対し、ちょっとした忠誠心を示したと見なされることを意味していたからである。[*17]

その後シュテファンは海軍を退役した。おそらく、ドイツ海軍の威容を見て、海軍勤務では栄光へと到達する手段にはならない、と確信したのだろう。それまで海軍にいても、ハプスブルク一門の人間がかつて征服した青い海は、垣間見ることができただけであった。十中八九、今やシュテファンは、ドイツ艦隊、否それを言えばイギリス艦隊の発展を考慮すれば、海を支配するという野望の虚しさを理解していた。彼自身は親英家で、自分のヨットはイギリスに注文していたし、きちんとした英語を話した。海洋によって満足のいく解決策が得られないとしても、民族によって得られるかもしれなかった。おそらく民族の妥協の時代は、民族の栄光の時代へと変わりうるだろう。彼の退役は、ハプスブルクの夢の一つ――若くて男らしい大公が外洋を我が物とするという夢――の終わりだった。しかし、今やシュテファンは新たな夢を持っていた。非常に裕福で幸せな結婚をし、六人の健康な子どもたちがいた。彼は三六歳で、自分を取り巻く世界がどのように変わっていくかを理解できるくらいに歳を重ね、同時にまだ前に進むことができると思えるくらいに若さを保っていた。[*18]

シュテファンは、自分自身のためになり、彼の一族の支配する帝国の役にも立つ可能性のある民族政策を試みようとして海軍を去った。彼は、息子たちがいずれハプスブルク帝国の周縁に位置する新しい王国、バルカン王国とポーランド王国を統治することに備え、それに相応しい象徴的な名前を彼らにつけた。さらなる民族統一が避けられないのであれば、拡大するハプスブルク君主国の版図の中で、大公たちの指導の下でなされるべきであった。民族主義の到来がやむをえないのであれば、帝国の崩壊ではなく、帝国の拡大につながるようにすべきであった。そのような計画を実行するためには、ハプスブルク家の大公たちは、前もって、民族の指導者となるべく自身を作り変えなければならないだろう。シュテファンがその範を示していたので、大公たちは軍の指揮官としての伝統的な役割を捨て、民族の創設者としての新たな威厳を代わりに得ることができた。権力の有り様《よう》は変化していくという前提に立てば、このやり方はかなりうまいやり方だった。今や彼に必要なのは、実験のできる場であったのである。

シュテファンが退役後に住まうヴィラを建てたアドリア海のロシーニ島は、彼が自分の生彩に溢れた子

ロシーニ島にあるシュテファンのヴィラ。窓からの眺め。

どもたちを新しい時代の君主に育て上げることのできる、エデンの園になるはずだった。この島には小道はあったけれども、道路と呼べるものは一本もなかった。何世紀にもわたって造られては改造されてきた石垣が、複雑に入り組んだ格子状の防壁を形作ると同時に、道路を通すような地面をなくしてしまったからである。シュテファンは、ポドヤヴォリ、つまり「月桂樹の下」と呼ばれる自分のヴィラを、気候的な特性を慮って、海岸から遠く離れた高台の松の森の中にある敷地を選んで建てさせた。しばしば結核に罹った一家にとって、そこの湿度が理想的だったのだろう。シュテファンのヴィラを訪れる者は、港から西に向い、どうしてか騎馬隊《キャヴァルリー》と呼ばれる丘のでこぼこ道を歩いて登るのだが、たいていは、ヴィラの使用人と一緒で、荷物はロバに背負わせた。

　ポドヤヴォリは、保養に加え、五感を楽しませることを意図して設計された楽園だった。文明から遠く離れていたが、遠過ぎるわけでもなかった。注意深くない者でも、ヴィラ周辺の自然に人間の手が入っていることを見て取れた。シュテファンは、世界中から二〇〇種類もの植物を島に運ばせ、お抱えのウィーンの設計家とイタリア人庭師が、その草木を使ってヴィラ周辺の地形を素晴らしい庭に一変させた。最も鮮やかな植物群の中には、闇の中で青い花を咲かせるクモランのように、ロシーニ島原生のものもいくらかあった。冬に到着したイギリス人の女性家庭教師は、「夢のような歓び」と感じた。彼女は「島の空気は、オレンジ、シトロン、バラ、ミモザの香りに満ちていた」と記している。[*19]

この家庭教師は、ネリー・ライアンという朗らかな若い女性で、到着早々彼女は、シュテファンがこの島で家族のために造り上げた、明るく風変わりな世界に直面することになった。ネリーはシュテファンの副官の挨拶を受けたが、彼は彼女の手に接吻して、申し訳ありませんが、自分の知っている英語は「アイ・ラブ・ユー」の三語だけです、と言った。彼女とはこの時まったくの初対面であったのに、大公は、すぐにテニスをしよう、と言って譲らなかった。シュテファンはいつでも自由に使えるテニスコートを持っていた。コートの縁には棕櫚の樹が並んでいたし、地元のボールボーイも四名いたが、民族衣装を身に着け、長いポールに巻き付けたネットを携え、構えを怠っていなかった。彼女はシュテファン大公との初めての試合について、「素晴らしいゲームでしたが、彼が負けず嫌いであることはすぐにわかりました」と記している。[*20]

数日後、シュテファンは自己紹介をしにネリーの部屋に入った。彼女の部屋の調度類について思うところがあったのである。彼女の家具の配置の仕方が「美的でない」からと言って、シュテファンは彼女のものをすべて部屋の中央に放り投げて積み上げた。シュテファンが喘ぎながら大汗をかいていたので、家庭教師は、奥様が閣下のそんな有様をご覧になったらひどく驚かれるのではありませんか、と気懸かりなことを示した。タイミングよくそこにマリア・テレジアが現れたが、夫のいつもの取りつかれたような振舞いを見て笑っただけであった。しばらくすると、翌日に狩猟の会が催される、という知らせを持って訪問者がやって来た。するとシュテファンは自分が何をしているのか完全に失念した。散らかった部屋をそのままにして、大仰な身振り手振りを交えながら、後から来た人物と大股で広間の方へ行ってしまったのである。[*21]

シュテファンはもはや働くつもりがないように見えた。毎朝起きると、いつも彼が絵を描く時の格好、だぶだぶのコーデュロイのズボン、形《かた》の崩れたジャケット、麦藁帽子という恰好に着替えていたからである。それから彼はキャンバスを脇に抱え、召使をお供に出かけた。シュテファンは、自分に芸術的な才能がまるでなくとも、少しも意に介していなかった。時には朝アドリア海へ船で乗り出し、数日後、あるいは数週間後、新しい絵をいくつか描き上げて戻ってくることもあった。夕方から夜にかけては、屋敷の周りをそわそわしながら歩き回ったり、ピアノを弾いたり、パーティーを催したりした。[*22]

シュテファンの本当の仕事は、子どもたちの教育だった。シュテファンは彼らの生活を毎日分刻みで指図したが、子どもたちにとってそれはまるで不愉快なもの、というわけではなかった。レオノーラ、カール、レナータ、ティルディス、レオ、ヴィリーと呼ばれた六人の子どもたちは、下級貴族やブルジョワ階級から選ばれた教師たちによって、家庭で教育された。女性家庭教師が記したように、「あまりにも濃い高貴な血統」を薄めるために地元の女を乳母にしていたのと同じ様に、自分たちより活力のある階級を代表していると思える人々に子どもたちを教育させたのである。子どもたちは毎朝六時に起床し、七時にミサ、八時から学課を受け、一〇時にサンドウィッチとワイン一杯（幼い子どもでも必ずワインを飲んだ）、一一時に外国語で話しながら散歩、一二時にまたワインつきの昼食をとり、その後テニスかスケート、そして三時半に紅茶とケーキ、三時四五分からまた学課を受け、七時に夕食、という生活だった。[*23]

ヴィリーらきょうだいたちは、昼食や夕食の度に、メイドや侍僕に手伝ってもらって正装しなければならなかった。たとえお客がいなくて家族だけで食べる時でも、食事の度に家族内の正式な序列の順に食堂に入るのである。結構頻繁にあったことだが、近親の縁者の喪の期間には、黒い礼服を着用しなければならなかった。また、父親の誕生日には、それぞれが違った言語で父宛ての手紙を作成しなければならなかった。子どもたちは、母親の母語でありアドリア海で使われるイタリア語、父とハプスブルク帝国の言語であるドイツ語、さらには、文明人に必須の言語としてシュテファンが重要視していた英語とフランス語を話すことができた。一八九五年以降は、ポーランド語での授業も受けた。こうした一日の日課を終えると、彼らはドイツ語、イタリア語、フランス語、英語、ポーランド語でお喋りし合った。ある意味では彼らはこれら五つの言語すべてを「母語」として話していたが、これという母語が一つもなかったという言い方もあてはまった。[*24]

ロシーニ島にいる時も、シュテファンは船乗りのままであった。彼はよく芸術家たちと、時にはフランツ・フェルディナントのようなそうでない訪問者とも船旅をした。三人の息子たちにも船の乗り方を教えた。自分の仕様に合わせたヨットを、イギリスの造船所に発注した。造船技師に英語で手紙を書き、「こうすれば船の見栄えがよくなる」といった説明を入れて、細かな変更を求めたりもしていた。新造された船が届けられると大騒ぎになった。一家でアドリア海を周り、トリエステやヴェネツィアをはじめ、イタリアのどこへでも航海した。サン・ニコラ大聖堂を見に、バーリを訪れたこともあった。そこでシュテファンは、気に入ったからと言って、どうしても黒い山羊を買うんだと言い張った。[*25]

一九〇〇年の夏、一家は、ハプスブルク帝国の東側の強大な隣国で、敵対国でもあるロシア帝国の首都、ペテルブルクに向かった。ハプスブルク君主国は、東側にロシアとの長い国境線を有しており、両国の関係はかなり緊迫していた。この二つの帝国は、バルカン半島で対立していた。ロシアは、バルカン半島において東方正教会の君主国が多くなって、それらがロシアに従属することを望んでいたが、オーストリアは、どうにかしてアドリア海で持っている支配力を保持し、オスマン帝国の衰退によってさらに支配力を得たいと願っていた。また、両国はポーランド問題でも対立関係にあった。厳格な中央集権的政策を追求していたロシアは、ガリツィアでポーランド人が享受していた自由に疑念を抱いていた。ガリツィアがポーランド統一の礎石になれば、ポーランドの拡大はもっぱらロシアの犠牲によってなされる可能性があったのである。[*26]

海に強い愛着を持っていたことで、シュテファンは他の皇族・王族との接触を持ち続けることができたし、権力に至る道についても考えることができた。一九〇二年、シュテファンは、彼の甥で、ブルボン家とハプスブルク家の血を引くスペイン国王アルフォンソ一三世の成年の式典に、オーストリアの代表として出席するためにマドリッドを訪れた。アルフォンソの父は彼が生まれる前に亡くなっていたので、生まれながらの国王であり、一六歳になるまで、母であるマリア・クリスチーナが摂政を務めていた。シュテファンの姉であるマリア・クリスチーナは、息子を、国王という運命を背負うに相応しい人物に上手く育て上げていた。シュテファンは、自分もマリア・クリスチーナにひけをとるまいと願った。彼の子どもたちは自分のいとこが王であることを知りながら育った。アルフォンソは生まれながら王位に就いていた。ヴィリーの方は新たな王位を創り出すために生まれたのである。[*27]

ロシーニ島から海路でヨーロッパ中を旅したおかげで、どうすれば子どもたちがそうした変容を成し遂げられるかについて、ささやかな教訓を得ることができた。ヨーロッパの地図を書き変えるためには、シュテファンの子どもたちは、自分たちのアイデンティティや振る舞いを、状況に合わせて変えることを学ぶ必要があった。一家がヨーロッパを旅している間、シュテファンはヴィリーら子どもたちに、公的なアイデンティティを変えるべき機会と方法とを教えていった。そのためには、何よりも、正体を隠すことが自然なことだろう。たとえば、一九〇五年にシュテファンと家族は、「お忍び」でパリを旅行した。シュテファンは、自分の訪問が非公式なものであると見なされるよう偽名を使った。当時の外交たるや入念なものであったが、こうすることで、フランス政府は、シュテファン一家を帝国の大公や大公妃として迎え入れなければならないという義務から解放されたのである。しかしこれには、幾分喜劇めいたところもあった。というのは、たとえ「お忍び」であっても、ハプスブルク家の大公が港に到着したとあれば、地元当局には何が起きているのかを正確に知らせねばならなかったからである。それは、大公たちが外国にいる間、彼らの素行をつねに監視する責任も負う、ハプスブルク帝国の外務大臣の役目だった。[*28]

こうした船旅は、ヴィリーに対する政治教育という役割を果たしていた。ヴィリーとその家族は、どの国へ行っても、彼らオーストリア＝ハンガリー二重帝国のそれぞれ帝室と王家ゆかりの大公と大公妃・大公女であり、将来彼ら自身が統治者となる可能性もあったので、「殿下」（Your Imperial and Royal Highness）と呼びかけられた。王や王妃たちがシュテファン一家のヨットを訪れた。子どもたちは、世界が三種類の国々に分類できることを学んだ。ハプスブルク家ないしその親族によって統治されている帝国と王国、ハプスブルク家やその親族が統治していない帝国や王国、フランスのような共和国の三種類である。ヨットでの船旅は、子どもたちにとって、ロシーニ島での日課よりも楽しい学びの場であったに違いない。実は、雇われた船乗りたちとの好ましくない付き合いの中に、知らず知らずのうちに兆候が表れていたのだったが。[*29]

次の遠征に出る一九〇六年の夏になると、ヴィリーは甲板上で船乗りの一員としてやっていける年齢になった。父親はイスタンブールまで大航海するつもりであった。今回もシュテファンは、思慮分別を働かせる振りをして、家族とともに使用人を引き連れて主要な港に到着することをありとあらゆる人に知らせながらも、「お忍び」で旅行することを望んでいた。この旅行の間、シュテファンの偽名は「ジヴィエッツ伯爵」であった。彼のアイデンティティが、思わず出てしまった選択だった。ジヴィエッツは、シュテファンがガリツィアで相続した所領のある町とその一帯の、ポーランド語での地名だったのである。すべてポーランド語で書かれた手紙でハプスブルク帝国の外務大臣と連絡を取る時も、彼はこの偽名を使った。実際当時の外務大臣はポーランド人だったのだが、ハプスブルク帝国の官吏が皆そうだったように、彼も公務の時はドイツ語を使っていた。大臣を取り巻く官吏たちが返事を出せるように、シュテファンからの手紙を翻訳しなければならなかった。息子や娘が子どもでなくなりつつあった一九〇六年には、シュテファンはこれみよがしにドイツ語よりもポーランド語を優先して使わせていたものだった[*30]。

一九〇六年、ヴィリーは一一歳になった。海を満喫する幸せな子どもだった。日に焼けて、赤みがかったブロンドの髪と青い目を持ち、どこから見ても美しい少年だった。彼はアドリア海で、深いところまで透けて見え、彼のような痩せっぽちの少年の体を浮かせるだけの塩分を含んだ海を、好きに泳ぐことができた。イルカもたくさん泳いでいた。漁師たちは、「青い魚」と呼んでいるヨーロッパマイワシがやって来るのを静かに待っていた。時は天候で呼ばれた——ヴィリーの母親マリア・クリスチーナの母語であるイタリア語では、「時」と「天候」とには同じ言葉が使われていた——とりわけその時吹く風で呼ばれた。それぞれの風に固有の名前があった。山風のトラモンタン、アフリカから吹いてくる熱風のシロッコ、北東から急に吹いてくるボーラである。ヴィリーは、南方の海辺に住みながらも北方のガリツィア地方に行く準備をさせられており、プーラで生まれたのがポーランドに行くさだめという、些か矛盾した育てられ方をしていた。父親は、一八九五年に生まれたヴィリーにポーランド語での名前もつけていたが、それでも、一九〇七年になるまで、ガリツィア地方を一家の主な住いとしなかった。

その年一九〇七年に、シュテファンは、一家がポーランド人になることを宣言し、ポーランド王位に就くための独自の運動を開始した。幼少年時代をイストリア半島で過ごした後にガリツィア地方へ引っ越すことは、ヴィリーにとっては難問、否ひょっとすると衝撃ですらあったかもしれず、永遠に続くと思っていた少年時代が中断させられたように感じたに違いない。しかしながら、ヴィリーは変化を予期するように育てられていた。少年時代の生活のほとんどで、彼は五つの言語を話し、三種類の服を着こなしていた。自国でも外国でも、外交儀礼も柔軟性も身につけたが、それはどちらも、いずれ一家の野心という大きな目標に役立てるためだった。永続的な統治権を持つのだという確信は、柔軟性に対する信頼を伴った。柔軟性に対する信頼があればこそ、永続的な統治権を持てるという確信を抱けるのである。ハプスブルクの一門は、自分たちのことを、こうした好循環の中にいるのであり、とにもかくにも時代を超越した存在であると見なしていた。[*31]

しかし、シュテファンのポーランド民族を受容する姿勢には、権力を握るためにハプスブルク家の者がよく用いる策謀とはひと味異なったところがあった。永遠という穏やかな意識、果てしない権力の源としての海、人間性を円熟させるための場であったロシーニ島——といったものの放棄を伴っていたのである。シュテファンの一家は、民族解放へと向かう荒波が押し寄せる時代を経験しなければならないだろう。屋敷の庭のように改造したり、ヨットのように操縦したりはできない代物だろうが、シュテファンは、ガリツィアで自分も一体となれるポーランド民族を見出すことになろう。そして新たな故国で、その家族でさえも、一家から抜け出して自由な道を進むことになる。ヴィリーは、自らポーランドの敵となるウクライナを選ぶことによって、ポーランド的なものを受け継ぐのを拒絶することになる。

シュテファンもヴィリーも、民族的な王国というものを求めて船から陸地に跳び降りた。船を降りた船乗りがそうであるように、彼らは自分の足元の地面が揺らいでいると感じた。ヴィリーは父シュテファンとともに、民族たちの不安定な未来の中へと歩みを進めたが、永遠なる帝国での幼少年時代の記録を自分の手首に記さずにはいられなかった。それは、港で静かに揺れる船から下ろされた錨と、未知の海を航海する中で闇に瞬く北極星だった。元々高貴な青い血が流れていたのだが、青いタトゥーは手首に残り、後にパリのレストランの暗がりの中で神経質な女性の目敏い視線に見つけられ、かと思えば尋問室の中でスターリンの冷淡な手下の突き刺すような視線に止まることになる。

GREEN

# オリエンタル・ヨーロッパ

一九〇六年の秋に、シュテファン大公はロシーニ島からイスタンブールに、オスマン帝国のサルタンに会いに船旅に出た。デッキに出てはしゃいでいるヴィリーを乗せて、シュテファンは、ヨットを南へと操りアドリア海へと繰り出した。航路では、シュテファンと乗組員は海賊の攻撃をライフルで撃退した。ヴィルヘルムと兄たちは、その見世物とスリルとを楽しんだに違いない。銃声のこだまが止んだときには、船は地中海を、ギリシャをぐるっと回って、神話の王国を抜けて航行していた。

シュテファンは、エリーザベト皇后のために造られた宮殿を訪ねるべく、ギリシャのケルキラ島（コルフ島）で錨をおろした。彼女はその宮殿を、トロイア戦争のギリシャ神話の英雄のアキレウスにちなんで「アキレイオン」と名づけた。トロイア戦争は、ギリシャの女神たちが誰がいちばん美しいかで意見が一致しなかったので起きたのだが、これはエリーザベトによくあてはまる物語だった。彼女は自分が女王・皇妃の中でいちばん美しいかどうかを気に掛けることに生涯を費やした。エリーザベトと同じで、アキレウスも利己的で拗ねやすく怒りっぽかった。トロイアでは、彼は、これ以上ないほど気紛れな理由から、戦闘をしたりテントでふくれ面をしていたりした。そうしたことどもが、ケルキラ島に宮殿を建てることで、エリーザベトが現代に甦らせた神話であった。近代のギリシャ人に向かって、彼らは古代ギリシャ人の末裔であり、ギリシャの古典はヨーロッパのものであるだけでなく、ギリシャ民族のものでもある、否とりわけ彼らのものである——そう説得したたくさんのヨーロッパ人のうちの、エリーザベトは一人であった。[*1]

ケルキラ島で、シュテファンは、エリーザベトの宮殿のことを、端から端まで嘆賞した。エリーザベトとシュテファンというハプスブルク家の人間にとって、古代ギリシャは、ふたりの見方によれば、ハプスブルク一門が永らえさせてきたヨーロッパ文明の起源を意味していたのだった。シュテファンの側は、ハプスブルク家によって創設され、イアソンと彼率いるアルゴナウタイにちなんで名づけられた金羊毛騎士団の騎士であった。神話では、イアソンは世界でも最高の勇士たちを集め、アルゴー船で奇跡の金羊毛を求めて東方へと旅立った。一四三〇年に創立された金羊毛騎士団の中世騎士たちは、イアソンの旅をキリスト教十字軍のモデルとして理解していた。彼らはオスマン帝国の首都イスタンブールを略取してキリスト教世界に取り戻すことを誓った。ハプスブルク家のカスティーリャ王国・アラゴン王国の国王であるフェリペ二世が一五七〇年代にオスマン帝国を打破せんと艦隊を仕立てたとき、王は「アルゴー」号という名の素晴らしい船を建設した。このシンボリックで奇妙な攻撃によって一五七一年にレパントの海戦でオスマン帝国は敗れはしたが、陸では相変わらずハプスブルクにとって脅威であり続けた。オスマン帝国の軍隊は一六八三年に第二次ウィーン包囲を行った。さすがにポーランド史の研究家だけあってシュテファンは、ハプスブルクを救ったのはポーランド騎兵隊のみであったことを知っていた。その日ウィーン救援のために戦ったポーランド王の一〇代の息子は金羊毛騎士団の騎士だったのだ。シュテファン自身の息子たちもすぐに金羊毛騎士団に加わることになろう。[*2]

神話の英雄であるアキレウスもイアソンも、二人とも征服を胸に、東方へと航行した。アキレウスはトロイアを気紛れな怒りから攻撃し、トロイア一の英雄ヘクトールを殺して裸にした屍を城壁の周囲を引き回す。イアソンはメディアを誘惑し、彼女はイアソンが金羊毛を手に入れるのを手助けするために自分の家族を裏切る。時には英雄の剣で、それよりも多くの場合愛の矢で進んでゆく「十字軍文明」というハプスブルクの心象が向かう先は、イスラームとオリエント、直接的にはオスマン帝国という永遠の脅威であった。オスマンは、ハプスブルクがヨーロッパの中心的な国家となったのとほぼ時を同じくして、近東で表舞台に躍り出た。五世紀間というもの、二つの王朝は、陸でも海でも争い、彼らの敵対は南東部ヨーロッパの歴史をずっと規定してきた。

ところが今や二〇世紀に入って民族主義の時代になると、そうした状況はまるで変わってしまった。かつてはその勢力によりハプスブルクを脅かしていたイスラームが、今ではその弱体化によってハプスブルクの脅威となっていた。オスマン帝国は、キリスト教の諸帝国から領土を奪うからではなく、むしろ新しいキリスト教の諸王国に領土を割譲するので、ハプスブルクにとっては危うい隣人となっていた。そうした中のまず初めのギリシャは、ヨーロッパの地図に魅力ある存在として加えるものとしては、ハプスブルク君主国からの距離が十分に離れていた。皇后エリーザベトがとても崇拝していた芸術家の一人であるイギリスのロマン派詩人バイロン卿は、ギリシャ独立戦争で亡くなっていた。ただし、二番目の独立国セルビアはまったく異なったものであった。何せ、ハプスブルク君主国の版図と国境を接していたし、セルビア人はハプスブルク君主国の中でも南の方に住む住民とはとてもよく似た方言を話した。一九〇三年以降、セルビアを支配していたのは、周辺の帝国の犠牲をもとに己が領地拡大にもっぱら色気を示す、敵意に満ちた王家だった。セルビアも、一般的にいって民族主義も、オスマン帝国にとってと同じくハプスブルク帝国にとっても脅威であった。

東方への旅はアキレウスとイアソンの勇気を奮い起こさせたのだったが、シュテファンの船旅はまるで異なった性質のものであった。彼が家族をオスマン帝国に連れていったのは、平和と観光が使命であった。そのときで一一歳のヴィリーは、思ったとおり、イスタンブールの眺めに魅了された。退廃というのはそれなりの魅力があり、とりわけ年端のいかぬ者にとってはそうであった。サルタンの宮殿やハギアソフィアや通称ブルーモスクのスルタンアフメト・モスクに圧倒されている子どもにとっては、オスマン帝国が政治的に傾いていることなど目に入らなかった。昔も今も変わらずに、旅行客の常としてヴィルヘルムも絨毯商人に絨毯をよく見ていってくださいなと呼び込みをされた。ヴィリーはじめ子どもたちにとっては、この旅がイスラーム世界を味わう初めての機会であったが、最後というわけではなかった。翌一九〇七年に、シュテファン一家はアルジェとチュニジアに向けて出立した。北アフリカはヴィリーにこれ以上ないほどの感銘を与え、成人してからも彼はそこを好ましく思い出したものだった。この旅から後はずっと、彼はアラブ人のことがいたく気に入った。[*3]

シュテファンは、今では夢想の範囲がポーランドよりも東方に及ぶことはなくなっていたとはいえ、ある種オリエンタリストであった。一家は、一九〇七年にやはり訪れたマルタ島で、シュテファンが求めていたものを見出した。マルタ語もポーランド語もどちらも「ż」をアルファベットに持つということを除けば、マルタとポーランドとの間に共通点はなかった。たまたま、マルタは、シュテファンが利用したい、実際に具現化したいと願う「帝国主義的民族主義」といったものを示していた。ヨーロッパでも最南端の島のマルタは、英領であった。過去二〇年間というもの、イギリスはこの島で、英語を教え込むと同時にマルタ人としての民族的なアイデンティティを奨励していた。このやり方は、教養階級はイタリア語を話していたマルタ人をイタリア国家統一から切り離すのに役立った。マルタは国家統一を食い止めることができ、かつ民族的アイデンティティが帝国の役に立つことを示していた。年端のゆかぬヴィリーはこんなことは少しも理解していなかった。ただし、彼は、自分たち一家のヨットにイギリス国王が訪ねてきたのを喜び、イギリスびいきになった。ヴィルヘルムは、マルタ島では、自分も話す英語とイタリア語の他に、マルタ島住民の自身の言葉でアラビア語から派生したマルタ語も話されていることにも気づいたかもしれない[*4]。

一家が一九〇九年に北アフリカに戻ったときにはヴィリーは一三歳になっていた。シュテファンはポーランド風の名をつけたヨットを航行させていた。ヴィリーもシュテファンもともに『皇帝の夢』をウィーンで観ており、シュテファンはガリツィアにおける自分のポーランドの夢を具体化させ始めていた。シュテファンは、ヴィリーはじめ家族を東地中海周遊の旅に連れ出したとはいえ、彼の召使いや雇われ人たちは、地中海からはるか北のガリツィアに一家の新しい宮殿を用意しているところだった。ポーランドに引っ越すことは明らかに家族の中の諍いの種であったが、東地中海への旅は些かばかりそれを再燃させてしまった。ミナレットからの祈りを呼びかける声を聞いていたので、ヴィリーはハプスブルク帝国内のガリツィア領邦の小さな木造の教会にはさして感銘を受けなかった[*5]。

かつてのポーランド領ガリツィアはハプスブルク朝の版図の北東の周縁部にあり、ハプスブルク帝国の民衆の頭の中では後進性と熊と結びついていた——ウィーンっ子の想像の中では東ガリツィアはハプスブルク帝国のシベリアであったから、馬鹿々々しいことにホッキョクグマとさえ結びつけられていた。もっとも、その頃イストリアからガリツィアへと列車で往《い》ったり来たりし、海路でイスラーム世界にと旅したヴィリーにとって、ポーランドは、いくら東方にあるとか、よってオリエントにあるとか言っても、わくわくさせられるところがあまりにも少なかった。父のシュテファンは、ヴィリーを、海沿いの幼少年時代を過ごした地から海に接していない境界の地へと連れだしたが、その間にイスラームのオリエントの刺激を与えて困らせてしまった。ポーランドが一家の新居として定まる前に、オリエントの温かい風によって

ハプスブルク君主国の
ガリツィア領邦
1908年頃
バルト海
カウナス
ケーニヒスベルク
ダンツィヒ
ミンスク
ドイツ
ビャウィストク
ロシア帝国
ヴィスワ
ポズナン
ワルシャワ
ブク
ピンスク
ラドム
ルブリン
ヴロツワフ
シレジア
ルーツィク
キエフ
プラハ
クラクフ
リヴィウ
ジヴィエツ
モラヴィア
ガリツィア
ブルノ
ブチャチ
オーストリア
ドニエストル
ハプスブルク君主国
ヴォロフタ
チェルニウツィー
ウィーン
ブコビナ
ベッサラビア
ドナウ
ブダペスト
キシナウ
オデッサ
クルジュ
ハンガリー
クロアチア－スロヴェニア
ルーマニア
ボスニア・ヘルツェゴヴィナ
ベオグラード
ブカレスト
セルビア
ドナウ
サラエボ
プレヴェン
黒海
アドリア海
モンテネグロ
ブルガリア
コソヴォ
ソフィア

「新居」はすでに落ち着かない場所になってしまっていたのだ。ヴィリーはガリツィアに落ち着くことはなかったし、実際のところどこにいても落ち着いた気分になれなかった。オリエントへの憧れは決して消えることはなかった。

父のシュテファンが、ハプスブルク帝国内のガリツィア領邦の中に一家のためにポーランド王国のミニアチュアを造りながら定住したのと同じ頃に、ヴィリーは彷徨《さまよ》うことを覚え始めた。ジヴィエッツにあるシュテファンの二つの城はそれぞれの所領を持っていた。四万ヘクタールの森林地帯で、リヒテンシュタイン公国の四倍、アメリカのロードアイランド州の五分の一の規模の土地であった。この王国には独自の経済活動もあった。シュテファンは、伯父のアルブレヒト大公が一八五六年に創立した醸造所を相続していた。シュテファンはその醸造所に巨額の投資をして、最新の設備を購入し、電気照明を備え、鉄道車両を買い入れた。そうしたものは所領の鬱蒼とした森林から伐り出される木材を運び出すのにも使われた。シュテファンはそうした事業からの利潤を、一家のポーランドでの居所に定めた、一九世紀に建てられた「新しい城」の荘厳さがいや増すようにと用いた。[*6]

シュテファンの雇った建築業者は城にまったく新しい両翼をつけ、子どもたちそれぞれにスイートの部屋があてがわれた。シュテファンは家族の肖像画を注文し、ヨーロッパを旅行する間に集めたポーランドの王たちの肖像画と並べてかけた。城の壁は、ハプスブルクの皇族、ポーランドの王族、シュテファン一家の肖像画が混じったもので飾られていた。庭園の建物は近くの山並みの中にあるロッジを思わせるものだった。シュテファンは妻のためにポーランド・ルネサンス様式の礼拝堂を建てた。マリア・テレジアの方は教皇に向けて、母語のイタリア語で、日に三回その私的な礼拝堂でミサをあげる許しを求める手紙を認《したた》めた。教皇は彼女の願いを許可したが、お互いに城の敷地を出て直ぐのところに立派なカトリックの教

ジヴィエツの「新しい城」

ジヴィエツの「古い城」

シュテファン一家の肖像画。1911 年。ヴィルヘルムは前列。

会があることを知っていた。ただし、その教会は、このハプスブルクの一家が購入し、建物を建て、管理している世界の向こうにあった。*7

ポーランド人の芸術家や建築家が知るようになるのだが、シュテファンは、ありえないほどの気紛れ屋だった。一度など窓の一つの場所を変えるよう至急電をうったが、その変更は美的な面だけでなく、構造的にも関わってくる変更だった。何せ建物は石造だったのである。彼は当世風にして斬新な設計家を後援していた。シュテファンはガリツィアの代表的なポーランド人のモダニストの画家たちと接触を怠らず、彼らにとって城の応接室はサロンめいたものになっていた。シュテファンにとってより好ましかったのは、彼らのモダニズムよりはポーランド人らしさの方だったように見えた。最新の様式とやらに金を出してやっても、それらへの批判を抑えることはできなかった。娘のエレオノーラの部屋に備えるために作られたアールヌーボーの家具は、まるで「神経を病んで死んだ人間の骨からできている」ように見えると言ったりした。*8

シュテファンがいつでも何か完璧でないといって苛立っていたとしても、彼はまたいつでもとてつもない楽しみを熱心に準備したものだった。彼は城の一室を「鉄道ごっこ」と呼ばれるゲーム専用にした。蒸気で動くミニアチュアの機関車が演じ、シナリオでは必ず衝突するというゲームであった。アウトドアでは、シュテファンは、以前にヨットに注いでいた情熱をもって今度は自動車に入れ込んだ。彼はヨーロッパ中で試運転を行い、イギリスやフランスの工場を訪れ、自分のプランに沿って自動車を設計させた。一九一〇年夏に、彼は「我らが友人の自動車大会」を開催し、ハプスブルク共和国、ドイツ、ロシアの自動車好きの貴族階級の者をジヴィエッツに呼び集め、その大会がいかにもモダンであることを自慢して見せた。シュテファンはポーランドの国威を示す祝いごとに自分の車を持ち出したが、ある日はクラクフでのロマン派の詩人による悲劇の上演に何とか車で顔を見せることができたし、その翌日にはジヴィエッツでの愛国者の銅像の除幕式にといった具合であった。[*9]

父親シュテファンの車の後部座席から、ヴィリーは緑に染まった風景を眺めていた。城は渓谷に位置し、四方をカルパティア山脈のベスキディ山系のなだらかな勾配に囲まれた町にあった。トウヒの森が山麓から山頂までを覆っていた。海抜としては、冬場には雪が降るが、一年のほとんどは通行可能という地であった。天候が許す際には、一家は近くの山並みにハイキングに出かけた。山頂で一行を簡単な食事が待っていた。召使いたちが温めたスープ、ソーセージ、キャンプファイヤの灰の中で焼いたポテトを用意していたのだ。冬場は、一家は小さな川でスケートをしたり、城の庭園で橇遊びをした。

毎日しなければならないことと、予期せざる娯しみが織りなす日々がそうして過ぎていった。クリスマスには、娘たちがポニーを欲しがるだけでなく、与えられる家庭だった。シュテファンは巨大なクリスマスツリーを何本も解体すると、それらを必ず火にくべた。イチイの木さえ一本あったが、クリスマスにも伐られることはなかった。その木はロシーニ島に持ち帰られすくすく育ち、シュテファンが造った庭園で今でも生えている。松の生える温暖な別世界で。[*10]

シュテファンの創った想像の王国においては、子ども時代は決して終わるはずはなかった。さりながら現実には終わりを告げ始めていた。六人の子どもたちは父親のつくった家庭から、父親がそこに行かせるための準備をさせようとしてきた広い世界へと旅立っていった。ガリツィアでヴィリーは、三人の姉たちがポーランドの貴族の中から選ばれた求婚者を受けいれるのを眺めなければならなかった。手際の良さを要するやり方だった。ウィーンの宮廷の見方では、訪ねてくるポーランドの貴族たちは、ハプスブルクの大公女であるヴィリーの姉たちには対等な相手ではなかった。シュテファンは失いそうになるものを承知していたが、同時に何を得られそうかも理解していた。彼の娘たちがポーランドの貴族と結婚しても、ハプスブルク君主国を統治する資格のある息子をなすことはできなかった。他方で、そうした結婚は、一家をポーランド風に見せるのに役立つことで、先行きポーランド王位につける候補者をたくさんこの世に出すことになるだろう。シュテファン自身、息子たち、義理の息子たち、孫たちと。

ハプスブルク家は、統治するために結婚したものだったし、結婚は急がれた。一九〇八年には、シュテファンとマリア・テレジアとは、次女のレナータがポーランドの貴族、ヒエロニム・ラジウィウ公と婚約したことを告げた。ラジウィウ家は、王子、大司教、戦士を生んだ古きポーランドでも堂々とした家系の一つだった。彼らはロマンスをかきたてるこつを持っていた。一九世紀に、ラジウィウ家の一人はドイツ皇帝の心を奪ってしまったし、二〇世紀も後になってから、やはりラジウィウ家の一人は、ジャクリーヌ・ブーヴィエ、つまりジョン・F・ケネディ大統領夫人の妹にあたるリーの再婚相手だった。ヒエロニムとレナータとは、結婚できるようになるまでに、まごついてしまうような求愛の手順を踏まねばならなかった。ヒエロニムのさまざまな称号はウィーンでは認められなかった。レナータは、「妃殿下」（Your Imperial and Royal Highness）と呼ばれることも含めて、自らの称号をすべて放棄しなければならなかった。夫妻はまた婚前同意書と資産分割とを受けいれなければならなかった。[*11]

シュテファンは、ポーランド社交界に、これから起きることを理解させようとした。レナータの結婚式の前日の一九〇九年一月一五日に、ハプスブルク帝国、ロシア帝国、ドイツ帝国に分割されているポーランドの新聞各紙は、この結婚は「ハプスブルクの皇族一家と素晴らしいポーランドの名家」とを結びつけるものだと知らしめた。レナータとラジウィウがジヴィエツの城の礼拝堂で結婚したときに、二人は新たなものを創りだしたのだった。ハプスブルク家のポーランド分家にあたる「ポーランド・ハプスブルク」である。ラジウィウ側の客たちは、毛皮を着込み羽毛のついた冬用の山高帽を被っていたが、喜びを表してやんやの喝采をあげた。彼らは、世界最高の一族から偉大な一家と認められたのだった。ヒエロニムは新妻に毛皮のコートを贈った。ラジウィウの家の者は、シュテファンに熊の毛皮で裏打ちした橇を進呈した。

シュテファンとハプスブルク家にとって、慎重な外交を要求されるケースであった。ハプスブルクの宮廷は新しく誕生した閨閥を王位継承から遠ざけたが、新たなポーランド分家との接触は保っていたかった。皇帝フランツ・ヨーゼフは、ポーランド統一の問題は三つの帝国においてくすぶり続けている問題であることも、ポーランド・ハプスブルクの存在によってロシア皇帝やドイツ皇帝に対して優位に立てることも理解していた。皇帝自身の民族主義的な譲歩の政策が、ポーランド民族の大義を注意深く是認する方向に向かわせた。皇帝に遣わされた代理は、ドイツ語ではなくフランス語で乾杯の音頭をとった。ジヴィエツはドイツとの国境に近く、そこでは学校でも教会でもドイツ語が否応なく耳に入った。シュテファンは、自分のスピーチをフランス語とポーランド語とでした。[*12]

三女のメヒティルディスが、由緒あるポーランドの支配階級との縁組をして姉に続いた。一九一一年に許婚者のオルギェルト・チャルトリスキ公と、姉と同じ手順を踏んで結婚した。レナータと同じようにメヒティルディスも、称号と、生んだ子がハプスブルクの王位を継承する資格を失った。彼女の生涯で最後に「わらわ」(Royal We)を用いたのは、それらの称号を放棄するのに、まさにそれらの称号を言葉として発した時だった。「わらわメヒティルディス、神の恩寵によりオーストリア帝国皇女大公女にして、ボヘミア・ハンガリー王国王女は」云々というわけである。花婿は、ヒエロニムと同じ様に、ポーランドが存在しなくなってからも富と名声とを保ち続けた東方からの王侯貴顕の家柄の出であった。オルギェルト・チャルトリスキもヒエロニム・ラジヴィウと同じうんざりするような道を辿った。ポーランドなくしては、彼の王族としての序列を定める宮廷もないのだった――もっとも、仮に存続していたなら古《いにしえ》のポーランドが彼の称号を確認できたというわけでもなかったのだが。かつてのポーランドの政治体制は、貴族はどれも平等であるという前提であり、貴族間の序列を認めていなかったからである。[*13]

ハプスブルクの大公女が、さらに一人ポーランドの貴族と結婚したことは、ポーランドの王族と呼べるものを増やした。シュテファンの企図は、その増え方とは比べものにならない反響と承認とを勝ち得た。一九一三年一月一一日に、司式をしたポーランド人の大司教は、クラクフの王宮にあった由緒正しい祭服を身にまとった。皇帝フランツ・ヨーゼフは、代理を遣わし、ダイヤモンドのネックレスを贈った。シュテファンの姉で新婦の伯母にあたるスペインのマリア・クリスチーナ王妃は、ダイヤモンドとサファイアをちりばめたブローチを贈った。教皇は、ハプスブルク家の紋章とチャルトリスキ家のモットー「なにごとがあろうとも」を刻んだ羊皮紙に、手書きで、二つの偉大なカトリックの家族が結びついたことへの祝福の言葉を送ってきた[*14]。

ヴィリーは求愛の過程を眺めていた。たぶん孤独であったろうが、仲間はずれと感じていたのは彼だけではなかった。長姉でヴィリーのお気に入りだったエレオノーラは、訪れてくる紳士どもに反応を示さなかった。三女のメヒティルディスが祭壇に向かう支度をしていた一九一二年夏には、ひそひそ話が始まった。二四歳のエレオノーラは、老嬢になりかけているというのだ。美人のエレオノーラには秘密があった。九年前、一五歳の折りに、彼女は船乗りのことを、この人と心に決めたのだった。子ども時代の一家の旅の間に、彼女は父親シュテファンのヨットの船長である、海軍将校のアルフォンス・クロスと恋に落ちたのだった。メヒティルディスが結婚の準備をしている頃に、エレオノーラは、自分とクロスとが婚約していることを一通の手紙の中で洩らした。たぶん彼女の思いどおりに、そのくだりは父親の知るところになった。立派なポーランドの

**オルギュルト・チャルトリスキとメヒティルディス**

君主たろうする身としては、シュテファンは、三番目のポーランド貴族との三度目の結婚の機会を逃したとして不満を覚えてしかるべきだったが、ハプスブルク家の反逆者だったシュテファンは、エレオノーラの大胆さに感銘を受けたのに違いない。エレオノーラは、皇帝の許可を得て平民と結婚する史上初のハプスブルクの大公女になりたかったのだ。[*15]

シュテファンはウィーンの宮廷に向けて、その結婚の許可を得るために親書を認《したた》めた。皇帝フランツ・ヨーゼフは、シュテファンがエレオノーラの妹たちの折りに自分がひきおこしてきたのと同じ類《たぐい》の厄介ごとに今度は娘の意向で向き合う羽目になったのを面白がっていたためだろうが、条件付きで同意を与えた。ハプスブルクの宮廷はエレオノーラの結婚を身分違いとしたが、レナータとメヒティルディスがポーランド貴族と結婚したのと、身分違いという点ではおつかつだった。ラジウィウ公とチャルトリスキ公の感じたところは記録に残っていない。ハプスブルク家のレベルまで引き上げられた後で、二人は今や単なる海軍将校と親戚として顔を合わす年月に直面したのだ。しかしエレオノーラは彼らの義父の愛しい娘だったし、その義父シュテファンこそが彼らの将来の運を握っていたのだった。民族主義に劣らず、ロマンスも当世風のもたらす呪いであった。民族主義を大切にしたからと言って、決してロマンスを防げるものではなかった。[*16]

エレオノーラとクロスは、一九一三年一月九日に家族だけで結婚式を挙げた。式は慌ただしく、セレモニーらしさを欠いていた。ウィーンとジヴィエッとの間の手紙のやりとりを見ると、慌てて作成された式次第《プロトコール》の誤りがたくさん見受けられる。称号と栄誉とを放棄するというエレオノーラの声明がウィーンに届いたのは、挙式の後になってからであった。エレオノーラは、妹のメヒティルディスと同じ日に結婚したかったが、結局二日早く式を挙げた。たぶんこれはエレオノーラを妹より先にしてやろうということだ

エレオノーラとレナータの続いての結婚式の写真。ヴィルヘルムは右から３番目。

ったのだろう。可能性としてはこちらの方が高いが、二重の結婚式に出席したかもしれない客による比較を免れさせたいということだったのかもしれない。もっとも、エレオノーラの運命は哀しいものではまるでなかった。挙式の日には彼女は、「愛情と幸福とに溢れんばかりであった」。エレオノーラとクロスとは、アドリア海にある一家のヴィラで暮らすために移った。第一子は、結婚してからきっかり九ヶ月で生まれた。[*17]

若きヴィリーは、結婚式の写真で居心地が悪そうに見えるが、彼の心中を忖度するのは難しくない。お気に入りの姉のエレオノーラは、二人が子ども時代を過ごした陽光溢れるイストリア半島に帰ってゆく。ヴィリーはたぶん、一家に加わってきた二人の高慢なポーランド人にも腹を立てていた。二人は、姉二人を自分の所領に連れて行ってしまったし、父親シュテファンのポーランド計画でのヴィリーの地位も奪ってしまったのだ。彼はポーランド問題への答えとして生まれてきたというのに。彼はシュテファンがちょうどポーランドの所領を相続したときにこの世に生を享けたのだし、まさしくポーランド王になるはずだったのになれなかった一四世紀のハプスブルク家の一人にちなんで名づけられた息子であり、誕生時からポーランド語を教えられた唯一の子どもだった。ところが今や、姉たちの結婚で、想像していたポーランドの継承は危うくなった。ヴィルヘルムは、突如として、父親、二人の兄だけでなく、二人の新たな義兄と、さらには生まれてくるだろう義兄らの子どもたちの後塵を拝することになったのだ。一四歳と一七歳で迎えた三人の姉たちの結婚式で、ヴィリーは幼年時代の安全な秩序が消えてゆくのを眺めたのだ。一家の利害は彼の利害と一致しなかった。運命づけられた子どもが、余り物扱いになっていた。ヴィリーは、自分の道を切り拓くためには、自分の民族、自分の国家を見つけなければならなくなった。

姉たちが結婚を前提に交際し、やがて結婚に至った一九〇九年から一九一二年までは、ヴィリーにとって試練の時だった。姉たちがジヴィエツの家にいて、求婚者を受けいれ結婚の計画を立てている間に、ヴィリーと兄たちは、陸軍実科学校での寄宿生活に入った。一九〇九年にヴィリーはフラニチェ・ナ・モラヴィエの町にある陸軍実科学校に入学した。ジークムント・フロイトの両親と同じで、シュテファンは、帝国の中ほどにあり、海がなく、ほとんどがチェコ語を話すモラヴィア領邦の生まれだった。ヨットや自動車と同じで、息子たちを陸軍実科学校に入れるのも進歩的なシュテファンの新機軸と言えたし、自分の幼少年時代を過ごした家から遠くないところにある学校を選んだのだった。ハプスブルク家の大公たちは、陸軍か海軍の指揮を執るものと思われていたが、伝統的にそのための訓練を受けはしなかった。シュテファンの自慢に思う軍人の先祖とて、才能のある者もそれほどでない者も、いずれアマチュアであった。海軍士官学校の聴講生として学んだことのあるシュテファンは、自分の息子たちには十分な軍事的教育を修めさせたかった。彼は息子のヴィリーを、自分が経験したことのない種類の学校に送った。シュテファンは、少なくとも寄宿生になったことはなかったのだ。[*18]

ヴィルヘルムはフラニチェ・ナ・モラヴィエで陸軍実科学校に入ったときには一四歳だったし、試験に合格できずに退学したのは一七歳の時だった。どんな男の子の人生でもこの時期はぎこちないものである。世の中を持て余す子どもっぽさが、同じ持て余すのでも自分の体を持て余す大人らしさへと変わってゆく時期であるのだ。ヴィルヘルムはここの生徒だった頃については、その足跡を何ら書き物にして残してい

陸軍実科学校生徒時代のヴィルヘルム

ない。彼らしくない沈黙と、早めに退学してしまったことが、この時期が厄介なものであったことをうかがわせる。

この学校は、当時のオーストリア最大の作家であるロベルト・ムージルによって、忘れ難い描写をされている。彼はそれを「悪魔の尻の穴」と呼んでいた。自身同窓生だったムージルは、一九〇六年に刊行された、気色の悪さを優雅に表した処女作『若きテルレスの惑い』を、その学校での自身の経験に基づいて記した。その作品に年若い「H王子」が登場する。「彼の歩き方は柔らかく、しなやかだった。少しはにかむように肩をすぼめ、背筋を伸ばして歩く身のこなしは、誰もいない部屋を次から次へと進んでいくときのやり方だ。ほかの者だったら空っぽの部屋の目に見えない角にひどく身体をぶつけてしまいそうなものだが、彼だけは優雅に進んでいくのだった」。その物語の中では、「H王子」は幸福ではなく、学校を辞めてゆく。物語の本筋は、同性愛的な屈辱を与えるのを計画的に行う一〇代の男の子たちの無軌道な衝動や、性的発達と知的発達との間の避けがたいつながりを扱っている。この小説が刊行されてから三年後にその学校に入学したヴィリーは、背が高くブロンドで、碧い眼をし、眉目秀麗だった。彼は優雅な王子様だったのか？　それとも男色の相手だったのか？　おそらくどちらでもあったのだろう。

ヴィリーは、同性愛、皇族・王族、軍隊が密につながっていた頃の中欧で大人になっていった。一九〇七年に、ヴィルヘルムがその名を貰った、ドイツ皇帝のヴィルヘルム二世が、世紀の同性愛スキャンダルの渦中に置かれた。一九〇九年まで続いた訴訟騒ぎの中で、大の親友で文官のいちばんの助言者を含めて、皇帝の最も親密なサークルが同性愛に耽っていたことが明らかにされた。皇帝の親友の一二歳年上のフィリップ・ツー・オイレンブルクは、いつでも手紙では皇帝を「リトル・ダーリン」と呼んでいた。ハルデン＝オイレンブルク事件は、当時のドイツをはじめヨーロッパ中の新聞各紙で後続記事を書かれた。妻に帽子を選んでやるのを好んだヴィルヘルム二世も、同性愛と結びつけて考えられることを免れられなかった。[*19]

一九〇七年には、同性愛スキャンダルがウィーンでも起こった。その年の四月に創刊された大衆紙が、ハプスブルク君主国の政界や財界のエリートは同性愛の傾向がきわめて強い、とほのめかす記事を発表し始めたのだ。「同性との淫行」はハプスブルク君主国内では刑事犯であったので、こうした記事には脅迫の意味合いがあった。自分をこの同性愛のエリートの一員とする誰かが、記事に応じてきた。偽名の「メルヴィオラ伯爵夫人」を使って、新聞読者に、「温かい兄弟」たちを牢獄に送るなどたいへんな誤りだと告げたのだ。彼は、「最も名誉ある国家からの表彰を受けた者、これ以上ないほど古い家柄の貴族、百万長者、そしてきわめて重要な大企業のトップ」が実際に同性愛的行為で起訴されるなんて考えられないとした。伯爵夫人は甘い香りの香水をふった手紙に書いて寄越したが、こちらも脅迫のにおいがしていた。ウィーンのエリートは「温かい兄弟」たちだと認めつつ、その誰かは、このことはつまるところ「温かい兄弟」はお互いの面倒を見合うということだと指摘した。言わんとするところは、事態が「加熱」したとしても、ということだった。[*20]

こうしたことはすべてが一九一三年のアルフレッド・レードル事件の序奏に過ぎなかった。この事件こそ、二〇世紀の長い残りの期間を通じて、同性愛と諜報の恐れとを結びつけるものであった。鉄道事務員の九番目の息子のアルフレッド・レードルは、ハプスブルクの陸軍の情報部門のトップまで上り詰めた。派手好きな男色家のレードルは、自身ドレスも着たし、たくさんの愛人に金を援助していた。たくさんの将校と同じく、レードルは収入に見合わない生活を送っていた。たぶん他の将校たちよりも度が過ぎていたが。彼の同僚将校たちは、借財など生活の予期しうる部分だと見なしていたし、男同士の愛情も、大人の世界では個人的なものと見なしていた。レードルは、機密をロシア帝国に流すことで自分の暮らしぶりのつじつまを合わせていた。一九一三年五月に、彼は正体を暴露され、自殺を図った。事件の詳細はハプスブルクの軍と法廷で隠蔽された。大公であり、その当時までには提督になっていたシュテファンなら、十中八九全容を把握していただろう。スキャンダルが起きたときに、シュテファンは、マリア・テレジアとヴィリーとともにウィーンにいた。シュテファン夫妻は、もっと静かな環境で家庭教師をつけて学業を終わらせるべく、ヴィルヘルムをフラニチェ・ナ・モラヴィエから連れ帰ったのだった。ヴィリーが試験勉強をしている間に、レードルが脳に向けて発した銃弾が、ヴィリーにとって決定的な教訓となった。[*21]

ポーランドの王位が遠い将来へと退いてゆき、現在の苦の種である教育でさらに押しつぶされた思春期の薄ぼんやりとした時期に、ヴィリーは自身の王国を夢みることで自らを慰めていた。彼は、ポーランドの運命に備えるための手腕や技能が、他の目的を達成するのにも使えることに気づいた。遡ってロシーニ島の時代には、ポーランド語のレッスンは、まさに文字どおり庭園を散歩しながらであり、一〇〇〇キロも離れたポーランドの現実とは切り離されたものだった。とても難しかったとはいえ、ポーランド語は純粋で抽象的に思えたに違いない。ガリツィアでは、ヴィリーは行く先々でポーランド語を耳にすることになった。ポーランド人がその領邦を支配していたし、ポーランド語は、学校、法廷、そしてほとんどの都市では町なかで使われる言葉だった。一八六八年にガリツィアの公用語はポーランド語になっていたのだ。

けれども、ガリツィアには、ヴィリーがぼんやりと理解していたように、他の民族も住んでいた。実際に、ウクライナ人は近くにいた。父親シュテファンの城の周りの山並みには、それぞれの氏族に分かれた山地の羊飼いや猟師が住み着いていた。ポーランド語だとわかる方言を話す氏族もいたし、もっと穏やかな感じの言葉を話す氏族もいた。ヴィリーは、たぶん初めはそれが何であるかもわからぬまま、地元の子どもたちからその言葉の単語をいくつか学んでいたように思える。母親のマリア・テレジアは、その言葉がウクライナ語と知っていたが、優しい響きが気に入っていた。一家がアドリア海沿いに住んでいた頃には毎日使っていたが、このポーランドの山あいに来ては使えないのを寂しく思っていた、母語のイタリア語を思い出させたからだ。[*22]

ヴィリーは、ポーランド文学から、ポーランド人とウクライナ人とは、どちらもが己が故郷と呼ぶ土地をめぐって古くから争ってきたことを学んでいた。ヘンリク・シェンキェヴィチの『火と剣とを持って』という小説の中で、ヴィリーは、一七世紀のウクライナでポーランド貴族に刃向かったウクライナ・コサックの大反乱について読んだばかりだった。古今を通じて最もよく知られるポーランド人作家のシェンキェヴィチは、はっきりとポーランドに同情的な書き方をしているが、それでもコサックに、ある種野生的な尊厳というものを与えていた。その物語に登場するウクライナ人に体制転覆的な思い入れを持って読んだのはヴィルヘルムに限らなかった。文学作品でなじんだ、教養あるポーランド人貴族と野蛮なウクライナ・コサックの対立は、ヴィリーが義兄たちと話す際にも顔を覗かせるようになった。二人のポーランド貴族は、何万というウクライナ人農奴を所有していた家系の末裔だった。よって義兄たちはヴィリーに、ウクライナ人は野蛮な山賊の人種なのだと教えた。ヴィリーは、彼らの意見を「興味深く感じ」かつ「注意をひかれた」。もはやヴィリーは、ポーランド貴族を毛嫌いするほどよく知っていたわけだし、彼はたやすくコサックたちを自分の英雄として見なした。

おそらく一七歳だった一九一二年のことと思えるが、ある時ヴィリーは、山賊のウクライナ民族の砦を見つけようと心に決めた。想像が燃えさかったヴィリーは、どこにゆけばその野蛮人を見つけられるのかと思いを巡らしながら、ガリツィアの「ファミリーマップ」なるものを調べた。その年の夏に、ヴィリーは一人で東方へと旅立った。彼はシュテファンの息子らしく、二等車で「お忍び」の旅をし、カルパティア山脈の中のヴォロフタへと向かった。彼は緑の松林の中をまるで一人で進んでいった。やがて、ヴィリーが期待していたような毛皮を身にまとった野蛮人ではなかったが、狩猟と農耕で暮らす自由民である、ウクライナの山岳民族フツル人の氏族を見つけた。ヴィルヘルムは、彼らのもてなしと歌とに感銘を受けた。彼はウクライナ語によく似たポーランド語で話しかけ、ウクライナ語の単語をもっと学ぶ機会とした。ヴィリーには語学の才があったし、ポーランド語を生まれたときから話している者にとって、ウクライナ語はいやもおうもなく理解できる言葉だった。ヴィリーはジヴィエツに「まるで違った人間」になって帰ってきた。彼は王国を持たない民族を発見したのだった。彼は、諸民族が君主を抱くというヴィジョンを描いた『皇帝の夢』をウィーンで観ていた。ヴィリーは、ポーランドがハプスブルク君主国の中でハプスブルク家の一員を統治者に抱くという父親シュテファンの民族国家の夢の一翼を、それまで担ってきた。では、ウクライナはどうして自分たちでハプスブルク家の一員を統治者に抱いてはいけないのだろうか？[*23]

ヴィリーがその夏にしたように、ウクライナ人に愛着をもって接することは、ガリツィアを違った視点から見ることになった。民族主義という視点を通すといつでも一つの集団に焦点をあてることになり、他の集団は封じ込めがちになる。ヴィルヘルムの父親も義兄たちも、ガリツィアをポーランド人の土地として見ていた。実際には、ガリツィアには、ウクライナ人もユダヤ人も住んでいたのだし、他にもたくさんの集団がいた。邪魔となるものを最小化し、レンズを引いて眺めると、ポーランド人以外も焦点の中に入ってくるのだ。ジヴィエツそのものはポーランド人の交易の町で、町自慢のバロックのカトリック教会があったし、ウクライナ人やユダヤ人はほとんど見かけなかった。ただ近郊の村々には、飾り立てた金属製の十字架が魅力を添えているタマネギ型のクーポルを持った木造のウクライナ風の教会があった。ヴィリーは父親シュテファンの計画と、その計画がもたらした義兄たちの存在から離れてゆくにつれ、ウクライナ版のガリツィアの未来像を彼自身で見出した――父親シュテファンが観なかったものを見、自分を義兄のポーランド人たちの軽蔑する諸民族と同一化することで、ヴィリーは一家の中で、また実際にハプスブルク朝の中で自分の地位を上げてゆくのだ。彼はハプスブルクの一門のさして重要でない分家のそれも末っ子だった。けれど、ウクライナ・ハプスブルクの家系というものは、まだ存在していなかった。彼がウクライナ・ハプスブルクの始祖になりうるのだ。[*24]

ヴィリーの潜在意識にある、共同社会に加わりたい、「人々ともっと近しくなりたい」という衝動は、叛乱の趣を持っていた。ガリツィアを切り回していたのは、ほとんどがウクライナ人である農奴たちの犠牲の上に立つポーランド人貴族だった。ポーランドの民族主義者たちは、ウクライナ人というものは成長しつつあるポーランド国家にいずれ同化されてゆく素材に過ぎないと信じていて、独立ウクライナの存在を否定していた。けれどヴィリーのウクライナ人としてのアイデンティティは、ハプスブルク朝に忠誠でないというわけではなかった。それどころか、ウクライナ・ハプスブルクがいるということは、ハプスブルク朝の複雑な民族政策の中では、役に立つ資産になるやもしれなかった。[*25]

ハプスブルク君主国内の政治が着実に民主主義的色彩を帯びてくるにつれ、ウクライナ人のような諸民族の発言と票とはより重要性を増してきた。ウクライナ語の話者は、一九一〇年の国勢調査までには、ハプスブルク君主国のオーストリア側では人口のほぼ一三パーセントと見なされていた。ウクライナ人の政治家たちは一九〇七年の男子普通選挙法導入時での選挙の後では、議会で六パーセントの議席を持つようになった。一九世紀終わりから後は、ポーランド人が連立政権で頼みの綱になっていたが、ウクライナ人の選挙での比重は増していった。先行き自由選挙になったら、ウクライナ人政党が議会でさらに多くの議席を要求するのは確かだった。こうした状況下では、ヴィリーの見方は正しかったのだろうが、彼自身その出身であるハプスブルク一族は、いずれはウクライナ王というメンバーを入れぬわけはないであろう。[*26]

ハプスブルク朝は国内政策だけでなく外交政策の観点からもウクライナ問題を慎重に考えねばならなくなった。シュテファンが理解しようとしてきたユーゴスラビア問題、ポーランド問題と同じように、ウクライナ問題はハプスブルク朝だけでなく、お隣の帝国の関心も惹いていた。ヴィルヘルムはカルパティア山脈の中でウクライナ語を耳にしたのだが、同じウクライナ語が、むろんさまざまな方言になってはいても、その東方二〇〇〇キロ、ロシア帝国の奥深くでも話されていたのだ。この時代は、いずれ人類学として知られるようになるが、民族誌《エスノグラフィー》が東欧で大発展を遂げた時代だった。民族誌学者は、政治的境界線を越えて共通の言語と文化とが存在することを示そうとたいへんな距離を旅して回った。彼らは、ハプスブルク君主国内には一〇〇万単位のウクライナ人がいるが、ロシア帝国内のウクライナ人は一〇〇〇万単位にのぼるとする人口統計学者にも支持されていた。[*27]

民族主義のおかげで、帝国なるものが保守的であることは許されなくなった。いったん諸民族が帝国の境界線を越えて広がっているのが認識されると、帝国の政策は、得失について慎重に考慮せねばならなくなった。安定を維持するのは不可能に思えた。ウクライナの民族問題は、ハプスブルク君主国を、弱体化することも強化することもありえた。どっちつかずということはありえなかった。仮に独立ウクライナが誕生したら、ハプスブルク君主国か、ロシア帝国、あるいは両方から領土を得なければならなくなる。だからウィーンとペテルスブルクは共に、いかなる変化が生じようと自分たちに有利なように運ぶようにと働きかけていた——自分たちの支配下で、自分たちの後援を受けるかたちで、ある種の国家統一を認めるというのだが。ロシア帝国は、ハプスブルク君主国内のウクライナ語話者に、ツァーの恩恵を受けている東方正教会の諸民族の一員だと得心させようとした。ハプスブルクは、その版図の中のウクライナ人に向かって、独立した教会であるウクライナ・ギリシャ・カトリック教会を支援していた。教会の輝ける指導者である、首都大主教のアンドリイ・シェプティツキイは、ロシア帝国をも改宗させたいと願っていた。ロシアもハプスブルク君主国もそれぞれのウクライナ人居住地域を失うことは考えていず、どちらもウクライナ民族問題を、相手の領土を吸収することで解決できると夢想していた。[*28]

若きヴィリーよりずっと重要なハプスブルクの王子たちも、ウクライナ問題を研究していた。皇位継承者フランツ・フェルディナントには、ウクライナ人の政治的助言者がいた。皇帝フランツ・ヨーゼフは、迫り来る戦争を恐れて、ウクライナにいくらかの注意を払わなければいけなくなっていた。ヴィリーがその年の夏にカルパティア山脈へと旅をした一九一二年には、バルカン半島では戦争が荒れ狂っていた。オスマン帝国が衰え、ハプスブルク君主国はバルカン半島の掌握をめぐってロシアと競っていた。バルカン半島はウィーンとペテルスブルクの予想される戦いの舞台であったが、ハプスブルク君主国とロシア帝国はそこでは国境を接していなかった。接している国境線は、ガリツィアの東の境界線だった。ロシアとのいかなる戦争も、よってウクライナの前線に沿って戦われることになろうし、ウクライナの地は必ずや所有者が変わることになろう。[*29]

ウクライナをめぐっての戦争は、ハプスブルクにとっては有り難くない見込みだった。陸軍はきわめつけの多民族、多言語のものであったというのに、将校団では昔からの貴族階級を有する国々の人間たちが幅を利かせすぎていた。ウクライナ語を母語とする将校は五〇〇人に一人だったのである。ウクライナで東部戦線が開かれることを予期して、ハプスブルク家の一員でもあるウクライナの将校を養成するのが理にかなっていた。皇帝フランツ・ヨーゼフは、妥当な候補者に目を向けた。彼はヴィリーに、一九一二年の秋にウクライナ問題を研究するように依頼した。翌一九一三年、ヴィルヘルムは将校としての訓練を受けるために、ウィーナー・ノイシュタットにある帝国士官学校に入学した。[*30]

ヴィルヘルムの反抗に見えたものが、そのまま帝国から下された使命につながったのだった。士官学校の候補生として、彼はウクライナの言葉と文化とを学んだ。特別な教育課程が付け加えられているにもかかわらず、ほとんどの点では、ヴィリーは、父親シュテファンが意図したとおり単なる候補生の一人だった。彼は士官学校では同じクラスの若い候補生たちと変わらぬ通常授業を受けた。毎朝五時に起床ラッパが鳴り、六時から一三時、一五時から一八時と課業がある。地理と法律とが、ヴィルヘルムのお気に入りの学課だった。彼の成績は優秀で、クラスでも首席に近かったが、それが何を意味するのかは判断が難しい。ハプスブルクの大公たちは時には学位も取得したが、いつでも勉強家とは限らなかった。大公たちに試験をする教師たちの困った立場は、ハプスブルクの版図においてはユーモアの種であった。キャバレーで耳にする頓知によれば、大公に課せられる試験問題の一例としてはこうしたものがあった。「七年戦争は何年続いたか?」[*31]

ヴィリーは、フラニチェ・ナ・モラヴィエの陸軍実科学校でよりも、ウィーナー・ノイシュタットの帝国士官学校での方が楽しんでいたように思える。ヴィリーと仲間たちは続けて九日間というもの毎晩校長の車を借りた。彼の気に入っていたのは、乗馬とフェンシングと水泳だった。たぶんウィーナー・ノイシュタットの方が積極性は少なかったろうけど、フラニチェ・ナ・モラヴィエと同じように、こちらもまた同性愛的だった。年長の者たちは年少の者からお気に入りを選ぶことができた。寮の管理人は賄賂を受け取って、二人が懲罰室で時を過ごすのを認めてやった。仮にヴィリーがこの新しい学校に気に入らないことがあったとしても、一八歳の若者として自分の不満を表す実際的な方法を見出していた。ウィーンはフラニチェ・ナ・モラヴィエよりずっと提供できるものが多かったし、兄のレオも同じ年に帝国士官学校に入っていた。兄弟は日曜になると日帰り休暇を貰い、両親に会いに出かけた。シュテファンとマリア・テレジアは、今ではほとんどの期間を、ウィーンのヴィードナー・ハウプトシュトラーセ六一番地にあるシュテファンの宮殿で過ごしていた。この住まいはフィアカーという辻馬車を使えば、皇帝フランツ・ヨーゼフのホーフブルク王宮までちょっとであった。ヴィリーは、お気に入りの姉のエレオノーラと再会した。エレオノーラがイステリアからウィーンを訪ねてくると、二人はウィーン市中を長い時間散歩して回った。[*32]

こうした散歩は、ヴィリーの教育にとって大切なものとなった。ずっと下層の階級の男と結婚した愛する姉と時間を過ごしながら、彼も今では社会的な格差に気づくことのできる若者となっていた。ヴィリーとエレオノーラとが一緒に観て回った都市は、二〇〇万の人口を抱え込む巨大都市であった。姉弟が父親の宮殿から南へと歩いてゆき、ホーフブルク王宮やリングシュトラーセを通り過ぎるとすぐに、勃興する労働者階級で溢れている地域のマルガレッテンとファヴォリッテンに着いてしまう。ヴィリーは、自由になる時間に、オーストリア・マルキストの著作を読み始めていた。これは社会主義運動の中でも特異なグループで、その民族問題へのアプローチはヴィリーに合っていた。オーストリア・マルキストの願いは、民主的な議会を通した立法の結果として、帝国が民族主義的に寛容な社会福祉国家となることだった。ヴィリーはその社会主義的な計画を、帝国でも最も貧しく最も農業色の強い民族の一つである、自分のお気に入りの民族であるウクライナ人に適用しようとした。[*33]

ヴィリーはこうした小さな逸脱は犯しつつも、そのエネルギーはもっと大きなシステムの中で発散されていた。いつの日にかハプスブルク帝国に奉仕するのに役立つだろう技能を備えた若者になるのに必要なエネルギーを与えたのは、まさにこのちょっとした造反だった。ヴィリーは、注視され、教化されていた。ハプスブルク一族で、ヴィリーは、もはや何人かのポーランドの大公になるかもしれない者の内の一人ではなく、唯一ウクライナの王子となる見込みのある者だった。彼はもはや、ポーランドでの使命を果たす順番で最後の者ではなく、ウクライナでの使命を果たす順番で最初に位置していた。農奴たちと同調しうる大公、新しい国家と同調しうる古い王朝というわけだった。まさに時宜を得ていたので、ヴィリーと彼自身が選んだ民族は、古い帝国に若々しい力をもたらす可能性があったのである。

ロベルト・ムージルは『特性のない男』の中で、フランツ・ヨーゼフの七〇年に及ぶ統治の祝典を計画する務めの委員会（実際には行われなかった「フランツ・ヨーゼフ一世皇帝陛下御在位七〇年慶祝式典」準備委員会）のことを記している。血族の間での入り組んだ事情、国父の影響力についての長い熟考、政治哲学についてのとてつもない脱線の後で、この叙述は実際的な結論には達しない。けれども、現実を理解するための舞台としての「委員会」なるものを、納得できる形で世界文学で唯一描き出しているのだ。ある職業的外交官は、外交の要諦を解明しようとする。曰く、やりたいことをやるなかれ。小説の主人公は行動を定義している。曰く、その瞬間にやっていることが行動なのでなく、次にやることこそ行動なのだ、と。ムージルは、ハプスブルク家の時間観念なるものを、何とか明らかにしようとする。細々とした点まではコントロールできないとしても、全体としては支配しうる「途切れぬ現在」というのがそれへの答えだ――そのハプスブルク家の一員が、機転が利いて器用で、一族の権力を示すもの以外では世事に関心を払わないかぎりにおいてはということだが。

ムージルの作品に表れる「時間意識の希薄さ」、いわば無限性は、皇帝フランツ・ヨーゼフの治政の長さによりもたらされたものであり、尋常でなく長かったのでハプスブルク朝に永遠という霊気を帯びさせていた。二〇世紀に入る頃までには、ほとんどの臣下は、フランツ・ヨーゼフ以外の皇帝を思い出せなかったのだ。もっとも、これは、ハプスブルク朝が次に来る世代の美点に信を置いているからでなく、皇帝の個人的な頑丈さによってもたらされる「時間意識の希薄さ」であった。皇帝はそれまでのところ死ぬのを肯んじなかったが、皇位継承者としたフランツ・フェルディナントは性格が激しく、人気がなかった。その中東欧の帝国自体が、世界的な使命を帯びた存在から、中東欧の版図にと収斂せざるをえなかった。その中東欧の版図では、統治者たちは、時の移ろいとともに気弱になっていったというよりも、成長する強国によってどんどん追い詰められているように感じていた。

永遠の感覚はカタストロフの感覚と競い合うものであった。二〇世紀の初め、ハプスブルク君主国は、ヨーロッパの同盟関係、つまるところ戦争のために軍備を進める二つの国家群の競争に絡め取られていた。ハプスブルクの外交は、めったにめざましいということはないにしても、普段は柔軟なものであったが、策略を弄する余地がまるでなくなっていた。ドイツ統一の後、フランスは東方に同盟国を求め、一八九四年には露仏同盟を結んだ。一九世紀が終わる頃、ハプスブルク君主国とドイツとは、ロシアとフランスとに対抗し、緩やかな提携を結んでいた。一九〇四年に、イギリスは、帝国主義の領土をめぐる不和を避けるために、フランスと英仏協商を結んだ。一九〇七年には、イギリスは、ロシアとも同様な協定を結んだ。こうした協定で、英仏露の非公式だが明白な三国協商が成立した。ドイツは強国であったが、そうした連合に対抗できるほどではなかった。ドイツはイギリスと建艦競争を行ったが敗れ、その後は一九一一年に伝統的な陸軍の強大化競争を行ったが、これに同盟国ハプスブルクを巻き込んだ。
これら五ヶ国が二つの提携関係を結ぶにつれ、六番目の昔からの強国がヨーロッパ大陸から姿を消していった。オスマン帝国は、ヨーロッパにおける領土を失っていった。一九〇八年七月に、オスマン帝国の陸軍将校たちが改革を標榜してクーデターを起こしたときに、ハプスブルク君主国は、一〇月にボスニアとヘルツェゴヴィナとを併合することで応じた。三〇年前の一八七八年に、ベルリン条約によって、ハプスブルクは、法的にはオスマントルコ帝国に属するこの二つの州の「施政権」を得ていた。今やハプスブルクは、その二州を併合する権利を一方的に行使した。オスマン帝国は、二世紀間というもの衰退していったが、他の強国はお互いの間で、その領土の再分配については合意していた。だから、オスマン帝国という強大国が退場し、今度はもう一つの強大国ハプスブルクが、占領から直接的な併合へと進むことでそのルールを破ったことになる。オスマン帝国支配下のヨーロッパに居住する東方正教会の諸民族に関心を持っていたロシアは、これを侮辱と受け止めた。ロシアはセルビアに接近していった。セルビアは、ボスニアを自身の縄張りに入ると見なしていたし、それどころか、将来できる拡大したセルビア国家の一部であると見なしていた。[*34]
その頃には、バルカン半島の政治、つまりはヨーロッパ政治の主導権は強国の手からこぼれ落ちていた。一九一二年に、ギリシャ、セルビア、モンテネグロ、ブルガリアの、民族主義的君主制四ヶ国の同盟は、オスマン帝国を攻撃し、残っていたオスマン帝国のヨーロッパにおける領土のかなりを手中に収めた。この第一次バルカン戦争は、ヨーロッパが小さな民族国家の集まりによって再編されうること、民族主義が帝国を破壊しうることを、ヨーロッパに示して見せた。バルカン諸国は、次には一九一三年の第二次バルカン戦争でお互いを攻撃した。戦塵が治まったときに勝利を収めたのは、主としてセルビアであった。領土は倍になり、人口は五〇パーセント増加したのである。ハプスブルクの陸軍参謀本部は、セルビアに対しての先制となる戦争を主張した。仮にハプスブルク共和国が、セルビアのような自国にとって厄介なものを取り除いておかないと、彼らの論法では、ハプスブルクはオスマン帝国と同じ運命を辿ることになるのだ。参謀本部は、ハプスブルク君主国が、ヨーロッパの政治で回転軸《ピボット》の位置に甘んじていることに倦んでいた。仮に権力の均衡がはかられなければならないというなら、参謀本部は綱渡りの曲芸師が行うような駆け引きに満ちた戦争をしたかった。綱渡りの曲芸師は少なくとも前に進もうとする意識がある。それにバランスをとる竿を持っている。一九一三年と一九一四年に、総参謀長がセルビアとの戦争を具申したのは二五回をくだらなかった。[35]

　まだ風雲急を告げていなかった一八九〇年代には、フランツ・フェルディナントとシュテファンとは、アドリア海をヨットで航海しながらバルカンの政治について議論をしたものだった。ボスニア併合の危機の間には、二人は、戦争が起きるのを恐れて書簡を交わした。フランツ・フェルディナントは、戦争でバルカン問題が解決するとは思っていなかった。セルビアをハプスブルク朝の版図に加えるのは、いろいろな問題をもたらすだけだと彼は決めつけた。セルビアが入って得られるのは、「殺人者と悪漢と少しばかりのプラム」だけだろう、と。シュテファンはアドリア海に面したところで二〇年暮らしていたわけなので、フランツ・フェルディナントよりはバルカン半島の諸民族に親近感を覚えていた。息子の一人は、正教の支配するバルカンの地で最も畏敬されていた二人の聖人シリルとメソディアスの兄弟にちなんで、レオ・カール・マリア・キリル・メトートと名づけられた。もっとも、シュテファンの考えも同じような道筋を辿った。ボスニアとヘルツェゴヴィナ併合の危機の前年一九〇七年に、シュテファンは、ガリツィアと想像上のポーランドを選んで、バルカンと想像上のユーゴスラビアとは離れてしまっていたのだ。[36]

ヴィリーは父親シュテファンの計画を理解していたし、父親に劣らず想像力豊かで移り気だった。シュテファンの世代はウクライナ人を民族として見ることはなかったが、民族の定義が変わりつつあったのだ。人口数が富と同じく重要になった民主主義の時代であり、文化が伝統に取って代わるエスニシティの時代であり、人口統計学が国民の数をうわべだけでも正確に計算できる時代であった。ヴィリーは、ウクライナ人を、ポーランド人と同じ地位と権利とを持つ民族と見なすことができた。ウクライナ人の政治の大衆的な性格は、自身を庶民の味方と見なした若者しか惹きつけ得なかっただろう。当時人々に言われていたように、ウクライナ人が「歴史のない民族」、つまり自分たちの国家を持ったことのない民族であるということも、ヴィルヘルムの若い心を惹きつけた。ウクライナ人は飾らない民族だ、季節に譬えれば春の民族だ、風にしなる若木なのだとヴィリーは考えた。二年後に彼はこう記したものだ。「ポーランド！しかり、ポーランド人はかつては高い文化を誇る民族だった。僕はそれを認めねばならない。しかるに今や秋が訪れている。過剰の文化、退嬰の境に入っている[*37]」。

ハプスブルク家の歴史は、退嬰がとても長く続きうることを示している。およそ三世紀前に、ヴィリーの祖先の皇帝マクシミリアン二世は、珍奇な肖像画家ジュゼッペ・アルチンボルドの四季を表した作品に金を出している。アルチンボルドらしく、「春」は緑と赤の果物と野菜で構成され、「秋」は遅摘みのヒョウタン、根茎、葡萄などが鈴なりになっていて、むろんどちらも人の胸から上の姿で描かれている。時の移ろいを表すのにこれ以上愉快で退嬰的な作品はない。もっとも、肖像画がどれも個性的なのにもかかわらず、それらは終わることのない四季の移ろいを表している。けれども、ハプスブルク家は、転回点に——そう、時の移ろいという円環に直線的な進行が触れてゆく時点に、永遠に続く王朝の時間が、カタストロフと救済という過激な想定に屈する時点に達していたのだ。

一九一四年の夏は、ハプスブルクが古きヨーロッパを終焉に導く戦争を始めたので、「春」と「秋」とを、父と子とを、一つの時代と次の時代とを分かつものになった。しかし、一九一三年には、シュテファンとヴィリーの選択は、互いへの敵意を示してもいなかったし、ハプスブルク朝への不忠誠を示してもいなかった。仮に、参謀本部が望んだように、ハプスブルク君主国がセルビア征服の戦争をするなら、軍はセルビアだけでなくロシアとも交戦することになる。ロシアに勝てば、ハプスブルク帝国の版図にあるポーランドとウクライナの人口を、一〇〇万単位から一〇〇〇万単位へと増加させる可能性が高い。仮に、ハプスブルクがそうした戦争に勝利を収めれば、大公たちは、彼らの帝国の忠誠な摂政として、巨大なポーランド領邦、巨大なウクライナ領邦を支配することになるだろう。

シュテファンとヴィリーとは、二つの時代に意味を持つ行動をとった。彼ら自身の生きている時代と、やがて来る時代とにである。そうする中で親子は、明らかに新しい種類の時間観念を身につけた。戯曲『皇帝の夢』に出てきた「永遠の王朝」という「夢の絵」に日付と詳細を刻み付けてゆく、彼らが生まれついた時間観念ではない。年月が経つにつれ民族主義へと進んでゆく、彼ら自身もが育んだ時間観念である。シュテファンは新しい領邦の創造を見越してポーランド人になった。ヴィリーは新しい民族と国家の勃興を見越してウクライナ人になった。もっとも、彼ら親子がハプスブルク君主国を援けるのを可能にするだろうまさにその手腕と名声とが、その中ではポーランドとウクライナが独立国家となりうる「帝国なきヨーロッパ」の出来《しゅったい》への心構えをもさせたのだった。ヴィリーとシュテファンとは、ハプスブルク君主国の崩壊と独立ポーランド・独立ウクライナの勃興のことを語りはしなかったが、二人のそれぞれのポーランド人、ウクライナ人の追随者たちは、当然のこと、それを口にすることになろうし、現にそうしたのだった。

一九一三年には一八歳だったヴィリーは、自身の野心を一家の栄光と絡めないようにすることはできなかった。邪気がなくそれでいて冷笑的な彼は、自分が体現している伝統そのものに反抗するという贅沢をしたのだった。父親のシュテファンは彼をポーランド人に仕立て上げたので、彼はウクライナ人になることに決めた。父親は彼に将校になって欲しがっていたが、今や彼は自滅的な戦争に備える士官候補生だった。シュテファンは諸民族からなる世界を予見していたが、今やそうした世界が親子の前に立ちふさがっていた。ヴィリーは、演劇、旅行、書物で知っているだけの自分の民族を選び取っていた――彼自身と同じように若く未熟《グリーン》な民族だった。

親子は二人ながら、歴代のハプスブルクのどの人物にも劣らず、次にくるものに対して心構えができていたのだ。

RED

# 戦う大公

皇太子フランツ・フェルディナント・フォン・ハプスブルクは、一九一四年六月二八日、サラエボで記念日を迎えた。一四年前のこの日、皇帝は彼に、恋人ゾフィー・ホテクと結婚することを許したのだ。ゾフィーは、フランツ・フェルディナントと結婚することになっていた女性の侍女だった。この結婚は、ゾフィーにとってあったため、皇太子は子孫が皇位につく権利を放棄しなければならなかった。この結婚は、ゾフィーにとって気まずいものであった。王位継承者の配偶者となっても、彼女の地位は、自らの子どもたちを含めてすべての大公・大公女よりも低かった。彼女は、幼い少年少女たちの後からホーフブルクの王宮の広間に入った。王宮は、平素から隙間風が入ったが、ゾフィーには特別な冷たさに感じられた。ウィーンでの国家行事の間、彼女と夫は別々の自動車に乗らねばならなかった。新たにハプスブルク家の領土となったボスニアのサラエボでは、こうした規則も曲げられた。フランツ・フェルディナントは、軍隊の大演習の観閲にゾフィーを同伴した。このバルカンの地で、フランツ・フェルディナントは妻が自慢であることを態度に表すことができた。夫妻はその日、一緒にオープンカーに乗った。

セルビアの民族主義者たちにとっても、サラエボで記念すべき年回りにあたった。ちょうど五二五年前、オスマン帝国の軍隊が、コソヴォの戦場でバルカン諸侯の連合軍を破ったのだ。セルビアの民族主義者たちは、コソヴォの戦いを自分たち英雄的な民族の受難であり、異国の専制君主の支配に屈服した始まりであるとして心に刻んでいた。折りも折り六月二八日は、聖ウィトゥスの祝祭日でもあり、セルビア人はこの日を民族の祝日として祝っていた。セルビア人はもちろん、政治的な不満も抱えていた。ハプスブルク家がボスニアを併合してから、五年ちょっと経っていた。ハプスブルク朝は、この地域では、ボスニアにいるムスリムの地主を通して支配されていたカトリックのクロアチア人を優遇し、東方正教会信者のセルビア人を冷遇した。ネデリュコ・チャブリノヴィッチのようなセルビア民族主義者の学生たちにとって、フランツ・フェルディナントの訪問は理不尽な挑発だったのだ。本来異国の暴君たちに対するセルビア人の闘いを記念することになるはずだった日が、そうなるどころか、もう一人の暴君を歓迎することに捧げられていたのだ。

チャブリノヴィッチは、他のセルビアの民族主義者たちと同様、ボスニアとヘルツェゴヴィナはハプスブルク君主国から分離し、セルビアに属すべきだと考えていた。彼と、他にも志を同じくする少数の者たちは、セルビア内の民族主義的テロリストたちの陰謀家集団である黒手組《くろてぐみ》からの支援を求めていた。この集団は、セルビアの参謀本部の情報部門のトップであるアピス将軍に率いられていた。アピスとは、彼の膂力が途方もないことから、エジプトの聖牛にちなんで付けられたあだ名であるが、彼は今の反ハプスブルクの王家をセルビアの王位につけることになった弑逆《しいぎゃく》に荷担していた。アピスは、ハプスブルク家がどれも気に入らなかったので、個人的にもフランツ・フェルディナントを葬る斧を蔵《ぞう》していた。彼は、皇太子を、さきゆきハプスブルクの軍隊の雄々しい最高司令官になる人物と見なしており、かつまたフランツ・フェルディナントはセルビアを併合しオーストリア＝ハンガリー＝ユーゴスラビア帝国をつくりたがっていると信じていた。民族主義の学生たちが、フランツ・フェルディナントを暗殺する計画を携えてアピスに近づいてきたとき、彼は喜んで応じた。黒手組は銃と爆弾を提供した。*1

一九一四年六月二八日、チャブリノヴィッチは爆弾を持っていた。フランツ・フェルディナントとゾフィーがオープンカーでゆっくりと埠頭を進んできたとき、彼は車に爆弾を投げつけた。運転手は、空中を何かが飛んでくるのを見てアクセルを踏んだ。爆弾は車にあたり、後ろへ跳ね上がった。そして爆発し、行列の次の車に乗っていた将校たちと、沿道の見物人が負傷した。硫酸弾の破片がゾフィーをかすめ、血が流れた。

二〇世紀初頭は政治的テロリズムの時代で、暗殺の試みは流行《はや》りと言ってよかった。これに先立つ四年間で、ハプスブルク家の誰かを殺そうという試みが五回もなされていた。母方がハプスブルク家であるスペイン王アルフォンソは、一人でさらに五回、暗殺の試みの標的となっていた。そのうちの一回などは、自身の結婚式の日であった。スペインは非常にテロが起こりやすく、国王は攻撃されることを面白がるほどだった。アルフォンソは、ある暗殺志願者に、ポロの妙技で馬を駆って追いついたこともあった。しかし、安全面での用心よりも、王が勇気を誇示する方が大切な時代であった。フランツ・フェルディナントは、予想通りの反応をした——運転手に前へ進むよう命じたのだ。不測の事態に対応する計画などなかった。彼とゾフィーは、予定どおり埠頭に沿って市庁舎へと進み続け、そこで演説をした。それから、フランツ・フェルディナントは爆弾で負傷した将校たちを見舞うことにした。市庁舎から車は、埠頭を避けて別ルートで病院へ向かう予定だったが、実際はそうならなかった。ある地点で運転手は混乱して、車を停め、逆戻りしてしまったのだ。

二人目のセルビア人学生ガブリロ・プリンツィプが、群衆の中から歩み出てきた。銃を手にしていた。プリンツィプは車の真正面に立ち、ゾフィーとフランツ・フェルディナントを至近距離で撃った。二人とも、瀕死の重傷を負いながら、相手のことを思いやった。ゾフィーはフランツ・フェルディナントに、彼にどんな害が及んだかを尋ねた。フランツ・フェルディナントは、子どもたちのためにも生き存《なが》えるようゾフィーに懇願した。一発の弾丸がゾフィーのコルセットと腹部を貫通し、もう一発がフランツ・フェルディナントの頸静脈を射貫《いぬ》いていた。彼はゆっくりと前に倒れたが、出血はおびただしかった。帽子が頭から落ち、車の床の上で帽子の緑の羽根が赤い血にまみれていた。フランツ・フェルディナントのいまわの際《きわ》の言葉は「何てことないよ」であった。遺体を検死した医師たちは、彼の首から金とプラチナでできた七個のお守りを外さなければならなかった。これは結局、魔除けにはならなかったということだ。左上腕部には、日本で入れられた中国の龍の刺青が、虹の七色で描かれていた。

その日は日曜日で、ウィーンの社交シーズンの最終日だった。プラーター公園では、オーケストラが演奏を続けていた。馬車が巡回し、友人たちは噂話をしあった。皇太子の死は、ある一つの世界の終焉を意味するとまでは及ばなかった。フランツ・フェルディナントは気まぐれで、感情的で、人気がなかった。過去においても大公たちは、きわめて暴力的な状況で命を落としたが、王朝とその版図は持ちこたえてきたのだ。皇帝フランツ・ヨーゼフは、とにもかくにも、ウィーンの誰彼《たれかれ》が知っているところでは、健康状態は良好だった。彼の大甥の人気のあるカール大公が、今や皇太子となった。カールは悪名高きオットー・フランツの息子であった。オットー・フランツは、さもありなんと言うべきか、梅毒の悪化ですでに他界していた。しかしカールは、ハンサムで思いやりのある人間で、エネルギッシュで美しい妻のツィタは、皇位継承の資格のある子どもたちをすでに産んでいた。*2

世論は落ち着いており、皇位継承順位は明瞭だったが、プリンツィプの弾丸は本国を揺さぶった。プリンツィプらテロリスト仲間の目的は、ハプスブルク家を挑発して過剰反応させることだった。いつの時代のどこのテロリストとも同様に、彼らは、超大国が利益に反することをするよう仕向けることで、自分たちの弱点を活かしたいと考えた。彼らは、ボスニアにハプスブルクの抑圧をもたらしたいと望んだ。そうなれば、民族主義の大義名分ゆえに、ボスニアのセルビア系住民から支援が得られるだろうと踏んだのである。彼らの挑発は、その比類なく過激な夢をさえしのぐ成功を収めた。フランツ・フェルディナントは実際にバルカン半島での戦争には反対していたのだが、今や舞台から退場させられた。ハプスブルクの参謀本部は、もう何年もセルビアに対する防止的な戦争を計画していたが、今や決定的な論拠を得た。一方で、ハプスブルクと同盟するドイツは、イギリスやフランスといった植民地列強に対する不満を育んできていたが、ドイツが日の当たる場所に躍り出られるような全面戦争がヨーロッパで起こることを期待していた。この危機のおかげで、チャンスが生まれた。ハプスブルク君主国は、七月二三日、セルビアに最後通牒を発した。セルビアの返答はどっちつかずの曖昧なものだったので、ウィーンは五日後に宣戦布告した。その翌朝、ハプスブルクの海軍は、セルビアの首都ベオグラードを砲撃した。

これが始まりだった。フランスにけしかけられて、ロシアがセルビアの防衛に軍を動員した。ドイツはロシアに、戦争の準備をやめるよう求めた。ロシアが応じなかったので、ドイツは八月一日、ロシアに宣戦布告した。このことにより、独仏間の戦争が不可避となった。フランスとロシアは同盟を結んでおり、ドイツを取り囲むかたちになった。ドイツの戦争計画では、両面戦争を避けるためにも、フランスにすぐに白旗を掲げさせることが必要であった。フランスへの侵攻ルートは、中立国ベルギーを貫いていた。ベルギーの中立をドイツが侵したことにより、イギリスは八月四日に開戦した。ほんの数週間で、暗殺事件がバルカンの局所的な戦争をもたらし、今度はわずか数日間で、その局所的な戦争が大陸の支配を求めてのヨーロッパ全体の戦争になってしまった。

第一次世界大戦は、ハプスブルクの将軍たちが計画していた衝突ではなかった。彼らは、素早く打って出れば、政治的な帰趨を意のままにできると想定していた。ほんの数日でセルビアを打ち負かせると予想していたのだ。ところが、ハプスブルクの軍隊の攻撃は失敗した。二度のバルカン戦争で鍛えられ、優秀な将軍たちに指揮されていたセルビア軍は執拗な防衛戦を続け、八月一九日、ツェルの戦いでハプスブルクの軍隊を破った。南の小国セルビアを攻撃した後は、ハプスブルク君主国は、今度は北東にあたる巨大な帝国ロシアと戦う羽目となった。ハプスブルクの軍隊は、セルビア戦線からロシアに行く隊もあれば、ロシア戦線からセルビアに向かう隊もあって、鉄路で行き違うというていたらくだった。こんなありさまだったので、自分の男色ハーレムを維持する資金が必要で情報を売った情報局長のレードル大佐の裏切りによって、ロシアがハプスブルクの軍隊の動員予定や戦争計画を入手していたのも、結局ロシアの役には立たなかった。ハプスブルク君主国が宣言した戦争目的、すなわちセルビアの打倒は、掌中からこぼれ落ちていった。

ハプスブルク君主国の想像力を備えたいくらかの人間たちにとって、南部戦線も東部戦線も、民族問題への解決策を約束するものであるはずだった。セルビアが敗北すれば、ハプスブルク君主国は南方へと領土を拡大してバルカン半島の南スラブ人たちを取り込めるし、ハプスブルクの下でだが彼らの民族国家を許容できる。ハプスブルク君主国は北東へと拡大することでウクライナ問題とポーランド問題を解決できる。ハプスブルクがロシアから十分な領土を奪うことができれば、新たにポーランドとウクライナの領邦をつくり、彼らの民族的要求を満たしてやれるだろう。ハプスブルク君主国の版図の中でのポーランド人とウクライナ人の衝突は、ロシアを打ち破ることで解決されるのだ。そのように、オーストリアの首相は、ポーランド人にもウクライナ人にも等しく保証していた。*3

ウクライナとポーランドの政治家たちは、ガリツィア領邦だけをめぐるちっぽけな争いにかまけていたが、まもなくロシアから奪った広大な土地を自分たちで分割できると聞かされた。これは魅力的な見通しだったし、政策面での裏づけもあった。ハプスブルク君主国は、ポーランドに対し準軍事組織を創設し訓練することを許していたが、一九一四年八月にはこれは「ポーランド軍団」と改称され資金援助を受けた。それと同じ月に創設されたウクライナ民族会議の発議で、「ウクライナ軍団」も募兵を始めた。ポーランド軍団と同様に、ウクライナ軍団も政治目的に奉仕することになった。これらの軍事組織は、ハプスブルク朝の臣民であるウクライナ人やポーランド人には、皇帝が彼らの国家・民族を心にかけていることを示し、ロシアの臣民となっている者たちには、ハプスブルクの軍隊によって民族解放が期待できることを示すために存在したのだった。

しかし、こうしたハプスブルク君主国の政策には、軍事的な勝利が必要だったが、戦争が始まって最初の数週で勝利は不可能だとわかってしまった。ハプスブルクの軍隊がセルビアで立ち往生するのと時を同じくして、ロシアはガリツィアに侵入した。パニックに陥ったオーストリア兵たちは、ハプスブルグ朝に不忠誠と目したウクライナの民間人の略式裁判と処刑とに訴えた。この状況で、ハプスブルクは民族問題の解決については忘れてしまっていたのだ。突如として、ロシア軍の侵攻をくい止めることが火急のものとなった。ドイツの大軍がフランスに攻め入ったとき、ハプスブルク君主国は東部戦線において、数の上で自分たちよりまさっているロシア軍と戦っていた。ハプスブルクの軍隊の将軍たちは、ドイツの援軍がないことに気づき苛立った。もっとも、最初に大勝利をおさめたのはハプスブルクではなくドイツであった。エーリッヒ・ルーデンドルフとパウル・フォン・ヒンデンブルクの両将軍は、ドイツ陸軍第八軍を指揮し、タンネンブルクでロシア陸軍第二軍を撃破し、手柄を立てた。二人は、彼らの到着前に立てられた戦争計画に関与するところはほとんど(あるいはまるで)なかったのだが、ドイツの国民的英雄となり、開戦当初のハプスブルクの軍隊の血みどろになっての防衛戦は忘れ去られた。[*4]

しかし、ドイツは、西部戦線ではこのような決定的な勝利をおさめられなかった。ちょうどハプスブルク君主国がセルビアを戦争から迅速に排除することを考えていたように、ドイツはフランスを粉砕することを考えていた。しかし、ドイツ軍は一九一四年九月、マルヌの戦いで手痛い敗北を喫した。迅速に前もって敵を叩いておくという計画は頓挫した。ドイツとハプスブルク君主国は、長期化した戦争を戦わなければならなくなり、四方八方の敵に面と向かい、イギリス海軍の海上封鎖によって孤立した。近代的なハプスブルクの艦隊は、アドリア海で封じ込められた。大英帝国海軍は圧倒的に強力であったし、同盟国フランスも地中海に自国の艦隊を持っていた。イタリアまたしかりであった。そのイタリアは翌年、ハプスブルクとの同盟を破棄して宣戦布告してくることになる。一方、ハプスブルク君主国が平時に抱えていた軍隊は、開戦後数ヶ月でロシア軍とセルビア軍によって壊滅してしまっていた。一九一四年のクリスマスまでに、元々のハプスブルクの軍隊の歩兵部隊の兵士の約八二パーセントが死傷した。およそ一〇〇万人が、戦死したり、負傷したり、病気になってしまったのだ。その後の戦いは、予備役や民間人、訓練を終えたばかりの将校たちが担うことになった。[*5]

こういった将校の一人が、若き大公ヴィルヘルムであった。一九一四年の秋には、ヴィルヘルムは、陸軍士官学校の卒業学年の二年生になったところであった。ヴィルヘルムは後に、級友たちは戦争勃発に熱狂していたと回想している。ところが、彼自身はそうではなかった。彼の陸軍士官学校での大の親友が戦死していた。それでも、翌春に学業を卒《お》えたらすぐに出征するのは、諒解済みのことだった。最終学期の内々の成績書には、ヴィルヘルムは「折りあらば、兵士としても将校としても主導権を取る意志を示す」人間と書かれている。彼の家族も、そのようになることを期待していた。一九一五年二月、ハプスブルクでの成人年齢である二〇歳《はたち》に達するやいなや、ヴィルヘルムは金羊毛騎士団ならびに議会上院の一員となった。彼はもはや一廉《ひとかど》の人物であり、この戦時において一廉の人物として振る舞うことを期待されていた。[*6]

戦いの間は軍務に就くのが、ハプスブルク家の大公たちには宿命づけられていた。ヴィルヘルムの父シュテファンは、海軍での現役を退いていたにもかかわらず一九一一年に海軍大将に昇進していたが、ハプスブルク君主国全体の戦傷者を世話する責任を負った（マリア・テレジアは病院の看護師として「お忍び」で働くことで夫を助けた）。ヴィルヘルムのおじの一人であるフリードリヒ大公は、オーストリア軍の最高司令官だった。もう一人のおじオイゲン大公は、バルカン半島と、後にはイタリアで、ハプスブルクの軍隊を指揮した。ヴィルヘルムの兄アルブレヒトは砲兵隊に従軍し、最初はロシア戦線、その後はイタリア戦線で戦い、大佐の地位にまで昇進した。もう一人の兄レオも、陸軍士官学校で学業を卒えるところだった。ヴィルヘルムとレオは、一九一五年三月一五日に卒業した。[*7]

少尉となったヴィルヘルムは、ウクライナ兵が主力の連隊の中の小隊の指揮を願い出て、受理された。彼は一九一五年六月一二日に隊に加わり、兵士たちの間で政治的な動きを始めた。彼は兵士たちに、自分をウクライナ語の名前で「ヴァシル」と呼ぶように言った。兵士たちに話しかけるときにはウクライナ語で話した。将校の軍服の下には、ウクライナの刺繍の入ったシャツを着るようになった。首まわりにぴったり合うきれいなカラーは、ウクライナ人なら誰にもそれとわかるメッセージとなっていた。ウクライナ人以外には判じ物だったろうが。彼は部下たちに、ウクライナ国旗の色である空色と黄色のアームバンドを与えた。ポーランド人将校たちとガリツィア領邦のポーランド当局が、このやり方に抵抗したのは無理もなかった。最初にヴィルヘルムを「赤い大公」と呼び始めたのは彼らだった。彼は、社会主義と結びつけられても頓着しなかった。ハプスブルク帝国内の最貧民族に数えられるウクライナ人を支援することは、社会正義への関心を伴わずにはおかなかった。ヴィルヘルムが回想しているように、農民出身の兵士たちを丁重に扱ったことだけでも、ポーランド人のライバル将校たちに、ヴィルヘルムのことを危険な過激派だと確信させるに十分だった。[*8]

ヴィルヘルムは、その前年の冬のカルパティア山脈での凄まじい方面作戦を体験していなかった。ロシア軍がガリツィアの奥深くまで入ってきて、ヴィルヘルムの叔父フリードリヒが司令部を置いていたプシェミシル要塞まで押さえた。一九一五年五月に要塞を取り戻した後、フリードリヒは大規模な反撃を指揮した。ヴィルヘルムが中隊の指揮を取るようになった時、ハプスブルクの軍隊はロシア軍をガリツィアから追い出しながら東へ向かって行軍中だった。ヴィルヘルムが実戦に参加して四日後の一九一五年六月一六日、ハプスブルクはガリツィア領邦の首都のリヴィウを奪還した。

ガリツィアの残りの地域をめぐって続く戦いの中で、ヴィルヘルムは部下を自慢に思うようになり、ウクライナ人こそ最高の兵士だと見なすようになった。彼は、大半がポーランド人である現地の民政当局の迫害から彼らを守った。もちろんヴィルヘルムは、ロシアの弾丸からは、彼らを守ることはできなかった。ヴィルヘルムは戦闘を好みはしなかった。「戦闘に対する私の印象は、こんなところです。人間が戦闘に慣れることができるなんてのは、とりわけて嘘っぱちだってね。最初の戦闘がいちばん不安を伴わないのだもの」。そう五年後の回想録に、彼は記している。「私の加わった戦闘は、愛着を抱くようになった人間たちの生命が喪われることさえなければ、満足を与えてくれるものであったであろうけれど」。[*9]

一九一五年夏にロシア軍が東へ引き上げたので、ふたたびウクライナの問題が浮上した。ヴィルヘルムはウクライナ人部隊を率いてガリツィア地方を転々として、ハプスブルク帝国の領邦をロシアの支配から解放するのを助けた。開戦前、ガリツィアはポーランドのエリートたちに治められていた。その後、ロシアの占領軍に支配されたのだ。ハプスブルクの支配下に戻った今となっては、誰がこの領邦を支配するのだろうか？　以前のようにポーランド人か——それともひょっとしてウクライナ人か？

　ポーランド問題とウクライナ問題は密接に絡み合っていたし、ハプスブルクの政策は、ドイツ人と彼らの希望を満たすものでなければならなかった。ロシア軍がガリツィアでハプスブルクの軍隊の前に退却した時にロシアの軍勢は、歴史的にはやはりポーランドだった、ガリツィア以外の地域にいるドイツ軍を前にしても退却していた。一九一五年八月までに、ドイツ軍は旧ポーランドの首都ワルシャワを制圧した。ワルシャワは、それまでの一世紀間というもの、ロシア帝国でも大都市の一つだった。戦いの帰趨がウィーンとベルリンとにとって追い風になってゆくにつれ、同盟している両国は、ポーランドとウクライナをどうするか決めなくてはならなくなった。もちろんこの二つは国家としては存在してはいなかったが、ドイツもハプスブルクも、民族感情を利用する必要があったのだ。ドイツとハプスブルクにとっては不運なことに、ウクライナとポーランド両方のナショナリズムを同時に利用することは困難だった。ウクライナとポーランドの愛国者たちが、同じ土地を領土として要求する傾向にあったからである。

　ウィーンには一つのプランがあった。ロシアから奪ったポーランドの領土に、ハプスブルク君主国に属するポーランド王国をつくる、というものである。ベルリンは当初、この「オーストリア・ポーランド」という解決策を受け入れていた。しかし、もしポーランドが王国になれば、国王が必要となる。シュテファン大公は、明らかに候補者であった。ポーランド王家なるものの創設者として、ハプスブルク一門に属する者として、そしてドイツ皇帝の友人としてである。古くからのポーランドの伝統を模して、ポーランド貴族のあちこちの寄り合いが一堂に会して、シュテファンを選出した。彼はすでに国王の戴冠を受けているという噂が、ポーランドの占領地区で行き交った。しかし、「オーストリア・ポーランド」という解

東部戦線
1914–1918年
バルト海
リトアニア
ケーニヒスベルク
ダンツィヒ
タンネンブルク
ドイツ
ポズナン
ヴィスワ
ヴィリニュス
ミンスク
ビャウィストク
ブレスト・リトフスク条約によるロシアの国境線 1918年3月
スモレンスク
ドニエストル
ロシア帝国
ワルシャワ
ブク
ポーランド
ウッチ
ブロツワフ
1914年9月
1916年夏
キエフ
クラクフ
リヴィウ
ウクライナ
オーストリア
ガリシア
ブチャチ
ハプスブルク君主国
ウィーン
ブラチスラヴァ
ドナウ
ブタペスト
ベッサラビア
オデッサ
ハンガリー
ルーマニア
ボスニア・ヘルツェゴヴィナ
ベオグラード
ブカレスト
ドナウ
黒海
セルビア
ブルガリア
モンテネグロ
ソフィア

決策では、親族の誰かではなく、皇帝フランツ・ヨーゼフ自身が国王とならなければならなかった。ドイツとあまりにも密に思えるハプスブルクの摂政は、信頼するに足りぬように見えたのである。シュテファンの心構えは十分だったが、皇帝はたぶんそれほどではなかった。御年八四歳のフランツ・ヨーゼフは、王位に就くことに尻込みした。ハプスブルク家は、ポーランドの玉座に座る最大のチャンスを逃した。[*10]

一九一六年までに、ハプスブルクを大いに失望させたことに、ポーランドについてのドイツの立場は変化した。同盟関係でもドイツの方が優位であることが、戦場ではっきりした。そうこうする間に、ドイツでは、軍が国家の外交方針をいっそう支配するようになっていった。ドイツ人は、従属国ポーランドを、ヨーロッパにおいてハプスブルクよりはるかに拡大したドイツの勢力圏の一部と見なし始めた。この勢力圏に、ハプスブルク君主国までもが含まれることになろうと考える者さえいた。ドイツは、ハプスブルク君主国を、単なる軍事的同盟国というより、戦争によって改造されるべきヨーロッパの一要素として見るようになっていった。

ドイツは、ハプスブルク君主国が、少数派のドイツ系臣民によって支配される国家になることを望んだ。この願いは、「オーストリア・ポーランド」という解決策には不利に作用した。仮にハプスブルク君主国がポーランド人の王国を傘下に入れて拡大するようなことになれば、帝国内のスラブ系臣民の役割が増し、ドイツ系臣民の役割は縮小してしまう。まさにスラブ系臣民たちの民族的要求を満たすためにも、ハプスブルクは自国内に抱えている民族問題への解決策として領土拡大が必要だったが、ハプスブルクの情勢へのドイツの介入は、ドイツ系臣民の地位を維持するために領土の面では現状《スタッスクオ》の維持を強化する方向に働いた。当然のことながら、この違いが緊張を生み出した。[*11]

ハプスブルクとドイツの不協和音のせいで、シュテファン大公は面倒な立場に置かれた。ポーランドが先行きどういう性格のものになるかは、ドイツとハプスブルク君主国の間の争いの種であったが、彼はその狭間にいた。彼はハプスブルク家の人間であったが、ドイツ人たちは、シュテファンは自分たちのポーランドに関するヴィジョンに奉仕するものと信じていた。一九一六年六月、ベルリンはシュテファンに、未来のポーランド王国の摂政という地位を提案した。このことでシュテファンは、皇帝フランツ・ヨーゼフにとってなおさら疑わしい存在になった。よって皇帝はこの提案を却下したのである。ハプスブルクはドイツに、たとえばポーランドに立憲君主国を樹立するといった、間を取った解決策を受け入れるよう説得しようとした。

混乱は、一九一六年一一月に、ドイツとハプスブルク君主国がポーランド王国建国を宣言した後も続いた。ハプスブルク家は、ベルリンにもウィーンにも取り入りそうな摂政を提案した。混乱の度を深めるように、ウィーンは、シュテファンの娘婿であるオルギュルト・チャルトリスキをこの役割に推挙したのだ。シュテファンの二人の娘婿のうち、オルギュルトの方がハプスブルク家寄りであると見られていた。もう一人のヒエロニム・ラジヴィウは、ドイツに領地を持っていて、父親はドイツの政界で活躍していた。この提案が新興のポーランド王家を分割しようとするものであるなら、それはうまくいかなかった。シュテファンにも、娘婿より自分の方をという欲求を露わにしないぐらいの分別はあった。一方、ポーランドでは、新聞が論陣を張って、シュテファン支持の風潮を生み出した。ワルシャワの人々は、彼らがシュテファンを国王に望んでいると主張するプラカードを掲げた。しかし、さしあたり、シュテファンは自分の権限がはっきりと定められないかぎり、ポーランド王位を受け入れる気はなさそうに見えた。彼はおそらく、自分がドイツの傀儡でしかないという印象を与えるのを避けたかったのだろう。ヴィルヘルムが一九一六年一二月の手紙に記しているように、「パパは王位に就いて統治したくはないかと言われていたけれど、きっぱりと断っていましたよ」[12]。

一九一六年一一月のポーランド王国建国宣言により、ヴィルヘルムの政治面での教育は新たな段階に入った。彼は自分自身をお粗末ながらもウクライナ人に仕立てあげていたし、ウクライナ人の兵士たちと友人になっていた。彼はウクライナの政策になにがしかの影響力を行使しようとしていたが、それは純粋に個人的なレベルのことであった。彼は、伯父にあたるオーストリア軍の最高司令官フリードリヒ大公に、ウクライナ問題について書き送っている。彼はどうやら、あるウクライナ兵の勲章のことで皇帝フランツ・ヨーゼフの謁見を賜ったようである。しかし、戦線にいる間、ヴィルヘルムにはウクライナの将来について政治的に考える機会はほとんどなかった。彼のウクライナ人たちに対する見方は、あるウクライナの政治家がいみじくも評したように、「民族誌的《エスノグラフィック》」、あるいは我々がよく使う表現だと「人類学的」なものであった。知的な少年時代に接したかわいらしい玩具から始まって、歌や物語、衣装、そして旅に魅せられていた。しかし、人類学から政治活動に移るには、ギャップがあった。ヴィルヘルムはそのギャップを乗り越える気構えであった[13]。

一九一六年にロシア軍がガリツィアに反撃してきた時、ヴィルヘルムは戦線から呼び戻され、中尉に昇進し、もっと安全な任務を与えられた。彼は、自分より知的に上回り、学ぶところのある政治活動家のウクライナ人たちと接触するようになった。その中の一人が、ハプスブルクの陸軍少佐のカジミェシュ・フシコフスキイであった。ヴィルヘルムはフシコフスキイと純然たる楽しみを共有した。フシコフスキイの部下たちと時を過ごしたり、ウクライナの歌を歌ったり、ウクライナ語を話したりした。彼は、いつの日か「夢が現実になって」ウクライナが解放される、そう信じて夜の眠りに就いたことについて書き記している。一九一六年の遅い時期まで、彼はまだそれがどのように起こるかについては考え始めていなかった。その後、「青天の霹靂」のごとく、ポーランド王国建国宣言があり、政治的なことを考える必要性が明々白々になった。彼への助言者となったウクライナ人たちのように、ヴィルヘルムも、新生ポーランド王国がいずれガリツィア全域を領有し、それによって東ガリツィアのウクライナ人たちがポーランド王のなすがままになってしまうことを恐れた。[*14]

ヴィルヘルムにとって都合の良いことに、国王になるのは彼の父シュテファンのように思われ、ウィーンで会うことができた。ヴィルヘルムは一九一六年一二月、結核の治療のため病気休暇を取り、四ヶ月間、ウィーンのヴィードナー・ハウプトシュトラーセ六一番地の父の宮殿とその近くのバーデン・バイ・ウィーンで、養生に努めた。ヴィルヘルムが大人になってからウィーンに住まうのは初めてで、彼は身分に応じた特権を享受した。議会の上院議員として、彼は大公たちや大司教たち、そして大土地所有者の家長たちと会った。訪問したどの家でも、門番は三回ベルを鳴らした。これは、大公と枢機卿だけに与えられる特権だった。首都ウィーンで、ヴィルヘルムはウクライナの解放について、戦場での勝利という劇的な結果や善意の賜としてではなく、戦略と機転を必要とするプロジェクトとして考えるようになった。

適切なやり方は、ハプスブルク体制の中でやってのけることだと彼は決心した。ウクライナ人たちをポーランド王国から守る最善の方法は、ブコビナ全域とガリツィアの東半分から成る、新たなウクライナ領邦を創設することだと思われた。もしそのような領邦が創設されたなら、西ガリツィアは、ウクライナ人に害を及ぼさぬ形でポーランド王国に加わるであろう。ヴィルヘルムは、一九一六年一二月後半に、このようなプランで父親の合意を取り付けたようである。それから彼は、ハプスブルクがロシア帝国に勝利した後の東欧をどのようにすべきか考え始めた。彼は、オーストリア王国、ボヘミア王国、ハンガリー王国、ポーランド王国、および「ウクライナ公国」から成るハプスブルク君主国というものを提案した。これらの王国それぞれに、大公が一人摂政として就任する。ポーランド領邦の摂政とウクライナ公国の君主は、もちろんシュテファンとヴィルヘルム父子となろう。ヴィルヘルムは悦に入っていたことだろう。一九一七年が明けると、ヴィルヘルムは、思惑どおりになったなら、歯向かうことなく父親に対抗できる――そんなヨーロッパの輪郭を描けるようになった。[*15]

皇帝フランツ・ヨーゼフは一九一六年一一月二一日に薨去し、カールが後を継いだ。ウクライナ人同志たちの力を借り、ヴィルヘルムはこの計画を携えて新皇帝に近づく用意をした。フランツ・ヨーゼフはヴィルヘルムに、ウクライナ語を学びウクライナの将校になるよう勧めていたが、皇帝の全般的な志向は、ヴィルヘルムの好みからすると、つねにポーランド寄りに過ぎた。戦争中、一度フランツ・ヨーゼフと面会した際、ヴィルヘルムは「ハイポリティックス」――軍事や政治問題に限られた外交――に関する質問はできないと感じていた。今やウクライナの政治家たちは、ヴィルヘルムのことを、皇帝カール一世に接近するきっかけと考えていた。カールはヴィルヘルムより八歳年上なだけで、二人は子ども時代からお互いをよく知っていた。フシコフスキイ男爵は、ヴィルヘルムをウクライナの高貴な出自の政治家たちに紹介した。たとえば、自身指導的な国会議員で外務大臣の学友であったミコラ・ヴァシルコや、フランツ・フェルディナントの相談相手だったイェフヘン・オレスニツキイなどである。彼らの要請で、ヴィルヘルムはカール皇帝に、ハプスブルク君主国の版図内にウクライナ領邦をつくるよう請願書を提出することになった。

一九一七年二月二日にヴィルヘルムがカールに謁見を賜った際、彼は同じ席につくよう招かれた。それをヴィルヘルムは、特別な好意の証だと理解した。フランツ・ヨーゼフは、約束の面会の時はいつも立ったままだったので、話し相手の方も立ったままでいざるをえなかった。そのおかげで、皇帝フランツ・ヨーゼフにとっては面会が短くて済むという嬉しい結果になったのだが。長い話し合いの末、ヴィルヘルムは、カールはウクライナの民族問題を理解しており、東ガリツィアがポーランドに加わる可能性はなく、ウクライナ領邦は先行きどこかで実際に創設されるものと確信した。一方カールから見ても、この邂逅は興味深いものであった。彼はおそらく、ヴィルヘルムがウクライナ人たちを指導するよう教育を受けたことは知っていただろうが、これほどその実験が進んでいたことには驚いた可能性が高かった。ハプスブルクの軍隊が、ロシア帝国のうちでもウクライナ人の住む地域を侵略していた時に、ヴィルヘルムは、ハプスブルクの大公であると同時に、ウクライナの将校でもあった。この面会の数日後、カールは、自らオーストリア陸軍の指揮をとり始めた。ヴィルヘルムは、カール皇帝が陸軍内に持つコネクションの一つとなるだろうし、それははっきりとした政治的な可能性として夙《つと》に知られるところとなった。[*16]

ヴィルヘルムは病気療養しているはずの間、こういった「ハイポリティックス」のサークルの中を動き回った。ヴィルヘルムは病院で、後に愛情をこめて「非常に知的な男」と回想することになるユダヤ人軍医から治療を受けた。それとほぼ同時期に、彼は望んでもう一人のユダヤ人医師の知遇を得たが、それがジークムント・フロイトである。フロイトは一九一六年の冬学期に講義科目を持っており、それは一九一七年三月末まで続いていた。ヴィルヘルムはバーデン・バイ・ウィーンで快癒したと言われはしたが、一九一七年四月にまた指揮を執りに戻る前に、その講義の最後の何回かを聞いた可能性が高い。フロイトは、文明とは、性衝動と抑圧の間の避け難い緊張状態の所産であると見ていた。この理論のどこがヴィルヘルムにとって印象深かったのかは、判断しづらい。彼は部下たちを愛する若き将校であった。それと同時に、一族による歴史を通して姻戚関係で築いてきた帝国の中に自分の居場所を見出していた、まさにハプスブルク家の一員でもあった。仮に、部下との親密さと、ハプスブルク家の血統を繋げるという自分の運命との間にいろいろな矛盾があったとしても、おそらくそれらはまだはっきりしたものではなかった。いずれにしても、ウクライナ征服は戦《マーシャル》によるものとなるはずで、結婚《マリタル》によるものではなかった。ウクライナは新婚夫婦の寝所からではなく、戦勝後の平和条約によって生み出されるべきものだった。[*17]

もっとも、ハプスブルク朝がウクライナで栄えようとするなら、前提としてロシアのロマノフ朝が崩壊しなければならない。ところが、実際に崩壊したのである。一九一七年三月初め、ロシア軍に起きた叛乱が、前線から首都ペテルブルクの部隊にまで広がった。民間人の食物を求める暴動を鎮圧するために送られた兵士たちは、鎮圧どころかデモに加わった。皇帝ニコライ二世は退位し、皇弟ミハイルは後を継ぐことを辞退したので、ここにロマノフ朝は終焉を迎えた。ロシアは暫定政府に支配されるようになった。ロシアの同盟国であるフランスとイギリスは、ロシア軍を戦線に残らせるためできるかぎりの圧力をかけた。三月一四日に樹立されたロシアの新政府は、最後の攻撃にあらゆる望みをかけていた。

そうこうする間にも、新生ロシアは、巨大な大陸帝国の遺産を扱おうとあがいていた。帝国内にロシア人は、人口のわずか半分しかいなかったのだ。旧ロシア帝国の西部と南部の至るところで、いくつもの政党が非ロシア民族の将来を決定する権利を、ためらいがちに宣言した。キエフでは三月二〇日、ウクライナ中央評議会が樹立された。これこそ、ハプスブルク君主国の側にいる多くのウクライナ人政治家たちが待ち望んでいた瞬間であった。ウクライナの地は、民族独立の寸前にあるようだった。ちょっとしたきっかけが必要なだけだったし、そうしたウクライナ人政治家たちがそのきっかけを作り出せる人々かもしれなかった。仮にハプスブルクの軍隊がウクライナに入ることができたら、彼らウクライナ人政治家たちがガリツィアの領域からはみ出して、大ウクライナ国をつくるかもしれなかった。
この期待に満ちた時、すなわちフランツ・ヨーゼフが薨去し、ロマノフ朝も滅んだ後、ヴィルヘルムは戦場に戻った。彼は一九一七年四月三日、ウィーンを離れリヴィウに向かった。二日後に、首都ウィーンからビールと蒸留酒を送っておいた部下たちとふたたび合流した。彼は兵士たちを喜ばせるこつを身につけていた。また、この頃には、政治についても学んでいた。ウクライナの政治的ジレンマが理解できるようになっており、父シュテファンやカール皇帝とも交渉していた。彼はふたたび予想のつかない東部戦線へ出たが、政治については模様眺めであった。重大なニュースがポーランドから届いた時、彼はもはや思い悩んではいなかった。一九一七年四月、ベルリンとウィーンは、シュテファンを王にするという方針で同意したのだ。一九一七年五月一日、両占領国によって君主を指名するために設立されたポーランド摂政評議会は、ふさわしい行動を取った。その月のうちに、ドイツ帝国皇帝ヴィルヘルム二世は、ヴィルヘルムに鉄十字勲章を授与した。父子ともに栄誉が授けられたが、シュテファンもヴィルヘルムも理解していたように、ポーランドとウクライナに対する政治的処遇は決定的なものではなかった。[*18]
ウィーンに戻ると、ヴィルヘルムのウクライナ人の友人たちは、影響力を行使する新たな方法を見つけていた。カール皇帝は、議会の再開を決定していた。彼のオーストリア側の領土は、ほぼ開戦直後から、帝国の軍事的な独裁制のもと支配され、議会は開会されていなかった。一九一七年五月三〇日、一九一四年以来の議会下院が開かれた。ウクライナの諸政党は、ハプスブルク君主国の中にウクライナ領邦をつくることを求め、ロシアにおけるウクライナ人の民族自決を支持することを表明した。しかし、法案通過のために必要な票を新たな連立政府に提供したのは、ウクライナの諸政党ではなく、ポーランドの諸政党であった。このような状況下、ウクライナ人とポーランド人の双方から圧力を受けて、ハプスブルクは、ただ国内での平和を維持するためだけにも、対外戦争に勝利しなければならなくなった。ポーランド人とウクライナ人の双方を満足させる唯一の確実な方法は、ロシアの領土を併合することであった。併合された土地は、新生ポーランド領邦と新生「ウクライナ」領邦に分割できるだろう。[*19]

それで、ウクライナとポーランドの議員がウィーンで話し合いをしたとき、彼らは皆、唯一つの真の解決策として東方を見ていた。ヴィルヘルムはガリツィア各地を転戦して、旧ロシア領へ入っており、ウクライナの愛国者としての名声を得ていた。彼はいまだに理想主義的な言葉で話し、あるウクライナ人の友人に「人生の目標は、人々を幸せにすることだ」と書き送っていた。しかし、彼はきわめて自意識過剰で自分を売り込んでもいて、ウクライナ人の有力なコネクションには、ヴィルヘルム自らの功績をお互い知らせ合うよう頼んでもいた。短期間のことだったが、ヴィルヘルムがその時に信じていたのは、近い将来において、ハプスブルク君主国の民族問題にとって最高の解決策は、ハプスブルク家の領土からオーストリア＝ハンガリー＝ポーランド三重帝国なるものを作り、東ガリツィアはポーランドではなくオーストリアに含めることであった。ハプスブルク家の一員として、そして一人のウクライナ人として、ヴィルヘルムは、ウクライナ問題のそうした解決策が自分の一族と自分の選んだ民族の双方を利するものとなると、当然の如く考えていた。[*20]

皇帝カール一世には、事態がそれほど単純ではないとわかっていた。カールは、ウクライナ人たちをハプスブルク家の大義名分に引き寄せるには何かをしなくてはならなかった。ヴィルヘルムは紛れもなく役に立つ道具だった。カールはヴィルヘルムに電話し――前皇帝なら決してそんな行動はとらなかっただろう、フランツ・ヨーゼフはいちども電話など使わなかったからだ――ガリツィア各地での自らの地方遊説に加わるよう求めた。二人はウィーンの鉄道駅で出会い、カール皇帝は従弟のヴィルヘルムに向かって忝くもこう挨拶した。「親愛なるヴィルヘルム、わかっているだろうが、私がウクライナの土地と人々に関心を持っていることをウクライナ人たちに示すために、君を連れてこさせたのだよ」。二人の若きハプスブルク家の人間が一九一七年七月から八月にかけて東ガリツィア各地を一緒に旅している間、カール皇帝は、ウクライナ人が、ハプスブルクの軍隊や再建されたハプスブルクの行政機構によって公平に扱われることを約束した。*21

数週間後、カールはヴィルヘルムを呼んで、ウクライナに関わるもう一つの政治的任務を言いつけた。ヴィルヘルムは、ガリツィアのウクライナ人のいわば国教にあたる、ウクライナ・ギリシャ・カトリック教会の首都大主教であるアンドリイ・シェプティツキイと知遇を得る手はずになった。シェプティツキイの大聖堂は、彼の教会の主座リヴィウにあり、彼は戦争初期にロシア軍がガリツィアを占拠したとき逮捕されていた。これは驚くべきことではなかった。ロシア軍には、ウクライナ・ギリシャ・カトリックの信仰がガリツィアからロシア帝国中に広まっていくのが可能になるよう、シェプティツキイがハプスブルク家の勝利を望んでいることがわかっていたからだ。二月革命を経た今、シェプティツキイは監獄から解放されていた。彼はガリツィア地方へ、首座リヴィウへ、大聖堂へと、戻っているところであった。ハプスブルクはウクライナ人の後押しを必要としたので、カールは歓迎の振りをしてみせたかった。彼は、この貴いウクライナの聖職者に挨拶するために、ヴィルヘルムをリヴィウに派遣した。

一九一七年九月一〇日の昼過ぎに、ヴィルヘルムは、花で飾られた車両に乗り、歓迎の一団とバンドを従えリヴィウ駅に到着した。彼は、シェプティツキイにドイツ語だけでなくウクライナ語でも挨拶し、ウクライナ人の見物人たちや首都大主教自身を喜ばせた。シェプティツキイは、これまでヴィルヘルムに会ったことはなかった。それが今、突然に彼の前に、若くハンサムな大公が立っていて、立派なウクライナ

ウクライナ・ギリシャ・カトリック教会聖ユーラ大聖堂。リヴィウ。

ヴィルヘルムの保護者、アンドリイ・シェプティッキイ首都大主教

語で話し、皇帝カールの名代として、集まってきた群衆の前で彼に挨拶をしているのだ。首都大主教や群衆の目に留まったが、ヴィルヘルムは軍服の下に、刺繍の施されたウクライナのシャツを着ていた。「ヴィシヴァニ！」と見物人たちは叫んだ。このような刺繍を指すウクライナ語である。これは、ヴィルヘルムのウクライナ語での姓になった。突然、彼は完璧なウクライナ人としてのアイデンティティを獲得した――ヴァシル・ヴィシヴァニになったのだ。

シェプティッキイは、ヴィルヘルムの新たな保護者にして指導者となった。シェプティッキイはヴィルヘルムのことを、自らの代理となってウクライナ全域の解放計画を進めてくれると見なすようになった。彼は、開戦直後には、ハプスブルク家のためにウクライナを支配するような、ハプスブルク一門からの将校を見つけることを望んでいた。今や彼は、自ら選んでウクライナ人になっただけでなく、生まれによって大公でもある、ハプスブルクの将校を見つけた。国王につけるのに、これ以上の候補者は想像しがたかった。[*22]

カール皇帝は、ウクライナの情勢に対処するためにヴィルヘルムを派遣しつつ、ヨーロッパの平和というもっと大きな問題について考えていた。戦争によって、ロシアのロマノフ朝は崩壊した。これは、短期的にはハプスブルク朝にとって良いニュースだったが、戦争と飢餓の年月がさらに続くことを考えると、ヨーロッパの諸王朝にとっては不幸な兆候だった。カールは、戦争が続くことでさらなる革命と君主の退位が起こることを恐れていた。カールがドイツ皇帝ヴィルヘルム二世に回したメモの中で、一九一七年四月にオーストリア外相は、もし「中央同盟国の君主たちが今後数ヶ月で講和を結べなかったら、諸民族は君主を差し措いて講和を結ぶことでしょう、そして革命の波が、我々の兄弟や息子たちが今日いまだそのために戦い、死んでいっているあらゆるものを一掃してしまうことでしょう」と記している。[*23]

しかし、同盟国としてはドイツが格上であり、ヴィルヘルム二世は戦争を終わらせたいと望んでいなかった。いずれにせよ、ドイツの方針は今や二人の将軍の手中にあった。ルーデンドルフとヒンデンブルクである。彼らは、「戦争の論理」なるもので、ドイツとその同盟国を手玉に取っていた。すなわち、次の戦場で勝利を収めればより良い条件にできるだろうから、時を選ばず和睦することは愚かだという論理である。全面講和についてドイツを説得するのに失敗したカールは、せめてもポーランドに関して政治的な解決策を模索した。一九一七年一〇月、両国の政府は、ウィーンとベルリンの間でより緊密な経済的および政治的な繋がりを持つことと引き換えに、カールがポーランドを支配するということで合意した。ルーデンドルフとヒンデンブルクは、この取り決めを覆した。彼らは、その地の人間を消耗品扱いの兵士として使える衛星国ポーランドを求めていた。そのような存在としてのポーランドの国王にふさわしいとドイツが考える候補者は、シュテファンだった。シュテファンを支持することで、ドイツは「オーストリア・ポーランド」を創るという解決策を受け入れているようだった。実際、二人の将軍は、ポーランド王位をハプスブルク朝の皇帝の思いのままにはさせず、ポーランドを彼らが適切だと見なすままに搾取するつもりだった。

一九一七年一一月というのは、ドイツが同盟国ハプスブルク共和国に頑ななまでに妥協せず、戦争に勝つ大きな突破口を期待するのももっともであるように思えたはずだった。その年の春、ドイツ外務省は、ウラジーミル・レーニンというロシアの亡命者を封印列車で祖国へ送ることを思いついていた。到着するやいなやレーニンは、「四月テーゼ」の中で、ロシアは即座に戦争から撤退すべきだと宣言した。レーニンと彼を支持するボルシェビキたちは、一一月八日、ロシア臨時政府を倒し、新たな共産主義秩序を持ち込んだ。ロシア軍部隊は自分たちの将校の言うことを聞かず、ハプスブルクとドイツの軍勢は進軍がたやすくなった。
　ボルシェビキの革命は、ドイツの政策にとっては望みどおりの結果であったが、ハプスブルクにはいまだにロシアで切ることができるカードがあった。すなわちウクライナの民族運動である。その年の一一月に大尉に昇進していたヴィルヘルムは、大勝利まであと一歩のところだった。キエフのウクライナ評議会は、一九一八年一月に、ウクライナは独立国だと宣言した。ヴィルヘルムはシェプティッキイの助言があったために、新生ウクライナはやがてくるボルシェビキの赤軍による攻撃を生き延びるためには助けを必要としていると理解していた。それゆえ、新たなウクライナ国家が中央同盟国に承認されることに命運がかかった。仮にヴィルヘルムが、戦場の指揮官から転身し人目を憚りつつ策謀する外交官になれたなら、彼の望むウクライナを手中に収めることができるだろう。それで、ヴィルヘルムは一月七日、部下たちとウクライナ・ギリシャ・カトリック教会のクリスマスを祝った後、一月一二日に軍籍を離れ、以降ウクライナ独立のための外交に精力を傾注した。[*24]
　ドイツ、ハプスブルク君主国と東方の二つの提携先との間の交渉が、一九一八年初頭にブレスト・リトフスクで始まった。東方の提携先の一つはボルシェビキで、彼らがロシアを戦争から撤退させたことは、ドイツとオーストリアの利益にかなった。もう一つの提携先は新しいウクライナ人民共和国で、こちらはまさにそのボルシェビキからの保護を求めていた。ヴィルヘルムと彼の仲間であるガリツィアのウクライナ人政治家ミコラ・ヴァシルコは、強力な農業経済を有するという彼らの国の評判は見た目以上に交渉での立場を強いものにしていることを、キエフから来たウクライナの外交官たちに理解させた。ハプスブルク君主国は喉から手が出るほど食糧を欲していた。イギリス海軍の封鎖により国中が飢えており、国内の小麦生産は戦争中に半分近くにまで落ち込んでいた。一九一八年一月二〇日、交渉のさなかに、一一万三〇〇〇人の労働者が、食糧を求めてウィーンでストを起こした。翌日には、オーストリア軍の参謀本部も、軍は「明日の食糧にも事欠く」と記していた。[*25]

このことを知って大胆になったウクライナの外交官たちは、二つの要求をした。一つは、独立ウクライナ国家に、ポーランドが自国領と考えている、西部にある一地域を含めるということであった。二つめは、ハプスブルク君主国に、分離したウクライナ領邦を認めて欲しいということだった。一月二二日、ハプスブルク君主国の外相はこの二点についてウィーンで述べた。絶望的な状況にあった政府は、その二つを受け容れたのだ。一九一八年二月九日、ドイツ、ハプスブルク、ウクライナの外交官たちは、ウクライナが軍事的援助の見返りに一〇〇万トンもの穀物を提供する「パンの講和」として知られる協定に署名した。ドイツとハプスブルク君主国は、ウクライナ人民共和国を認めることに合意し、ハプスブルク共和国は秘密協定で、東ガリツィアとブコビナをもってウクライナ領邦をつくることを約束した。

その間、ボルシェビキとウクライナ軍の戦いは激化していた。まさに条約が調印された日、赤軍は、独立ウクライナの首都となるはずの都市キエフを占領した。ウクライナ代表が国際的に承認を受けた国家たるや、次のようなものであった——必ずやポーランド人の感情を害することになる国境線の内側で、しかもハプスブルクの内政に干渉する権利は持ちながらも、ボルシェビキに対しては自己防衛できない国家。こうなったことはすべて、ウクライナには輸送するためのインフラさえ整っていない食糧を約束したのと引き換えだった。このことは外交的にきわめて優れた成功に見え、ヴィルヘルムは満足した。主なウクライナ側の政治的要求は、いずれも叶えられた。彼は、ウクライナの二つの国家の基盤をつくるためにずっと手を貸してきた。二つとはすなわち、東方のウクライナ人民共和国と、ハプスブルク君主国内の領邦としてのウクライナである。彼は疑いの余地なく、その二つがいつか一つになることを、おそらくは自らが治める「ウクライナ公国」になることを望んでいた。そもそも、公国になれば君主が必要になる。東方で革命の機運が高まっているならば、その君主も赤化して当然だ。

ヴィルヘルムにとって、「パンの講和」の調印は、「ウクライナ人の私にとって、実際私は自分がウクライナ人だと強く感じているのだが、人生で最も素晴らしい日々の一つ」だった。[*26] 戦争についてヴィルヘルムが書いた詩の中で、彼はロマンチックに、ウクライナの未来は「赤い血の雫」を通じて、彼の部下たちの苦難を通じて見てとれる、と言っている。彼の兵士たちは確かに、歌や物語を教えてくれたり、忠誠や愛の対象となるものを与えてくれたりして、彼をいっぱしのウクライナの将校にするのに力を貸した。しかし、ブレスト・リトフスクでの彼の成功は、彼がウクライナの政治家たち、ハプスブルクの皇帝、そして自分の父親から受けた政治的教育の方とより深い関わりがあった。一九一八年二月に承認されたウクライナ人民共和国は、ヴィルヘルムの、若き外交官としての勝利であった。これは一九一六年一一月に建国宣言のあったポーランド王国よりはるかに大きく、法的に独立した国家だったし、ウィーンとベルリンからのより確実な支援があるように思われた。

ヴィルヘルムは、いまだ父親と対決の要もないままに、父親を乗り超えていたのだった。

GREY

# 影を支配する王たち

ウクライナ人民共和国は、初めから保護国であった。一九一八年二月九日の「パンの講和」でその政府を承認したドイツとハプスブルク君主国は、承認後には、ボルシェビキをウクライナ人民共和国の領地から排除しなくてはならなかった。ウクライナ政府の要請を受けて、二月一八日にドイツ軍はウクライナの国境を越えた。ハプスブルクの軍隊はその一〇日後にウクライナに入った。両同盟国の軍隊がウクライナを横切ってロシアの方へと勢いよく東進してきたので、ボルシェビキは和睦しなければならなくなった。一九一八年三月、ドイツおよびハプスブルク君主国と結んだ条約の条項により、ボルシェビキは渋々ながらもウクライナの領地を容認した。東方での戦争は終わり、ベルリンとウィーンは勝利した。

もっとも、勝利を収めた同盟国同士の息は合っていなかった。ドイツ軍は、ハプスブルクの軍隊を待つことなくウクライナに入っていた。ハプスブルクの軍隊は、ドイツに単独で何もかも攫《さら》わせることのないように、ドイツ軍を追いかけたのだ。ドイツとハプスブルクの部隊は遭遇し、誤解やいざこざが生じた。一ヶ月以上が経ってようやくにして、独墺の参謀本部は占領地域に関する合意に達した。ドイツはキエフと北部を、ハプスブルク共和国は南部を占領することになり、オデッサのような黒海沿岸の諸港は両国で管理することになった。ドイツもハプスブルク君主国も、外交の拠点はキエフに置いた。*1

ベルリンとウィーンは、ウクライナ政策に対して根本的に異なったアプローチを取っていた。ハプスブルクがウクライナ国家に望んだのは、政治的に自立した同盟国であった――この時点では革命ロシアを相手の、そして後にはドイツまでも相手の同盟国であった。それゆえ、ハプスブルクの軍隊が南ウクライナを占領したことは、前向きな意図を持っていた。ハプスブルク君主国内の諸民族が飢えていた時でも、ウクライナにいるハプスブルクの兵士たちにとって、食糧調達が最優先というわけではなかった。軍参謀長によると、主たる目標は「ウクライナの民族分離主義的思想を強化すること」であった。キエフに駐在していたハプスブルクの全権公使は、「戦争の間にウクライナ人たちの民族主義志向を目覚めさせること」は、ロシアに対抗する「活動として間違いなく正しいもので、成功を収めた」と記した。戦争が終わっても同じ政策が続くことになったが、今回はドイツを弱体化させるためであった。ハプスブルクの現下の同盟国ドイツに対する防波堤として、ウクライナの民族主義は支援されねばならず、またウクライナ独自の制度や組織が創られねばならなかった。ウクライナを担当するハプスブルクの軍隊の情報将校が「最初のウクライナ軍部隊をつくりあげた我々は、指導者としてウクライナに入ることを求められている――ドイツが割り込んでくるのに備えて！」と述べたように。[*2]

ドイツは、もっとずっと単純な、自身の政策を有していた。ベルリンにとって、ウクライナは食糧供給源であり、ウクライナ人はドイツ人のために作物を育てる農奴か小農であった。それは、ドイツのウクライナ政策に根深くつきまとうものであった。ハプスブルク君主国が新生ウクライナ国家を戦略的な収穫と見なしていたのに対し、ドイツは穀物を奪う道具としてのみ見ていた。もし現行のウクライナ政府がこの使命に失敗したら、別の政府にとって代えるまでのことというのが、ドイツ人の考えの赴くところであった。ハプスブルクが、ウクライナの民族主義を奨励することは自国を利することになると信じていたのに対し、ドイツは、ウクライナにおいて、ロシア人、ポーランド人、ユダヤ人の間に味方やスパイを見出すだけで満足していた。ハプスブルクの今一つの恐れは、同盟国ドイツが、東方で勝利した後に和平を追求するよりも、コーカサスやイラクの油田に到達するためにウクライナを利用したいと考えているのでは、

というものであった。油田を押さえれば、同盟国ドイツは、世界を支配する強国となることをめざす戦争を続行できる運びとなるからである。*3

ハプスブルクの軍隊は全面的にドイツ軍の指揮下に入るほかなかった。一九一八年四月二九日には、ドイツは、独墺両国と交渉したばかりのウクライナ政府を解体してしまった。ウクライナ人民共和国の行政当局は、それまで確かに無能だった。大統領は歴史家で、自分の著書の校正を邪魔されずにできるよう、受話器を外しておくのが常だった。しかし、ウクライナ政府は少なくとも合法的にして公式な存在で、ウクライナの諸民族をそれぞれ代表するという野心を持ったさまざまな政党から構成されていた。このクーデターの後、ウクライナは形式的には独立国のままだったが、その内閣はドイツという外国に選出されることになった。ドイツは、パヴロ・スコロパツキイを首班とする軍事独裁の傀儡政府を樹立した。スコロパツキイは伝統的なウクライナの称号である「ヘトマン」（ウクライナ・コサックの首長）を授けられ、彼の体制は「ヘトマネート」（ヘトマン支配）と呼ばれた。[*4]

ヘトマン支配を樹立したことは、完全にドイツの方針で、ハプスブルク抜きで行われた措置であった。しかし、ハプスブルク君主国は見かけほど脆弱ではなかった。カール皇帝には、策が一つ残されていた。一九一八年二月一八日はドイツ軍がウクライナに進軍した日であったが、この日、カールは電報でヴィルヘルムをウィーンに呼びつけた。カールはヴィルヘルムに、「ヴィルヘルム大公連隊」を創設したと告げた。これは約四〇〇〇人のウクライナ人将兵から成る連隊であった。開戦当初に諜報活動や宣伝活動の目的で創設された特殊部隊である「ウクライナ軍団」も、ここに含まれた。この連隊の諸部隊は、すみやかに東方のウクライナへ送り込まれたが、ウクライナでヴィルヘルムが合流し指揮を取る手はずであった。ヴィルヘルムはカールの目となり耳となり、ハプスブルク家の人間同士として、ウクライナ情勢についてカールに報告する予定であった。

ヴィルヘルムはまた、自分が適切だと思うやり方で、その存在や行動でウクライナの民族的な大義を支援する予定であった。ヴィルヘルムが記しているように、「皇帝陛下におかれては畏くも、私にウクライナでの軍事面のみならず政治的な任務もお命じになられ、ついては、陛下の信頼の証として、私に無制限の行動の自由を保証して下さった」。[*5]

ヴィルヘルムは後に、皇帝とは、ハプスブルク家の一員がウクライナ国王に即位することについては話題にも上らなかったと主張しており、おそらくこれは本当であろう。二人ともがハプスブルク家の人間であるからして、そのような議論は不必要であったろう。彼らのどちらにとっても、王朝の拡大の機会は慎重に考えなければならないということは、明々白々のはずであった。

一九一八年三月後半、ヴィルヘルムは、海水が黒みを帯びてグレーになった黒海をオデッサまで航海して彼の部隊に合流すべく、旅立った。彼は、オデッサの港から内陸のウクライナの大草原《ステップ》を、ウクライナ軍団のいる北東めざし急行した。ところが彼は一九一八年四月一日、オデッサからそれほど遠くない黒海にも近い古都ヘルソンの郊外で彼らを見つけたのだ。ウクライナ軍団は、正規軍に入るには若すぎるか高齢すぎるかどちらかの人間たちから兵を募っていて、眼鏡をかけた下級士官もたくさんいたが、ヴィルヘルムの目には、部下たちは「美しく、健康な若者たちで、素晴らしい規律を見せてくれ、ハプスブルクの軍隊よりも優れている」と見えていた。ヴィルヘルムと部下たちは、ウクライナの地にいることを皆が喜んでいた。今や司令官ヴィルヘルムがやって来て、軍団は彼の率いるより大きな「ヴィルヘルム大公連隊」に組み入れられ、ヘルソンから、ウクライナでも最も民族を象徴する趣のある場所へと進軍した。それは、「シーチ」(要塞)として知られる、古《いにしえ》のコサックの軍事・行政の拠点があった場所であった。[*6]

コサックとは、戦闘と漁業と農業で暮らしていた自由民で、ウクライナの歴史における誇りであった。ウクライナの人口の大多数を占める正教徒の小農たちにとって、シーチはかつて自由を意味した。何世紀もの間、小農たちには基本的に二つの可能性があった。ポーランド人地主や彼らの財産を管理するユダヤ人の元で農奴となるか、逃亡しようとした場合にはムスリムのタタール人の手中にある奴隷となるか、である。唯一の避難所がシーチであり、そこで小農たちはコサックとなることができたのだ。一七世紀半ば、コサックはポーランド人支配に歯向かって立ち上がった。その反乱は、多数のウクライナ人が血を流して死んでゆく結果となり、ロシアによりコサックは征服されてしまった。しかし、ヴィルヘルム個人にとってもきわめて魅力的であった、退廃的なポーランド貴族に挑んだ勇敢なコサックの神話は、広くウクライナの愛国主義者たちにとって抗しがたい魅力があった。ウクライナ軍団は、ウクライナ独立のこの伝説に歴史を超えた敬意を表して、「ウクライナ・シーチ狙撃兵部隊」と自称したほどであった。

そうしてコサックの伝統と結びつけるには、実は、時代的にのみならず、空間的にも隔たりがあった。ウクライナ軍団の兵士たちはガリツィア人であったが、ガリツィア地方にはコサックはいたことはなかったのである。コサックの伝統への崇敬の念は、まさにこの時までずっと、完全に架空のものであった。かつてハプスブルク君主国において、カフェや大学、政府の役所といった別世界で、誰もが知識人であったウクライナ軍団の創設者たちは、自分たちが創建しようとしているウクライナ人国家に誇りを植え付ける一つの方法として、コサック英雄譚を口に上らせていたのだった。今や、軍団の兵士たちはウクライナの、それもシーチにいて、亡霊とともに野営していた。ヴィルヘルムは、「この名高き場所を占拠するという幸運に恵まれたのが我々であったことは、皆が欣快とするところだ」と記している。彼と軍団は、古の要塞のあった場所を日没後に訪ね、丘の上に十字架を建てた。部下たちは、伝統が復活し、歴史の中に消えてしまった民族が生き返るという

指揮官ヴィルヘルム。1918年。

ロマンチックな考えに、いともたやすく陥った。[*7]

司令官のヴィルヘルムには、歴史だけでは不十分だということがわかっていた。ハプスブルクの方針はウクライナ人の国家をつくることで、それこそ現時点でなすべきことだった。ヴィルヘルムは、シーチで、彼自身が「ウクライナ化」と呼ぶ方針のもと、ウクライナ語を話す小農たちをウクライナ民族の小農へと転換させなければならなかった。彼が述べたように、「可能性は二つしか存在しないのだ。すなわち、敵対者が私のことを送り返しロシア化を進める可能性と、そうでなければ私がここに残ってウクライナ化を進められる可能性である」。そのウクライナ民族国家は、ロシアの官僚に頼っていて、かつドイツの傀儡である現存するウクライナ国家と同じものではなかった。むしろ、広大な国の全域が、ヴィルヘルムと彼の軍団が占領した小さな地域の写し絵になるという将来像であった。シーチの周りのその小さな地帯でまず、ヴィルヘルムはウクライナを建設しなければならなかった。それも迅速にである。

ヴィルヘルムの方針は、場所や時代を問わず、国家建設に携わる誰彼《たれかれ》の方針と似たようなものだった。すなわち、積極的差別是正措置、マスコミへのプロパガンダ、そしてロマンチックな歴史である。彼は、役人たちを民族で選別し、村役場にはウクライナ人を配置した。彼は、民族解放のメッセージを広めるのにマスコミを利用し、ウクライナ民族色の強い新聞を一紙創刊した。彼は、次世代の人々の世界の見方は親の世代とは異なったものになるべきだと信じ、学校で教えるために将校たちを派遣した。彼のウクライナ軍団は地元の小農たちと親しくなり、小農たちを政治的に自己をウクライナと同一視するよう誘導した。親しくなる方法はさまざまな形を取ったが、いくつかは芝居の脚本によった。ヴィルヘルムの部下たちは、手近な場所で地元の観客のために行う芝居を書いたり演じたりして多くの時間を費やした。隔週で彼らは地元の馬小屋でも演じた。ヴィルヘルムの回想によると、「私の部下たちは、地元の女の子たちと夜中過ぎまでいちゃついていた」[*8]。

かくて、ウクライナは馬小屋で生まれたが、見方を変えれば、キリスト教もまた然りであったのだ。ヴィルヘルムは、ウクライナ国家にはかつてのハプスブルク君主国とロシアの国境の両側の人々が含まれるのだという観念を広めると同時に、古のキリスト教大分裂を終わらせようとする政策にも荷担していた。ウクライナは、長いこと東西の、つまりカトリックと東方正教会の境界にある土地だったので、伝統的に教会統合の実験場であった。一六世紀の試みは、統合するのではなく、第三の「東方典礼カトリック教会」を生み出した。これは、バチカンに従属するが、典礼は東方正教会に類似したものを使う教会である。一九世紀には、ハプスブルクはこの東方典礼カトリック教会を抱え込み、司祭を教育し、ギリシャ・カトリック教会と名づけた。二〇世紀を迎えるまでには、ギリシャ・カトリックは、ハプスブルク君主国内でのウクライナ人たちの国教となっていた。

ヴィルヘルムがリヴィウで数ヶ月前に歓迎したのが、首都大司教のアンドリイ・シェプティッキイであった。彼こそ、ギリシャ・カトリック教会をウクライナの国教にした人物だった。一九一八年となった今、シェプティッキイには大きな計画があった。彼は、旧ロシア帝国の正教会をギリシャ・カトリック教会に改宗させ、それによってカトリック教会の傘下に入れ、もって大分裂を終わらせようと考えていた。仮に旧ロシア帝国内のウクライナ人たちが正教会からギリシャ・カトリック教会に改宗すれば、ハプスブルクがウクライナを支配するのにも役に立つであろうと思われた。ギリシャ・カトリック教会の本拠地リヴィウは、ハプスブルク君主国の中にあったからである。

シェプティッキイはヴィルヘルムにお付きの者を提供した。ベルギーのレデンプトール修道会会員の司祭、フランソワ–クサビエ・ボンヌである。ボンヌは、他の何人かのレデンプトール修道会会員と同様、ギリシャ・カトリックの典礼とウクライナ民族のアイデンティティを受け入れていた。ボンヌはウクライナではいつもヴィルヘルムに付き従っていた。彼ら二人はすぐに、ギリシャ・カトリックを宣伝普及させるために性急な行動を取ることには意味がないと悟った。東ウクライナでは、東方正教会がウクライナ人の宗教であり、カトリックやらギリシャ・カトリックやらの観念は混乱を招いた。ヴィルヘルムとボンヌは、地元の東ウクライナ人たちは、西方の宗教に関心を示すのでなく、ヴィルヘルムに東方正教会に改宗してもらいたがっていることを知った！[*9]

ヴィルヘルムとボンヌにはまた、ヴィルヘルムがカトリック教徒であるにも関わらずウクライナ人たちが彼に従っているのは、ヴィルヘルムがまさに彼らが欲しているような革命的なリーダーシップを見せているからだとわかった。ヴィルヘルムが理解したらしいところによると、ウクライナの小農たちにとっては、宗教や民族意識よりも土地の方が重要であった。ヴィルヘルムが個人的に占領している地域では、小農たちは一九一七年の革命の年に地主から得た土地を守っていた。ヴィルヘルムは、必要に応じて現地の貴族階級に一撃を加えることで、ウクライナ国家が以前の所有者に土地を戻すのを妨げた。彼は、ハプスブルクの軍隊が徴発した食糧を運ぶのを止めさえした。近隣地域での徴発に反発していた小農たちが、ヴィルヘルムの支配する地域にやって来始めた。ヴィルヘルムは、ハプスブルクの軍隊から小農たちを守るパルチザンの指導者たちに避難所を与えることすらした。[*10]

小農の土地に対するヴィルヘルムの態度により、彼はウクライナのどこでも伝説となった。いわば皇族版ロビン・フッドというのである。キエフのハプスブルク当局は、ヴィルヘルム支配下のシーチが「ウクライナのすべての不満分子の目的地」になっていると、警告を込めて記している。彼らは、ヴィルヘルムが占領に不満なあらゆる者に訴えかける「魅力」についても記している。軍当局も、ウクライナの政治家たちの中の「重鎮連中」が、ヴィルヘルムをウクライナ国王の候補者として見ていることに気づいていた。ドイツ人たちも、「人々にはヴァシル王子として知られているヴィルヘルム大公の人気が高まること」に苛立ちを覚えていた。*11

ドイツは意図せずして、ヴィルヘルムがもっと多くのウクライナ兵をシーチに集めるのに手を貸した。一九一八年三月から四月にかけて南の方の戦略要地クリミア半島を占領したドイツ軍は、ザポリージャ軍団として知られるウクライナ部隊に、どこか他の場所に行くよう命令した。四月二九日のスコロパツキイをヘトマンにした政変の後では、ザポリージャ軍団の司令官たちは、自分たちの部隊がドイツ軍に解体されてしまうのを恐れた。彼らはシーチに向かった。ウクライナ軍団のガリツィア人たちと同様、ザポリージャ軍団の将校たちはコサックの伝統に献身的であった。「ザポリージャ」とは、「急流の向こう」という意味で、シーチのことを指していた。ザポリージャの連中は、髪を剃りあげ、曲がった剣を持っており、眼鏡と教科書を携えたガリツィア人よりも恐ろしい連中だった。ザポリージャの兵たちは剣を帯びて教会に行き、懺悔の時にすらそれを身につけていた。彼らは、自分たちの剣の刃《やいば》は大いに懺悔の必要があるからだと説明したが、まったくそのとおりであったろう。*12

一九一八年五月になると、シーチは、東から、また西からとやって来たウクライナ兵たちの風変わりな邂逅に、神話的な背景を提供した。その月の初め、ザポリージャの兵たちは、ヴィルヘルムと彼の配下のウクライナ軍団を宴会に招いた。フセヴォロド・ペトリフ大佐は、東方のウクライナ兵たちと容姿端麗な大公との初めての出会いについてこう回想している。「あれはたいそうな集まりでした。我々のがっしりした若者たちは、典型的な田舎風のウクライナ人の顔をしていて、その中に大公の顔が浮かび上がっていました。大公は細身の若者で、赤毛で髭は生やしておらず、オーストリアの軍服を着て、その下にウクライナ風の刺繍をしたシャツを着ていました」。ヴィルヘルムは素晴らしい第一印象を与えた。兵士たちはペトリフに、大公が率先して話かけてくれたし、政治に関して自分たちと利害を共有しているし、自分たちの国をよく知ってくれているうえ、自分たちの言葉を話してくれる、と伝えた。最も驚いたのは、彼らが大公を自分たちの民族の味方だと感じていたことだった。「あの方は素朴な男です、わしらのようにね！」と彼らは、驚きながらも心から信じて叫んだ。彼らはまんざら間違っていなかった。ヴィルヘルムは魅力的で如才なかったが、人を欺くとか二枚舌といったことはまったくなかった。[*13]

その後、二回目のパーティーが行われ、ウクライナの騎兵隊の馬術の妙技にヴィルヘルムは感銘を受けた。ザポリージャ兵たちは自身をコサックであると思っており、馬術というコサックの伝統を受け継いでいた。誰でもできる技では、全速力で走りながら地面の帽子を拾い上げる、というものがあった。コサックは、死んだふりのためや、矢や銃撃を避けるために、馬の脇腹に身をつけて騎乗することができた。それどころか、馬の腹の下に潜って馬を走らすことができる者さえいた。彼らは、馬が全速力で走っている時に、鞍の上で、身体の向きを前から後へと変えることができた。ヴィルヘルムは、父シュテファンの城の、塀で囲まれた庭園で肥ったポーランド人から乗馬を習ったが、広い大草原でこのような曲芸を見たことはなかった。またしても、ヴィルヘルムは兵士たちとたやすく混じり合い、地元の小農たちと愉快にビールを飲んだ。

ウクライナの人々に、自分も彼らの一員だと示すことで、ヴィルヘルムは自分が彼らの統治者になるかもしれないと示していた。ウクライナ兵たちは、この結論を自分たち自身で引き出した。こういった会合の一つで、彼らはヴィルヘルムを、彼らがクリミアから持ち帰った玉座につかせ、「栄光あれ！」と叫びながら彼を連れ回した。また別の会合では、ヴィルヘルムはコサックの帽子と、コサックが「ブルカ」と呼んだ長いマント、それもフェルトでできたものを贈られた。ウクライナ文化のたくさんのものと同様、ブルカはイスラームに起源を持つ。アラブにとってブルカは、女性が全身を覆うアウターだが、ウクライナ人にとっては、戦士や指導者のみがまとう外套である。ブルカをまとい、毛皮の帽子を被ったヴィルヘルムは、長いこと願っていたように、「オリエンタル・ヨーロッパ」の王子となったのだ。彼が子ども時代に見た東方への夢、そして若き日に抱いたウクライナ王位への野望が実現に近づいたように思えた。ヴィルヘルムがそのような格好をしているのを見て、人々は陽気な口調で、ヴィルヘルムの「戴冠」だと口にした。*14

正式な戴冠については、ペトリフ大佐の盟友、ペトロ・ボルボチャン大佐がまさに考えていた。ヴィルヘルムと会った後、ボルボチャンはペトリフに向かって、ドイツが後ろ盾になっているヘトマン支配を転覆させる手段としてヴィルヘルムを利用することを提案した。「小さな一揆でも起こして、ヴァシル・ヴィシヴァニが全ウクライナのヘトマンであると宣言するのが好いのでは？」と彼は尋ねた。彼は、民主的な立憲君主制を提唱した。ヴィルヘルムは君主制の憲法なら署名することだろうし、その憲法は、民主主義的な選挙が行われた暁には無効となるものだった。

二人の東ウクライナの大佐は、この計画をヴィルヘルムに提案した。ヴィルヘルムは彼らに曖昧な返事をし、五月九日と一一日にカール皇帝に指示を求めて打電した。カールは、ヴィルヘルムには引き続きウクライナに友好的な方針を取ってもらいたいが、ドイツとの同盟関係を危機に晒したり、食糧供給を危ういものにするようなことはして欲しくないと返電してきた。ヴィルヘルムは、危ない橋を渡るつもりはなかった。仮にハプスブルク家の人間が王座を我が物にしてからそれを失うようなことになれば、王朝全体の信用を損ねることになる。重要なことは、適切な時機を選ぶことだった。ヴィルヘルムは「断固とした方策」を取るつもりはなかった――少なくとも「当面の間《かん》は」[*15]。

ヴィルヘルムの演じている小さな舞台の向こう側で、ハプスブルクによる南ウクライナ占領は大惨事となっていた。ヴィルヘルムはウクライナ人として姿を現し、小農たちを守ることができた。そのような幸運に恵まれた将校は他にはいなかった。概して、軍隊というものは、善意と、できるだけ多くの食糧を集める喫緊の必要性とを同時に示す術など持ち合わせていなかった。ハプスブルクの兵士たちは、最初は解放者として歓迎されたが、まもなく略奪者であると見られるようになった。小農たちは、自分たちの育てた穀物や家畜と引き換えにハプスブルクの通貨を手に入れることは望まず、またロシアのルーブルは無価値なものであった。小農たちは地中に穴を掘り、育てた穀物を隠した。鉄道労働者はストライキを打った。ハプスブルクの兵士たちはウクライナの警察官に、小農が徴用に抵抗している村を焼き討ちするよう命じた。兵士たちは、自身が空腹だったので、集めた食糧のほとんどを食べてしまった。「パンの講和」によって、ウクライナは中央同盟国に、夏までに一〇〇万トンの食糧を調達すると約束していた。そのうち一〇分の一も届かなかった。ウクライナ政府が約束を守れなかったので、ハプスブルクの側も自身の約束を守らなかった。穀物と引き換えにハプスブルク君主国の中にウクライナ領邦を約束するものであった「パンの講和」の秘密条項は、ドイツの外務省などでは、燃やされてしまった[*16]。

村と文書を焼いてしまったことで、ウクライナを支配するのは難しくなった。小農の反乱は指導者を見つけ、その中にはボルシェビキもいて、小農たちにパルチザンの戦術を教えた。一九一八年六月の、ハプスブルクの報告としてかなり典型的なものには、ある村で二人の憲兵が殺されたので、一三人の村人が報復として絞首刑に処されたと書かれている。七月には鉄道職員が強盗にあい、線路に括り付けられて置き去りにされた。ハプスブルクとドイツの軍隊は、容疑者を見つけることができなかった。その同じ月、ハプスブルクの兵士たちは、村を鎮圧するために大砲を用いた。彼らはもはや、パルチザンとそうでない者の見分けがつけられなくなっていたが、彼らの民間人に対する報復のせいで、さらに多くの若者が占領軍と戦うために森の中に向かうことになった。八月までに、ハプスブルクの軍情報機関は、「地主や警察官や役人の殺害、他にも中央同盟国軍部隊に対するテロリズムといった敵対行為が、日常茶飯事である」と記録している[*17]。

五月末日のフライポレ村でのパルチザンとの対決のように、グロテスクの極みと言えるものもあった。ハプスブルクの部隊は、周囲を囲まれ、しかも火力で劣っていたので、二、三の家に避難した。ある兵士が、降伏するために外へ出された。衆人環視の中で、彼は首を討ち取られ、体をズタズタに切り裂かれた。それから、残りの兵士たちは、銃を突きつけられながら家々から連れ出され、処刑された。ハプスブルクが報復のために送った特派部隊は四一九人の人々を殺したが、その中にはこの事件に関わりのある者もない者もいたことだろう。ハプスブルクの将校たちは、地元の政治についてあまり把握しておらず、自分たちの敵を確信をもって識別することがまずできなかった。この場合、彼らは、パルチザンはボルシェビキであると信じていた。実のところ、フライポレは無政府主義者集団の中心地だったのだが[*18]。

ハプスブルクの将校たちは、ウクライナを噴火寸前の火山であると見ていた。ウクライナにとどまっていればさらなる不満を生み出すことになるが、ウクライナを去れば集団での暴力行為を引き起こすだろう。彼らは、もし中央同盟国が撤退すれば、地主やユダヤ人は一まとめにして殺されてしまうだろうと恐れた。ヴィルヘルムの方針は、この恐ろしい苦境を悪化させるだけのように思われた。彼は小農たちを徴用から匿い、パルチザンが彼自身の軍に抵抗するのを助けた。彼は、自分の祖先である皇帝ルドルフが似通ったやり方でハプスブルク朝を設立したことに思いをめぐらしながら、残忍なフライポレの無政府主義者たちにさえ同情した。ハプスブルクの占領当局は、この若き大公がまさに行っていることに、首を捻らざるをえなかった。六月半ば、ハプスブルクの軍司令官は、とうとう彼に直接問いただしたが、彼は返答を拒否した。ハプスブルクの外交官も、ヴィルヘルムをウクライナから召還されますように、と皇帝に書き送った。[*19]

同盟国ドイツの側は困り果てていた。彼らはウクライナ入りしたまさにその日、ヴィルヘルムをウクライナの王位に就けようという陰謀についての、情報機関からの最初の報告を受け取った。彼らは当初、そのような可能性を歯牙にもかけなかったが、証拠が積まれてゆくのに気づかずにはおかなかった。三月、ヴィルヘルムが現地に到着する前に、ドイツの外交官はいみじくも、ハプスブルクは「南ウクライナで幅広い政治的な目標を追求している」と結論を出した。五月一三日、ドイツ軍は「ウクライナとの個人的な連合という考え」——とはつまり、国王として推戴するハプスブルク家の人間に支配されるウクライナ王国を指すが——「があって、多くのオーストリア人の頭から離れない」と記している。その同じ日、ドイツの外交官は、まだ権力の座に就いてわずか二週間のウクライナのヘトマンの地位を、ヴィルヘルムなら喜んで継承するだろうと報告した。[*20]

ドイツ人たちは、ヴィルヘルムのもたらす脅威に驚いた。彼は「赤い大公」で、急進的な社会・国家の政策を実行するための革命的な機会をものにした、本来は支配階級の一員であった。もちろん彼らは、自分たちがすでにウクライナから追い出したボルシェビキが、ドイツの搾取的な政策に抵抗する者たちから支援を受けられることはわかっていた。ドイツ人たちは、好きなだけボルシェビキのラジオによるプロパガンダを聞くことができた。また、ボルシェビキの電報をも読むことができた。ヨシフ・スターリンをはじめとする政治委員たちは、わざわざ暗号を用いなかったからである。ボルシェビキの思想は驚くようなものではなかった。しかしドイツ人たちは、「左翼的君主制」に対しては心構えができていなかった――すなわち、ボルシェビキが戦争と占領で疲弊した国家に約束したもの、つまり土地、平和、民族の自由といったものを、少なくとも小規模ながらでももたらすハプスブルク家の一員に対する心構えはできていなかったのである。[*21]

不満の溜まったドイツ人たちは、ヴィルヘルムは「父親と同じで」ある種の「夢想家」であるとお互いの中で言い合った。これはそのとおりだったが、たいした慰めにはならなかった。ヴィルヘルムをウクライナから引き戻すよう皇帝カールを説得できなかったドイツ人たちは、ヴィルヘルムの行動を監視するようシーチにスパイを送ることで満足しなければならなかった。知らせは良いものではなかった。あるスパイが報告したところによると、ヴィルヘルムは「ウクライナ人の取り巻きたちに大変愛されて」いた。彼は、「彼を知るあらゆる者から、将来のヘトマンか国王だと思われて」いた。別のスパイの報告では、「温和さ、如才なさ、ウクライナ人への共感、および私生活がきわめて質素であることにより、大公は、身近の人々だけでなく、ウクライナ人一般の中でも処々方々で、大いに人気を得ることに成功している」。そのスパイはこう続けている。「古《いにしえ》のシーチに陣取るこの大胆な王子、このウクライナの友人について、ありとあらゆる伝説が、隈《くま》無くウクライナのどこにおいても語られている」。当然結論はこうなった。「ヴィルヘルム大公の人気そのものが、我々の国の将来にとって大いなる危険である」――「我々の国」とは、ヘトマンのパヴロ・スコロパツキイを傀儡とする政権を意味していた。[*22]

同盟国ハプスブルクへの懸念を認めるのに気が進まないドイツは、自分たちの傀儡政権の支配者であるスコロパツキイの抱く恐怖について語りたがった。彼らは、ヘトマンのスコロパツキイは「生来神経質で」、ヴィルヘルムのことを「大嫌いな奴《ベイトノワール》」と見なしていると説明した。これはまったくそのとおりであった。スコロパツキイはプライドが高く疑《うたぐ》り深い男で、ヴィルヘルムは不当に王位を要求していると信じていた。いみじくも彼は、ヴィルヘルムはハプスブルク宮廷とギリシャ・カトリック教会という後ろ盾を持っていると考えた。ドイツは、ヴィルヘルムの権力の軍事的な基盤を取り除くことで、スコロパツキイを宥めようとした。六月までに、彼らはシーチ周辺に集結したウクライナ軍の部隊を解散し、ザポリージャ部隊には北に陣取るよう命令した。そうなるとヴィルヘルムには、彼の戦闘部隊のうちわずか四〇〇〇名の兵士しか残されなかった。もっとも、その時までに、スコロパツキイは、政治的にも心理的にも大きなダメージをすでに受けていた。七月、誰かがメディアにいっぱい食わせ、ヨーロッパの新聞各紙に、スコロパツキイがヴィルヘルムにヘトマンを譲ったという誤った記事が掲載された。それとほぼ時を同じくして、あるボルシェビキがウクライナでドイツ軍の司令官を殺した。スコロパツキイは激怒し、彼の庇護者であるドイツは心配し始めていた。*23

しかし、皇帝カールは、ヴィルヘルムを帰還させる気にはならなかった。ドイツを心配させスコロパツキイを激昂させることは、おそらく彼の目的に含まれていた。もしドイツが占領でへまをしたなら、いや実際にへまをしていたのだが、最後にはウクライナ・ハプスブルクに助けを求めてくるかもしれない。その間、ヴィルヘルムがウクライナにいることは、カールが自国より優勢な同盟国であるドイツの注目を得られる数少ない方法の一つであった。一九一八年七月、カールは圧力に屈したふりをして、ドイツ皇帝ヴィルヘルム二世に、ヴィルヘルムが西部戦線へと戻り、自分のとった行動について個人的に説明するだろうと書き送った。

実際、カールは、自分の東方政策を継続し、自らの全体的な和平政策を押しつける機会を利用することに決めていた。彼が事態を見たところ、ドイツは、食糧のためにウクライナを搾取し、徴兵のためにポーランドを搾取していたが、どちらの国にも必須の政治的自治を与えていなかった。カールは明らかに、ハプスブルクならば、ポーランドのこともウクライナのこともドイツより手柔らかに支配できると明らかに考えていたし、少なくとも初代の、おそらくは二代目も、ハプスブルク家の人間が王位に就くという考えに最後まで執着した。もっと喫緊な問題として、ウィーンとベルリンが争いのもととなりうる領地をまだ手中に収めている間に、ドイツには戦争を終わらせてもらいたいものだとカールは思った。彼の見解では、毎月勝機よりも危機の方がいや増していたし、休戦すべき時が来ていた。

カールがヴィルヘルムをウィーンに召還し、ウクライナから送られて来た非難の山を渡し、個人的には承認と励ましとを与えて、ベルギーのドイツ軍司令部にいる皇帝ヴィルヘルム二世と話をしに行くよう送り出したのは、こんな空気の最中《さなか》であった。そこでヴィルヘルムはカールの立場と、もしそうしたければ自分自身の立場をも説明することができた。ヴィルヘルムは皇帝からの任務を受け入れ、非難の山は燃やし、西へと向かった。*24

ウクライナからベルギーまで、東部戦線から西部戦線まで移動する際、ヴィルヘルムは何十万ものドイツ兵が移動した道を辿った。一九一八年二月と三月にウクライナおよびボルシェビキ・ロシアと締結した平和条約により、ドイツ軍は四四個の連隊を西部へ移し、一九一八年の春と夏にフランスで大攻勢をかけられるようになった。六月までにドイツ軍は、パリから四〇マイル以内に入り、パリを砲撃した。しかし英仏軍は戦闘を続けたし、アメリカ軍が向かっていた。ドイツ軍はこの攻撃で一〇〇万人の死傷者を出し、それに代わる兵士たちを投入できなかった。その間に、一〇〇万名ものアメリカ兵がフランスに到着したのだ。

一九一八年八月八日、ヴィルヘルムはドイツ皇帝と会談するためにスパに到着した。この日は、ドイツ側の見方からすると、第一次世界大戦を通して最悪の日だった。その日の朝、仏・英・米軍は、パリから七二マイル北にあるフランスの都市アミアンに大攻勢を仕掛けていた。これは第一次世界大戦で最大の戦車戦であった――そして戦車を持っていたのは、ドイツの敵側だけだったのだ。ドイツ皇帝が軍営にヴィルヘルムを出迎えた午後までには、ドイツ軍は何万もの死傷者を出しており、八マイル退却していた。この苦痛に満ちた日にドイツ軍司令部に充満していた雰囲気は、ハプスブルク君主国は西部戦線でほとんど援《たす》けとなっていないという怒りであった。[*25]

ヴィルヘルムは、ドイツ軍が自身の抱える難問についてオーストリアを非難する気が満々の日に、デリケートな使命を帯びてスパにやって来ていた。アミアンの戦いから、カール皇帝が和平を求めるのは正しかったとわかった――しかしドイツ側は、そんな時機だからこそ、これを認めることができなかった。ドイツの将校たちは、ヴィルヘルムに、カールが全面的な和平を望んでいると言うのを思いとどまらせた。ヴィルヘルムが実際に皇帝に語ったのは、ウクライナでの自分の軍における支配についてであり、ヴィルヘルム二世から戻ってもよいという承認を受けた。皇帝の幕僚らは、ヴィルヘルムのことを、ハプスブルク家の他の面々より好ましいと思った。ドイツ皇帝自身も、このような魅力ある「若く生き生きとした」将校は自分の部下のいる戦線へと戻るべきだ、そう記した。ヴィルヘルム二世は、戦意旺盛な、魅力的なハプスブルク家の人間を見つけて、嬉しかったようであった。[*26]

五日後、カール皇帝は、即時の和平を懇願するため、スパに到着した。その前日、アミアンの戦いが終わっており、ドイツ軍にとっては大敗北となった。戦争に勝てると信じている高位の将校はほとんどいなかった。戦闘の実際の詳細について知らされないままだった皇帝ヴィルヘルム二世は、ポーランドのことでカールに文句を言おうとした。カールは一歩も譲らなかった。しかし、この問題はもはや意味を持たなかった。東方情勢は、今ではまるで重要ではなかった。戦争は、西部戦線で決定されていた。ドイツ軍は、日に日に退却していた。この四年にわたる戦争で初めて、ドイツ兵たちは大挙して降伏していた。ウクライナの食糧がなかろうが、ポーランドの兵士がいなかろうが、たいした違いを生まなかった。ドイツ軍は、ハプスブルクに西部戦線における援軍を頼みたかったが、ハプスブルクは、飢えた市民が暴動を起こしていたので、軍を治安維持のために自国に常駐させておく必要があった。二人の皇帝が同意できたのは、西部戦線で次に勝利したらさらなる決定をしようという点のみであった。西部戦線では、もはや次の勝利は望めなかったのだが。[*27]

皇帝同士が会談していた間、ヴィルヘルムはウクライナに戻る途上であったが、官僚から邪魔を入れられ続けた。ドイツとハプスブルクの外交官や将校たちは、あらゆる地点で――スパでも、ベルリンでも、ウィーンでも――ヴィルヘルムの足を遅れさせようとした。ハプスブルクの官僚たちがカール皇帝に、ヴィルヘルムがウクライナに戻るのを妨げるよう主張した時、カールは、ヴィルヘルム二世の是認によって問題全体が解決したと答えた。彼の官僚たちは、ドイツ皇帝の宣言は何の意味もないと言上した。ドイツの官僚も、ハプスブルクの官僚も、君主による支配の正統性に挑むことはできなかったが、戦争が続くにつれ、君主というもの自体が、必ずしも真面目に受け取られはしなくなっていった。皇帝の権威は、血生臭く無益な四年間の戦争で、空洞化してしまっていたのだ。[*28]

ドイツとハプスブルクの官僚たちは、ウクライナにおけるヴィルヘルムの存在が、ヘトマン支配を倒し、国中を完璧な混乱に陥れるかもしれないと恐れた。ハプスブルクの外交官たちは、「ウクライナでは一人残らず、大公を王位に就くべきハプスブルクの候補者として見ていて」、ヴィルヘルムが帰還することはヘトマンにとって「致命的な打撃」だと説明した。それでも、ともかくもヴィルヘルムは戻り、九月初めに自分の部隊に復帰した。ヘトマンの懸念がわかっていたので、彼は釈明のためにキエフに戻ることを自ら申し出た。ハプスブルクとドイツの外交官は、このような訪問はクーデターの口実だと見て、これは「最も遺憾な考え」だということで意見が一致した。ドイツ側は、ヴィルヘルムはキエフに到着したら、ハプスブルク皇家の大公というより、軍隊での大尉という地位に応じて扱われるだろうと述べた。両政府とも、王朝というものをあまり真面目にとらえていなかった。[*29]

しかし、ドイツ側はヴィルヘルムをキエフから遠ざけようとしつつも、父親シュテファンの方は、ワルシャワに来るよう誘い込もうとしていた。八月二八日、ドイツの外交官の一人が、ウクライナの首都を訪ねようというヴィルヘルムの計画に抗議している一方で、別の外交官はシュテファンに、ポーランドの王位に就くに当たってのドイツの条件を提示していた。

これは受け容れにくい主張だった。ウクライナ人民共和国を支持することによって、ドイツとハプスブルクはポーランドの政治家たちを遠ざけていた。ハプスブルクの軍隊の中のポーランド部隊は叛乱を起こしたし、ポーランド兵はドイツが立ち上げようとした軍に加わることを拒否した。ハプスブルクによってつくられたポーランド軍団の指揮官ユゼフ・ピウスツキは、ドイツに対する忠誠の誓いを拒否した廉《かど》で、ドイツで投獄されていた。シュテファンは、戦争中のこの時点では、いかなるかたちでポーランド王国を創っても、ドイツの植民地以外の何物でもなくなるだろうと見ていた。彼は、戦時中は、ポーランドの戦傷者を治療するための資金を集めそれを配分して過ごしていた。これ以上ポーランドの若者たちが、ドイツの大義のために死んだり不具になったりするのを見たくなかったのだ。ドイツの司令官たちは、ポーランド西部から領地を召し上げ、そこに住まうポーランド人土地所有者から資産や所領を奪い、彼らを国外追放する計画を立てた。これは、自尊心の強いポーランドの君主になる人物だったら、考慮に値しない政策だった。シュテファンは、カール皇帝とこの問題について話し合い、カールはシュテファンに、ポーランドの王位には就かないよう指示した。[*30]

一九一八年九月、ヘトマンのスコロパツキイは、自らドイツ軍司令部に赴き、ドイツの司令官から、ヴィルヘルムにウクライナを去らせるという約束を引き出した。しかしそうなっても、カール皇帝はドイツの圧力に屈しなかった。ドイツ軍の司令官ルーデンドルフとヒンデンブルクは、ポーランド国王になろうというカールの努力を妨げていたが、彼らとてカールに、ウクライナにハプスブルク一族の治める国をという希望を捨てさせることはできなかった。ウクライナにいるハプスブルクの軍隊の司令官は、自分たちの君主に、ヴィルヘルムの転任を納得させるような主張をまた見出した。一九一八年九月二三日、司令官はカール皇帝に、革命の気運が広く行

シュテファンの肖像画。1918年。

き渡っている中では、もはやヴィルヘルム個人の安全は保証できないと告げた。一〇月九日、ヴィルヘルムと部下たちは、オデッサを、しかり、創建するのに多大な貢献をした彼らのウクライナを、船で離れたのだった。[*31]

オーストリアのブコビナ領邦の首都チェルニウツィーに行くようにと命ぜられていたヴィルヘルムだが、そこで病に倒れベッドから出られなくなった。彼のウクライナ人民共和国の先行きについての懸念は大きなものだった。ヴィルヘルムは、自分が引き戻されるのが「終わりの始まり」になってしまうこと、ウクライナがボルシェビキに倒されてしまうことを恐れていた。「赤い大公」が去らねばならなくなった今では、ヴィルヘルムは、ウクライナはボルシェビキの支配するウクライナとなろうし、共産主義がヨーロッパ全体への脅威となろうと予見した。彼は確かに、ハプスブルク家の前途について心を乱されていた。彼は毎晩、ハプスブルク君主国の将来について、現地の知事と語り合って時を過ごした。共に読んだ新聞からも、議論の種は尽きなかった。ヴィルヘルムは現金に不足していたので、現地の知事からいくらか借金をした。彼はそれでも、何とかして自家用車を手に入れた。[*32]

この時ドイツは、一四ヶ条として知られる、ウッドロウ・ウィルソン大統領の平和条項に基づいて、アメリカと直接交渉していた。ウィルソンは、民族自決の原則を公言していた。これは、それぞれの民族は自分たちが国民として属する国を選ぶべきであるというものであった。ドイツ人は概ねのところで、この考え方は自分たちに名誉ある好ましい和平をもたらしうると信じた。ウィルソンの提示した第一〇条は、ハプスブルク帝国の版図の中の諸民族の自治についてであった。ハプスブルク家はつねに、必要ならばこうした要求に従うことは可能だと考えてやってきていた。自治についてのアメリカの基準は、確かにそう高いものではなかった。そもそも、ウィルソンが最初にアメリカ連邦議会の上下両院合同会期で一四ヶ条を発表した時、集まっていた上院議員にも下院議員にも、誰一人としてアフリカ系アメリカ人はいなかった。他方カール皇帝の側には議会がついていて、「民族解放が、戦争の間でさえハプスブルクの目標でなくてはならない」とまで言わせるほど、カールをして民族問題に取り組ませていた。

今や皇帝カールは、ウィルソンの要求の一つに従ったのだ。一九一八年一〇月一六日、彼は、自分の統治するオーストリアの領土を各民族の連邦として再建するという「一〇月宣言」を発した。ヴィルヘルムはまだチェルニウツィーで病臥していたが、革命の起きている東方で何が起こっても、ハプスブルク君主国内で連邦をなしているウクライナ領邦ということならボルシェビキ支配から守ることができると信じ、この政策を支持した。リヴィウで、西ウクライナの国家の独立を宣言するという計画を聞き、彼はウクライナの指導者たちに、ハプスブルク君主国から離脱することを思いとどまらせようとする書簡を送った。ハプスブルク君主国の崩壊は「考えられないこと」だと信じ、一〇月一八日、彼は、いかなる新たなウクライナ国家であっても、領邦としてハプスブルク君主国に加わることを請願してはどうかと提案した。ヴィルヘルムと状況とが、足並みが揃わなくなっていた。ハプスブルクの考える民族自決――ハプスブルク朝の皇帝に忠実であるいくつもの民族毎の領邦――は、もはや不可能であった。ヴィルヘルムは、時を超えて存在する王朝と若い民族・国家の間の仲介者として振る舞ってきたが、もはや必要のない存在となっていた。[*33]

その同じ日の一〇月一八日、ウッドロウ・ウィルソンは、ハプスブルク君主国の版図にある諸民族に完全な独立を宣言するよう促すという形で、カールの考える連邦というプランに応じた。今やハプスブルク君主国の解体を執拗に迫ってくるウィルソンは、ヴィルヘルムがついてゆけぬところまで進んでいた。リヴィウのウクライナ人の共謀者たちは、これまでヴィルヘルムのことを生まれながらの軍の指導者だと思っていた。ヴィルヘルムがいまだにハプスブルク君主国を支持しており、そしてその君主国が戦争を生き延びられないであろうさまを見て、彼らは考えを変えた。ヴィルヘルムを軍に入れるためにチェルニウツィーに送られた将校は、ヴィルヘルムでなく別人を連れて戻った。ヴィルヘルムはそれにもかかわらず、ハプスブルク家の持つ力をウクライナの独立という大義名分に向けるのに力を貸した。一〇月末の数日、おそらくヴィルヘルムの黙認のもと、大多数がウクライナ兵であるハプスブルクの二連隊が、命じられてリヴィウに赴いた。彼らは、ウクライナ軍団の退役軍人であった多数の将校たちに合流した。一一月一日、ウクライナ軍はリヴィウを支配下に入れ、西ウクライナ人民共和国の独立を宣言した。[*34]

ヴィルヘルムは最後の重大なジェスチャーをしてみせた。彼は、自分の部隊に、ウクライナの大義名分のために戦うようチェルニウツィーからリヴィウへ転じるよう命じ、病院のベッドから起き上がり、列車の駅へ彼らを見送りに行った。この決定は彼自身のものであった。部下たちは、ウクライナの独立問題がリヴィウで決せられるであろうとはわかっておらず、ブコビナに残りたがった。ヴィルヘルムは、見納めとして自分の部下たちを見送った。彼らが、もはやヴィルヘルムを必要とはしないと思える大義名分のために戦うことになることが、わかっていたのだ。兵士たちは数日後リヴィウに到着したが、その時にはもう彼らはヴィルヘルム大公の戦闘集団の兵士ではなく、西ウクライナ人民共和国の兵士であった。彼らの到着は、少しばかり遅れたものとなった。ウクライナ化という政治的使命のために訓練されていたので、彼らは駅で列車を止め、ポーランド語の標識を、ヴィルヘルムが教えこんでいたように、ウクライナ語の標識にとり変える誘惑にうちかてなかったのだ。[*35]

ヴィルヘルムは国家創建に力を貸したが、その国家の指導者たちは彼抜きで動いていた。彼らはヴィルヘルムから学んでいたのだが、その後では彼に対し反逆した。彼のヨーロッパなるものは消滅しつつあり、彼の王朝は危機に晒されていた。戦争があまりに長く続きすぎたのだ――ヴィルヘルムにとって、カールにとって、すべてのハプスブルク家の面々にとって、そしてハプスブルク君主国にとって、あまりに長く。

ヴィルヘルムと皇帝カール一世がスパのドイツ皇帝を訪問した一九一八年八月に至ってもまだ、ハプスブルクは勝利を収めるか、少なくとも満足のゆく結果となる可能性があった。ハプスブルク君主国の領土には外国人兵士は侵入しておらず、ハプスブルク君主国はウクライナ、セルビア、北イタリアのかなりを占領していた。もしドイツが、ヴィルヘルムとカールが八月に休戦を主張したのを心に留めていたなら、ハプスブルク君主国が生き延びていた可能性はなきにしもあらずだった。秋には大惨事しかなかった。九月、セルビア人たちが再結集し、首都ベオグラードを解放した。一〇月には、イタリアの反撃により、アルプスでハプスブルクの軍隊は壊滅した。一一月には、ルーマニアがふたたび参戦し、ハプスブルクのブコビナ領邦に侵攻し、首都チェルニウツィーを奪った。[*36]

ヴィルヘルムはルーマニアの進攻から逃れた。一一月九日、ルーマニア軍がやって来る直前に、彼の秘書エドゥアルト・ラリシェンコが車で彼をチェルニウツィーから連れ出したとき、ハプスブルク君主国はまだ存在していた。数日後に彼らがリヴィウに着いたときには、ハプスブルク君主国は消滅していた。その間、ドイツではゼネストが勃発していた。ドイツ皇帝ヴィルヘルム二世は、ベルギーから帰国しない道を選んだ。彼の帝国は共和国となり、休戦協定に署名し、和平交渉の準備を始めた。ハプスブルク君主国においては、諸民族の指導者がその地の行政機関を引き継いだ。飢餓、倦怠、苦難に加えて敗北したことにより、諸民族の暴動がとうとう多民族のハプスブルク君主国の崩壊を引き起こした。ハプスブルク君主国の版図の至る所で、新たな民族国家がいくつも建国を宣言した。八〇〇年を経て、ハプスブルク家の権力は地に墜ちた。一一月一一日、カール一世は国務から手を引き、狩猟小屋に隠遁した。そうするまでの間に、彼は軍隊も失い、儀仗兵さえも失ってしまった。陸軍士官学校の生徒たちだけが、彼の護衛を務めていた。[*37]

王朝は突然、無に帰した。それどころか、無より悪かった。リヴィウのウクライナ人たちは、共和国を創建したが、共和国の大統領はヴィルヘルムに、彼の貢献は求められていないと知らせてきた。ワルシャワでは、ポーランド王国の「摂政会議」が、シュテファンをポーランド国王にするために結成されたものであったにもかかわらず、その代わりにユゼフ・ピウスツキに権力を移譲した。ピウスツキは共和国を設立した。シュテファンのポーランドでの経歴は、彼のポーランド人の息子たちや義理の息子たちと同様、突然終わった。ポーランドの民族問題にはついに答えが出たが、それはハプスブルク家に抗うものであった。ポーランドは、ガリツィア全域を自国の領土として要求した。ウクライナでは、軍の将校たちによって、スコロパツキイ体制が打倒された。この将校たちの中には、かつてヴィルヘルムに、「小さなクーデター」を起こし、自分たちの支配者になって欲しいと頼んだ者もいた。ヴィルヘルムは、結局決して行動を起こすことはなかった。ヴィルヘルムは、カールの指示で、ウクライナの権力を握りたいという自分の夢を先延ばしにしていたからだ——「当面の間は」と。

一九一八年一一月一一日の休戦の日の時点で、もはや「当面」はなかった。帝国の時代は終わっていたのだ。何世紀もの間、キリスト教徒たちは、ハプスブルク家の支配する神聖ローマ帝国を、黙示録の一つの兆候の対極として見てきた。帝国が存在するかぎり、世界は終わらないだろう。一九世紀初頭に神聖ローマ帝国は解体されたが、ハプスブルク家はフランツ・ヨーゼフのもと回復し持ちこたえ、内部からの変化に戦慄する大陸に、時間の超越というグレーの外套を投げかけた。今や帝国なるものは崩壊し、王朝なるものの君主たちは退位させられ、進歩の時が始まった。社会主義の時代であり、封建的な時代は終わって抑圧されていた階級の新たな始まりが約束されていた。民族主義の時代であり、各民族が帝国時代の抑圧という暗い過去から国家の独立という明るい未来へ前進できるという確信があった。そして、自由主義の時代であり、新しい共和国群が、ヨーロッパやひいては世界中で恒久的な平和という状態を生み出せるという確信があった。

中欧および東欧では、王たちは影を支配していただけであり、王位僭称者たちは可能な場所に隠れ家を求めた。シュテファンはジヴィエッツの城に隠遁したが、そこはポーランド共和国に直ちに没収された。スコロパツキイは、ドイツ軍の列車でウクライナからドイツに逃げたが、本物の戦傷者に囲まれて医師のふりをした。ポーランド軍がリヴィウに入ると、ヴィルヘルムはこの町からそっと逃げ、東ガリツィアのある町の修道院に避難した。彼はそこで、僧侶たちの間に隠れていた。[*38]

永遠はもはや過ぎ去った。ヴィルヘルムは二三歳だった。

WHITE

# 帝国主義の手先

突然世界がヴィルヘルムの愛するウクライナに共謀を企てているかのように見えたが、彼にできることは何もなかった。一九一九年一月、第一次世界大戦の戦勝国が、ヨーロッパの未来を決定するためにパリで会議を開いていた時、ヴィルヘルムはブチャチという東ガリツィアの町にある修道院に身を隠していた。イギリス、フランス、アメリカとその同盟国は、戦後の秩序について青写真を描いていたが、その一方で講和会議から締め出されていた敗戦国にできることは、抗議の文書を送付することだけであった。

戦場で敗れた、歴史あるハプスブルク君主国は、解体されることになろう。アメリカ大統領のウッドロウ・ウィルソンは、各民族がそれぞれの国家を持てるという「民族自決」の原則を発表した。ハプスブルク君主国の版図から新しい国がいくつもできた時には、ウィルソンの提唱する規則が適用されたが、適用のされ方はかなり不平等なものだった。戦勝国から同盟者と見なされていた、チェコ、ポーランド、セルビア、ルーマニアは、その国内に、大量の民族的マイノリティを委ねられた。敵国と見なされていたハンガリーは、領土を以前の三分の一に減らされた。オーストリアはドイツ語の話者によって構成される小さな共和国にされてしまったが、おそらく国民のほとんどはドイツと一緒になることを望んでいた。たとえそれこそが民族自決の求めるところであったにしても、戦勝国側は、オーストリアとドイツとの合併など頑として許さなかった。*1

どれが一つの民族でどれがそうでないかは、戦勝国が決めた。その結果、ウクライナは一つの独立した民族として認められず、民族自決の権利を持てなかった。アメリカ、イギリス、フランスがウクライナという存在に抱いている観念の及ぶところでは、ウクライナはベルリンとウィーンとが人工的に創り出したもの、ということになった。ドイツとハプスブルク君主国に頼っていたウクライナの政治家たちは、ロンドン、パリ、ワシントンに友人がほとんどいなかった。戦争が終わってしまった今となって、ヴィルヘルムの友人たちは、その不均衡を是正しなければと焦っていた。「ハプスブルク・ウクライナ」においてごく最近ヴィルヘルムの後ろ盾であったシェプティッキイとフランソワ－クサビエ・ボンヌは、今や大慌てでウクライナ民族が民族自決に値するということを戦勝国に納得してもらおうとしていた。彼らは困難な仕事に立ち向かっていた。[*2]

一九一九年が始まった時点で、ヴィルヘルムはガリツィア地方の修道院に匿われていて、パリの講和をめぐる議論から遠く離れたところにいた。ウクライナの政治家たちは、それこそが最善だと考えていた。ほんの数週間前まで彼の性格やその偉業は魅力的なものだったのだが、今となっては、危うくなったウクライナの大義をさらに脆くする要因となるだけ、という可能性があった。戦時中は強烈に人を酔わせた「赤い大公」という観念が、今や致死的な一服となっていた。戦勝国側が、ハプスブルク帝国の復興とボルシェビキによる解放運動を防ぎたいと考えているこの時期に、ヴィルヘルムは、東欧におけるハプスブルク家の権力と社会主義的解放運動の両方を象徴する存在だったのである。ハンガリーのボルシェビキが、伝統的にハンガリーの王冠領だった地を奪還しようとして戦争を起こしていた一九一九年の春には、こうした近代的なイデオロギーと伝統的なイデオロギーの組み合わせは、正真正銘の脅威であった。

ヴィルヘルムの仇敵であったポーランドは、ウクライナというカードを自分たちにとって有利になるように使う術を知っていた。ポーランドの政治家たちは、一九一八年の二月に「パンの講和」の交渉中ヴィルヘルムに裏をかかれたが、今度はその仇を討った。ハプスブルク君主国のガリツィア領邦の支配をめぐってウクライナ軍と戦う時、ポーランド軍は自分たちの戦いを第一次世界大戦の続きとして思い描いていた。ポーランドは戦勝国の一つであったし、ウクライナというのは、きちんと戦争を終わらせるためにはうち負かさなければならない敵国側が創りあげた代物である、と主張した。ポーランドの外交官は、ウクライナという国を、ヴィルヘルムが「象徴している」ハプスブルクの陰謀として描いたのである。ポーランドの魅力的なピアニストであるイグナツィ・パデレフスキは、アメリカ人に向かって、ヴィルヘルムはリヴィウの城門に八万の軍勢を敷いている、と伝えた。ヴィルヘルムの方は、ウィルソン大統領に個人的に手紙を書き、ウクライナは「民族自決」に値する民族であると説明したが、まったく効果がなかった。*3

ヴィルヘルムは戦争に負け、論争に負け、今や弱った体に気をつけなければならなかった。一九一九年五月六日、ヴィルヘルムは修道院を後にして、自分の車でカルパティア山脈へ向かった。結核にかかっていたので、彼はより窮屈でない環境を望んでいたのである。おそらく修道僧たちも、同じものを望んでいただろうが。ヴィルヘルムは、実科学校や士官学校、軍隊にいた経験から、狭苦しい所での男同士の付き合いに慣れていた。もしかするとヴィルヘルムと秘書のエドゥアルト・ラリシェンコは、修道院の回廊を度を超して気に入っていたのかもしれない。とはいえ、どれほど気に入っていたとしても、ヴィルヘルムとラリシェンコは、ヴィルヘルムが若者としてこよなく愛した山々とその山地に住むウクライナ人を求めていた。ところが、そこでも彼はまったく休養を取れなかった。六月六日、ルーマニア軍に捕まってブカレストに連行され、尋問を受けたのである。ルーマニア当局が、ヴィルヘルムを返す代わりにオーストリアから実態は身代金を取ろうとしている間、彼は首都ブカレスト郊外の修道院に監禁された。おそらくルーマニア軍は彼の車を奪ったと思われる。*4

ヴィルヘルムの健康はルーマニアで改善したように見えたし、三ヶ月後にはウクライナ人民共和国の代表団によって救出された。かつて彼が建国を手助けした国家と同じく、ヴィルヘルムも生きている徴《しるし》というものを示していた。ウクライナ人民共和国は、かつてはドイツとハプスブルク君主国の保護国であったが、真の独立への道を見出していた。ドイツとハプスブルク君主国の軍隊が撤退したので、「ディレクトーリヤ」とよばれるウクライナの政党が、ドイツの傀儡政権に取って代わった。この新しい政権は、ヴィルヘルムをルーマニアからウクライナへ連れてきて、軍の渉外関係の責任者として受け入れた。*5

ウクライナ人民共和国はもはや強力な後ろ盾を持たなかったが、ヴィルヘルムもまたそうだった。一九一九年九月一〇日、ヴィルヘルムは、ウクライナのカミャーネツィ＝ポディリスキイの町にある、軍の野戦司令部に戻って来た。すると彼は新しい同僚から尋問を受け、いったいどうしてウクライナ人になったのか説明を強いられた。彼は手足が利くかぎりウクライナのために戦う、と約した。ひとたびウクライナ人民共和国軍の仲間たちに受け容れられてしまうと、彼は自分の新しい後ろ盾の置かれた立場をじっくりと見て取ることができた。

前線からの知らせは良いものではなかった。ウクライナの南西部にあるカミャーネツィ＝ポディリスキイは、かつてオスマン帝国の侵攻からポーランド王国を守ったこともある、古くから要塞の置かれている場所だった。首都キエフが外国勢力の支配下に陥った一九一八年から一九年の間、死に物狂いとなったウクライナ政府と軍は、ここに避難場所を求めた。そうしたことはかなり頻繁にあった。第一次世界大戦に続いて起きた、ウクライナ争奪戦の間に、キエフは合計一二回も占領されたのである。ウクライナ人民共和国は、三つの強大な敵に直面していた。ボルシェビキの赤軍、ロシア反革命勢力の白軍、そしてユゼフ・ピウスツキのポーランド軍である。

戦争が起きて五年経つと、ウクライナの領土は略奪とポグロムですっかり破壊されてしまった。ウクライナ人民共和国の軍隊は、戦っている相手の軍隊と変わるところなく、祖国を解放するよりはユダヤ人からの強奪や殺戮の方にもっと関心を持つ地方の指揮官たちを、その部隊に組み入れていた。ヴィルヘルムは手助けできる立場ではなかった。一年前には、まさにこの軍隊の将校たちの中に、彼のことを君主になるだろうと見なしている者たちもいた。しかし、彼は好機を摑み損ね、あらゆる権力の源から惨めに孤立した状態で終戦を迎えていた。ウクライナの田舎の方ではまだ伝説の人物だったが、ディレクトーリヤは、潜在的なライバルを田舎で野放しにしておくつもりはなかった。ヴィルヘルムは幕舎の中で、数ヶ国語を操れる能力を使う仕事をすることになっていた。新しい、どちらかと言えば地味な立場に就いた彼には、提供できるものはほとんどなかった。ヴィルヘルムは英語とフランス語を話せたが、アメリカ、イギリス、フランスに、ウクライナを支援するよう説得できはしなかったからだ。戦勝国側はボルシェビキを恐れていたが、彼らがヨーロッパから共産主義を遠ざけておく防壁として考えていたのは、ウクライナではなくポーランドだった。

同僚の将校たちと一緒に、ヴィルヘルムはポーランドがこの状況を巧みに利用するのをただ眺めているほかなかった。ポーランドの国家元首で最高司令官でもあるユゼフ・ピウスツキは、一九一九年が終わるまで、ウクライナ争奪のライバルたちが互いに弱め合うのをじっと見つめて待っていた。指導者たちがウクライナを含むロシア帝国の再興を望んでいた白軍は、一九一九年の夏、ウクライナ人民共和国の軍隊をキエフから撃退した。その後、白軍はレーニンとトロツキーの赤軍に制圧されたが、この二人は、まずはウクライナへ、それからポーランドを含むヨーロッパへと、国際的な共産主義革命を広めることを目指していた。一九一九年の秋、赤軍と戦うためにウクライナ人民共和国の軍隊は再編成されたが、勝つ見込みはほとんどなかった。やけになったウクライナ人民共和国は、ポーランドに助けを求めざるをえなかった。赤軍も白軍もウクライナ人国家の破壊を望んでいた。少なくともポーランドの方は、ウクライナとの同盟を望んでいる、と主張していた。[*6]

ヴィルヘルムも理解していたように、ポーランドとの同盟は唯一の選択肢であったが、ウクライナ人にとってそれは道徳上の罠であった。ウクライナが生き残るためという名目で、ウクライナ人が同じウクライナ人を裏切る必要があったのである。ポーランドは一九一九年七月に、ハプスブルク共和国のガリツィア領邦の東部だった地域からなるウクライナ人国家、つまり西ウクライナ人民共和国の軍隊を、打ち負かしたばかりだった。それによってポーランドは、ハプスブルク君主国のその近辺の元領土を掌握していたので、同盟を組むのと引き換えに、ウクライナ人民共和国に正式にそれらを放棄することを要求することになった。一つのウクライナ人国家がもう一つのウクライナ人国家を裏切らなければならず、そのうえヴィルヘルムがウクライナ人としてのアイデンティティを見つけたガリツィアの地が、ポーランドに併合されなければならなかった。うんざりしたヴィルヘルムは、たった二ヶ月しか経っていないのに、一九一九年一一月、ウクライナ人民共和国の軍籍から離れた。[*7]

ウクライナ人の中には、ポーランドと同盟を結ぶという危険を冒すことを望む者もいたが、ヴィルヘルムはそうではなかった。彼には代償が高すぎるように思えたのである。ウクライナの大義を手助けするためなら妥協をするのも恥じなかったが、ワルシャワからの命令を受ける気にはなれなかった。そうなったら、ウクライナを奉ずることで父親シュテファンのポーランドを拒絶するという、彼のこれまでの政治人生のロジックを、台無しにしてしまうことになるだろう。ヴィルヘルムはどうにかして、他の方面からウクライナ独立を支援する手立てを見つけ出そうとした。ウクライナから去ってラリシェンコとともに西へ向かっている時に、彼が静かに考えていたのはこうしたことだった。ところがヴィルヘルムは発疹チフスに罹ってしまい、所もあろうに、ルーマニアで足止めされる羽目となった。

ヴィルヘルムがブカレストで病床から新しい年について思いを馳せていた時には、絶望する理由と希望を抱く理由とが同一のものとなった。ウクライナは、戦勝国側のヨーロッパがしでかした大失敗の良い見本となっていたのである。連合国は、民族国家的な共和国からなるヨーロッパというものを望んでいた。ウクライナ人民共和国はまさしくその一つであったのだが、それにもかかわらず絶え間ない流血の惨事に見舞われる運命にあった。ウクライナ人民共和国はポーランドと同盟したが、ポーランドの方はウクライナからウクライナが望んでいるものを奪おうとしていた。しかしながらこうしたジレンマは、ウクライナに限ったことではなく、より広い地域で見られた。ドイツ、オーストリア、ハンガリーも、民族自決の権利を否定されていた。ウィルソンの提唱した一四ヶ条の平和原則に基づいて平和を構築しようと思っていた指導者たちは、無惨に欺かれた。

こうして一九二〇年のヨーロッパは、歴史修正主義の温床となった。ドイツ人、オーストリア人、ハンガリー人は、戦後の決定を変更、つまり「修正する」ことを願った。歴史修正主義者《リヴィジョニスト》の中には、君主制主義者もいたし、全体主義者もいたし、はっきりとした政治的傾向を持たない者もいた。彼らは、自分たちの国がひどい不公正に見舞われたという確信と、戦勝国の支援によって新たに誕生したり、肥大化したりした国々に対する敵意とによって結びついていた。ポーランド、チェコスロバキア、ルーマニアといった、ドイツ帝国やハプスブルク君主国から領土を奪った国々は、格好の標的であるように思われた。修正主義者たちは、自分たちの革命をヨーロッパの他の地域にもたらすことを熱望するボルシェビキを恐れていた。

しかし同時に彼らは、赤軍が西の方までやって来たら、国境線を修正する絶好のチャンスがもたらされることも理解していた。

修正主義者たちには、拡大させたい国もあり、縮小、それどころか消滅させたいとさえ考えている国もあった。彼らの望みは、左派による革命によって右派による革命が可能になることだった。こうした共産主義から独裁主義への移行は、実際にドイツのバイエルン地方とハンガリーの二ヵ所ですでに起きていなければ、実現の見込みのない幻想のように思われたかもしれない。

バイエルンはドイツの連邦制度にしたがって、独自の政府を有していた。しかしながら、議場でクルト・アイスナーが復讐のため銃撃によって暗殺された後、議会は解散させられていた。一九一九年四月二七日、若き劇作家であるエルンスト・トラーがバイエルン・ソヴィエト共和国の樹立を宣言した。トラーは、ミュンヘン大学は、文明への脅威として廃止さるべき歴史学の専攻希望者以外は、すべての志願者に門戸を開放すると発表した。彼の内閣の外務大臣は、モスクワのボルシェビキに打った電報で、外務省内にあるトイレに入る鍵がないと愚痴をこぼした。ボルシェビキの方は、この取るに足らない問題に対して、真面目な答えを用意した。彼ら自身がバイエルンの革命を指揮し、人質を確保し始めたのである。ドイツ政府は、自身が社会民主党であったにもかかわらず、この時点で慌てふためいた。革命を鎮圧するため、ほぼ第一次世界大戦の復員兵で構成された、右派のドイツ義勇軍を送り込んだ。ボルシェビキは人質を殺害し、ドイツ義勇軍はボルシェビキもそれ以外の人々も多数を殺害した。一九一九年五月一日、共産主義者側が敗れ、反革命が開始された。

バイエルンと同様、ハンガリーは一九一九年三月一日に、共産主義者による革命を経験していた。ハンガリー・ソヴィエト共和国の樹立である。戦勝国側は秩序を回復させるために、ルーマニア軍部隊を送り込まねばならなかった。ルーマニア軍がブダペストから撤退したときには、ハンガリーの権力は、ハプスブルク帝国の元海軍提督のホルティ・ミクローシュに握られていた。彼は白馬に跨って首都ブダペストに乗り込み、革命という赤い襤褸《ぼろ》を着込んだことがあったブタペストを懲らしめた。こうした状況の中、フランス、イギリス、アメリカは、共和制の国家を作るという希望を捨て、ホルティによる保守的な反革命で手を打たざるをえなかった。ハンガリーの政治支配層すべてが拒絶したにもかかわらず、戦勝国側は、ハンガリーに新しい国境線を無理やり承諾させた。ハンガリーはヨーロッパでも最も露骨な修正主義の国となったが、その政治的スローガンである「ネム、ネム、ショハ」(Nem nem soha)、つまり「ノー、ノー、ネヴァー」は戦後秩序をすべて拒否することを表していた。ひょっとすると、ハンガリー人がドイツ人やオーストリア人と同盟を結ぶことができていたら、彼らはヨーロッパを自分たちの気に入ったように作り直すことができていたかもしれない。

ヴィルヘルムにも今では理解する暇《いとま》ができたが、ドイツやオーストリアの、勢力は小さいが野心的な修正主義者たちによって生み出された大混乱は、いずれウクライナにチャンスをもたらす可能性があった。実際、修正主義者たちはヨーロッパ大陸の新しいパワーバランスを求めていたので、ウクライナは修正主義者が必要とする同盟国となる可能性があった。ヴィルヘルムがルーマニアで病床に臥していたまさにその時、おりよく彼の一家の古い知人であるハンガリー人が、新しいヨーロッパ秩序の雛形を準備しており、それはちょうどヴィルヘルムのような才能を持つ人物を必要とする可能性があった。トレヴィッチ・リンカーンは、一九二〇年のありとあらゆる可能性に満ち混沌としていたヨーロッパを、他の誰よりも体現する人物であったかもしれない。

ハプスブルク家の一員、ポーランド人、ウクライナ人という、ヴィルヘルムの持つアイデンティティの三重奏も、トレヴィッチ・リンカーンの多彩な人生と比較するとささやかなものだった。かつてリンカーンは、ブダペストでけちな盗みを働き、故国ハンガリーの警察の手を逃れてイギリスに渡った。ユダヤ人であったが、ロンドンで数人のキリスト教宣教師と親しくなり、その後クエーカー教徒の実業家で禁酒運動を唱導していたB・シーボーン・ラウントリーに雇われた。一九一〇年にはイギリスの下院の議席を得た。この議員であることが信用証明となって、彼はガリツィア地方の油田の投資計画において信頼できる後援者として姿を見せた。そして一九一一年にリンカーンは、ヴィルヘルムの義兄であるヒエロニム・ラジヴィウを、オイル・パイプ・ラインズ・オブ・ガリツィアという会社の取締役会に加わるよう勧誘したのである。しかしこの会社は倒産してしまった。

性格は変わるものではなく、リンカーンは第一次世界大戦に新たな好機を見出した。スパイになると決めたのである。彼はドイツに身を売り、イギリスから追われる身となった。そしてスパイとしての劇的な身の上話をアメリカのタブロイド紙に売って金を作った。当然ながらイギリスは、一九一八年一二月に、彼がイギリス臣民として帰化していたのを取り消した。リンカーンはドイツへ行き、そこで翌年の夏、反英、右翼のジャーナリストとして名を上げた。彼がドイツに到着したのは、ちょうどドイツ国民がヴェルサイユ条約の条項に衝撃を受けている時で、一九一九年六月一九日に調印されたこの条約は、ドイツが永遠に弱小な従属的国家であるのを保証しているかに思えるものだった。ドイツは領土、人口、大規模な軍隊を編成する権利を失った。リンカーンは自分の才能を使ってドイツの民衆の怒りを煽っていった。[*8]

秋までには、リンカーンはすでにドイツ軍大佐のマックス・バウアーと親しくなっていた。バウアーは独裁支持の愛国主義者で、ドイツを無政府主義やボルシェビズムの危険から守れるのは独裁政治しかないと信じていた。戦時中、バウアーは、独裁者の候補と考えていたドイツ軍司令官のエーリッヒ・フォン・ルーデンドルフを、身近で助けていた。ルーデンドルフは休戦直前の一九一八年一〇月に参謀本部次長の職を辞していた。彼はドイツ軍の戦争遂行に責任があったにもかかわらず、敗戦の責任を好き放題に他人に押しつけた。戦争終結時には、フィンランドのパスポートを持ち、付け髭をしてスウェーデンに亡命した。そこでルーデンドルフは「背後からの一突き」理論を展開した。この理論は、ドイツは戦場で敵に敗れたのではなく、国内に潜んでいた外国と通じていた者たちによって敗れたのだ、というものであった。ルーデンドルフの見解では、これらの裏切り者は、復讐の念に今や燃えている戦勝国側のイギリス、フランス、アメリカと結託していた、ということになる。ドイツの新しい共和国とその社会主義政権は、この腹黒い陰謀から産みだされた嫡出とは見なしがたいものであったので、潰さなければならない代物であった。*9

ルーデンドルフはドイツに戻って来ると、ベルリンで、バウアー大佐やその他いく人かのかつての盟友を集めた。バウアーは、彼らの陰謀に熱心に荷担していたリンカーンに、ルーデンドルフを引き合わせた。一九二〇年三月一三日、彼らの派閥は、成立して間もないドイツ共和国、いわゆるヴァイマル共和国の政府を転覆させたかに見えた。東部戦線から戻って来た兵士たちの支持を得て、ルーデンドルフとその共謀者らは、素早く叛乱を起こして権力を奪取した。彼らは、「自分たちこそが、共産主義革命と、偉大な国家としての地位をドイツから奪う押し付けられた講和条約とから、ドイツを救う唯一の希望である」と宣言した。リンカーンは新政府の報道官になった。こうしてユダヤ系ハンガリー人で、一時はイギリスの臣民であった人物が、ドイツの愛国主義的な政府の最も人目に付く役職に就くこととなった。アドルフ・ヒトラーという名の若いオーストリア人の退役軍人は、早くからこの叛乱、「カップ一揆」の賛同者であったが、「報道担当の責任者がユダヤ人」なのでこれは「民族的な革命とは言えない」と結論づけた。[*10]

このカップ一揆は、軍隊の支持は獲得したが、市民の支持は得られなかった。合法的なヴァイマル共和国政府が軍にこの一揆を鎮圧するよう治安出動を命じたが、にべもなく拒絶された。そこで政府は労働者階級にゼネラル・ストライキを始めるよう求めたが、これはずっと効果的だった。政権を握った四日後の一九二〇年三月一七日に、カップ一揆の共謀者たちはベルリンを退去した。ドイツ共和国が復活したので、リンカーンやバウアーをはじめとする共謀者たちは、慌ててバイエルンに逃れた。

バイエルンは、愛国主義者や反革命主義者にとって、ドイツ国内における安全な避難場所だった。バイエルンはドイツ南部にあり、北部にあってかなり社会主義的色彩の濃いベルリンから遠く離れていたからである。国内のほとんどがプロテスタントであったのに対し、バイエルンはカトリック教徒がとても多かった。そしてこの時すでに、バイエルン自体が共産主義革命と反革命を一通り経験しており、結局右翼的な民兵と独裁主義者が勝利しているという状態であった。ヒトラーが賞賛するに至る、バイエルンの州都ミュンヘンのこうした保守的な構造は、右翼的な人々に安心感につながる展望を抱かせた。バイエルン王家の継承者であるループレヒト王太子が、個人的な支持を申し出た。今やドイツは帝国ではなく共和国となっていたので、王太子がいずれ王になる見込みはまずありえなかった。よって、ループレヒトには「反革命」も必要となるわけなので、カップ一揆参加者たちを温かく迎えたのである。

ベルリンに惨事をもたらした後、一揆の共謀者たちはミュンヘンで、戦後秩序全体に関わる一層騒々しい策謀に目を向けていた。一九二〇年の夏までに、パリ講和会議はドイツ、オーストリア、ハンガリーに関する条文を提示していたが、どの条文もそれに関わる人々の多くが大いに不満を抱くものだった。ドイツは領土のいくらかと主権のかなりとを失った。オーストリアでは、市民がドイツに加わることを望んでいたにもかかわらず、オーストリア共和国が成立した。ハンガリーは領土と人口の大半を失った。ますます多くの政治家と退役軍人が、修正主義を受け容れるようになっていたのである。

一方、戦勝国と講和条約の影響が及ばない東欧では、ポーランドがボルシェビキを打倒するという任務を引き受けていた。ウクライナ人民共和国と同盟を結んだポーランド軍は、一九二〇年五月にキエフに到着したが、六月にはボルシェビキによって追い払われるという始末だった。赤軍は今やヨーロッパへと西進を始めていた。ポーランドが突然侵入したことで、ボルシェビキの全面的な攻勢開始の旗が振り下ろされたかのようだった。こうなると赤軍は、どこかより強力な軍隊が阻止するまで、西へ向かって前進することになる。ミュンヘンにいるドイツの陰謀家たちが察していたように、ヨーロッパ情勢は、敗戦国が不満を抱いていたという理由だけでなく、東側半分がいまだ戦場にあるという理由で、流動的なものとなった。こうした思考を辿って、彼らはウクライナに目を付けた。

リンカーンは、「白色インターナショナル」を結成したいと考えていた。これは、連合国側、ポーランド、ボルシェビキ・ロシアに対抗する、ドイツ、オーストリア、ハンガリー、白色ロシア（反ボルシェビキ）の修正主義者たちの同盟、を意味していた。ポーランドとロシアに挟まれているウクライナは、元々両国と敵対しているので、当然修正主義者の味方であった。今やウクライナ人民共和国は、ボルシェビキに対抗してポーランドの同盟国になったとはいえ、恒久的なウクライナ人国家ができるという形で戦争が終わる見込みはまずなかった。いちばんうまくいったとしても、ウクライナ人が西ウクライナと見なしている土地は、勝者となったポーランドが併合してしまう、という形であったろう。しかし、一九二〇年七月に赤軍が西へ向けて快進撃を続けると、ポーランドの勝利は覚束ないように思えた。勝利したボルシェビキ・ロシアは、革命の名の下にウクライナを占領することになる。何が起こるにせよ、多数のウクライナ人が不満を抱くことになろう。彼らは修正主義者になるだろうし、それ故味方となるだろう。

この年の夏の間、リンカーンとその仲間のカップ一揆参加者たちは、戦略的な状況が短時日で自分たちに都合よく変化する様子を、じっと見つめていた。彼らの敵のうちの二つが、互いを倒すかに思えた。憎むべきパリ講和会議の決定によって生み出された中で最大の国家のポーランドは、共産主義の悪夢を体現する存在であるボルシェビキ・ロシアと交戦中だった。ひとたびどちらが勝つかはっきりすれば、白色インターナショナルは行動に移ることが可能であった。そうこうする間も、彼らはウクライナ問題についてじっくりと考えた。[*11]

ヴィルヘルムほど彼らに知られているウクライナ人はいなかった。ヴィルヘルムがウクライナできわめて人気があったからこそ、一九一八年当時のドイツ人にとって、「赤い大公」は大いに刺激的な存在だったのである。彼はかつては、ドイツが指導者として選んだヘトマンのスコロパツキイのライバルであり、ドイツのウクライナ支配にとっては脅威であった。その当時、ドイツのウクライナでの領土拡張計画に深く関わっていたルーデンドルフ将軍は、ヴィルヘルムの君主制主義者としての野心をよく知っていた。ウクライナがリンカーンや白色インターナショナルと手を結んで修正主義者となった場合、修正主義者の同盟は、誰かウクライナで実績があって、今でも人気のある人物が必要だった。このような理屈から、白色インターナショナルはウィーンでヴィルヘルムを捜すことになったのである。

一九二〇年の夏には、ヴィルヘルムもリンカーンと同様、観察しながらじっと待つ、という心境だった。三月にブカレストからウィーンに到着していたが、疲労し、困窮し、おそらくひどく混乱していたことだろう。もはやかつてのように、ヴィードナー・ハウプトシュトラーセ六一番地にあるシュテファンの宮殿に住むことはできなかった。父シュテファンとは連絡を取っていなかった。それに、どのみちその建物はオーストリア共和国によって国有化されていたのである。ヴィルヘルムはこの新しいオーストリアの市民権を有しておらず、取得する権利もまったくなかった。そもそもオーストリア共和国がまず初めにしたことの一つが、ハプスブルクの一員だった者は、ハプスブルク君主国の王位継承請求権を放棄しないかぎりオーストリアから締め出す、ということだった。ヴィルヘルムは決して放棄しなかった——それにもかかわらず、彼はウィーンに腰を落ち着けたが。当時ウィーンもオーストリアも社会民主党が支配していており、当局は彼を放ったままにしていた。おそらく彼のことを、まだ左派だと見なす者も、大公だと見なす者も、どちらもいたことだろう。

ヴィルヘルムは、自分が進むべき道を見出すのにいくらか時間を要した。退役したにもかかわらず、この時まだウクライナ人民共和国から受け取っていた、ささやかな年金で生活していた。彼が夜どこで過ごしていたかは誰も知らないようであったが、昼食はほぼ毎日カフェ・ライヒスラートでとっていた——その店は、彼がオーストリアにいることを禁じる法律を可決した議会から、数フィートしかないところにあった。ヴィルヘルムは何らかの計画が持ち上がるのを待ちながら、店の隅で静かに過ごしていた。彼はまだ忘れ去られているとは言えなかった。ハプスブルク家の大公であり、ウクライナの王位を狙う者であり、もう時代遅れのものとなっているように思えはしたが二つの大義の擁護者である彼の周辺には、ゴシップが渦巻いていた。ヴィルヘルムは自身の計画についてほとんど語らなかったが、少なからぬ仲間のウィーンっ子たちは、彼の最近の偉業についてジャーナリストに進んで思い出させていた。たとえば、三月の終わりに、ある外国人ジャーナリストが、ヴィルヘルムのウクライナにかける夢について記事を書いたときのように。「彼には理念があった！」と件のジャーナリストは記していた。[*12]

この年の夏、ウィーンにいるヴィルヘルムは、ミュンヘンにいるリンカーンやドイツの陰謀家たちと同じ結論に達していた。彼らは皆、赤軍がかき乱すことが右派による反革命を誘発するのに利用できると考えながら、ポーランド対ボルシェビキの戦争の結果が出るのを待ち構えていた。ハンガリーとバイエルンの経験があった後となっては、この計画は理屈が通らないとは言えなくなっていた。そのためには大変動を要したが、二〇〇〇万人もの死者を出した第一次世界大戦の大量殺戮の後だったので、もう一度大惨事が起きることを想像するのは難しくなかった。一九二〇年の八月には、赤軍はポーランドの首都ワルシャワの城門に到達していた。白色インターナショナルにとって、そしてヴィルヘルムにとっても、この瞬間こそが千載一遇の好機だった。バウアー大佐は、赤軍がポーランドを倒すやいなや、白色インターナショナルがドイツ、オーストリア、ハンガリー、ウクライナからロシアに反撃を開始すべきである、と判断を下していた。彼はヴィルヘルムをこの陰謀に加えようと必死に動いた。[*13]

ヴィルヘルムは、ドイツ人よりも、葛藤を抱える立場にあった。白色インターナショナルの策謀は、ポーランド軍が敗北してポーランド国家が崩壊し、そしておそらくは彼の家族が処刑された後、始めて効果を生むものだった。ボルシェビキがポーランドを占領したら、ハプスブルク一族の者たちは、労働者階級の敵として殺されるだろう。兄のアルブレヒトとレオは、ハプスブルクの軍隊の退役軍人だったが、この時はポーランド軍に所属していた。彼らはポーランドの軍籍に身を置いているという理由からも、ボルシェビキの不正規軍の兵士たちに殺される可能性があったのである。いずれにせよポーランドが破滅したら、少なくとも独立したウクライナが生まれるかもしれない、とヴィルヘルムは計算していたように思われる。彼はそのような好機を喜んで利用するだろう。八月、兄たちがワルシャワを防衛している時、彼の秘書のエドゥアルト・ラリシェンコが、ドイツ人たちに対しヴィルヘルムの援《たす》けが得られると伝えた。その後、ヴィルヘルムも驚いたことに、ポーランド軍が奇跡を起こした。ワルシャワでの大胆な反撃によって、ボルシェビキの軍勢をポーランドから追い払ったのである。このポーランドの勝利は、第一次世界大戦が勃発してからのヨーロッパの歴史において最も重要な転機であった。ある意味では、第一次世界大戦がようやく集結したのは、一九二〇年八月にワルシャワの城門においてであったのである。戦争は革命をもたらし、革命はさらなる戦争を呼んだ。ワルシャワでポーランドが勝利して初めて、ボルシェビキの革命戦争は勢いを失い、ポーランドなどのいくつもの新興の共和国に象徴されるヨーロッパの新しい秩序が首尾よく我が身を守れた。それもこれも、ここワルシャワがあってこそだった。*14

レーニンとボルシェビキが望んだようには、赤軍がヨーロッパ中に革命を広げることはまずないだろう。革命がなければ、反革命も起こりえなかった。こうして白色インターナショナルは崩壊した。トレヴィッチ・リンカーンは、組織の記録保管所に盗みに入り、選りすぐった文書を新聞に売り払って、一九二〇年九月に仲間を捨てた。

ポーランドは生き残るだろう。ヴィルヘルムの家族も生きのびるであろう。兄たちは平和と勝利を祝うことができた。初めはハプスブルクの軍隊の、ついでポーランド軍の将校として五年の従軍の後、レオとアルブレヒトは父親シュテファンの所領に戻ってくることができた。二人は、戦場で生命を危険にさらすことで、これ以上ないほどはっきりしたやり方で自分たちがポーランド人であることを証明したのである。今や、ヴィルヘルムの長兄アルブレヒトは、ポーランド人の妻を迎えるという計画を実行に移せるようになった。

アルブレヒトの婚約者は、アリス・アンカルクローナといい、スウェーデン国王の狩猟の師匠を務めた貴族の娘だった。アルブレヒトと同様、彼女も自ら選択したポーランド人だった。

アリスは一〇年程前に、最初の夫を介してポーランド人としてのアイデンティティを持つようになった。彼女はストックホルムで開かれた舞踏会で、ポーランド人の裕福でハンサムなハプスブルク帝国の外交官、ルドヴィック・バデーニと出会った。アリスは、彼女が馬術に優れていることを知ると、バデーニはギャロップで氷上を横切る方法を彼女に尋ねた。アリスは、生涯を通して、優雅さと大胆さを結びつけようとしてきたので、その質問は完璧なものだった。二人は一九一一年に結婚し、新婚旅行として、花々で飾り立てられた船に乗ってフィヨルドを航行した。彼女は息子を一人産んだ。しかしその後、ルドウィクは病気に罹って気が狂ってしまい、精神病院に預けられた。

アリス・アンカルクローナ

一九一五年のウィーンで、お茶会の時、カジュアルな恰好をして幼い息子のためにおもちゃを運んでいたアリスは、アルブレヒトに紹介された。一目惚れだった。ポーランド人であることを選んでいた男女が、互いを選んだのである。しかし彼らは交際することができなかった。というのは、アルブレヒトは前線に戻らなければならなかったし、アリスの夫がまだ生きていたからである。一九一六年にルドヴィック・バデーニが亡くなると、アリスは東ガリツィアにある、故人となった夫の所領に越す決心をした。

一九一八年の秋、戦争の情勢が一変すると、アルブレヒトはアリスを説き伏せてウィーンに帰らせた。彼は、ヴィルヘルムの仲間が、独立したウクライナ国家を創るために東ガリツィアを要求するつもりであることを知っていたのである。彼女はリヴィウまで辿り着いたが、一一月一日に起きたウクライナ人の蜂起で、そこから身動きできなくなった。ガリツィアの所領に何とか戻ったが、そこもまもなくウクライナ人のパルチザンに包囲されてしまった。アリスは、ウクライナ人とどのようにして話せば好いかわかっており、実際のところ彼らに非常に好意を抱いていた。イギリス人の女家庭教師《ガバネス》以外、助けてくれる者は誰もいない状況で、アリスは、悪くとも彼女の所有物を強奪しようと思って彼女の目の前に現れた男たちと、交渉を行った。所有物をいくらか奪われたが、アリスと幼い息子は生き残った。一九一九年、アルブレヒトはアリスとその息子を見つけ、母子を安全なクラクフへと連れて行った。[*15]

この時すでに、アルブレヒトはもはやハプスブルク家の人間ではなく、ポーランド軍の将校になっており、ポーランドとボルシェビキの間の戦争に参加していた。アリスはアルブレヒトにとって褒美となるはずだった。戦争が終わると、めでたく二人は結婚することができた。彼女は王家の出身とは無縁だったので、この結婚はハプスブルク家のしきたりでは釣り合わないものだった。しかし、この時までにはハプスブルク君主国は滅んでいた。また、彼女はポーランド人になった貴族階級の女性ではあったが、ポーランド貴族ではなかったので、二人の結婚はシュテファンの政治方針と衝突するものでもあった。しかしながら、一九二〇年には、シュテファンがポーランドの王位を手にする見込みはもはやまったくなかった。新しい義理の娘が完璧なポーランド語を話せることを、彼は無邪気に喜んだ。ポーランド人としてのアイデンティティが、政治的野心を超越していたのである。シュテファンは、ポーランド人の男の孫たちを欲していた。アリスは白とグレーのドレスに、そしてアルブレヒトはポーランドの軍服に身を包み、一九二〇年一一月一八日に二人は、ジヴィエツの城で結婚した。[*16]

今やアルブレヒトが、シュテファンにとって良き息子となり、子どもたちの中で最もポーランド人らしい人物になったのは、紛れもないことだった。彼はポーランド人の花嫁（曲がりなりにも、ではあるが）を見つけた唯一の息子であり、それ故ポーランド・ハプスブルクの系譜を継ぐかもしれない唯一の子であった。次男のレオも、大きな功績を立ててポーランド軍に尽くしており、結婚を望んでいた。しかし、彼の婚約者はオーストリア人で、マヤと呼ばれる貴族階級の女性、マリー・モンジョワであった。レオは彼女と二年後の一九二二年一〇月に、ウィーンのシュテファン大聖堂で結婚することになる。この二人の結婚は、認められはしたが、祝福されるいわれはなかった。三男のヴィルヘルムはウクライナ人であり、ウクライナ人の女たちと一緒にいるところを見られていた。ウィーンでは、マリアという名の若い音楽家が恋人と思われたが、彼は結婚に向くタイプとは見えなかった。

決別の時が近づきつつあった。ポーランド人の父シュテファンとウクライナ人の息子ヴィルヘルムは、多民族の君主国から成るヨーロッパにおいては、協調して生きることもできたが、民族毎の共和国から成る新しいヨーロッパにおいては、そうはいかなかった。ハプスブルク一門がヨーロッパに君臨していて、ハプスブルク帝国の皇帝がポーランドとウクライナを領邦にすることを夢想していた時代であれば、ヴィルヘルムの野心と父シュテファンの野心とを調和させることもできたろう。ハプスブルク君主国が微塵に砕け散ってしまった今、ヴィルヘルムとその父は、突如として自分たちが、領土をめぐって戦争をしている二つの民族の相容れない利害を代表していることに気づいた。一九一八年の終わり頃は、ヴィルヘルムは、ポーランドとの東ガリツィアをめぐって争う戦争で、ウクライナ人に味方していた。一九一九年の終わり頃になると、ウクライナ人民共和国がポーランドと同盟しようとしていたので、彼は人民共和国から離れた。その後一九二〇年の夏には、彼は自分の政治的将来を、ボルシェビキの手によるポーランドの完全な瓦解と、それに伴うほぼ確実な己が家族の死に賭けていた。一九一八年以降、ヴィルヘルムは家に帰ることはなく、父と話し合うこともなかった。

ヴィルヘルムはアルブレヒトの結婚式に出席しなかった。気弱になっていたのと、出席することが屈辱であったからに違いない。ヴィルヘルムのウクライナは、ポーランドと同盟を結ぶという不面目な事態に陥っていた。兄アルブレヒトのポーランドは勝ちを収めたが、ヴィルヘルムが予想していたように、勝ち戦の中で同盟国ウクライナを裏切っていた。ボルシェビキを負かした後も、ポーランドは独立したウクライナ国家を創らなかった。それどころか休戦に応じるとすぐにも、共にワルシャワを防衛したウクライナ人兵士を強制収容所に入れることになる。敗者の側に味方していたヴィルヘルムは、家系の継承者から外れていた。ポーランド人の兄がきわめて美しい女性との結婚でもうけたポーランド人の子どもたちが、父シュテファンの跡取りとなるだろうことを、彼は悟っていたに違いない。ヴィルヘルムはかつて父の政治的遺産を継ぐことを拒否したが、今や家族がジヴィエッツに集うているこの時に、唯一人ウィーンにいて一族の蚊帳の外に置かれていた。彼はポーランドと父親に狙いを定めた。

一九二一年一月九日付けの、ウィーンのある新聞に掲載されたインタビュー記事の中で、ヴィルヘルムは、ポーランドとポーランド人は卑劣なふるまいをしている、と発言した。「誇大妄想があの国の風土病となっているように思える」と彼は語った。ポーランド占領下で起きた、リヴィウでのユダヤ人に対するポグロムを指して、「文明国はあのようなことをするだろうか」と問うた。彼は、連合国側によってポーランドによる占領が容認された東ガリツィア地方は、「完全なウクライナ領土」である、と語った。[*17]

シュテファンの反応は速やかで、見下すようなものだった。一九二一年一月三一日、彼はヨーロッパのいくつかの新聞に、ヴィルヘルムの「実家や故国との関係は断たれた」ことを言明する原稿を送った。二月一八日、その返答としてヴィルヘルムは、今現在その命運を握っている国（彼が指していたのはウクライナだった）だけでなく、かつて忠誠を誓った王朝（ハプスブルクを指していた）をも裏切ったポーランドに、父があまりにも肩入れしたことに対して、驚きの念を表明した。[*18]

ヴィルヘルムの父親は、心底気分を害した。第一次世界大戦が始まる前は、まさにハプスブルク朝における自分たちの地位向上のために策を練っていた時でさえ、シュテファンとヴィルヘルムの名誉の感覚は王朝に注がれていた。戦時中、彼らはハプスブルク家の良き一員として、また父と息子として、ポーランドとウクライナの国境線はどうあるべきかについて議論した。それが今や、一つの王朝からいくつもの国に分かれたヨーロッパにおいて、父と息子の政治的関与が異なるものであったように、ポーランドとウクライナの利害もまったく違うものとなった。突如として王朝ではなく、国が名誉に関わる問題となったのである。ヴィルヘルムは、父親の道義心に異議を唱えた。父が生きているかぎり、彼がジヴィエツの城にふたたび迎え入れられることは期待できなかった。

もっとも、愛情や名誉以上に危機に瀕しているものがあった。一族の財産も予断を許さない状態だったのである。一九二〇年一一月にアルブレヒトとアリスが結婚した時には、ジヴィエツの城と一族の所領すべてが、法律上ポーランド国家の資産であった。ポーランドは何でも国有化していたのだ。怒り狂ってシュテファンとアルブレヒトが資産を取り戻そうと働きかけると、いつでもヴィルヘルムのウクライナでの経歴が障害となった。資産を保有し続ける可能性を手にしたいのであれば、シュテファンは裏切り者の末息子と距離を置かなければならなかった。彼はポーランド政府への請願書に、「末息子のヴィルヘルムが行ったとされることに、私が道義的にも物質的にも関与していたとは、誰も言えぬはずです」と記した。シュテファンとアルブレヒトは、自費出版した一家のプロパガンダ用のいくつかの刷り物の中で次のように主張した。（都合良くヴィルヘルムの存在を否定しつつ）「息子は二人とも」ポーランド軍の将校であり、（都合よく、オーストリア人のクロスと結婚したエレオノーラの存在を否定しながら）「娘も二人とも」ポーランド人と結婚した、と。[*19]

結局ポーランド・ハプスブルクは、新しいポーランド当局と合意に達した。ポーランドに居住しているシュテファンと妻のマリア・テレジア、そして四人の子どもたちは、一九二一年八月にポーランドの市民権を与えられた。一九二三年に、シュテファンは国に一万ヘクタールの土地を差し出したが、一九二四年に大統領の布告によって残りの四万ヘクタールは譲与された。息子のアルブレヒトとレオと彼らの家族は、独立を果たしたポーランドで、裕福に生活することができた。ポーランドの貴族と結婚した、娘のレナータとメヒティルディスも、人が羨む程の立場に恵まれた。平民と結婚したエレオノーラでさえ、一族の持つ財産の恩恵から除外されるということはなかった。少なくとも父親によってはである。イタリアは、戦時中の鹵獲品としてシュテファンのヨットを、消滅した王朝の資産としてイストリア半島にある彼のヴィラを、それぞれ押収していた。イタリアが押収したものを一族の所有物にしておくため、シュテファンは、エレオノーラとその夫のアルフォンス・クロスに、それらを証書にして譲渡しようとした。かつてシュテファンのヨットで船長を務めていたクロスは、今や義理の父に頻繁に手紙を書くようになった。手紙の書き出しはいつも変わらず「親愛なるパパ」であった。[*20]

ヴィルヘルムの方はパパにまったく手紙を書かなかった。二五歳の時点で、彼はあらゆる父の権威から自らを切り離した。ヴィルヘルムは戦争に関わってゆくうちに、実の父からよりも、父親代わりとなったいく人ものウクライナ人たちからの影響を強く受けるようになっていた。ところが、実の父との関係が決裂してしまったまさにこの時、彼は父親代わりとなった人々をすべて失ったのである。ウクライナ人で初めてヴィルヘルムの助言者となったフシコフスキイ男爵は、一九一八年に亡くなった。ウクライナにおいて同じカトリックを信仰する仲間であったボンヌ神父は、ウクライナ人民共和国がバチカンへ派遣する使節を務めるため、一九一九年にローマに移っていた。ヴィルヘルムにとって最も重要な協力者であった、首都大司教のシェプティッキイは、ウクライナの大義を実現する資金を手に入れるため、一九二〇年の初めに西へと旅立った。

家族間の諍いを誘発したのとまさに同じ一九二一年一月九日付けの新聞記事によって、ヴィルヘルムは、一九一九年秋に彼が短い間仕えてその後見捨てた、キエフを概ね首都としていた国家のウクライナ人民共和国からも孤立することになった。ヴィルヘルムが、「不自然だ」としてポーランドとの同盟を公然と非難した時、公的には彼はまだウクライナ人民共和国軍の将校だった。「パンの講和」での交渉時にヴィルヘルムの味方をしたミコラ・ヴァシルコは、彼に撤回するよう求めた。それを拒否すると、ヴィルヘルムはヴァシルコとのつながりと、ウクライナ人民共和国における地位を失った。この時彼は、大切なウクライナ人の友人すべてと、ウクライナでの唯一の公的地位を失くしてしまった。一九二一年の三月の時点で、もはやその月の年金も受け取れなくなった。今や収入源はまったく断たれてしまったのである。*21

父性的権威の最後の候補者となったのは、かつて彼のライバルだった人物である。それは、一九二〇年にウクライナの君主制主義運動の基礎を築いた、元ヘトマンのパヴロ・スコロパツキイだった。ヴィルヘルムは好機を見出した。一九一八年のウクライナでは、ヴィルヘルムの方がスコロパツキイよりも人気があったことは、誰でも知っていた。スコロパツキイが、ドイツからさらなる支援を得るために一九一八年の頃のヴィルヘルムの経歴を利用したいと考えるなら、彼は苦虫を嚙みつぶした思いであっても、ヴィルヘルムの遺した名声には目をつぶらなければならなかった。ヴィルヘルムの側にも、スコロパツキイを受け入れるべき事情があった。元ヘトマンはヴィルヘルムが味方にしたいと思っているドイツ人の重要人物とつながりを持っていたからである。二人は一九二〇年五月に、将来創られるウクライナにおいて、さきゆきどのように権威を分割するかについて、話し合いを始めた。[*22]

一九二一年一月、ウクライナの王位を狙う二人は、合意に達した。将来できるウクライナにおいて、スコロパツキイは中央および東部ウクライナのヘトマンになり、東ガリツィア地方は自治区となり、ヴィルヘルムが国全体の王位に就く、というものである。もしかすると、この二人の間で交わされた合意は、見かけほど奇妙なものではなかったかもしれない。ウクライナの大義は、一九一九年にこの国が二つの国家に分かれたことで傷つけられていた。つまり、かつてのロシア帝国の領土に創られたウクライナ人民共和国と、かつてのハプスブルク帝国の領土に創られた西ウクライナ人民共和国の二つである。ヴィルヘルムの下でウクライナ君主国を建国するということは、少なくとも純理論的には、この国を一つにまとめ、ハプスブルクとロシアの両帝国との間で決められた古い国境線を超克し、ウクライナを広大で統一された一つの国家としてイメージするための一つの手段となるだろう。

この計画は、現実にドイツの支援をある程度得ることができた。ウクライナはふたたび戦時中のように、ボルシェビズムに対する防壁となるし、ポーランドを弱小で従属的な国にとどめておく手段ともなると考える者が、ドイツの政治家や軍の将校の中には一定数いたのである。一九二一年三月、ヴィルヘルムはウィーンで、スコロパツキイの代表団やドイツ軍参謀本部の将校たちと会見した。ドイツ軍の将校たちは、ヴィルヘルムがウィーンで立ち上げていた組織である「ウクライナ総評議会」を政府の原型にしてはどうか、と提案した。独立したウクライナ国家を創建する運動に対してドイツが支援することを、彼らは露骨に仄めかした。[*23]

ヴィルヘルムは表舞台に戻ってきたが、主役の座を誰かと分かち合うことは彼にはできそうになかった。彼は、父親の代わりになる人物、自分が見習ったり敬愛したりできる人々を必要としていたが、同時に、大きな責任を負った颯爽とした若者である必要もあった。誇り高く嫉妬深い男だったスコロパツキイは、この若い同盟者をどうやってあやしてやろうか、などという気持ちは持ち合わせていなかった。一九二一年四月に、ヴィルヘルムはスコロパツキイと絶縁した。誤解から、彼は、スコロパツキイの支持者たちがポーランドによって密かに支援されている、と信じるようになっていたのである。たぶん本心であったのだろうが、スコロパツキイが掲げる君主制主義は民主主義的要素が十分でないと思う、そうヴィルヘルムは主張した。彼は、民衆の意思が確認されるまでの間も、王という存在が必要であるだろう、そう思いめぐらしていた。むろん彼は、ウクライナの民衆は、機会があれば、ヴィルヘルムこそ自分たちの王であると宣言するだろうと考えていた。こうして二人は、ふたたびライバル同士になった。

一九二一年の春から夏にかけて、ウクライナの愛国者たちは、希望の種をほとんど見出すことができず、どんなに小さなチャンスであってもそれに縋ろうとしていた。ヴィルヘルムとスコロパツキイは、ウクライナにおける二つの君主国、つまり、ウクライナ独立という夢から生じた非現実的なハプスブルクの王国と、少し前に現実にあったみすぼらしいヘトマン国家を、それぞれ象徴する人物だった。負け戦ばかりだったがウクライナの退役軍人たちは、王位を狙う二人が和解したという噂をウィーン中に広めた。すなわち、ヴィルヘルムが、スコロパツキイの娘と結婚し、ウクライナの王朝を築くという噂である。そのような結婚はありえないと、ヴィルヘルムを理解している者たちにはわかっていた。ヴィルヘルムには、曲がりなりにも恋人と呼べるウクライナ人女性がいたが、彼にとって最も親密な相方は、いまだに秘書のエドゥアルト・ラリシェンコだった。オーストリア警察によれば、ヴィルヘルムをウクライナの王にしようという君主制主義者のプロパガンダにおいて「指導的な役割」を果たしていたのは、このエドゥアルトであった。

この時のヴィルヘルムは、どこへ進めば良いのかわからなくなっているように見えた。彼にはウクライナ総評議会というものがあり、退役軍人の組織もすでに設立していた。しかし、それは未来に向けた意思表示だったのだろうか、それとも過去に向けてのものだったのだろうか。彼はヨーロッパを出て行った友人らに手紙を書き、アメリカに住むのはどうかと相談したりしていた。かつて自分を導いてくれたすべての人々と離れてしまったので、彼はどこへ向かって進むべきか、確信を持てなくなっていた。[*24]

ヴィルヘルムにとって幸いだったのは、ウクライナにおける政治的活動の中に、反乱以上に効果的だったものがなかったことだった。よって、一九二一年の時点では、ヴィルヘルムがかつてポーランドとの協力を拒否したことが、ウクライナ人たちの間で彼に新たな人気をもたらす結果となっていた。ヴィルヘルムが予期していたように、ポーランドは、同盟国となったウクライナ人民共和国の兵士たちを失望させていた。ポーランドとボルシェビキの間の戦争が終結して、一九二一年三月にリガで最終的な平和条約が結ばれた時、ポーランドは、ワルシャワを防衛したウクライナ人兵士を強制収容所に置き去りにしたまま、ウクライナの地をソヴィエトと分割したのである。この悲惨な状態の中で、そうした境遇の兵士たちの多くがヴィルヘルムのことを思い出すようになったのだが、今や彼らの目には、ヴィルヘルムが現実主義的で先見の明がある政治思想家のように映った。たぶん、実際にヴィルヘルムは、ポーランドとの同盟という彼らについた汚れを綺麗に落とし、ボルシェビキとの新たな戦争において勝利をもたらすことができる人物かもしれなかった。

一九二一年四月、知識人階級のウクライナ人であるイェフヘン・チカレンコは、ヴィルヘルムをウクライナ王に戴くことを正当化する、うってつけな思想を編み出した。彼は、ウクライナ人亡命者のための新聞である『ヴォーリャ』紙において、過去数年間の大失敗は、ウクライナ人が自分たちの中から指導者を生み出せないことを示している、と論じた。ウクライナの首都キエフと、キエフと結びついている中世からの文明は、伝統的に「ヴァリャーグ」として知られる、スカンディナヴィア半島から来たヴァイキングによって築かれたものだった、そうチカレンコは記した。彼は、現在ウクライナに必要なのは、新しい王朝支配を始められる、国外からの今一人の統治者であり、新たな「ヴァリャーグ」である、と書いた。読者は皆、その王朝となるべきはハプスブルク家であり、新たなヴァリャーグとなるべきはヴィルヘルムである、ということがわかっていた。

ハプスブルク家支配のウクライナができる、という噂が飛び交った。新たな王朝が興り、ウクライナは、ようやくできた祖国となるだろうし、ヴィルヘルムも、ポーランド人である己が家族から疎外されているのを、ウクライナの家系をつくることで埋め合わせられることだろう。ヴィルヘルムには希望があり、支持する人がおり、目標があった。目標とは、独立したウクライナ君主国のことであった。彼以外のウクライナ人指導者は、皆すでに失敗していた。もしかすると、さんざん失望を味わった後に成功することが、彼の運命なのかもしれなかった。[*25]

ヴィルヘルムに必要となるのは、強力な後ろ盾だけだった。煌びやかな一瞬を迎えていたこの時点では、後ろ盾となるのは、ハプスブルク帝国の皇帝の座に復位を果たすならカールになるかもしれない、と思えた。

実際は過去か未来かわからない谺《こだま》に耳を澄ませるのにも似て、ハプスブルク帝国の名前は、未来への展望としてか、あるいは脅威としてかはさておき、共和制国家から成る新しいヨーロッパの指導者たちの五感をいまだに刺激した。一九二一年の春に、ハプスブルク・ウクライナの統治者としてのヴィルヘルムを想起した者の多くは、中欧全体でハプスブルク家が復興すること、つまり最近退位させられた皇帝カール一世に縋りつく希望をさえ抱いていた。彼は活発で健康状態も良く、いまだ野心と精力に溢れており、ハプスブルク帝国の支配下にあった各国の王位を、どれも正式に放棄したことは一度もなかった。亡命先のスイスで、カール一世は、自分が各国の王位に返り咲こうとするかどうかについては大して考えずに、むしろどの国の王位から手をつけるかを考えていた。手始めとして当然の選択肢であったオーストリアは、すでに共和国になっていた。オーストリア共和国の憲法は、君主制国家の復活を禁止しており、帝位・王位請求権を放棄していないハプスブルク家の人間の入国を実際に禁じていた。そこでカールの思考は、いまだ王国であり、国王という存在を待望しているかに見えるハンガリーに向けられた。

一九二一年三月、カール一世は行動を起こした。家族をスイスに残したまま、フランスのストラスブールに向った。そこで彼はある共謀者と会い、列車の切符とスペインのパスポートを受け取った。聖金曜日に、ごく普通のスーツを着てステッキを手にしたカール一世は、オーステンデ・ウィーン・オリエント急行の車中にあった。そして翌日、ウィーン西駅で別の共謀者に会った。二人の男はタクシーに乗り込み、ウィーン市内のある邸宅に向かった。カール一世はタクシーの中にステッキを置き忘れてしまったが、ウィーン警察が持ち主の身元を確認するまでには、カールはハンガリーとの国境を越えていた。

摂政としてブダペストで権力を握っていたのは、ホルティ・ミクローシュ提督で、ハプスブルク家からあらゆる恩恵をこうむっていた人物だった。彼は、マクシミリアン大公の命令で世界中を航海し、フランツ・ヨーゼフ一世の侍従武官を務め、シュテファン大公とともにスペインまで航行したこともあった。一九一八年に海軍で反乱が起きていた時、シュテファン大公がカール一世に、当時一介の海軍大佐であったホルティを提督に昇進させ、ハプスブルク帝国海軍の総司令官に据えるよう勧めたといういきさつがあった。カール一世はこの進言を受け入れた。敗戦によるハプスブルク君主国の崩壊後、ホルティは故国であるハンガリーに帰った。今やハンガリーの摂政となっていたホルティは、かつての君主であり、自分を出世させてくれた人物を丁重に迎えた。ホルティは、カール一世を自分に代わってハンガリー国王に復位させるまでは、倦むことを知らずに活動すると約束した。

一九二一年、イースター期間中の日曜日に、カール一世はブダペストの王宮に到着し、そこでホルティの出迎えを受けた。しかし、会見の挨拶は、カール一世が期待していたものではなかった。「難局でございます。直ちに陛下におかれてはご出立願わねばなりません」とホルティは告げたのである。カール一世に選択の余地はなかった。ホルティは、カール一世がハンガリーで復位すると、パリ講和条約でハンガリーの領土を手に入れた国々、つまりチェコスロバキアやルーマニアの侵攻を招くことになる、と主張したのだった。一九二一年一〇月、カール一世はもう一度復位しようとし、この時は妻のツィタ皇后を伴い、多少のハンガリー人兵士の支持もあったが、ふたたび失敗してしまった。カール一世とツィタ皇后は、ドナウ川を下って地中海を渡り、ジブラルタル海峡を通って大西洋のマデイラ島に亡命した。*26

ヴィルヘルムは、いまだに王国を統治したいという希望を持ちうる、孤立したハプスブルク家の人間として、権力亡者のままであった。カール一世の初めの失敗をウィーンから観察していて、第一次世界大戦後の秩序の修正をこれ以上企てるなら、資金力のある強力な味方が必要であることをヴィルヘルムは理解した。一九二一年六月、彼は、バイエルン地方でドイツ人修正主義者によって形作られた三角形の真ん中に、そのいくらかを見出したように思っていた。この三角形の初めの一辺は、独裁主義者の将校であるバウアー大佐と戦時中彼の上司であったルーデンドルフ将軍で、彼らはいまだにドイツ軍の制服とピッケルハウベ（スパイク状の頭立のついたヘルメット）を身に着けていた。この二人は、白色インターナショナルの生き残りであり、リンカーン抜きで、今もミュンヘンにおいて陰謀を企てていた。一九二一年夏、彼らはウクライナのことを、タイミング良く一撃を加えれば広範囲にわたる反革命が始まる可能性のある、新たなヨーロッパ秩序の中の最大の弱点と見なしていた。

三角形の次の一辺は、ドイツの民兵組織で、彼らは戦後の講和条約によって、法の保護下にない孤児のようになった存在だった。ヴェルサイユ条約は、ドイツが合法的に抱えられる軍人の数を制限しており、このことからドイツ政府は、不満を抱えた退役軍人によって構成された準軍事組織の武装解除を進めざるをえなかった。民兵組織が禁止された時、バイエルン地方の民兵は、謎に包まれたピッティンガーの組織に加入するため、すでに地下に潜っていた。オットー・ピッティンガーと彼の後援者たちが、三角形の最後の一辺だった。バイエルン地方の政界において重要人物だったピッティンガーは、戦後の清算を修正することを約して、多額の金を集めることができた。彼に投資した者の中には、この修正をドイツとオーストリアの統合、つまりアンシュルスのことと見なしていた者がいた。かと思えば、ボルシェビキが支配するロシアの崩壊と、ドイツの投資家に友好的なウクライナの建国を信じている者もいた。[*27]

一九二一年七月、ヴィルヘルムはピッティンガーの組織から資金を受け取り始めた。バウアー大佐は、バイエルンの資金とウクライナの野心との仲介をするために、翌月からウィーンに移った。彼とヴィルヘルムは友人になった。ヴィルヘルムは、ウクライナ人の中での自身の政治的立場を強化するために、バイエルンから毎月一三万マルクの補助を受けて使うことになった。彼は、困窮したウクライナの退役軍人に、補助された金を分配することから始めた。次いで、紛らわしいが、こちらはウィーンを根拠地にした新しいウクライナ人の準軍事組織である「自由コサック」というものを設立したが、そのメンバーには、政治上の細かな点にはあまり立ち入らずに、ウクライナ問題の軍事的解決を支持してもらうつもりだった。オーストリア警察は四万名のウクライナ人がこの組織に加わっていると算定していた。この数字はこれまでずっと引用されてきたが、おそらくは誇張されたものだろう。とはいえ、軍の指揮官としてのヴィルヘルムの人気と、警察が彼に抱く恐怖心を伝えるものではある。

一九二一年一〇月、ヴィルヘルムは自分の新聞を創刊したが、その発行人欄に、ハンマーと鎌を持ち、「すべての土地のウクライナ人よ、団結せよ」と宣言しているウクライナ農民の絵を載せていた。この時まだ社会主義者であったヴィルヘルムは、『共産党宣言』に出てくるマルクスとエンゲルスの「万国の労働者よ、団結せよ」というスローガンを意識的に真似ていた。彼は、このような意思表示によって、自分の君主制主義が左翼的であることを明確にし、あわせて、自身の思い描くウクライナが、ソヴィエトに支配されている土地だけでなく、ポーランドに占領された東ガリツィアをも含むものであることを伝えた。この新聞を通して、ヴィルヘルムは、それまでと同じ様な政治的計画を発表した。つまり、ウクライナが解放されたら、ウクライナ国家の様態を決定するために、憲法制定会議を招集することになる。しかしながら、民主主義が、君主制に至ることも有り得たし、そうなるべきだった。彼の新聞は、ウクライナはヨーロッパの一国として、「モダンな君主」によって統治された方が、民主主義の永続性という点で共和国よりも見込みがある、と主張していた。[*28]

ドイツにいるヴィルヘルムの支援者たちは、モダンな君主をウクライナに入り込ませるにはどうすればよいか、自分たちにはわかっていると考えていた。ヴィルヘルムが共産主義的なイメージや修辞に耽溺していたまさにその時、彼らは、きわめて厚顔にも資本主義的な帝国主義の色合いの濃い計画を立てていた。手本となったのは、マックス・エルヴィン・ショイブナー＝リヒターが作った、「アウフバウ」（構築）の名で知られるドイツのシンジケートだった。アウフバウの事業計画は、将来戦争が起きて初めて利益が生じるかもしれない株式を投資家に売る、というものだった。その資金は、ボルシェビキ・ロシアへの侵攻に出資することになっていた。つまり、ボルシェビキへの侵攻が新たな政治体制を創り出し、その後その政治体制から貿易上の特権を提供してもらう、という事業計画だったのである。アウフバウを手本にして、ヴィルヘルムは「ウクライナ・シンジケート」なるものを設立した。彼は、将来ウクライナと優先的に商取引する権利を約束して株式を売った。株式を売って集めた資金は、ウクライナを解放する軍隊に出資されることになっていた。[*29]

ヴィルヘルムはこの計画を精力的に推し進めた。彼の頭脳は数字には疎かったが、あらゆる人にあらゆることを約束する方法はよく心得ていた。出資者を求めて、彼は西ヨーロッパを何度も回った。自分の事業計画を宣伝する術《すべ》も探したが、苦も無く見つけることができた。彼の名前は有名だったし、注目の集め方を知っていた。新聞記者たちは、ヴィルヘルムがユダヤ系アメリカ人に、「私の思い描く未来のウクライナは、東欧のユダヤ人にとって『約束の地』となるだろう」と語ったことを報じた。ヴィルヘルムは、過去において、いくぶんユダヤ人びいきであった。ウィーナー・ノイシュタットの帝国士官学校で、彼のお気に入りの教官がユダヤ系であったし、戦時中のお気に入りだった医師もユダヤ系だった。ウクライナでも最悪のポグロムが起きていた時点で、彼はウクライナ人民共和国と絶縁したし、リヴィウで起きたポグロムについても、ポーランドを批判していた。にもかかわらず、ウクライナにシオンの地をもたらすためとはいえ、バイエルン地方の反ユダヤ主義者から資金を受け取る彼の厚顔には、首を捻る向きもあろう。[*30]

ウクライナ・シンジケートは、バイエルンの事業計画の従属的な立場にあった。ヴィルヘルムは人とお金を集める役割をこなしていたが、ドイツ人は彼の奮闘を、あくまで、ドイツ人の指揮下でのより広汎な多民族間協調の一部である、と見なしていたのである。一九二一年の秋、ドイツの陰謀家たちは、ルーデンドルフが、さまざまな民族・国籍からなる民兵で構成される侵攻軍の総司令官になるだろう、と考えていた。ルーデンドルフは、ドイツ人、ウクライナ人を始めとする修正主義的な同盟者でもって、この軍隊の兵員として何とか二〇〇万人は集まる、と捕らぬ狸の皮算用をしていた。この軍隊が組織されたら、ボルシェビキ・ロシアに侵攻し、ヨーロッパから共産主義を排除し、戦後秩序を作り変え、ウクライナ国家を創建することになっていた。ルーデンドルフは、ヴィルヘルムをウクライナの将来の指導者と考えていた。この二人は、東ガリツィアにいるウクライナ人への武器の密輸で、協力していたようである。

一九二一年の秋から冬にかけてを、ヴィルヘルムは、翌年の春ウクライナに侵攻する兵士を募りながら過ごしていた。ウクライナ人兵士に、もう一度祖国を解放するチャンスがあるぞと言いながら、強制収容所から強制収容所へ、町から町へと旅して回った。彼は、「緑色インターナショナル」、つまり一人の君主が統治する、労働者と農民のための社会主義的なウクライナについて語って回った。森林管理官に変装するのに必要な、馬、ライフル銃、制服が支給されると、すぐに新兵たちは、訓練のためにバイエルン地方に送られた。ヴィルヘルムは、ウクライナに入植したドイツ人とも接触したが、彼らも、春が来たら「我が愛する祖国」の解放を手伝う、と約束した。[*31]

ある程度の注目を集めなければ、春に行うボルシェビキ・ロシアへの侵攻に備えて、何千人もの兵士を募るのは難しかった。オーストリアの新聞は、ヴィルヘルムのことを、ウクライナの将来を担う人物、と書いた。フランスの情報機関は、ウクライナ人の紛れもない指導者であると呼んでいた。ボルシェビキの情報機関は、ヴィルヘルムがチェコスロバキアで、ウクライナ人退役軍人を募るのに成功していることに気づいていた。チェコスロバキアのスパイはいくらか大げさに、ヴィルヘルムは、バチカンが後ろ盾となっている大掛かりな君主制支持の陰謀の一翼を担っている、と報告した。ポーランドの情報機関は、おそらく最も消息に通じていたと思われるが、ヴィルヘルムのことをウクライナ王の有力な候補者と見ており、彼が東ガリツィアで支持を得られるであろうことも知っていた。事情に通じ用心すべき理由のある者たちは、ヴィルヘルムのウクライナへの帰還を、現実味を帯びた恐ろしい可能性であると見なしていた。[*32]

ウクライナ人民共和国は、ヴィルヘルムをライバルと見なしていた。ポーランドと同盟してのウクライナの解放に失敗した後、ウクライナ人民共和国は、ポーランドからの資金提供に頼る、ポーランドに居を置く亡命政府に過ぎなかった。ウクライナ人民共和国の指導者たちも、自分たちの手に権力を取り戻すために、ソヴィエト・ウクライナへの軍事介入を組織したいと望んでいた。彼らがポーランドに顔を向けていたので、ヴィルヘルムが彼らと提携するのは不可能だった。ヴィルヘルムの方も、明らかにウクライナの君主になりたいと望んでおり、それは共和国の設立とは相容れない目標だった。一九二一年九月、ヴィルヘルムは、ウクライナ人民共和国からの提携の申し入れを拒絶した。そこで、ウクライナ人民共和国の指導者たちは、国外でもヴィルヘルムの評判を落とそうと決めた。西側諸国の政府や出資者たちにはヴィルヘルムは「正体不明の人物」であると申し述べよ――そうした命令が伝わった。これは、事実が正反対だったからこその命令だった。ヴィルヘルムのウクライナのライバルたちは、ウクライナ人の退役軍人たちが、他のどの指揮官よりもヴィルヘルムに注目していることをよく知っていたのだ。[*33]

その後、ウクライナ人民共和国の指導者たちは、ボルシェビキ・ロシアに侵攻するという隠密の計画の信用を確実に貶めることをやってのけた。彼ら自身がその計画を実行してしまったのである。ポーランド政府とルーマニア政府の助けを得て、一九二一年一一月四日に数千名のウクライナ人兵士が、国境を越えて東側に忍び込んだ。彼らは、ソヴィエト・ウクライナの中に入ると、地元住民が戦争で疲弊し、一年間にわたる飢饉で苦しんでいることに、そしてまた、彼らがやって来るのを赤軍が準備万端で待ち構えていることに気づいた。ボルシェビキの諜報部員は、すでに彼らの計画を見破っていたのである。ウクライナ軍部隊は、一連の短い戦闘でずたずたにされた。ボルシェビキは捕虜を処刑し、村をいくつか焼き払い、楽な勝利を手にした。

ウクライナ人民共和国の侵攻は、たんにヴィルヘルムの先を越そうとしたのであって、彼の信用失墜を意図したわけではなかった。しかしながら、一九二一年一一月の大失敗の後では、バイエルン地方の投資家たちは、もはやボルシェビキを軍事的な侵攻で打破できるとは思わなくなった。一九二二年二月、まだミュンヘンにいたピッティンガーは、ヴィルヘルムに資金を渡すのを止めた。ヴィルヘルムが創刊した新聞は五月に廃刊となり、彼が設立した準軍事組織の「自由コサック」もいくつかの派閥に分裂した。ヴィルヘルムのドイツとの連携は解かれてしまった。[*34]

ウクライナ人の同盟者たちがいなくなると、ドイツ人同士でも仲違いが起きた。ウクライナでの計画に見込みがあると思っていたバウアーは、ピッティンガーに対してひどく腹を立てた。ヴィルヘルムは、実際にウクライナ人のパルチザンたちから支持を得ていたし、その支持は当分の間は続いたことだろう。バウアーは、ルーデンドルフに手紙を出し、バイエルンがヴィルヘルムへの資金援助を止めたことが、「すべてを挫折させています。というのも、これまでにない程の注目を集めた機関誌、広報活動、ウクライナとのコネといった、ウクライナに関する事業全体が、バイエルン地方の援助があって初めてできるものでしたし、それにすっかり頼っていたからです」と書いた。彼はルーデンドルフに、ウクライナ人は「ドイツの背信行為」を忘れないだろう、と愚痴をこぼした。[*35]

その後、ドイツの愛国主義者たちはそれぞれ独自の道を行くことになり、ピッティンガーはバイエルン地方に専念し、バウアーはオーストリアの君主政治復興運動を支援し、ルーデンドルフはドイツの国家社会主義運動——ナチスに接近した。一九二二年四月、ドイツはボルシェビキ・ロシアとの条約に調印した。民族の解放というウクライナの希望は、ますます望み薄となっていたが、今やすっかり萎んでしまった。ドイツとハプスブルクの両帝国は、一九一八年段階でウクライナ人民共和国を見捨てていたし、勝利した連合国側がウクライナに民族自決をもたらすこともなかった。ポーランドは、一九一九年にウクライナ人民共和国と同盟を結んだが、ウクライナのどの地域も独立させることはなかった。そこで、ドイツと協同してボルシェビキに対抗する、という最後の賭けに出たわけだった。しかし、もはや修正主義者たちは自分たちの侵攻計画を捨てたし、ドイツ政府はソヴィエトの国力という現実を受け容れてしまったのである。

ヴィルヘルムはどうすればよかったのだろうか？　自分自身の王国を築くために父親とは絶縁したし、そのうえ以前の彼の主君であったカール一世に対する競争意識を胸に抱きつつハプスブルク朝の復古を求めて奮闘することで、彼は権威に対する反抗をしつくしていた。ヴィルヘルムは、独立独歩の道を踏み出していたし、自分なりの妥協もしてきた。やりつくした後では、彼の行いに判断を下してくれる者も、彼が戦いを挑む相手も、誰一人残っていなかった。彼は、鍵のかかっていない扉を強引に抜けていったが、扉の向こう側にあったのは空しさだけだった。彼にウクライナでのチャンスを与えてくれた、元主君のカール一世は、一九二二年四月に、亡命先のマデイラ島で病の床で亡くなった。ポーランドの支配者の一人にすべくヴィルヘルムを育てた父シュテファンは、一九二三年にひどい脳卒中に罹った。両足が不自由になり、さらに読み書きができなくなってしまった。ヴィルヘルムは、仮にそう望んでいたとしてだが、もはや父との関係を修復することはできなくなっていた。ハプスブルクと一緒に、父子の野望も潰えた。ウクライナはソヴィエトになったし、ポーランドは共和国になった。オーストリアは帝国という鎧を脱ぎすてたし、ハンガリーはハプスブルク家の王を戴くことを拒絶していた。

ヴィルヘルムは何者になればよかったのだろうか？　この時期、ハプスブルク家の若者であるということは、気楽な立場ではなかった。ヴィルヘルムは、「待てば海路の」というわけにはゆかぬ時代に、成人になってしまった。過去は突如として判読し難いものとなり、未来も見えなかった。時がとこしえを表す「ロイヤルブルー」である――そこまでいかずとも、権力へと近づく新緑の季節のグリーンや、勝利に向けて進み行く血なまぐさいレッドである――といったことを、ヴィルヘルムに簡単に保証してくれるものはもうなかった。彼は手段の観点からものを考えることを覚えていたし、彼そのものがもう他人の手先となっていた。彼が唯一成功したのは、今ではもう端の方はナチズムの茶色に染まりつつあるが、ヨーロッパの反革命であったその当時の白色政治を強化したことだけだった。共和国を創っても西側の支援に頼ることができず、東側はボルシェビズムに征服されているようなヨーロッパの一角で、ウクライナ解放の考えは、ヴィルヘルムを極右であるドイツの修正主義者のもとへと走らせた。権力を掴もうとするヒトラーの最初の企てである一九二三年のミュンヘンにおけるビヤホール一揆で、ヴィルヘルムに協力したドイツ人のうち二人は、ヒトラーと腕を組んで行進することになる。[*36]

ナチズムの運動というものは、「民族自決」の運動――それも野放図になり、誤解された敗北によって歪められ、人種差別的な神秘主義によって毒された「民族自決」の運動であった。ヒトラーは権力に近づくことに失敗したが、その一年前には、ベニート・ムッソリーニが、ローマでファシスト運動により権力を掌握することに成功していた。実際のところ、イタリアは、第一次世界大戦においてはドイツと違って戦勝国側であったが、ムッソリーニのファシストたちは、何でも好いからもっと領土が必要だ、と主張した。民族自決はもはや、戦争終結時点で戦勝国側によって適用されるものとされた「原理原則」ではなくなり、むしろ、大規模な動員という騒擾と、新たな戦争という暴力の中で自らの国を造り変えようとする、ナチ党やファシスト党の絶えざる闘いへと化した。戦勝国側は決して認めようとしなかったが、民族自決は、そもそもから、権力というものに配慮することによって堕落させられていたのである。今や、ファシスト党あるいはナチ党は、民族の正義や民族の権利について始終声高に説きつつも、ヨーロッパを自分たちが正しいと考える姿へと造り変えるのに必要な権力を、虎視眈々として手に入れようとしていた。

民族自決は、実践面においてだけでなく、原理上においても不透明なものであった。民族というものが、ともかくも満たすことのできる権利を備えた個人に似たものであると、民族自決は保証していたのである。しかし、それでは現実の個々人と、その個々の権利そのものについてはどうなのだろうか？　ヴィルヘルムは、とりわけ多彩な要素を持った人物だったが、彼もまた、何百万人といる、どの民族であるか容易に定義できない東欧人の一人だったのである。ハプスブルク家の一員であった彼は、民族自決が否認する、複雑な現実社会を象徴していた。多民族的な帝国いくつかからなるかつてのヨーロッパは、民族的アイデンティティに関する曖昧さに対し、これは人間としてのある種の自由を許容する曖昧さをも含めてだったが、大きな余地を残していた。民族的アイデンティティが、出自や国によって付与されるものであるなら、それは個人を自由な存在とはしないだろう。そうではなく、民族が、進化とか信念の問題として認められるのであれば、個人が成長し、変化することが可能となるだろう。当時も現在と同じで、民族というのは、厄介なものであり、きわめてしばしば、政治的であるとともに個人的な選択でもあり、生命力に満ちた若者の肉体のように瑞々しいこともあれば、条約に署名したインクのように乾いてしまっていることもあった。

すべての味方が離れてしまっていた一九二二年の夏、もはやヴィルヘルムは、のんびりとカフェ・ライヒスラートの席に座って、何やら計画が持ち上がるのを待っていることはできなかった。すでに彼は、あまりに多くの計画に乗ってしまっていたのである。バウアーはバイエルンで立てた侵攻計画が終わる頃、彼にいくらか金を渡していた。何か職業に就いているわけでもなく、裕福な父親との関係も断たれていたヴィルヘルムは、もしかすると、ポケットにいくらか現金が入っているうちにオーストリアを離れることが、最も賢明な選択だと思ったのかもしれない。[*37] 市民権も、法的な身元保証も、パスポートもなかった。彼は何も書かれてないオーストリアのパスポートを手に入れ、ある決心をした。一九二二年一一月、彼は、ウクライナ名であるヴァシル・ヴィシヴァニとして、オーストリアを去った。

LILAC

# ゲイ・パリ

ボルシェビキと戦おうにも資金も軍隊もないヴィルヘルムは、一九二二年一一月にマドリッドに向かった。そこでなら、彼の拡大家族から温かく迎えられるだろう。一八八六年生まれのスペイン王アルフォンソ一三世は母方がハプスブルク家だったし、ヴィルヘルムの従兄にあたった。アルフォンソの母親、つまりはヴィルヘルムの叔母にあたるマリア・クリスチーナが、アルフォンソの幼少年期は摂政として統治をしていた。スペインでは、ヴィルヘルムは自分が今でも統治している家系に属していることで安堵の気分を抱けた。彼の願いとしては、いくらかの資金をつくり、できるならハプスブルク復古の陰謀を巡らし、ともかくも自分のウクライナの夢を途切れさせないということになろう。

ヴィルヘルムより少し前に、ツィタ皇后がマドリッドに着いていた。四月一日のマデイラ島でのカール皇帝の死で、夫も帝国も住まいも失っていた彼女は、七人の子どもとお腹の中の八番目の子を抱えてマデイラ島で亡命生活を送っていた。スペイン王アルフォンソはツィタ皇后を庇護した。彼女と七人の子どもを迎えにスペインの軍艦を送り、マドリッドの駅まで出迎えに行った。ツィタは三〇歳であり、ヴィルヘルムはまだ二七歳だった。ハプスブルク家の二人は、最近あったことで悲しみに浸っていたが、まだまだ自分たちで将来を思い描ける若さであった。

アルフォンソとマリア・クリスチーナは優しくもてなし、失意にある二人を慰撫した。ツィタは夫も帝国も失っていた。お気に入りの気晴らしが百合とスミレとを集めることだったマリア・クリスチーナは、ツィタの七人の子どもたち、幼い大公と大公女のことを賛嘆して眺めていた。ヴィルヘルムはウクライナの夢と父シュテファンとの絆を失ってしまっていた。アルフォンソは、ハプスブルク家のヴィルヘルム方《がた》の分家での、父子の和解の道を探ろうとした。ヴィルヘルムのウクライナでの経歴がシュテファンのポーランドでの所領を危機に晒していたのを承知していたので、アルフォンソはシュテファンのためにポーランド政府に干渉し、仮にシュテファンの所領をそのままにしておいてもらえるならスペインはポーランドに対し友好的な政策を一つ約束すると申し出た。[*1]

ここマドリッドでは、亡命しているハプスブルク家の二人は、しばし心を休め、自分たちのハプスブルク君主国の何らかの形での再興を計画するゆとりを得たのだろう。けれど、ヴィルヘルムとツィタ皇后の観るところでも、君主制主義は脅威に晒されていて、保守的なカトリック国のスペインでさえもそれを免れなかった。一九二三年には、ミゲル・プリモ・デ・リベラがスペインの議会政治を葬った。アルフォンソ一三世はクーデターを支持し、君臨し続けたが、実権はプリモ・デ・リベラと盟友たちの手中にあった。

前年一九二二年のイタリアのベニート・ムッソリーニと同様に、プリモ・デ・リベラは君主国であることは保持したが、国を治めるのに全体主義体制を創りあげた。イタリアでは、君主制を変容させるのにファシズムをもって正当化した。指導者ムッソリーニ礼賛、国粋主義である。スペインでは、改革を約束し先行きは常態に戻すと約しての集団的軍部独裁であった。スペインとイタリアとを結んでいたものは、君主制を廃することなく、軍の力と個人的なカリスマ性、右派勢力をもって、王の権限を奪うことであった。国王たちは背景でぐずぐずしていて、虚勢と礼節の陰に将来への不安を隠していた。[*2]

魅力と機転とは備えているが戦略的なセンスを欠くヴィルヘルムは、独裁制と君主制とが背反することに気づいていなかった。自分の全体主義的な後援者たちも、自分が王になった暁にはどのみち自分の配下になるのだと決めてかかっていた。ウィーンで設立したウクライナ・シンジケート、そしてバイエルンで立てたウクライナ侵攻計画でのヴィルヘルムの盟友たちはまるで反対の見方をしていた。ウィーンでの彼の親しい仲間、マックス・ヘルマン・バウアー大佐は、君主たちの役割は独裁者出現の露払いをすることだと信じていた。

ヴィルヘルムとバウアーとは親しいままであった。それでヴィルヘルムの助言で、アルフォンソ一三世はスペイン陸軍を改革するようにと、一九二四年にバウアーをマドリッドに招いた。バウアーには、かつてウィーンでヴィルヘルムが資金集めをするのを助けた君主制支持者のオーストリア人技師、ヨーゼフ・ピーグルも同行していた。彼らの組織のもう一人のメンバーであるフリードリヒ・フォン・ヴィースナーはウィーンに残った。法曹家で外交官のヴィースナーは、フランツ・ヨーゼフ皇帝とカール皇帝に仕え、信頼されていた。彼はウィーンに、オーストリア共和国を君主制にするための方策を準備する組織を創っていた。アルフォンソの庇護下で、冒険心あふれる親戚がマドリッドでヴィルヘルムに合流したが、その内の一人はインファンテ（親王）・フェルナンドで、アルフォンソにとってもヴィルヘルムにとっても従兄にあたり、ヴィルヘルムは彼を「ナンド」と呼んでいた。[*3]

どの時点でか、皇族らしい無頓着さが人並みな軽薄さに取って代わられた。ヴィルヘルムはナンドやアルフォンソと酒盛りをするのは好きだったが、彼の計画に影が差し始めた。白色インターナショナルの公文書を持って一九二〇年に姿をくらましていたトレヴィッチ・リンカーンが、ヴィルヘルムをペテンにかけるべく、またたくらみをしかけてきた。

ドイツ民族主義者として活動した期間の後に、リンカーンは中国に向かい、そこで地方軍閥に武器と助言とを売りこんだ。リンカーンはどういうふうにしてか、バウアーに、中国が火器と反動政策の市場になりうると納得させた。バウアーは一九二七年に中国に向けて出立し、一九二九年にはピーグルが続いた。

そうした経緯で、初めはドイツの独裁政治に、次いではハプスブルク朝の復古に専念していた三人は北京にやって来て、中国の民族主義指導者である蔣介石の顧問になった。バウアーは一九二九年に死に、ピーグルは姿を消した。リンカーン自身は、またも違った生活に転じ余生とした。一九三一年に仏教僧として得度し、その後の人生を、ヨーロッパや北米の侍僧を集めるのに費やした――ついでに彼らの世俗での資産も取り上げながら。リンカーンが一九四三年に満州で遂げたのは、不自然な死ではなく、病死であった。[*4]

金が必要だったので、ヴィルヘルムは一九二〇年代終わりのスペイン経済の俄か景気に便乗しようと一勝負かけてみた。彼はスペイン王の従弟であったし、アルフォンソ一三世自身が国の投資のかなりのスポンサーだった。ヴィルヘルムと従兄のナンドは武器取引の周旋をしたように見える。たぶん、ボルシェビキ・ロシアへの侵攻というヴィルヘルムの破綻した計画で残された余り物の武器を売ろうとしたのだろう。ヴィルヘルムはオーストリアでダムを建設するのに借款を得る仲立ちをしようとしたが、うまくゆかなかった。彼とナンドは飛行機産業に関心を示し、ドイツの民間航空機を、ドイツ人技師の力でスペインで軍事に転用する契約の仲介もしようとした。この計画がうまくゆけば、ドイツは、ヴェルサイユ条約で課された再武装制限を巧みにくぐり抜けられたはずであった。ヴィルヘルムはまた、スペインの道路、鉱山、不動産開発などに外国からの資本を集めようとした。[*5]

何かの加減で、ほとんどのことが頓挫した。たいがいの場合、問題はヴィルヘルム自身だった。彼の持つビジネスにおける強みは、美貌と洋服のセンスとハプスブルクという家名だけだった。ビジネス面での手腕ときたら、出資者に投資の計画を知らせることだけだった。彼はたいてい、その後に続くいかなる取引においても、自分の役割を公的なものにすることができなかった。彼の書簡からは、計算したり、リスクを考慮したりする傾向がまるでないことが窺える。人間は金持ちか大金持ちのどちらか、計画は見込みがあるかものすごく見込みがあるかのどちらか、といった風に彼の認識は続いた。それまで金のことについて考える必要がなかったので、財務的な洞察力を欠いており、実際、経済には個人的な人間関係における法則では御せない法則がある、という感覚すら欠けていたのかもしれなかった。

ヴィルヘルムのビジネスのやり方からは、彼の優先順位についての多くがわかる。たとえばある時、彼は富裕なアメリカ人投資家たちを、不動産計画に投資させるためにマドリッドに連れてきた。彼は、宿泊の手配（リッツだのサボイだの）についてはきわめて口うるさかったが、他のことではまるで頼りにならなかった。一行と到着してすぐにヴィルヘルムがまずやったことは、マリア・クリスチーナとナンドと時を過ごすことであった。その後、彼は突然、友達数人とバルセロナへ立ち去り、不正確な転送先の住所を教え、後始末は彼の仲間とアメリカ人たちに委ねられた。[*6]

一九二〇年代の終わりまでには、ヴィルヘルムは、マドリッドと、パリから遠くないリゾート地のアンギャン＝レ＝バンを往ったり来たりしていた。一九二六年に、ペリゴ通り五番地の二に小さな別荘を買っていたのだ。これは明らかに、富裕なハンガリー貴族トーマスとモーリッツのエステルハージ兄弟から借りた金で買ったと思われる。モーリッツはかつてカール皇帝の首相でもあり、君主制主義者だった。この兄弟は、自分たちが将来どこかの王位につく候補となる者を支援していると信じていたのかもしれない。彼らは、少なくとも当座は、ハプスブルク家の政治的亡命者が快適な生活スタイルを送るのを許していた。[*7]

ヴィルヘルムはアンギャン＝レ＝バンで、父シュテファンが教え込んだように、フランス当局にはウクライナ語の名前を使って、「お忍び」で暮らしていた。ところが彼は、マドリッドには本名で打電していた。人々に強い印象を与える必要があったからである。ゆえに、郵便局員たちは彼が何者かを知っていた。

ということは、警察も知っていたということである。彼の公的書類（オーストリアのパスポートとフランスのビザ）はウクライナ名が書かれていたが、フランス当局にはハプスブルク家の大公だと知れていた。彼の大いなる楽しみは、小型の自動車だった。彼は決して父には言わなかったが、自動車は、父シュテファンが車にかけていた情熱とヴィルヘルムの幼少年時代を思い出させてくれるものだったに違いない。地元の警察は、彼がパリへ気晴らしの旅行をする時には、ときおり跡をつけたものだった。*8

ヴィルヘルムは、パリのウクライナ人たちとコンタクトを取り続けていた。彼らの間では、ヴィルヘルムはきわめて人気があった。彼は、一九一八年以来の私設秘書だったエドゥアルド・ラリシェンコとは、とりわけて親密な関係を続けていた。ラリシェンコはウィーンのウクライナ・シンジケートに関わった後で、ヴィルヘルムのマドリッドでのビジネスにも関わっていた。彼は、ヴィルヘルムの人生における重要人物二人のうちの一人だった。もう一人は、コンスタント・クロルという、ヴィルヘルムのラトヴィア人の近侍《バレット》だった。彼は、一九二六年から一九二八年まで、アンギャン＝レ＝バンのヴィルヘルムの家で仕えた。なかなかに如才なくフランスの警察が状況を記録したように、ヴィルヘルムはクロルに対し「彼らの関係の性質には疑いを挟む余地はまるでない共感」を露わにしていた。ヴィルヘルムがスペインに行く時、彼の第一の関心事は、自分のホテルの部屋が隣室と直接往き来できるかどうか、そしてどちらの部屋にも浴室がついているかどうか、ということであった。これは、彼が男性秘書のもとに容易に入り込むためだった。彼は、ラリシェンコかクロルか、あるいはどちらもということもあったが、旅行する時には男性を同行させた。*9

ある時点でヴィルヘルムはその二人と決裂した。彼なりの理由があった。クロルの方は、盗品を扱うというへまを犯したのが露見した。ラリシェンコの方は、ソ連に対し愛着が増していることを認めた。ヴィルヘルムはアンギャン＝レ＝バンの家を（ハンガリー人エステルハージ兄弟に負債を返済することなく）売却し、一九三一年一〇月、パリ一七区のアカシア通り四五番地のアパルトマンを借りた。男たちが去った後、彼はそこで溺愛する猫と暮らした。

その界隈は魅力的なところだった。玄関を出て右側にほんのちょっとゆけば、カルノ通りにでられたし、三車線の大通りのカルノ通りを左に曲がって進めば、凱旋門やシャンゼリゼ通りまでゆけた。ヴィルヘルムは、セーヌ右岸のパリでいちばん特権階級が跋扈する地区に近いところに住んでいたので、印象を残さずにすませられる場所と言えた。当時のパリは、非常に多くの王族や王位僭称者がいたので、また一人加わっても、たいした違いはなかったのだ。たとえばヴィルヘルムの義兄ヒエロニム・ラジウィウは、この町で素晴らしい時を過ごしていた。ラジウィウの存在は、ヴィルヘルムにとって若干幸運だった。ヴィルヘルムの兄たちが病気の父親から一家のビール醸造所の支配権を得た時、彼らはヴィルヘルムが月に二回、約二五〇〇フランス・フランの手当てを受け取るように手をうってくれていた。おそらく彼らには父親が同意しないだろうことがわかっていたので、さもなければおそらくヴィルヘルムが偽名でパリに暮らしていたので、兄たちはヴィルヘルムには、ラジウィウ気付けで電信為替で金を送ってきた。[*10]

ヴィルヘルム同様、こういった王族たちのかなりは亡命者であった。時が経つにつれ、さらに多くの君主たちが立ち寄っていった。ラジウィウは、フランスではアルフォンソ国王と一緒にポロをして過ごしていたが、アルフォンソ国王は一九三一年四月に共和国が宣言された後、スペインを離れたのだった。アルフォンソは、従弟のヴィルヘルムとほぼ同じ頃にパリに着いていて、多彩な外国からの王族たちの中でも素晴らしい印象を与えていた。あるロシアの大公は、彼のことを「雄々しきヨーロッパの君主」と呼び、この意見にはウィンストン・チャーチルも賛同していた。アルフォンソは実際、素晴らしいスポーツマンで（ポロだけでなくゴルフやテニスも）、いくつかのサッカークラブのスポンサーにもなっていた（その中にはレアル・マドリードも含まれていた）。彼はまた、一〇人の子の父親で（そのうち七人が嫡出子であった）、三本の映画に出資していた（どれもポルノ映画だった）。従弟ヴィルヘルムと同様、当時の人々の言い回しでは、車《モーター》を運転するのが好きだった。[*11]

艶福家のスペイン王と、パリの名だたる同性愛者の間で生じる絡み合いやすれ違いが、心温まる時間を招き寄せることも何度もあった。ある時、アルフォンソと王妃は、バレエ・リュス（ロシア・バレエ団）の創立者にして団長で、熱烈な賛美者たちの同性愛的崇拝の中心にあったセルゲイ・ディアギレフと一緒に、劇場の特別席にいた。アルフォンソはディアギレフに葉巻をやったが、奇妙なことに、このバレエの巨匠は、葉巻の吸い方を知らず、王妃のドレスに火をつけてしまった。[*12]

この葉巻の話をした人物は、素晴らしく多作なフランス人ジャーナリスト、ミシェル・ジョルジュ＝ミシェルであった。旅行家であり美食家でもあったジョルジュ＝ミシェルは、子どもの頃からヴィルヘルムを知っていて、彼のことをあまたいる有名人の友達の一人であると見なしていた。彼は、貴族も来たばかりの者も、男性も女性も、同性愛者もそこまではゆかぬ者も、とにかくパリのあらゆる著名人と親しくしていた。彼は、何十冊もの書物を著しただけでなく、お気に入りの人物達の政治的キャリアや芸術的なキャリアを高めるのが目的だったことも多かったが、数えきれぬほどのゴシップ記事を新聞に寄せていた。彼の小説には、『ペルシャの薔薇』『ヴィーナスのパーティーで』『真夜中のボヘミア』『王女ソニアの五度目の結婚』といったタイトルがついていた。それと共通する審美的な調子が、社交欄のコラムニスト兼旅行作家としての記事にも満ちていた。

ジョルジュ＝ミシェルは、パリにヴィルヘルムを迎えたことを喜んだ。フランスでは「ハプスブルク＝

戦間期ヨーロッパ
1923–1938年

ロレーヌ家のギョーム大公」と呼ばれていたヴィルヘルムのことを、ジョルジュ＝ミシェルは盛んに喧伝した。ヴィルヘルムがこのような記事の中でハプスブルク家の名前を使うことを許したのは、おそらくジョルジュ＝ミシェルの影響によったのか、あるいは少なくとも新聞のもたらす名声を享受しようとしてのことだったろう。アンギャン＝レ＝バンで彼は、せめてもウクライナ名ヴァシル・ヴィシヴァニという名で「お忍び」で暮らしているふりをしていた。パリでは彼は、ふたたび自分がハプスブルク家の一員であることを認め、ジョルジュ＝ミシェルやその他の人々によって本名で、「新聞に載るセレブたち」という勃興しつつあった社交界に組み入れられるのもいとわなかった。一九三四年に友人ヴィルヘルムのタトゥーについての魅力溢れる記事を書いたのは、このジョルジュ－ミシェルであった。[*13]

「青い錨」のタトゥーが「青い血」（貴族）と同じ青でくくられることや、低俗な欲望と高貴な生まれや教養が分かち難いことが、ヴィルヘルムと彼の生きるパリの特徴だった。彼は政治的に匿名であろうとするのを止めたので、これまでにない種類の、あるいは少なくともこれまでにない規模での性的放埓を自らに許した。ヴィルヘルムはずっと男色家であり、それは学校時代からかもしれないし、塹壕のなかでそうなった可能性も高いが、秘書や近侍とは確実にそのような関係であった。パリでは、彼は自分がそうした人間であることを、あえて世間が知るままにしていた。

性的なアバンチュールの中には、貴族仲間とのものもあり、ヴィルヘルムは彼らと一緒に、女装してアカシア通りから夜会に繰り出すのを見られていた（少なくとも、新聞はそのように報じた）。警察は、ヴィルヘルムの夜の戯れの相手を頻繁にしたのは、フェルナンド・デュカルと自称するスペインの王族だと記している。これはほぼ確実に、デュルカル大公、ドン・フェルナンド・デ・ボルボン・イ・デ・マダンであろう。同性愛の関係はフランスでは合法だが、ドン・フェルナンドは不覚にも、なぜか国外退去となった。しかしたいていは、ヴィルヘルムは程度の低い街を訪れるのが好きだった。彼は、モンマルトルのカルーセルとかマダム・アルチュールといったパリの有名な同性愛のクラブにはあまり行かなかったようである。パリ警察によれば、彼はむしろ、「特別な家《メゾン・スペシャル》」――同性愛の売春宿を表す素晴らしいフランス語である――の「常連《アビチュエ》」だった。[*14]

ヴィルヘルムは、普通な趣味だけでなく、オリエンタルな趣味も好きであった。警察の記録によれば、彼が「せっせと」通った店は、カリフといったアラブ風の名前であった。カリフは、セーヌ左岸のヴォジラール通りという素晴らしい立地で、通りをリュクサンブール公園に沿って回っていって、上院《セナ》と、ヴォジラール通りとムッシュー・ル・プランス通りとの交差点の中間あたりにある。当時のフランスでは、カリフといった名前は、冒険とか帝国を暗示するのみならず、階級や人種の境界を超えることをも暗示していた。ヴィルヘルムは、こうした一線を超えるのを好み、下層階級の人々との性的な冒険を、人間的寛容の表れであると実際に見なしていたようであった。ヴィルヘルムは、こうした売春宿では「ロベール」とサインしていた。カリフでヴィルヘルムは、労働者の息子と知りあいになり、彼との逢瀬を続けた。ヴィルヘルムはまた、アルジェリア人を新たな近侍として雇った。警察はこのモーリス・ネシャディを「主人に大変な影響力を行使する男色家」と見なしていた。*15

おそらくそうだったのであろう。ヴィルヘルムはつねに男性を欲しており、それは父親像として自分より上に立つ者でも、召使いや兵士として自分の下に立つ者でも良かった。彼は、家父長に反逆し、従僕に屈したがったが、そうすることが複雑な人生をもたらした。しかし彼は、女性を意のままにする仕方も現に知っていた。ある時、彼が肖像画を描いてもらっているとき女性ジャーナリストがやって来て、その経験について書きたがった。その記事「ポーズを取るヴィルヘルム・フォン・ハプスブルク大公殿下を見て」は、長くゆっくりとした性的屈服の告白となっている。女性ジャーナリストは、彼女にじっと見られても静かに座っていなければならなかったヴィルヘルムに投げかけた問いを記事に入れている。問いの一つは、「殿下、一言も発さずに見るだけで命令を出したことはありますか？　あなたにはそのような目力《めぢから》がありますか」というものだった。これは、ヴィルヘルムが女性に与えた効果だった。彼はめったにそれを試みようとはせず、そのことについてコメントしたこともなかったが、ときおりはその力を使っていたと言わざるをえない。*16

この肖像画家は、ポーレット・クイーバの恋人たちを描いてきたというささやかな実績を持っていた。その恋人たちにヴィルヘルムも属していたわけだった。ポーレットとヴィルヘルムは、一九三〇年代初頭にパリのどこかで知り合っていた。それはひょっとすると、ポーレットが登場した頃ヴィルヘルムが通っていたモンマルトルの高級売春婦の世界でのことだったかもしれない。彼女は詐欺師であり、無作法であり、情婦であったが、ちょっとした天才でもあった。ある観察者が、彼女に関する二つの有力な意見をまとめて述べたが、どちらの意見も正しかったのだ。「人によっては、彼女は心を病んでいる、あるいは少なくとも誇大妄想癖があると見ている。また人によっては、彼女は生まれながらに卓越した知性の持ち主であると見ている」。ヴィルヘルムは彼女の両面を気に入っていて、彼女と一緒にいるのを見られても気にせず、キスをしているところすら見られても構わなかった。彼女はヴィルヘルムの婚約者だと自称するようになった。

ヴィルヘルムは人間に関してはまったくうぶであった。守られている貴族階級の者だけがなりうるうぶさ加減だった。ポーレットは並外れて創意に富んでおり、そのおかげでヴィルヘルムのような人々に出会うことができたのだ。ヴィルヘルムの家系は誰にも知られていた。ポーレットの家系については興味深い物語があった。彼女は、フランスの政治家にして上院議員、労働大臣、商業大臣を務めたシャルル・クイーバの姪であると主張した。その政治人生を通じて、シャルル・クイーバは左がかった愛の歌を歌うモーリス・ブケイという名前で今一つの生活を送っていた。彼の若々しい「愛の歌」は、象徴派の詩人ヴェルレーヌの序文つきで発表された。彼はまた、「赤い歌」「アラビアン・シンフォニー」「最後の処女」、そして付け加えておくべきだろうが他愛ない「カサノヴァの素晴らしい情事」でも知られていた。

シャルル・クイーバの魅惑的な人生は、高尚なものと下衆なもの、リュクサンブール公園にある上院《セナ》の政治とモンマルトルのバーの下品さを結びつけていた。姪のポーレットにとって、それは興味深い遺伝的性質であった——実際にポーレットが彼の姪であれば、だが。実のところは、彼女は姪ではなかった。彼女自身がパリで馳せた悪名は、国家権力とロマンチックな表現をさらに過激に混ぜ合わせたことで募っていった。ぽっと出の労働者階級の娘であった彼女は、一九二〇年に郵便局員の仕事に就き、その後、政府のいろいろな省で次々と秘書の職を見つけた。一九二七年頃から、彼女は次々と富裕な男性の私的秘書の仕事に従事した——少なくとも、彼女は問われた時に自分の職業をそのように定義した。彼女はタイプを打ち、人を魅了し、たぶらかして権力と富に近づいた。[*17]

ポーレットが最初に虜にしたのはジョゼフ・カイヨーであった。彼はフランスの政治家で、パリですら印象に残るスキャンダラスな人間であった。華やかな色男のカイヨーは、自分が女性の肌着について詳しいというので、絹の関税についての議論の最中には肩で風を切って歩いた。彼は大勢の愛人たちを嘲弄し、その中の何人かとは結婚すらした。一九二〇年代終わりにポーレットと出会うが、その一五年ほど前には、彼の初めの「二人の妻」が「マスメディア」の初期の大スキャンダルの一つを引き起こした。カイヨーから最初の妻となった愛人へのラブレターが新聞に載った後、その合間に二番目の妻となっていた愛人は復讐をした——カイヨーにではなく、新聞に対してである。二番目の妻アンリエットは、『フィガロ』紙の編集主幹を、ブローニング式自動拳銃で六発撃って殺した。

アンリエット・カイヨーの裁判は一九一四年七月に始まったが、当時、世紀の裁判と言われた。この裁判は、フランスを戦争に導きつつあったバルカン危機から世間の耳目をそらした。マダム・カイヨーは、編集主幹を殺害したことは一切否定しなかったが、激情をコントロールできなかったという理由で無罪を嘆願した。彼女が言うには、このような状況では自分をコントロールできるはずがないというのである。裁判官は同意した。一九一四年七月二八日、アンリエット・カイヨーは無罪を申し渡されたが、ちょうどハプスブルク君主国がセルビアに宣戦布告した日にあたった。よって政治家のジョゼフ・カイヨーは、必ずしも名誉をまとって第一次世界大戦を迎えたわけではなかったが、それどころか自分の名声をいっそう悪化させてのけた。彼は、ドイツに情報を洩らすことでフランスの安全を損なったという廉《かど》で有罪を宣告されたのだ。もっとも彼はまもなく特赦を受けた——そして財務大臣の地位に就いた。[*18]

後になってカイヨーがポーレットを招き入れた世界であった戦間期のパリの上流社会なるものも、似たような代物だったのだ。カイヨーはポーレットに、皮肉、二枚舌、そして強い男たちの弱さについて、知っておくべきことをたくさん教えた。彼にとってポーレットは、尽きることのない愛人リストの一項目であった。ポーレットにとってカイヨーは、その後繰り返すことになる経験の最初の例であった。フランス警察の記録によれば、カイヨーから学んだ後、ポーレットは続いて、他の二人のフランス人政治家との関係を始めた。彼女は、左翼政治家でソヴィエト連邦の共鳴者、一九三〇年代初頭には文部大臣を務めたアナトール・ドゥ・モンジーの秘書かつ愛人であったと考えられていた。彼女はまた、あのとてつもない富豪一族のフランスでの分家の傑出した人物であるモーリス・ドゥ・ロートシルトの助手にして愛人であるとも思われていた。[*19]

ポーレットの人脈は、曲がりなりにも、ヴィルヘルムの人脈となった。彼女は、彼が想像もつかなかったような方法を用いて、ヴィルヘルムが欲するものを彼に与えてやろうとした。ヴィルヘルムは無期限にフランスで暮らす権利を手に入れたいと望み、三回にわたってフランス市民権を得ようとした。その三回ともすべて、関係当局にはモンジーあるいはカイヨーから、それを支援していると思われる書簡もしくは電話が寄せられた。モンジーが公然とソヴィエトを支持しており、カイヨーが親独的な立場であることを考えれば、こういった書簡や電話は、おそらく推薦としては最善とはいえなかったであろう。別の観点から言えば、戦間期のフランス政府の大臣連中とはそのような代物であった。いずれにせよ、二人の政治家の秘書だと自称し、書簡を持っていったり電話をかけたりした女性は、ほぼ確実にポーレットであった。警察は、いわゆる政治的な圧力のもと、ヴィルヘルムの過去を調査しなければならなかった。警察の責任者は、「大公についての真実、彼の役割、心情」を解明しようと決意した——たやすい仕事ではなかったが！ 警察の責任者にとって幸運なことに、ヴィルヘルムに市民権を与えないよう、外務省が介入してきた。警察の書類には、ヴィルヘルムの過去について、当てになるものならぬものを含め情報提供者からの報告も入っていて、長い調査が行われたことがわかる。第一次世界大戦でヴィルヘルムがハプスブルクの軍隊で戦ったことは、彼のケースを難しいものにした。フランス外務省は、ハプスブルク朝の復古に明確な反対の方針を持っており、政治的な将来性を持つかもしれないハプスブルク家の一員に対してはいかなる公式なフランスからの保証も拒絶したかった、という可能性が最も高い。[*20]

そういうわけで、愛国主義《ショーヴィニズム》が台頭しつつあった当時、ヴィルヘルムは外国人のままであった。しかし、彼の出自と名前のおかげで、彼はある程度の威信を保つことができた。少なくとも、名声と富を享受しつつも、ヴィルヘルムの備えていた「王家の出身」という背景を持たないパリの上流階級の人々の間ではそうであった。そのようなヴィルヘルムの賞賛者の一人が、歌手でダンサーのミスタンゲットであった。彼女はその頃も依然としてフランスで最も人気のあるエンターテイナーで、女性としては世界で最も高給取りのエンターテイナーであった。彼女の魅力は、当時としてはなかなか言葉にしがたいちょっとした身のこなしや声のトーンであり、よって彼女がパフォーマンスをやめてしまった時にはそういったものはほとんど失われてしまったのだった。彼女は生の演技をすることで名声を得るのに十分であった時代の、最後の偉大なエンターテイナーの一人であった。アンギャン゠レ゠バン出身の少女ジャンヌ・ブルジョワは、一八九五年に初めてミスタンゲットとして演技をしたが、これはヴィルヘルムが生まれた年であった。一九一九年、ヴィルヘルムがウクライナのために陰謀を企てていた時、ミスタンゲットは自分の足に五〇万フランの保険を掛けていた。そして一九三〇年代初頭になり、彼らは同じ社交の輪の中にいるようになった。[*21]

ヴィルヘルムとミスタンゲットには、アンギャン゠レ゠バンの町という共通項があった。ミスタンゲットの生まれた町であり、ヴィルヘルムが一時暮らす場所として選んだ町である。彼らは王室にまつわる環境も共有していた、とも言えなくはない。ヴィルヘルムは王家に生まれたし、ミスタンゲットは他の手段を用いてそうした環境に入りこんだ。ヴィルヘルムはイギリス国王エドワード七世を子どもの頃から知っていた。ミスタンゲットの方は、自分がエドワード七世の愛人の一人だと主張していた。彼女は、スペインとスウェーデンの王とも親しかった。この二人は、ヴィルヘルムの父がポーランドの所領を維持するのを助けようと仲立ちをしてくれたことがあった。

ヴィルヘルムとミスタンゲットには、プロイセンのフリードリヒ・ヴィルヘルム・フォン・ホーエンツォレルンとの親交という共通項もあった。ヴィルヘルムはオーストリアを統治する一門につらなりながらも父親に勘当されていたが、フリードリヒ・ヴィルヘルムはドイツを統治する一門につらなっていた。そして、自分の父親が一家の財産をすり減らすのを見ていた。フリードリヒ・ヴィルヘルムの父親は、召使たちに這い回って吠えさせる一方で、自分の猟犬たちには、子牛の膵臓にクリームをつけて食べさせていることで知られていた。彼の妻は、夫が囲っていた女優たちのハーレムについて文句を言う際には、乗馬用の鞭を手に取った。ヴィルヘルムとフリードリヒ・ヴィルヘルムは、仮に理由は違っていたにせよ、かなり似た立場にあった。すなわち、輝かしい境遇に生まれついたが貧しかったのだ。ある夕餉の席で、二人はミスタンゲットの両脇に座り、彼女の寵愛を得ようと競った。彼女はヴィルヘルムの方を気に入ったようで、ハプスブルク家の大公と結婚することを夢想した。*22

二人の皇族の男とこの歌姫は、一九三二年の夏、一緒に海岸にいた。フリードリヒ・ヴィルヘルムは富裕なアメリカ人の未亡人と結婚するだろうという噂が駆けめぐっていた頃である。浪費家であった父の死後、フリードリッヒに残されたのは、スイスの小さな城だけだった。アメリカの未亡人リュシエンヌ・スウィンバーンは、高潔な石鹸王の妻であったので、何百万ドルも持っていた。フランスの新聞が彼女の夫の死を伝えた同じ日に、フリードリヒ・ヴィルヘルムが貧しい子どものための病院として城を一つ寄贈していたことも報道された。まさにお似合いのカップルとなるやに思えた（少なくとも、噂を広めたミシェル・ジョルジュ＝ミシェルにとっては）。そもそも、彼女は大金と長年にわたる善意の持ち主であった。一方、フリードリヒ・ヴィルヘルムは、金を大いに必要としており、そして悪行という家系的な血を受け継いでいた。*23

しかし、この未亡人がある晴れた日に登場した時、一緒だったのは、フリードリヒ・ヴィルヘルムではなく、ヴィルヘルムの方であった。彼女はヴィルヘルムを記者たちに肩書きをすべてつけて紹介し、ヴィルヘルムの方は折りを見て、皆が彼をファーストネームで呼ぶよう誘いかけた。「肩書きをいまだに使うのなんて、恋愛小説の中だけですよ」と彼は言った。ミスタンゲットは彼より二〇歳も年上であったが、ふたたび、「いい人」であるハプスブルク家の大公と結婚する可能性について公言し始めた。彼女は、ヴィルヘルムの中に見出しているものが気に入っていた。もっとも、ヴィルヘルムの美しい目に関する彼女の見解は、これらの出来事の記録者であるジョルジュ－ミシェルの見解よりも、おそらくシニカルであった。ジョルジュ－ミシェルは、筆を淀ませて、ヴィルヘルムの「目は相も変わらぬ青さであった」と書いた。ミスタンゲットは、人工的なものの持つリアリティにあくまで固執した女性であり、「海は背景幕ほどには青くない」という言葉で自身の回想録を始めている。ポーレットやミスタンゲットのような独立独行の女性たちの間では、ヴィルヘルムはたくさんの惹きつけるものを持っていたが、無防備に近かったのだ。[*24]

ヴィルヘルムのハプスブルクという名は、うわべはリヴィエラ海岸での埒もない会話の種というほどのものであったが、一九三〇年代には依然としてそれ以上の何かを意味していた。少なくともヴィルヘルム本人の胸中ではそうであった。彼は、いまだに政界で活動している、ハプスブルク家の要人中の要人である皇后ツィタと関わりがあると吹聴していた。彼女とヴィルヘルムは、マドリッドに一緒にいたのだ。ヴィルヘルムは恒久的な亡命の場としてフランスを選んだが、ツィタは大家族でベルギーへと移住していた。ヴィルヘルムが自由に行えることの数少ない一つが、ベルギーのツィタを訪ねることだった。一九三〇年代初頭となった今でも、彼女はハプスブルク家の再興を企てていた。彼女の計画では、ヴィルヘルムの居場所もあるようだった。ヴィルヘルムの側では、いまだにウクライナ国王になりたいと望んでおり、ハプスブルク家の再興を、自分の夢の実現の第一段階と見なしていた。[*25]

ヨーロッパ中が、ハプスブルク家が戻ってくるという噂でざわめいていた時であった。ツィタは、皇帝カールと帝国の喪に服するため黒衣しか身にまとわず、八人の子どもたちを厳しく育て、家族をまとめあげてきた。長男の皇太子オットーは、王朝が崩壊した時わずか六歳であったが、一九三二年一一月二〇日、ハプスブルク家の成人年齢の二〇歳《はたち》に達した。ヴィルヘルムは、野心を持った他のいかなるハプスブルク家の人間と同様、期待を持ってこの日を待っていた。一九三二年の暮れ、オットーはベルリンにいて、博士論文のための研究をしており、そしてさらに重要なことに、ドイツの政治家たちの知遇を得ていた。ドイツの首都で、オットーは台頭しつつあった右翼の男、アドルフ・ヒトラーの注目を惹いた。ヒトラーはオットーを、オーストリアをドイツに併合するのを助けてくれそうな傀儡君主にできるかもしれないと見ていた。

しかし、オットーは他のことを望んでいた。独立したままのオーストリアが王朝を復活させ、それによって中欧および東欧で広汎なハプスブルク帝国再興をはかるというのが、彼の望みであった。オットーは二〇歳になると、パリを頻繁に訪れ始め、叔父のシクストゥス・フォン・ブルボン－パルマによって社交界に顔つなぎをしてもらった。カールがハンガリーの王位に就こうと二回試みてから一〇年そこそこしか経っておらず、その彼の息子を期待を持って見守るハンガリー人たちもいた。ハンガリーの新聞は、王政復古の可能性について何度か記事にした。*26

イタリアのファシスト党の統帥《ドゥーチェ》であるベニート・ムッソリーニは、ツィタとオットーに、ハプスブルク家の再興は自分たちの共通の計画になりうると説得した。一九三二年、イタリアの新聞は、中欧の支配者としてはヒトラーよりもハプスブルク家の方が良いという意見を掲載し、間接的にハプスブルク家の王政復古を推し進めた。ムッソリーニはツィタをローマに招き、イタリアの王位継承権のある王女がオットーと結婚するのを見たいと彼女に話した。このような結婚については、一九三〇年代初頭のヨーロッパの新聞では、仮に誤報であれ、定期的に流された。また、ムッソリーニはツィタに、自分がハプスブルク家の復興を望んでいるとも伝えた。彼が想い描いていたであろうことは、ハプスブルク家とイタリア王家の合体であり、それによって南欧・中欧を貫いてイタリアに王朝の正統性を付与し、真の権力は自分が握れるようにすることであった。[*27]

ツィタとオットーは、王政復古は、消えたハプスブルク君主国の心臓部であったオーストリアでまさに始まるだろうと信じていた。一九三〇年代初頭、オーストリアは政治的に矛盾した地であり、近代政治は行き詰まっているかに思われた。極右のオーストリア・ナチ党の政治家たちは、自分たちの国は存在すべきではなく、ナチス・ドイツに併合されるべきであると信じていた。左派の側では、社会民主党も、オーストリアという国が存在すべきなのか疑問視し、将来においては社会主義化されたドイツとの統合の方が良いと思っていた。オーストリアの独立を支持する唯一の主要政党は、中道右派のキリスト教社会党であった。しかしこの政党は、キリスト教信者にしてドイツ語話者の労働者階級を基盤とする政党で、伝統的にハプスブルク家に忠誠を誓っていた。一九三三年の時点で、オーストリアは独立した共和国であったが、独立国であること、共和国であることの両方に固執する大政党は一つもなかった。この国の経済は、一九三〇年代初頭に大恐慌に陥っており、社会民主党が選挙で勝利できるだろうと思われる理由があった。ヒトラーは一九三三年春にドイツ国家を完全に支配下に入れており、ナチスにとってはドイツがオーストリアを引き継げるだろうと考える理由となった。何かが起こるはずであった。

オットー、ツィタ、そしてヴィルヘルムは、ハプスブルク家の再興こそこの袋小路から抜け出す道であると信じていた。オットーは一種の社会主義的な王朝を欲していた。それなら、福祉国家や輝かしいハプスブルク朝の歴史への懐古の情でもって、労働者階級を惹きつけられるだろうというのである。一九三三年三月、オーストリア首相エンゲルベルト・ドルフースは違った針路を取った。内戦へとまっしぐらに進む針路であった。彼は議会を解散し、自身の率いるキリスト教社会党から、「祖国戦線」なる団体や他のいくつかの右派の組織、そして有力な右翼の民兵集団である「護国団《ハイムヴェーア》」を結成した。祖国戦線は、伝統と近代性の一種の統合であった。カトリックではあったが、国家が社会の中で大きな役割を果たすことを認めていた。ハプスブルク家の再興という考えには必ずしも賛同ではなかったとしても、ハプスブルク朝の伝統には好意的であった。

ハプスブルク家の人々は、西方からこれを見ていて、祖国戦線は、王朝のようにはうまく人々を結びつけることは決してできないだろう、そう信じこんだ。彼らの見方はおそらく正しかった。新政権は、すぐに二つの大きな社会的・政治的衝突へと進んでいった。護国団はひとたび権力を握ると、左派の社会民主党の準軍事組織である「防衛同盟《シュッツブント》」を武装解除しようとした。防衛同盟は自衛し、一九三四年二月一二日、社会主義者たちはウィーンでゼネストを呼びかけた。首都ウィーンはたちまち社会主義者たちのレジスタンスの中心地となったので、今や政府は左派に敵対し、護国団の側についた。ウィーンは、社会主義者の選挙時の拠点であった。社会主義の市政府は、公営住宅や公共事業、公園といった、目覚ましい「赤いウィーン」を建設していた。しまいには、社会主義者たちは、カール・マルクス・ホーフといった公営集合住宅で最後の抵抗をし、その間、政府軍は周囲の丘から彼らを砲撃していた。この地方と都市の衝突では、地方が勝利した。赤いウィーンの住民たちは鎮圧され、記念碑は破壊され、社会民主党は禁止された。

ドルフース首相は左派からの脅威を抑えつけた直後、右派からの衝撃的な攻撃に直面した。一九三四年七月二五日、ナチスの一団が彼の執務室に入りこみ、クーデターを試みた。彼らはドルフースを狙撃し、失血死させ、医療措置や最後の秘跡も認めなかった。彼らはすぐに忠誠な政府軍に取り押さえられた。

祖国戦線は一年間権力の座にとどまり続けたが、内戦や致命的なクーデターの試みの後は、大成功を収めているとは言い難くなった。こうしたあらゆる暴力行為の後では、次の首相クルト・フォン・シュシュニックは、オーストリアはいかにして統治できるかを自問しなくてはならなかった。祖国戦線はオーストリア独立を支持しているが、どのようなオーストリアを守ろうとしているのだろうか？　シュシュニックと彼の大臣たちは、カトリックについて、人民と指導者との結びつきについて、精神的再武装について、歴史について、話し合いをした。たくさんのオーストリア人にとって、このプロパガンダは過ぎしハプスブルク朝の時代を想起させるものであり、中には将来のハプスブルク朝を想像する者もいた。オーストリアの町々は、オットーに名誉市民の称号を授与し始めた。シュシュニック首相は、オットーとの対話を始めることとさえした。オットーの復帰の条件について交渉されることになったが、少なくともオットーとツィタにとっては、復帰自体は時間の問題に過ぎないと思えたに違いなかろう。[*28]

ライラックの花が咲き出るのは、古い木にである。王朝なるものは、待ち方を知っていた。ツィタとオットーはウィーンへ華々しく戻るつもりでいたので、ヴィルヘルムのことはハプスブルク家の大義名分にとって価値のある味方として見ていたに違いない。ヴィルヘルムは、オットーをハプスブルク家の王座に座らせるというツィタの計画にとって、家系的にも、経済的にも、政治的にも利点をもたらすように思われた。彼は、不釣り合いな結婚をしていない数少ない大公の一人であった。たとえば彼の二人の兄は、王家にふさわしくない地位の女性と結婚していたので、ハプスブルク家の王位継承者の父親となることは絶対にできなかった。彼らは事実上、自ら王朝の将来から身を引いていたのだ。それゆえ彼らは、たとえツィタが必死で助力を求めたとしても、王朝復興のいかなる企てにも加わる動機をほとんど持っていなかった。向こう見ずなバイセクシャルのプレイボーイという生き方のおかげで、ヴィルヘルムは恋愛結婚というブルジョワの策略にかからずに済んだのだ。結婚しないのであれば、貴賤結婚をすることもない。[*29]

ヴィルヘルムは、ハプスブルク家の騎士団である、金羊毛騎士団からの除籍を必要とするほど不法なことは何もしなかった。不法行為の基準はかなり高いところにあったが、ハプスブルク家の中にはそれをどうにかして超えてしまう者もいた。たとえばレオポルト大公は、アメリカで、彼が見たこともなく、所有もしていない、家族の宝石の真贋を認定することで利益を得ていた。これだけでは不法と言うには十分ではなかったかもしれない。その後、彼はウィーンで、不正に得た利益を人目につくような快楽に費やした。これでもまだ不法と言うには不十分だったかもしれない。しかし一九三二年一月、舞踏会の後、彼はブリストル・バーに行き、金羊毛騎士団の頸章を詳細は不明だが無作法極まるつけ方で身体につけたまま飲んだり踊ったりし続けた。オットーは成人すると、レオポルトを騎士団から除籍した。[*30]

ヴィルヘルムはまた、とりわけ一九三三年四月七日に父親が他界した後は、経済的に安定しているように見えていた。家族の経営する醸造所は独立ポーランドで大成功を収めており、家族はいまだに利益をもたらす森林地帯を何万ヘクタールも所有していた。ヴィルヘルムは、葬儀と相続についての話し合いのために、ジヴィエツの自宅に戻った。兄のアルブレヒトとレオとは違ったタイプではあったものの、ヴィルヘルムは二人とうまくやっているようだった――少なくとも、末弟を守りたいという二人の本能を目覚めさせたようだった。

長兄のアルブレヒトは、彼の父親シュテファンでさえしたことがなかった、そしてヴィルヘルムが願ったこともなかったやり方で、ポーランド人になった。ポーランドでの軍歴、ポーランド語のアクセント、ポーランド人の妻、そしてポーランド人の子どもたち、である。彼の妻アリスは、確かに生まれた時はスウェーデン人であった。アリスは、最初の夫のためにポーランド人になり、アルブレヒトのためにそのままでいたのだ。もっとも、彼女は密かにウクライナに憧れていた。彼女が最初に手にした所領は、ウクライナ人の農民が居住する土地にあり、彼女はウクライナ人がいなくて寂しく思っていた。一家の居城の料理人の一人がキエフから来ていたのは、おそらく偶然ではなかっただろう。彼女は、ウクライナ人の義弟で一家の問題児であったヴィルヘルムに魅了されたのだろうか？　彼女は、一家の財政を預かる夫に向かって、ヴィルヘルムのことをとりなしたのだろうか？[*31]

アルブレヒトは確かに、ヴィルヘルムに寛容だった。ヴィルヘルムは父親に勘当されたが、アルブレヒトはヴィルヘルムがいわば「扶持」を、すなわち一家からの定期的な現金による援助を受け取れるようにしてやった。この配分は、父親が重病で状況を理解できなくなった一九二〇年代の終わりに始まったのだろう。今やシュテファンは他界したので、アルブレヒトは、ヴィルヘルムに経済的安定を取り戻させることに着手した。アルブレヒトの弁護士たちは、ヴィルヘルムの負債について慎重な調査を行い、一九三四年四月に彼の債権者たちに借金を全額支払った。ヴィルヘルムは九万四〇〇〇ドルと二一〇〇ポンドを借りていたが、当時としては相当な金額だった（おおよそのところ、二〇〇八年時点で、それぞれ一五〇万ドル、一〇万ポンドに該当する）。またアルブレヒトは、自分自身の発案で、以前どおりヴィルヘルムに支払いをすることに同意した。ヴィルヘルムは毎年およそ六万フランス・フランを受け続けることになった。[*32]

ヴィルヘルムの債権者たちが突然返済を受けたことで、ヴィルヘルムは大金を相続したのだと、ツィタとオットーには思えたに違いない。負債を全額返済されたエステルハージ兄弟は、この事実を他の君主制支持者たちに知らせたかもしれない。このような、富を手に入れたという印象は、ヴィルヘルムが一九三四年五月に旅行のために家族から受け取った一時金によってさらに強まることになる。彼はこの金で、モロッコとチュニジアに気晴らし旅行に出かけたのであった。ヴィルヘルムは金持ちのように見えていたが、実際のところはたんに支払い能力があったというだけであった。[*33]

ツィタとオットーも、ヴィルヘルムがその政治的な横顔として、ウクライナ的なものを持っていることを知っていた。これは、ハプスブルク家の再興に加わるかもしれないヨーロッパの大きな国とのつながりを意味した。たとえヴィルヘルムがオーストリアのパスポートを持ち、フランスのパスポートも得ようとしていても、そしてフランス人の中で自分のことをハプスブルク家の一員と自称していても、それでも彼は依然として、ウクライナ名で生活し、在仏の亡命者仲間とはウクライナ語で話した。実際、亡命生活の間に彼のウクライナ語の作文能力は向上している。一九一八年、彼は自分の助言者アンドリイ・シェプティツキイ宛ての電報で数行のウクライナ語を書いたことを自慢していた。一九三〇年代までに、彼は間違いやポーランド語的な表現が混じっていないわけではなかったが、かなり自分の考えや感情を表現した長い手紙を書けるようになっていた。

手紙をしばしば受け取っていた人物に、ウクライナ人貴族のヤン・トカジェフスキ＝カラシェヴィッチがいた。王子であると自称していたウクライナ人サークルの中では、トカリとして知られていた。二人は、ポーランドとの同盟関係が望ましいかどうかといったような、いくつかの問題に関しては異なった意見を持っていた。それでも、彼らは親友であった。そもそも彼らは二人とも、独立ウクライナを望んでおり、それは彼らが王族と見なされるようなものであった。二人とも、文通や会話の中で、王侯貴顕の称号をいつどのように使うべきか承知している友人を持ちたいと思っていたのだ。二人はともに、ソヴィエト・ウクライナからの恐ろしい知らせに耐えた。たとえば、一九三三年に少なくとも三〇〇万人のウクライナ人農民が命を落とした飢饉についてなどである。この知らせは、二〇世紀に入ってからそれまでの間の最大の恐怖であったが、それを深く心に留めたのは、ウクライナ人のみであった。この知らせは、ヴィルヘルムとトカリの友情を固めたようであった。

ヴィルヘルムの、ウクライナ人としてのアイデンティティは、野心に燃える貴族にとってだけでなく、ウクライナ人一般にとっていまだに信頼されるものであった。彼はまだ、仲間として受け入れられる術を知っていた。彼はウクライナ人亡命者の集まりに顔を出し、ウクライナの大義には金を出した。飢饉の犠牲者への資金集めのために自分の名前を貸した。独立ウクライナを建設しようとしていた陰謀家テロリスト組織の「ウクライナ民族主義者組織」(OUN)に接近していった。この組織は、ハプスブルクの軍隊の元将校たちによって率いられており、ヴィルヘルムと一緒に、あるいはヴィルヘルムの下で任務についていた者もままいた。指導者のうち、イェフヘン・コノヴァレッツとアンドリイ・メルニクの二人は、一九一八年にヴィルヘルムとともにウクライナで任務についていた。そこで、彼のためにクーデターを企てることを話し合ったのである。今や彼らは、ウクライナに外交上の支援を得るために、ヴィルヘルムの人脈を利用していた。ヴィルヘルムは彼らの用事でロンドンへ赴き、そこで時にはトカリの美しい妻オクサナに会うこともあった。一九三四年六月、ヒトラーはムッソリーニに、ヴィルヘルムはウクライナの民族主義者とオーストリアの民兵組織の間の連絡役だと語った。*34

ヴィルヘルムがウクライナ政界に戻ることを決めたのは、彼の最後のウクライナに関する陰謀が崩壊してから一二年経った、その年の夏であった。彼は昔の共謀者ヴァシル・パネイコに、復古についての自分の考えについて相談し始めた。パネイコはフランスのジャーナリストで、以前にはウクライナの外交官であったし、かつてハプスブルク君主国の版図の中にあったガリツィア領邦の出身であった。ヴィルヘルムは、彼のことを、一九一八年一〇月のブコビナでは知っていた。ハプスブルク君主国が崩壊しつつあった時である。パネイコは、当時ですらロシアに並々ならぬ愛着を持つウクライナ人として知られていたが、それでもヴィルヘルムの腹心の友の一人になった。一九三四年の夏となった今、ヴィルヘルムはパネイコに、ハプスブルク家再興の試みが計画中であると納得させた。

ヴィルヘルムはパネイコに、ツィタ皇后に会うためにベルギーに何回か行っていることを話した。多様な情報源をもとに仕事をしているポーランドの諜報部員は、ヴィルヘルムとツィタはハプスブルク朝の復古におけるヴィルヘルムの役割のことを、復興したハプスブルク君主国に従属する独立ウクライナの統治者として話し合っていると思っていた。この見込みは、そうひどくかけ離れたものではなかったようである。君主制支持者たちは、オットーがオーストリアかハンガリーの玉座に座ることで、中欧・東欧を変革するような連鎖反応が始まると信じていた。民主主義は、すでに、チェコスロバキアを除くこの地域のすべての国々で失敗していた。ハプスブルク家の者たちにとっては、現行のさまざまな軍事政権や君主制も、どきよりも自分たちの支配の方が望ましいと、容易に考えられたのだ。確かに、ヒトラーのドイツやスターリンのソ連が支配するよりは望ましかった。まさにこうした変革の時期だからこそ、ハプスブルク家に支配されるウクライナというものを、ポーランドの支配や、とりわけソ連の支配に大いに苦しんできたウクライナ人たちに、提示することができたのかもしれない。[*35]

一九三二年末から一九三三年初め、オットーがベルリンで学生生活を送っていた時に、ヴィルヘルムは何度かベルリンを訪ねた。彼の目的は、ヴィルヘルムが後に主張しているとおり、本当にツェッペリン飛行船に乗ってドイツからアメリカへと飛行することであったのかもしれない。しかし彼は、ベルリンでオットーに関して話しをする機会を持ったし、オットー本人と話しをした可能性も確かにあると思える。彼らはなるほど、政治的な見解を同じくしていた。二人のハプスブルク家の人間は、ハプスブルク朝の支配するヨーロッパこそが、押し寄せる全体主義の波に対抗しうる唯一の妥当な選択肢であると信じていた。二人とも、一九三四年七月のウィーンでのナチスの暴動には仰天し、二人とも行動を起こすべき時が近づいているという結論を下した。クーデターが失敗した後、ヴィルヘルムは友人に「最近の出来事に関して、私は非常に興味深い詳細を知っていて、それは犬畜生であるヒトラーの政府にとって、たいへんな恥となることです」と書き送っている。二人の親密さを示す今一つの証は、オーストリアでの王政復古運動を導く人間についてのオットーの選択であった。オットーは、ヴィルヘルムの一〇年にわたる友人であり、ついでに言えばユダヤ人の出自を持つフリードリヒ・フォン・ヴィースナーに、その使命を託した――このことは、君主制支持者たちのナチスに対する反発のもう一つの証であった。ヴィースナーはすぐさま、数万人を擁する組織を作り上げた。[*36]

一九三四年夏、ヴィルヘルムはムッソリーニに会うために、ローマへの旅も計画しているように見えた。彼はポーレット・クイーバを、ドゥーチェに会うためのドレスを買うために高級店へと連れて行っている。パリで彼は、ポーレットを、アカシア通りにある自分のアパルトマンの右隣のアパルトマンへと転居させた。ロビーでポーレットとキスしているところを見られたのは、そこでであった。ポーレットは、彼の政治計画に何らかの形で関わることを考えていたに違いない。もし彼女が、自分でそう言い、おそらくは信じてさえいたように彼の婚約者であれば、彼女は確実にいつの日かヴィルヘルムの妃となるのだ。もちろん、一族の後押しを受けて玉座に座ろうとするハプスブルク家の人間で、郵便局員だった女と結婚できる者はいなかった。もしヴィルヘルムが王政復古に一役買うのであれば、彼はツィタの忠実な僕《しもべ》とならなければならなかった。ツィタだけの僕に。

おそらくヴィルヘルムは、ポーレットがツィタのことは何も知らないと思っていたのだろう。おそらく彼は正しかった。しかしまた一方で、おそらくそうではなかった。この二人の女性はほとんどすべての点において異なっていたけれど、しかし二人のつながりは非常に近いものであった。ポーレットの愛人の一人であったアナトール・ド・モンジーは、フランスにおけるオットーの政治的な接触者だった。アカシア通りのポーレットの隣人の一人で、ヴィルヘルムと夜の乱痴気騒ぎをしばしば共にしたコロレド伯爵は、ツィタのムッソリーニへの密使だった。[*37]

ヴィルヘルムは、自分の生活のこういった側面をそれぞれ別個のものにしておきたいと切に願ったであろうが、それらはゆっくりと組み合わさっていった。

一九三四年一一月一〇日の夕べ、ヴィルヘルムはホテル・リッツでの夕食に向かう途中、ヴァンドーム広場を横切った。ヴァンドーム広場は、畏敬の念を起こさせるようなつくりになっている。中央に、シーザーのようにナポレオンを描いた像を戴く円柱が立っている。円柱の外側は、ナポレオンがハプスブルク帝国を含む敵国の軍隊から奪った大砲の青銅を溶かして作られている。確実にヴィルヘルムは、一瞥もせずに横切ったことだろう。ボナパルト一族の栄光は過去のものであるが、ハプスブルク一族の栄光には、まだ未来があるかもしれない。ヴィルヘルムの胸中には王政復古があった。ただ、いくらかの金が必要なだけだった。彼は、割くことのできる金を持っている人物に会うのだと信じていた。

ヴィルヘルムは、ロイヤル・ダッチ・シェルの創業者ヘンリ・デターディングとの夕食に来たのだった。デターディングは、当時「石油業界のナポレオン」として知られた男だった。彼を中傷する多くの人の目には、彼は、世界的な石油のカルテルを作るため、イギリスやアメリカの同業者との会合を仕掛けているように映った。ヴィルヘルムの本領発揮だった。少なくとも彼自身はそう思っていたに違いない。資本家たちのやり方はヴィルヘルムにとって謎ではあったが、彼は成人してからはずっと、実業家たちと取引してきたのだ。彼は、ヘンリー・フォードやJ・P・モルガンと会ったことがあった。さらに、彼はデターディングから、正確にはデタ－ディングの私設秘書と自称するパーカーなる人物からの招待を受けていた。デターディングは明らかにヴィルヘルムを崇拝しており、面会したがっているというのである。[*38]

もう一人別の大富豪も、この夕食の席に着くことになっていた。モーリス・ド・ロートシルト、ヨーロッパで最も富裕な一族の異端児である。彼は、フランス議会の選挙に立候補したことがあったが、その時の主張は、政府はあらゆる機会にロートシルト家の財産の恩恵を受けているのだから、ロートシルト家の人間なら立法者となってしかるべきだというものであった。彼は、早くからピカソのコレクターであった。もっとも、ヴィルヘルムの知るかぎり、ピカソは、ヴィルヘルムも主役の一人を務めるような挿絵入りのゴシップ誌に描いているスペイン人の小男だった。ピカソはミシェル・ジョルジュ＝ミシェルのために風刺画を描いていたが、ヴィルヘルムが他の流れでピカソの作品を見たことはありそうにない。ロートシルト家なるものは、ヴィルヘルムの一家の経験では、ヨットの操縦法を知らない一族であった。シュテファンはかつて、ロートシルト家の何人かが彼らのヨット「エロス号」で遭難した際に、彼らを助けてやったことがあった。[*39]

ヴィルヘルムは、ホテル・リッツの指定されたダイニングルームに入ったが、そこにいたのは期待していた人間ではなかった。アンドレ・エマールは、アブサン、そして大量のアブサンまがいのものを製造する蒸留酒製造場であるエタブリスマン・ペルノーを所有していた。エマールは自分自身で、ラムレットというアブサンまがいのものを発明していた。彼の会社は非常にうまくいっていた。この年は、年度内に三期連続で株主に一〇〇パーセントの配当を支払っていた。エマールもやはり、ヴィルヘルムと同様に、当惑させられる理由があった。ヴィルヘルムはデターディングが来ると思っていた。彼が自分を招待したと思っていたからである。一方エマールは、自分がモーリス・ド・ロートシルトに招かれたと思っていた。

礼儀正しい二人の男がホテル・リッツで遭遇したが、二人とも他の人間が来るのを期待していたのだった。大公と醸造酒王がぎこちない気分を持て余し始めた時、ポーレット・クイーバが突然現れ、緊張を破って説明し始めた。ヴィルヘルムがパーカーを名乗る人物からデターディングに会うよう招かれたらしいのに対し、ポーレットはエマールとロートシルトの間を取り持っていたらしかった。彼女はエマールに、ロートシルトはフランス政府との緊急の用事ができて、同じホテルの別のダイニングルームで大臣たちと会っていると伝えた。その後、ホテルの下働きがロートシルトの名刺を持ってやって来た。デターディングがいないことへの説明は誰もしなかった。ヴィルヘルムは困惑したに違いないが、それもおそらく初めてではなかったであろう。彼は、金持ちも貧乏人も同じように魅了し、自分の命令を聞かせてしまう術を知っていた。しかし彼は、いかなる社会の構造にも疎く、この会食のような場が仕組まれる背景がわからなかった。ポーレットに何らかの計画があるのだろうし、自分はおとなしく座って堂々としているのが一番良い、そう判断したというのが最もありそうなところである。

　ポーレットはエマールに、事業計画なるものを描写して見せた。彼女は、ロートシルトの銀行に、翌春に解除されることになっているのだが、凍結された口座を持っていると主張した。エマールが彼女に今四〇万フラン出してくれたら、彼女は数ヶ月でかなりの額の利子を保証できるだろう。実際に彼女はエマールに喜んで先日《さきひ》付《づけ》の小切手を渡そうとした。彼女は、その数ヶ月の間に、先々のハプスブルク家の再興の結果として大金を得られるのだとほのめかした。彼女によれば、エマールが彼女を支援すれば「豪勢な」利子を得ることだろう。ちょうどその時、別の下働きがあたかも合図を待っていたかのように、ロートシルトの署名入りの銀行からの手紙のように見えるものを持って現れた。エマールは納得したようだった。彼はポーレットに、もし彼女がその日の晩遅くに彼女のオフィスで会ってくれさえするなら、その四万フランを出そうと約束した。この手の提案は、彼女には手慣れたものだった。彼女は同意した。[*40]

エマールは罠を仕掛けていた。彼はホテル・リッツを出て、複数の銀行に接触した。ポーレットの申し出がいかさまであると確信し、彼は警察を呼んだ。ポーレットはその夜遅くにエタブリスマン・ペルノーに現れた時、逮捕され拘置された。

ヴィルヘルムは詐欺未遂の現場に居合わせ、人生でかつてないほど傷ついていた。いったんは、彼の愛人は彼に忠実なままだった。最初、ポーレットは警察に、自分一人でやったことだと話した。その後、彼女は供述を変え、ハプスブルク家再興の資金集めのため、ヴィルヘルムと一緒に活動していたと話した。[*41]

このように供述を変えたのは、おそらくは、彼女の真の共謀者でありヴィルヘルムを裏切った友、ヴァシル・パネイコの命令によるものだった。「パーカー」と署名してデターディングからの招待らしきものをヴィルヘルムに書き送ったのは、彼であった。ポーレットとパネイコが、この会食より前に、ヴィルヘルムを彼が心構えができていない状況へ引きずり込むことで騙したのか、あるいは事後になって、すべての罪を彼になすりつけようとすることで裏切ったのか、必ずしもはっきりとしない。しかしともかく、二人はヴィルヘルムを裏切ったのだ。

ヴィルヘルムは突然にして、関わりも国際的なスキャンダルの真っただ中に放り込まれていた。フランスの新聞は、この問題を「ハプスブルク家再興のための詐欺」と断言するのに躊躇しなかった。ヴィルヘルムは、いくらか弱気になって、パリのオーストリア公使館に助けを求めに来た。外交官の一人は、一九三四年一二月の報告書に、この問題について注意深く記載した。「ヴィルヘルム大公は、不注意にも疑わしい過去を持つ女に関わってしまった」。そのとおりである。大使館は、この件に何らかのつながりがある他の訪問者たちで溢れ返っていた。ヴィルヘルムと遊び回っていたオーストリアの貴族たちは、世間の喧騒を鎮めるためなら喜んで金を出そうとした。ポーレットに騙された人々を担当する弁護士たちは、ハプスブルク家に清算を求めた。もちろん、隠された脅しは、裁判とそれに続く有罪判決のせいで、ヴィルヘルム、ひいてはハプスブルク一族全体に傷がつくぞということであった。公使館は、そういった類のあらゆる嘆願者を追い払った。[*42]

このスキャンダルは、フランスとオーストリアの相容れないイデオロギーの問題に関わっていた。オーストリアの体制は非常に保守的だった。ヴィルヘルムの考える君主制主義が受け容れられるのではないかというほど保守的だった。しかしフランスは共和国で、政局は左派へと動きつつあった。一九三四年の夏、ヴィルヘルムとツィタが王政復古を企てていた時、フランスの左派の諸政党は、新たな協調に合意していた。主な社会主義政党複数とフランス共産党が、人民戦線を結成し、次の選挙では候補者リストを一つに絞ることで合意したのだ。共産主義者の参加は意義のあることであった。ソ連でスターリンが掲げた党の綱領の変化を反映していたからである。この時点まで、共産主義の政党は、社会主義者のことを、搾取的な資本主義の秩序を維持することしか望まない「階級の敵」として見るよう教えられていた。ヒトラーの政権掌握後、スターリンは方向転換した。今や共産主義者は、社会主義者を同志として受け入れ、ファシズムの台頭を阻止するために彼らと手を組もうとしていた。フランス共産党は「ラ・マルセイエーズ」を歌い、フランスの国益を追求する政党であると自称し始めた。[*43]

興奮に沸き立っている時期だった。人民戦線を構成する諸政党は、現実にそのとおりであったのだが、自分たちが多数派を代表していると信じていた。しかし、一九三四年暮れから一九三五年初めにかけて、フランスはまだ中道右派連合によって、すなわち老齢で納まり返った、地位を持つ政治家たちによって支配されていた。フランスは七〇代の人々に支配されている、八〇代の人々は皆死んでしまったからだ、というジョークが流行ったほどである。そういうわけでこの数ヶ月間、人民戦線は将来への大いなる自信と、当座の権限の完全なる欠如の双方を味わっていた。共産主義者が加わったことにより、イデオロギーの違いも深まり、政治的なレトリックの鋭さも研ぎ澄まされた。人民戦線はファシズムを止めるために結成されたが、ファシズムというのは、共産主義者にとって、それどころかたくさんの社会主義者にとって、非常に広範なカテゴリーであった。それはむろん、ヒトラーの国家社会主義のことであり、ムッソリーニによるイタリアのファシズムのことであった。しかしそこにはまた、オーストリアのカトリックによる独裁主義体制も含まれていたし、おそらくはハプスブルク家さえ含まれていたであろう。この観点からすると、オーストリアの指導者たちがヒトラーに反対し、彼らの一人がナチスによって殺されていたというのに、オーストリアはたんにもう一つのファシズムの国というだけであった。人民戦線はオーストリアを同盟国とは見なせなかった。

ヴィルヘルムは、どう評そうが、共産主義とソ連の断固とした反対者であった。彼の生涯の使命は、売春宿やビーチにいない時であればだが、苦しむウクライナの人々をボルシェビキの支配から救い出すことであった。ハプスブルク家の復興に関する彼のヴィジョンでは、ウクライナ人は君主制を選ぶであろうと思われ、それはまさしく、彼らがソヴィエトの下で非常に苦しんできたからであった。彼は軽薄であり軽率な行動もあったが、それでもウクライナにおける共産主義の本質については、疑問の余地なく正しくとらえていた。一九一八年にウクライナを去らねばならなくなった時、彼は、ボルシェビキが勝利をおさめ、彼らの支配するソヴィエト・ウクライナは残忍な国になるだろうと予言していた。彼の予言は正しかったと証明されたし、ヴィルヘルムは一五年後に、共産主義者が公的生活において非常に重要な地歩を占めていたフランスで、共産主義の非人道的な行為について堂々と口にする勇気を持っていた。

ヴィルヘルムのスキャンダルは、それゆえ、この欲求不満で自信過剰のイデオロギー面での左派にとってはお誂え向きだった。左翼諸政党の新聞は、このスキャンダルを最大限に利用した。一九三四年一二月一五日付『ル・ポピュレール』紙を見てみよう。「社交界の名士の間でも屈指のダンサーにして、ゴルフを嗜む長身ブロンドの紳士は、国王たちとファーストネームで呼び合う仲であり、下僕たちを鞭で打ちのめすと脅し、女性たちへの口の利きようを知っていた。カオールの元郵便局員が、どうやってそんな魅力にあらがえただろうか？」[*44]

これは噴飯ものであった。証拠がどこかの法廷で検証される前に、いやヴィルヘルムが何かの廉《かど》で告発されるよりも前に、真剣な法律議論が新聞によってなされていた。こんな筋書きもあった。一人の女が、ある男の「魅力」に落ちてしまった。それゆえ、この男は最終的に責任がある、というものである。また別のジョークもあった。「国王ともなれば羊飼いの女とは結婚できないが、大公なら郵便局員の娘から支援を受けられる。これは進歩である。さればこそ！　我々はこの進歩とともに歩んでいくのだ」。ここでもまた、法的な論点がほのめかされている。もしポーレットがヴィルヘルムを経済的に支援しているなら、彼女の詐欺は彼のために行われたことになる。これは、ポーレットの五人の弁護団が追求した路線であり、彼らは全員、人民戦線を構成する諸政党に関与していた。記者に情報をリークするという手段をとったおかげで、弁護人団は、犯罪が行われたが、それはハプスブルク家のためのものであり、最終的な咎はヴィルヘルムにある――そうした全般的な印象を、少なくとも一定の読者層に抱かせることができた。[*45]

ヴィルヘルムの叔父オイゲンは、オーストリア外相に公的に干渉することを求めたが、拒絶された。ヴィルヘルムの友人でありツィタの同志であるコロレド伯爵は、スキャンダルを回避するためなら、必要なら誰にでも大使館が金を払うのを手助けすると申し出たが、そっぽを向かれた。パリにいるウクライナの退役軍人たちは、ヴィルヘルムの人柄について保証する嘆願書に署名したが、これまた無視された。ヴィルヘルムの友人たちは、パネイコの過去を探ろうとしたが、時間切れであった。[*46]

一九三五年の春を通して、ヴィルヘルムは、調査に当たっている予審判事が、この件に関して彼の印象が最悪になるような筋書きを信じていると確信するに至った。彼はまた、調査に当たっている予審判事が自分のことを、外国人、オーストリア人、ハプスブルク家の人間として嫌っているとも思っていた。有期刑を宣告される可能性もあると警告する友人たちの助言に従い、ヴィルヘルムは国外逃亡した。彼はスイス経由でオーストリアへ向かい、六月中旬にウィーンに到着した。[*47]

ヴィルヘルム・フォン・ハプスブルク（またの名はヴァシル・ヴィシヴァニ）とポーレット（またの名ポール、あるいはオランピア）・クイーバに対する訴訟は、一九三五年七月二七日、シテ島にあるパレ・ドゥ・ジュスティスの中のパリ第一六刑事裁判所で取り上げられた。[*48]

統括裁判官は、審理の開始時に、ヴィルヘルムが出席していないことを辛辣に指摘した。彼の言うところでは、ヴィルヘルムは裁判官たちの執務室に、礼儀正しく別れを告げるやり方だが、「いとまごいをする」意のフランス語のイニシャル p.p.c.（pour prendre congé）と記された名刺を置いていった。これにより、誰もが、ヴィルヘルムは判決が怖くてこの場から逃げたのだと気づいた。ヴィルヘルムの国選弁護人は、名刺は事務員のジョークであると述べ、この話が事実であることを否定した。[*49]

裁判の方向性は決まっていた。ヴィルヘルムとポーレットはこの時点で、詐欺、詐欺未遂、詐欺の共謀、不渡り小切手を出したことで告発されていた。告発している側は、フランス国家に加え、詐欺の被害者であると主張する民間人たちであった。そのうちの一人がパネイコだった。彼は、そうやってずる賢くも訴訟に入り込んできた。彼はいかにもでっち上げらしい話を語り始めた。彼はポーレットに二万フラン貸したが、それとまったく同額の紙幣をヴィルヘルムのブリーフケースの中に見かけたというのである。彼はまた、ヴィルヘルムのことを罵り、法廷の言葉遣いの品位を落とす機会も逃さなかった。パネイコは、ヴィルヘルムのことをひも《ストゥヌール》だと言った。が本当に言いたかったのは、ヴィルヘルムはひもでジゴロで男娼の客だということだったのであり、ポーレットを自分のために仕事をさせようと送り込み、金欲しさに彼女と性交渉におよび、その後ではその金を船乗りたちとの性交渉のために使った、ということだった。こうしてパネイコは、自身の役割を共謀者から被害者へと変えてしまった。

まさにこうした観点で、裁判官は他の告発についても考えた。ヴィルヘルムは事実、カンヌのゴルフ場を九ホールから一八ホールに拡張するため、イギリスで金を集めていた。彼はその金をポーレットに渡しており、その金は跡形もなく消えてしまっていた。ポーレットはある材木商人に、一八万四〇〇〇フランにして返すという約束で、一四万フラン出すように説得した（アブサン商人のエマールは、同様の申し出を斥けていた）。ここでの告発は、詐欺未遂であった。ポーレットの住む建物の門番は、自分の蓄えを彼女に託したが、その金を二度と拝むことはなかった。最後に、ポーレットがイタリア旅行のための洋服をオーダーしていた洋品店は、支払いを受けないまま終わった。店主が証言したように、ヴィルヘルムは実際ドレスに関してははっきりと意見を述べていたが、勘定書にサインしたのはポーレットだった。どの場合でも、主導権を取っていたのはポーレットだったように思える。[*50]

ポーレットは、彼女らしいやり方で、それぞれの出来事について自身の筋書きを物語った。彼女は恋をしていた。彼女は、貧しく、うぶなフランス女だった。彼女は、ハンサムなハプスブルクの王子の手練手管には抗せなかった。彼女は、自分が何をやっているのかわからず、それがどんなことであれ、愛する男のためにそれをやっていたのだ。彼女は、老いた母の世話に必要な少額を除いて、有り金を全部ヴィルヘルムに渡した。彼が船乗りたちとの性交渉に支払いができるように、彼女は一〇〇フラン札を何枚も手元に持っていなければならなかった。もちろん、このことに彼女の心はいたく傷ついた[*51]。

パネイコの弁護士は結論を引き出した。ポーレットに犯罪の意図がなかったのなら、ヴィルヘルムが有罪である。「幸いにも、オーストリアに王政が復古する前に、我々はこの王冠を戴いた犯罪者に有罪判決を下せる立場にいます」と彼は断じた。好ましくない展望による厭世的な気分を反映させて、オーストリアの外交官の一人が記しているように、弁護士たちの最終弁論は「オペレッタや低俗小説からでもなければ知りえないような境遇《ミリウ》から引き出されていた[*52]」。

統括裁判官は、被害者としてのポーレットの話を受け容れた。「責任の過半」はヴィルヘルムにある、そう彼は結論づけた。ポーレットは「彼女の意志とは無関係な状況」によって動かされ、「免罪に値する」ように思われた。ヴィルヘルムは刑期五年を宣告された。ポーレットの方は、執行猶予がつき、大手を振って歩き回れることになった[*53]。

この詐欺事件でポーレットがどんな立場であったかはおいても、彼女はヴィルヘルムの悪巧みの無実な被害者などではなかった。彼女はこれまで自衛策をうまく使ってきており、非常に頭が良かった。統括裁判官、そして本当に男しかいない法廷は、彼女の生け贄に加えられるはずだった。彼女はその自衛策をアンリエット・カイヨーから拝借していた。アンリエットの夫とも、ポーレットは関係していたのだが。アンリエットは、夫ジョゼフからのラブレターを公表したジャーナリストを殺したが、自分は情熱的な女性だったというだけなので、自身の行為には責任を持てないと主張した。女性らしい「情熱ゆえの犯罪」というこの考え方が、一九一四年にアンリエットを助けたように、一九三五年にポーレットを助けた[*54]。

実際、ポーレットは何をしていたのだろうか？　ヴィルヘルムが男性との性交渉のために金を使っているのを知りながら、そうした犠牲も厭わないほど彼のことを愛していたために、彼女はヴィルヘルムのために金を調達したのだろうか？　男性との性交渉は、パネイコとその弁護士が強調したがった、この物語を構成する大きな要素であった。パネイコがある知人に書き送っているように、ヴィルヘルムは「つねに大金を必要としているが、それは生活のためというよりは、アラブ人、黒人、船乗りといったありとあらゆる若者、社会の底辺にいるありとあらゆるクズどもを援助し、彼らにやまほどの贈り物を与えるためだった」。パネイコによれば、ヴィルヘルムは「二重生活」を送っていた。「一方は昼の顔で、王侯にふさわしく、政治的な生活である。他方は夜の顔で、大都市や港町の最底辺のクズどもとともに過ごす生活である」。パネイコのこの描写には真実と言えるものがあった。ヴィルヘルムの私生活についての紛れもない事実を、ステレオタイプとして無理やり利用し、自身の目的のために細部を強調していたとしてもである。オーストリアの外交官たちは、フランスの新聞はハプスブルク家を退廃したものとして示すために性生活を強調している、と不平を述べた。ヴィルヘルムは性交渉に大金を使ったのは確かだったが、しかし所持金や借りられる金額を超えることは一度たりともなかった[*55]。

新聞が政党と結託している国では、ハプスブルク家の再興がこのスキャンダルの中心にあった。性や金にまつわるくだくだしい話がますます発行部数を押し上げたが、記者たちが報道するに際して、政治的に重要なのはハプスブルク家の衰退であった。ジャーナリストたちは初めは、王政復古こそ詐欺の真の理由だと見なしていたが、そのうち、王政復古が噴飯ものである理由としてこの詐欺事件を取り上げるようになった。しまいには彼らは、ヴィルヘルムの「厚紙でつくった王冠」と「正真正銘の恥」とを対比するようになった。この変化は、ジャーナリストたち自身がしかけたものだった。ヴィルヘルムに期待されるイメージについては、『ル・ポピュレール』紙がおそらく、明け透けさではいちばんだった。「ハプスブルクねえ！　卑しむべき存在ながら、輝かしい名前を受け継ぎ、富、名誉、軍人、威光といった中に生まれつきながらも、はてはモンパルナスのひもの中でも下種《げす》も下種に成り果て、己の代わりに悪行に関わらせた、貧しく浮き草のような娘の金で生活している！」ひょっとしたら、『ル・ポピュレール』紙は『ルーヴル』紙には敵わなかったかもしれない。「ハプスブルク家、狂気を生み出した例には枚挙にいとまがない呪われた一族の血。この一族では殺人が自然の死と同じくらい頻繁に起きたし、不幸な女性たちは長い間切れ切れにしか眠れずにいたのだ！　一九一四年、その血は世界中に降りかかった。昨日は、その血がパレ・ドゥ・ジュスティスの中のパリ第一六刑事裁判所に入り込んできたというだけなのだ[*56]」。

法廷でのポーレットは、年季の入った詐欺師というより「貧しい娘」か「長いこと苦しんでいる女性」だったので、ひとたび裁判が終わると、彼女は、王政復古などという考えはいかにしても馬鹿げているという証となりえた。彼女は、「大公はハプスブルク家再興にとって良い位置におられる」と証言していたが、その証言はこの状況では馬鹿々々しいと思われた。彼女は、特にヴィルヘルムの身の回りの世話をし、食事を出していた話をした時には笑い者になった。ある記者は、ポーレットの能力について敬意に溢れた要約をしている。「彼女は知的で、独創的で、想像力豊かであった。将来、大公妃の座に就けると吹聴していたから、貴族の称号や、帝衣の色であるロイヤルパープルに簡単に騙されやすい人々からかなりの額を詐取できたのだ」。しかし、この記者ですら、ポーレットが「大公妃よりも、放蕩に取り憑かれた料理人のように見える」という滑稽味を帯びた結論を記す気分には抗しきれなかった[*57]。

マスコミは、君主政治を馬鹿げたものとして描く力を持っていた。ヴィルヘルムのような高貴な人物のイメージを傷つけることができた。たとえばミスタンゲットのように、ヴィルヘルムの有名人である知己の中には、新聞はどれもよい新聞だと考える者もいた。ミスタンゲットはミシェル・ジョルジュ－ミシェルに、彼女がヴィルヘルムと結婚しようとしているという噂を載せるよう頼んだ。翌日の見出しに載るのはいかなるいわれからでも結構なものだったのである。ヴィルヘルムにとっては、単純なことだが、それはあてはまらなかった。少なくともこの時点では、皇族や王族の一員にとって、有名になるのはとにかく良いことだという世界には、まだなっていなかった。ヴィルヘルムはマスコミの新たな偶像となった新興の名士階級の中を動き回っていたが、彼自身はそうしたものに含まれてはいなかった。彼は、その名前のお陰でクラブやリゾート地に顔を出すことができたが、その名前故にそこから去らねばならないこともあった。ハプスブルクという名は、もはや成功を保証するものではなく、むしろ値打ちを下げることになりかねなかった。彼は、一九一八年以前のハプスブルク家にはなかったかたちでマスコミと世論の影響に晒されやすく、一九三五年のパリの富裕な友人たちにはなかったかたちで打たれ弱かった。スキャンダルのせいでこのことが明らかになった。しかも、最も痛ましいかたちで。

十中八九、ヴィルヘルムは、ハプスブルク家再興というツィタの計画に資金を出すため金を集めようとはしていた。この目的は、そして実際に詐欺の本質は、彼が最後に政治に活発に参加していた一九二一年の行動と矛盾していない。法律や金融の細部についてまったく教えられたこともなければ興味を持ったこともないまま、彼はおそらく自分の行動の不適切さがわからなかったのだろう。ポーレットの被害者たちは、一三年前のウクライナ・シンジケートへの出資者たちと同様で、彼らの金がその一助となる政治変革の結果あってこそ利益を得ることを約束されていた。一九三四年にも一九二一年の時と同様、ヴィルヘルムは詳細を把握していなかったのではないかと思われる。彼は、自分の存在によって人々の財布のひもが緩くなるのではとわかっていて、それ以上は理解したくなかったのかもしれない。

ヴィルヘルムは、ツィタを失望させないためにも、金を持っていなくてはならなかった。ツィタは金が必要で、ヴィルヘルムなら持っているだろうという印象をおそらくは抱いていた。この印象を現実にするため、ヴィルヘルムは、王政復古より前に、ツィタが真実を知る前に、大金を速やかに集めなくてはならなかった。ある女に貢ぐために、別の女に稼がせるなどというのは、つねにきわどいやり方である。ヴィルヘルムは、おそらくポーレットの企みを把握していなかっただろうが、その点は確実に理解していた。パリから逃れた後、彼が最初に思ったのはツィタのことであった。彼は友人たちに、ツィタを慰めるよう頼んだ。「あの気の毒な方はこのことについては何も知らず、今苦しんでいるに違いない」[*58]。

スキャンダル絡みの政治の深いところでの真相は、ロマンスに関するそれと同様、永遠に曖昧なままであろう。ポーレットがヴィルヘルムを裏切ったことで、ヴィルヘルムはツィタを裏切らざるをえなくなった。パネイコとポーレットは、ハプスブルク家再興計画においてヴィルヘルムがツィタと協力していることを知っていながら、彼の政治的なキャリアと栄光を摑むいかなるチャンスをも打ち砕いた。しかし、なぜだろうか？

パネイコとポーレットが、ポーランドかチェコスロバキアかソ連か、とにかく外国のために活動していたというのは、確かにありうることである。ワルシャワのポーランド政府はヴィルヘルムのことを最も良く知っていた。ポーランドの情報機関は、ヴィルヘルムがパネイコと交わした会話の内容を知っていたが、それはつまり、パネイコ自身が情報源でポーランドのために活動していたこと、そしてヴィルヘルムへの裏切りはポーランドによる挑発だったかもしれないということを示唆している。ヴィルヘルム自身は、チェコスロバキアが自分の失敗を画策したと信じていた。彼が理解するところでは、ハプスブルク家がいかなる形で再興しても、プラハのチェコスロバキア政府が最も失うものが大きかった。チェコスロバキアはかつてのハプスブルク帝国の版図の中心部から切り分けられてできた国で、指導者たちはいかなる形でも王政復古には反対だった。もちろん、ソ連も考慮に入れないわけにはいかない。この国は、ヴィルヘルムの叔父オイゲンが選んだ国だった。スターリンは、ウクライナの亡命政治家たちを始末するのに長けていた。たいていは殺させてしまうだけだったが。スターリンは、三年後、ヴィルヘルムの同志でウクライナ民族主義者の指導者イェフヘン・コノヴァレツを、チョコレートの箱に見せかけた爆弾で殺させることになる。[*59]

フランス国家のいくつかの組織が、こうした国々のどれかと協力していたということも大いにありそうなことである。フランスはポーランドとチェコスロバキアの同盟国であり、一九三五年五月にはソ連との相互支援協定に調印していた。フランスの指導者のほとんどは、ハプスブルク家の再興には反対だった。一九三五年七月、オーストリアは反ハプスブルクの法律を無効にしたので、王政復古はきわめて可能性が高くなったように思われた。フランスの新聞各紙はこう問いかけた。「ハプスブルク家がオーストリアに戻ってくるのだろうか?」このスキャンダルのせいでその可能性は低くなった。[*60]

陰謀のまじらぬ恋が燃え上がりはしないように、恋なしに成就する陰謀もない。ポーレットはヴィルヘルムを裏切ったが、だからといって彼女がヴィルヘルムを愛していなかったということではなかった。おそらく彼女には彼女なりの理由があった。たぶん彼女は、もし王政復古が実現したら、ヴィルヘルムの人生にとって最も重要な女性はツィタになるだろうことを理解していた。おそらく彼女は、自分が彼の婚約者だと主張はしたものの、彼が元郵便局員と結婚しつつ大王朝を創設することはできないと理解していた。そう認識していたことで、新聞がはやし立てるに恰好と見なした、愛情と背信行為との並存が説明できるだろう。おそらく、法廷やゴシップ欄ではパロディにされるほど堂に入っていた彼の尊大さと魅力が、アカシア通りでは真実味があり、慈しみのあるものに思えていたのだろう。[*61]

裁判の時、ポーレットは三七歳で、すでに獄中で数ヶ月を過ごしていた。最も美しい年頃を過ぎていたはずである。フランスのジャーナリストたちは、決まって彼女の容姿を、そして彼女の身なりを嘲笑った。ある女性記者は「少ししょげているが、偉大な世紀の最良の伝統に引き寄せられた顔」について記した。フランスの偉大な世紀とは一七世紀であり、二〇世紀よりもいくらか女性の美の理想は寛大だった。ある男性記者は、偽りの騎士道精神をもって、筆に任せてという感じで、彼女の特徴を「エネルギッシュだが、少しばかり労働者階級らしいところがある」と記した。この記者はまた、彼女は場違いな帽子を被っているとも指摘している。[*62]

むろん彼女はそのとおりだったのだ。ポーレットは、社会的上昇が、それも女性にとってはとりわけてだが、ほとんど不可能だった時代と国とで、立身出世主義者だった。ポーレットのように貧困から富裕へと成り上った人間は、しばしば洗練された教養が欠けているのが明らかになることがある。ココ・シャネルは帽子製作でのし上がったが、きわめて稀な例外の一人であった。ミスタンゲットは、こうした楽園のごく稀な鳥のもう一つの例であった。彼女は、お決まりの科白の一つで回想しているように、花売り娘としてスタートした。おそらく貧困からのし上がったことこそ、ヴィルヘルムがポーレットに、また同様にミスタンゲットに惹きつけられた所以であった。ツィタですら、堕落したカトリック信徒であったヴィルヘルムでも知っていただろうように、下女下僕の守護聖人の聖ツィタから名づけられていたのだ。[*63]

ヴィルヘルムは公の場でポーレットにキスをした。彼が他の誰かにそのような特別な好意を示した形跡はない。

ヴィルヘルムの国選弁護人は、「彼はクイーバ嬢の操り人形だった」と主張した。ポーレットの弁護団の一人は、もし彼女が「罪を犯していたなら、それは彼女を慰み者として扱った男性への行き過ぎた盲目の愛ゆえの罪だ」と言い返した。両者の弁護士たちは真実を語っていた。互いの手で操られる傀儡《くぐつ》であり、傀儡に結びつけられた糸そのものを引き合う二人は、恋に落ちている者たちなのだ。[*64]

ポーレットは裁判の後半ずっと泣いていた。希代の女山師にとってさえ、午後中ずっと偽りの涙を流すのは容易ではないだろう。

そしてすべてが終わり、判決が下った時、彼女はふたたびヴィルヘルムを追いかけた。

BROWN

# 貴族的ファシズム

一九三六年四月一日、パリにあるオーストリア公使館の広報担当官は、ブルボン゠パルマ家の王女から電話を受けた時、いい知らせであって欲しいと願った。ヴィルヘルムの醜聞があったり、フランスで人民戦線内閣が成立したりで、オーストリアの右翼政権の外交官たちにとって、有り難いニュースがまずなかったのである。そうしたわけで、この電話は期待を抱かせるものだった。ブルボン゠パルマ家は、フランスの王族の分家の一つで、ハプスブルク家とは姻戚関係を持っていた。皇帝カール一世の未亡人のツィタ皇后はブルボン゠パルマ家の出身であった。広報担当官はワッセルバック博士という人物だったが、オーストリアとフランスの間の難しい状況を改善させるきっかけとなるかもしれないものを期待してしまった。実際電話を通した女らしい声は、魅力的な提案について伝えており、まさに一九三六年という困難な局面を迎えたヨーロッパでも窮地に陥っていたオーストリアに、直接に訴える魅力的な提案を含んでいた。

世界恐慌で大打撃を被ったオーストリアでは、工場は閉鎖、畑には作付けもなされていず、まさに喉から手が出るほど観光客を欲しがっていた。アルプスはハイカーやスキー客には魅力があり、田園地帯は未開発の美しいままであり、不相応に大きな国際都市である首都ウィーンは、自国民からの需要では支えられないほどの芸術作品や演劇、音楽を提供していた。しかし、アドルフ・ヒトラーがオーストリアの観光産業を滅茶苦茶にしてしまっていた。オーストリア人がナチ党を禁ずることへの不満を示すため、総統はオーストリアでの旅行を望むドイツ人すべてに、一〇〇〇マルクもの金を納めることを要求していた。今やドイツ人旅行者たちは、オーストリアはただ通過するだけで、アルプスのブレンナー峠を抜けてイタリアにまっすぐに向かってしまった。ドイツ人旅行者を失った穴を埋めるため、オーストリアの外交官たちは、ヨーロッパの他の国々から観光客を引き寄せる努力に、より一層励まなくてはならなかった。そうしたわけで、ブルボン＝パルマ家の王女が、オーストリアのための「大規模な宣伝活動」を引き受けたいと考えているリバ伯爵夫人という友人を持っていることを聞き、ワッセルバックは大いに喜んだ。伯爵夫人は公使館の広報担当官に歓迎されただろうか。当たり前のことだった！[*1]

リバ伯爵夫人の第一印象は強烈だった。彼女は帽子と厚化粧で素顔を隠し、フランス人の間でのオーストリアの印象を良くしたいという希望を早口で述べた。自分はオーストリアの上流階級人士に非常に多くの友人がおり、お国の繁栄を願っている、と説明した。たとえば、かの不運な大公ヴィルヘルムと非常に懇意にしてきたが、彼が取り調べと裁判を受けている間、オーストリアの外交官が何ら手を差し伸べなかったことに落胆していると口にした。何もなされなかったので、かわいそうなクイーバ嬢は最愛のヴィルヘルムのために我が身を犠牲にせざるをえなくなり、今やすっかり零落している、と。

一連の事件についての意見にワッセルバックが賛成しそうにないと感じたせいか、伯爵夫人は慌てて自分の計画について話し出した。自分はフランス人ジャーナリストのミシェル・ジョルジュ＝ミシェルと親しい間柄だ、と彼女は言った。オーストリア外交官の保証があれば、二人ともオーストリアに旅行したいと思っている。そうすればジョルジュ＝ミシェルは、新聞や雑誌に好意的な記事を書き、宣伝になるような本も一、二冊書くので、フランス人が自分たちのあとを追ってオーストリアに来るように促すことにつながるだろう。彼女は公使館にジョルジュ＝ミシェルを連れて来ようと申し出、広報担当官は同意した。

ワッセルバックは出口まで彼女を見送った。

リバ伯爵夫人がいる間は、ワッセルバックも考えをまとめられなかったが、一人になってじっくりと考えた。前年のヴィルヘルムのスキャンダル――ワッセルバックが公的な立場からじっと観察していた、あのオーストリアに加えられたメディアによる災難――からこの方、彼はポーレット・クイーバを名うての詐欺師と見ていた。彼は、リバ伯爵夫人のような社交界の貴婦人が彼女と知り合いであることにも驚いたが、ましてや擁護したことにはもっと驚かされた。

ワッセルバックの疑念は次の面会でますます強まった。ジョルジュ＝ミシェルは、八〇冊から九〇冊の本の著者であると自己紹介し、イタリアにフランス人旅行者を引き寄せたことでムッソリーニから返礼を受けたことに触れた。彼は、ワゴン・リ社とは個人的に有力なコネがあるので、列車の切符の支払いをする必要は一切ないのです、と主張した。伯爵夫人が、ジョルジュ＝ミシェルは非常に裕福なので、彼の宣伝活動に金銭的な報償の話をする必要はない、と付け加えた。お金の問題を持ち出すにも、簡単に片づけてしまうにも、やり方が奇妙だな、とワッセルバックは思った。

それから、心憎い感じで、ふたたびヴィルヘルムのことが蒸し返された。ジャーナリストと伯爵夫人は、オーストリアでのハプスブルク家の復興に手を貸したいと願っているのだと語った。二人は、ヴィルヘルムの事件で、君主制支持者の立派な大義がひどく傷つけられてしまったことを残念がった。それはオーストリアの外交官たるワッセルバックにとって、論ずるには慎重を要する、デリケートな政策の範疇に属することだった。実際のところ一九三五年には、オーストリアは以前と比べはるかにハプスブルク家というものを受け容れるようになっていて、大勢のハプスブルク家の面々が帰っていたが、ヴィルヘルムほどに刺激的な理由を抱えて戻ったわけではなかった。その年の九月には、オーストリアの首相は、僭越にも王位を求めるオットー・フォン・ハプスブルクとも密かに会っていた。しかしこの時ワッセルバックが説明したように、ハプスブルク家の再興という公の政策はまったくなかった。

リバ伯爵夫人はちょっとした妥協の気配を示そうとした。自分たちが大使館に求めているのは、オーストリアに招待されることだけなのだ、と彼女は言った。ワッセルバックは、お訪ねくださるのは歓迎するが、ご招待するというのは通常の慣例にはありませんな、と答えた。しごく不愉快な気分を味わいつつ、何かに彼の注意は引きつけられていた。オーストリアとハプスブルク家の復興を結びつけ、その復興とヴィルヘルムを結びつけたいという彼女の願望だった。このことはワッセルバックにふたたびヴィルヘルムの事件を思い出させた。あの時ヴィルヘルムの敵対者たちは、オーストリア国家が彼の運動を支援していることを証明しようとしたものだった。伯爵夫人はヴィルヘルムについて話し続け、ジョルジュ－ミシェルとウィーンまで同行したいと繰り返したので、ワッセルバックは直感的に、彼女の真の目的が大公ヴィルヘルムに会うことなのだと覚った。なぜそうなるのだろうか？

すると、話している間にぴんときたワッセルバックには、すべてが納得できた。自分の前にいる女性、リバ伯爵夫人として会うのがこの時二度目だったこの女性は、実際には変装したポーレット・クイーバ本人に他ならなかった。そもそもが、ブルボン－パルマ家の王女のふりをして電話をしてきたのが、クイーバ自身であったことも疑いなかった。ワッセルバックは二人の訪問客に別れの挨拶をし、それから自分では動かずに時機が来るのを待った。

数日後、取り乱したミシェル・ジョルジュ－ミシェルが、ワッセルバックを訪ねて公使館に姿を現した。ひどい様子だった。どこかおかしかった。彼のところにオーストリア公使館の者と名乗って、電話をかけるような時刻でないのに、何度も電話がかかってきていたのだ。いくつか違う声でかかってきており、どれも外交官のもののようには聞こえなかった。ジョルジュ－ミシェルは、リバ伯爵夫人が本当は何者かご存じか、とワッセルバックに尋ねた。ワッセルバックが肯《うべな》って、伯爵夫人はポーレット・クイーバの変装でしょうねと答えると、ジョルジュ＝ミシェルは、どうして自分に注意してくれなかったのか理由《わけ》を知りたいと言った。ワッセルバックは、二人が一緒になって陰謀を企てていると思っていたのですよ、と本音で答えた。ジョルジュ＝ミシェルは、ついさっきその事実を自分でも摑んだのだ、そう言って自己弁護した。クイーバがしばらく前からリバ伯爵夫人に扮していたという証拠を、ある探偵社が示したのだ、と彼は言った。クイーバは、公使館に嘆願してオーストリアを旅行してくれれば一〇万フラン支払うと彼に約束していた。ジョルジュ＝ミシェルはこうも付け加えた。クイーバは、ヴァシル・パネイコとかいう人物、オーストリアで必要となるだろうあらゆるコネを持っているのよと彼女が主張していた人物を、オーストリアまで一緒に連れて行くと言い張っていたんですよ、と。

すべての断片が一つにまとまった。もちろんパネイコとは、以前ヴィルヘルムの政治的助言者であった者のことで、彼こそが一九三四年から一九三五年にかけての醜聞を何もかも巧みに操作していた可能性がきわめて高かった。パネイコはヴィルヘルムの同性愛に関する噂話をあちこちに広めていた。ヴィルヘルムは後になってから、彼らしくもなく礼儀を忘れ、パネイコをたんにホモ野郎《フルーツ》と呼んだものだった。この時パネイコとクイーバは、一九三六年の春になったら、理想を言えばオーストリアからの資金と招待状を携えて、ウィーンまでヴィルヘルムを追いかけて行きたい、さらに言えばヴィルヘルムのことも、また総じて君主制主義者の大義も傷つけてやりたい、と考えているようだった。オーストリアの新聞・雑誌は、ヴィルヘルムのパリでの災難について一語たりとも報道していなかった。パネイコとポーレットはヴィルヘルムの元に醜聞を携えて行くことになろうし、疑う余地なくオーストリア人の注目もそこに集めようとしていたのだろう。*2

ポーレット・クイーバは、まず電話でツィタ皇后の親類のブルボン＝パルマ家の者を演じ、次いでフランス貴族階級の一員として実際に顔見せをした。まさに仕上げをご覧《ろう》じろというところだった。もし彼女の目論見どおりに運んでいたら、明らかに彼女がヴィルヘルムの今一人の愛人と思っていたツィタ皇后だけでなく、彼女の出身階級を馬鹿にしていたフランスのジャーナリストどもに対して、ざまを見ろという気分になれたことだろう。艶やかで蠱惑的な伯爵夫人を演じることができたのなら、彼女が垢抜けない労働者階級の小肥りな女というわけがないではないか。しかし彼女の計画は上手く行かなかった。今一つだった。

ポーレットが二度目の面会時に瞞着をしたのは、彼女が最初の面会時にも瞞着をしていたことを追認するものだし、パネイコとの共謀を続けていたことも示唆している。それでは、こちらもかつてヴィルヘルムの友人であった、ミシェル・ジョルジュ－ミシェルの役回りは何だったのだろうか。ポーレットの変装にそれほどたやすく騙されることなどあり得ただろうか。このジャーナリストはヴィルヘルムのことをよく知っていたし、したがってポーレットのことも知っていたはずである。彼は名流夫人たちがいる更衣室や、パリの社交界、リヴィエラ海岸で人生の多くの時間を過ごした。自己顕示の強い女性たちを好んだし、彼女らの人物を見定めることができるだけの経歴を重ねていた。彼は、フランスの女たちの、富とか陰謀とか王位というものへの狂気じみた偏愛について、誇張のまるで入り込まない本もすでにものしていた。[*3]

そうは言っても、ポーレットだけは特別な存在だったのだ。ワッセルバックは最初から最後までヴィルヘルムの事件に関心を払っていたし、裁判も傍聴した。疑り深く理知的なワッセルバックのこと、ポーレットのこともよくわかっていた。法廷で彼女のことをじっと見ていたし、新聞に載った写真も見ていた。それにもかかわらず、少なくとも最初は、彼女が伯爵夫人になりすましたのにまんまと騙されてしまった。それくらいだから、ジョルジュ－ミシェルの方は、自分で主張したように、本当に無邪気なカモだった可能性もある。むろん逆の可能性もあるが、それだとしたら、何とも厄介な女にもう協力しすぎるほど協力してしまったじゃあないか、そう心に決めたのだろう。ジョルジュ－ミシェルの役回りがどのようなものであったにせよ、彼がオーストリアを旅することはなかった。このエピソードの始まりはどうであったにせよ、結末としてはポーレットとパネイコはフランスに留まったままだった。

ワッセルバックが上役たちに警告した後、オーストリアの国境警備隊は、リバ、クイーバ、パネイコという名の者に対しては、一人たりとも国境を越えることを許すな、という命令を受けた。ヴィルヘルムは、かつて自分で選んだ仲間によって攻撃されることから、これ以上ない形で守られることになった。

ウィーンでその知らせを聞き、ヴィルヘルムはクイーバがまだフランスで自由の身であることに憤懣やるかたなく、オーストリア当局の断固たる措置に感謝していた。パネイコ、あるいはポーレットと遭うことになれば、ヴィルヘルムのフランスでの行状を少しでも知っている者はほとんどいなかったオーストリアでの彼の立場を失ってしまったかもしれないし、彼は完全に参ってしまったかもしれない。パリはヴィルヘルムにとって我が家のようなものであった。それゆえパリから離れた事情がいかにつらいものであっても、彼は失ってしまったもの、取り戻すことができないもののことを思って悲しんだ。ヴィルヘルムはパリから逃げ出した時、ポーレットだけでなくアラブ人の従僕で愛人でもあったモーリス・ネシャディを置き去りにしていた。とはいえ、女にせよ男にせよ、愛人のこと以上に、飼っていた猫がいないことを寂しがっているようだった。「私にとってあの猫は、どんな人間よりも愛しい存在だった」と彼は書いている。彼は人間に対してすっかり信頼を失ってしまっていた。彼の神経は「ズタズタにされて」しまっていた。[*4]

ヴィルヘルムはウィーンにいながら、自分のパリでの名声を守ろうと試みた。保守的な新聞である『フィガロ』紙は、一連の事件に関する彼の見解を実際に発表したが、ヴィルヘルムが理性を失っているような部分では、彼を守るようにそこを編集してしまった。ヴィルヘルムの原稿では、パネイコは元々の国籍を変えたような男だから信用に値しないと書いてあった――しかし、かつてハプスブルク家の一員として生まれ、ポーランド人として教育を受け、ウクライナの王となることを望み、フランス国籍を求め、そして今オーストリアに住む権利を得ようとしている者の主張すべきことではなかった。ヴィルヘルムはしごく順調なときでさえ頭脳明晰な男ではなかったが、この時には十分に己の言葉遣いを御することができない状態だった。『フィガロ』紙の編集者たちは、持ち前の機転を利かせ、その一節を削除した。兎にも角にもヴィルヘルムの手紙を掲載したのだから彼らは親切だった。何といっても、ヴィルヘルムの恋人だったポーレットは、その妻がこの新聞の編集主幹を殺害した男の愛人でもあったのだ。とはいえ、それが一九二〇年代、三〇年代のフランスだったし、たぶんそのような事件の詳細を誰も思い出せなかった。ヴィルヘルムの醜聞が発生していた間の詳しい話や、醜聞に関するヴィルヘルム自身の弁明の中にあった無分別な表現を隠蔽したのと同じ様に、殺害事件の詳細を隠蔽するのも『フィガロ』紙のなすべきことに含まれていた可能性も高かった。[*5]

ヴィルヘルムはパリに戻ることは二度となかった。フランスに足を踏み入れた瞬間に逮捕され、五年間刑務所に入れられる可能性もあった。だから彼はまたもオーストリア人になろうとしていたのだし、そうなるための助けも得られた。父親の弟である叔父のオイゲンは、一年ほど前にオーストリアに戻って来ていた。オイゲンはちょっとしたルネッサンス的教養人で、音楽や芸術を支援し、かつてはバルカン半島やイタリアでハプスブルクの軍隊の司令官を務めていた。ドイツ騎士団の総長《グランドマスター》としては、数々の病院を建設し、かつては恐れを抱かれていた十字軍戦士たちを、軍事的な任務の伴わない、純粋に宗教的な修道会に変容させるのに尽力した。ドイツ騎士団が掲げる誓約の一つは、「あたうかぎり純潔であれ」というもので、明確な決まりであっても当然男性はさまざまな解釈ができるものだったが、オイゲンは少なくとも女性に関するかぎり、非常に真面目に受け取っていた。長らくスイスに追放された後、一九三四年九月にオーストリアに帰って来た時、彼の貞節さは世間によく知られていたので、女子修道院内に住居を定めることを許された。[*6]

オイゲンは、オーストリア人の心情に潜む歴史ある王朝の栄光を象徴する人物ではあったが、オーストリアの新しい体制という厳しい状況の下でヴィルヘルムを導くのに手を貸した。思慮深く、しかも追放から戻ってきたハプスブルク家の人間であるオイゲンは、自分たちに関係ある法律について上手く説明することができた。ヴィルヘルムは、オイゲンが「必要な人すべてにきちんと口を利いてくれた」こと、そして甥がこの国に居住する許可を貰ってくれたことに感謝していた。タイミングという点でヴィルヘルムは運が良かった。彼がオーストリアに帰って来てから数週間後に、オーストリア政府は新しい憲法を制定したが、この憲法ではハプスブルク家に王位請求の破棄を要請する条項が入らなくなった。同様の趣旨の法律はまだ法典に残っていたが、新たな憲法に見られる変化はハプスブルク家に対し明白な合図を送っていた。ヴィルヘルムは、ハプスブルク家の継承権に対する己が要求を破棄する必要のないまま、オーストリアの身分証明書を受け取っていた。彼は今やヴァシル・ヴィシヴァニではなく、公式にはヴィルヘルム・ハプスブルクとなった。[*7]

公的身分の保証と醜聞からの保護に対する代償として、ヴィルヘルムは「祖国戦線」に加入することで、オーストリア新体制に忠誠を示した。一九三六年に兵役義務が復活すると、彼は今度はオーストリア軍の将校としてふたたび訓練を受けた。[*8]

あらためてハプスブルクがヴィルヘルムの法律上の姓となったわけだが、もはや彼の行く手に帝国の姿は見えなくなっていた。ツィタ皇后とその息子のオットーが率いるハプスブルク家は、いろんなやり方でヴィルヘルムに自分はのけ者だと思わせた。たとえば、ヴィルヘルムがパリから離れた時、彼はまだ、ハプスブルク一門の騎士団である、金羊毛騎士団の騎士であった。しかし今はオットーが団長を務めるこの騎士団は、団員が非公式に入手したオーストリアの外交文書を使って、クイーバの事件を調査した。一九三六年三月、騎士団は団員に対して内々に、ヴィルヘルムが「金羊毛騎士団騎士の身分を自発的に放棄した」ことを知らせた。[*9]

自発的にではなく、圧力をかけられて放棄した可能性は高い。オットーが発する言葉は、騎士団内では戒律も同然であったし、なぜ彼がヴィルヘルムに対して制裁措置を取りたかったのか、誰でも容易に想像がつく。この男はオットーとその母親のツィタ皇后に恥をかかせ、重大な時期に復位を目指そうとする計画に傷をつけたのだから。そうはいっても、この処罰の厳しさには、偽善のにおいもあった。たとえば、オットーが名を貰った祖父、オットー・フランツは、ヴィルヘルムよりずっと不謹慎な行為をしていたが、騎士団を去らねばならないということはなかった。たぶん、政治的なものも動機になっていたのかもしれない。一般の人間の持つハプスブルク家と退廃や同性愛、戦争との連想が少しでも薄まった、ハプスブルク家に対する新しい世評――それを作り出すことを、オットーは望んでいた。彼はつねに自分が品行方正な紳士であると示すことで、時間をかけて、何とかそれをやってのけた。ツィタ皇后もオットーの育て方には成功した。ヴィルヘルムが家名を汚したので、オットーはハプスブルク一門の中で唯一人、政治的にしっかりとした人物ということになった。

オットーが引き続き帝位について考えていた以上、ヴィルヘルムの方は、金の頸章、つまり彼が金羊毛騎士団の騎士であるという徴《しるし》を返還しなければならなかった。ヴィルヘルムの頸章は、当時世界中に散らばっていた一〇〇個ほどあるうちの、八八番目のものだった。彼は、ハプスブルク家の伝説そのものから、そしてギリシャ神話から近代の君主たちにまで続く文明を象徴する血統から抹消されてしまった。もはや仲間の大公との秘密の会合に招かれることはなかった。十中八九騎士団は、それまでヴィルヘルムが兄弟であるアルブレヒトやレオと、長年にわたり接触を保つことを許していた。しかし今や彼は、兄弟は騎士のままなのに、自分はそうではない、という事実に耐えねばならなくなった。そしてハプスブルク家からのけ者にされたヴィルヘルムは、別の種類の貴族社会に慰めを見出さなければならなかった。[*10]

ヴィルヘルムは、パリでの友人、ウクライナ人貴族のトカリとまだ親しい付き合いを続けていた。ヴィルヘルムがフランスを離れる前の数年間、トカリはヴィルヘルムに権威と慰めをもたらした。たとえば一九三三年の春、トカリはヴィルヘルムの父のシュテファンが亡くなった時に彼を慰めた。トカリはヴィルヘルムより一〇歳年長に過ぎなかったが、それ以来理想的な家長の役割を果たし始めた。ヴィルヘルムはシュテファンと和解することはもはや叶わなかったが、友人トカリに忠誠と献身を誓うことはできた。ヴィルヘルムは、第一次世界大戦以降父親とは結べなかったような関係をトカリに求める中で、青年時代に抱いていた怒りをいくらか捨てられた。最も顕著だったのは、ポーランドとポーランド的なるものに対する、反射的な憎悪を失くしたことだった。このことから、ソ連邦に対抗するためにポーランドとウクライナの連携を奉じていたトカリと、より親しくなった。そして遅きに失した感はあるが、父親との政治的な口論の原因を取り除くことにもなった。一九三五年から三六年にかけて、ヴィルヘルムの父性的権威に対する欲求は、友人トカリへの手紙の随所に谺《こだま》している。ウィーンからパリに宛てた手紙で、トカリに向かってあなたの「息子」のことを忘れないで欲しいと懇願し、「父親に対するようにあなたに打ち明ける」ことを許して欲しいとへりくだった。*11

心細い思いをし、戸惑っていたヴィルヘルムは、頼ることのできる人を必要としていた。パリでの醜聞でひどいショックを受けたことから、ヴィルヘルムは人間不信に陥っていた。ハプスブルク一族や現に権力と富とを持って生まれてきたたくさんの人間たちからなる内輪の論理にしたがってきたので、それまでもずっと彼はきわめて騙されやすかった。彼は、自分の身近にいる者は誰のことも、当然のこと善意に満ちていて疑いわれなどない内輪の特権社会の一員である、そう見なした。人々が競って彼の取り巻きに加わるために、どんな手段を用いたに違いないか、一度も考えたことはなかった。彼の仲間は愉快で、助言者は賢く、友人たちは彼に忠実だった。結局のところ彼らはヴィルヘルムのものだったから。しかしこのような見方がヴィルヘルムに多大な災難をもたらした——近侍のクロル、秘書のラリシェンコ、助言者のパネイコ、そして愛人のポーレットによって。ヴィルヘルムが教訓を得たのは一九三五年のことだったが、教訓は十分過ぎる程であった。突如世界は張り巡らされた陰謀としか解釈できなくなり、それまで付き合ってきた者全員が胡散臭くなった。そのような世界では、あらゆる政治的活動は秘密裡に行わなければならないことになる。

ヴィルヘルムとトカリは、すばらしい秘密結社である「ウクライナ・聖ジョージ騎士団」を持っていた。ヴィルヘルムはいつしか自分が聖ジョージ騎士団の正式なメンバーだと思っていたが、この騎士団が彼の疲弊した精神を支えていた。金羊毛騎士団を去る前は、ヴィルヘルムは自分のことを聖ジョージ騎士団にとってたんなる同盟者だと思っていた。彼は、金羊毛騎士団の規則によって他のどの騎士団にも加わることを許されない、と感じていたのかもしれない。よって、ハプスブルク家の共謀関係からは退場させられたが、そのことによって別の結社に近づき、ウクライナの権威者たちとの昔からのつながりを取り戻す道が開けた。トカリだけでなく、首都大司教のアンドリイ・シェプティッキイも関わっていたようだった。というのはヴィルヘルムが定期的にトカリに書いた手紙で、名前が明記されていない「聖職者」について触れていたからである。第一次世界大戦の時、シェプティッキイはヴィルヘルムのウクライナにおける指導者であった。最初のウクライナ人の助言者というわけではなかったが、おそらくシェプティッキイは、ヴィルヘルムに父親以上の大きな影響を与えた最初の人物であっただろう。そんな形で、ヴィルヘルムは自分の家族に代わるもう一つの家族を得ていたことになる。ヴィルヘルムは従弟によって金羊毛騎士団から除名されるという心の痛手を受けた後だったので、父性的な温かさのある世界に戻って来たという感覚を大切にしたのは確かである。さらには、たぶん選ばれた者たちの間で、自分が最年少であることを好んでもいたのだろう。彼はトカリの一〇歳年下、シェプティッキイより三〇歳も年下で、四〇歳になったばかりだったが、うんざりするほど若くて有能なオットーは自分より一七歳も年下だったのだ。[*12]

ヴィルヘルムはまた、自分の人生から権力を摑む見込みが失われていないと信じる根拠も必要としていた。彼は、この騎士団が世に知られていないことを、政治の世界からの逃避ではなく、上流社会の陰謀者集団の必要とする神秘性であると見なしていたかもしれない。何といっても、この騎士団は、自分たちのことをウクライナの愛国的な貴族階級と考えている少数のウクライナ人によって保たれていた秘密であった。この騎士団は、ヴィルヘルムがとても傷つきやすくなっている時期に、他のウクライナ人たちからの公然とした耐え難い批判に晒されないような形で、ウクライナ人として活動する機会をもたらした。また、希望に満ちた、ことによると無鉄砲とも言える、政治的幻想のようなものを抱く機会も提供した。ヴィルヘルムは自分とトカリのことを「騎士」と言っていた。二人はウクライナ語、ドイツ語、フランス語を混ぜて文通していたが、フランス語で騎士《ナイト》にあたる言葉「シュバリエ」は、この時のヴィルヘルムにとってごく大切な概念であった騎士道精神《シバルリー》というものを示していた。自分が陰謀に取り囲まれていると感じつつも、彼はトカリに宛てた手紙で、自分たちの敵は「騎士らしく」「兜の面頬を上げて」闘うことなどできないのだから、勝利することなどありえない、と認《したた》めている。*13

ヴィルヘルムが受けた教育は、彼の生活ぶりと同様に、多くの点で古風なものだった。しかし、甲冑に身を包んだ馬上槍試合で、騎士が敵から目が見えるように兜の面頬を上げていたというイメージは、その彼にとっても理解の及ぶ範囲から何世紀も隔たっていたものだったし、実際のところ荒唐無稽なものだった。この時ヴィルヘルムは二つのロマンチックな考え方に身を委ねていた。すなわち、中世の歴史を調和の時代として見るという考え方と、闘争の場において内面的、精神的勝利が、外面的、身体的敗北を超越するという考え方とである。中世のハプスブルク朝の創立者たちを暴力的な無政府主義者たちになぞらえていた一九一八年の頃は、もっと分別があった。しかしもはや一九一八年ではなかった。ウクライナは、その後も決して止むことのない苦悩の中で生まれたのだった——第一次世界大戦、内戦、革命とポグロムという圧倒的な暴力から、ソ連邦の中のウクライナ社会主義ソヴィエト共和国時代の大飢饉と恐怖政治に至るまで苦悩続きであった。ヴィルヘルムは自身の運勢が一度ならず二度までも、上がったり下がったりするのを見てきた。一九一八年には、ウクライナ・ハプスブルク家を創始する者として、それから一九三五年にはハプスブルク家出自のウクライナ人として。今や彼は裏切り行為というものを知っていたし、絶望的な失敗に直面する羽目になった。こうした状況下では、家族、結社の階層制度、神秘性という観念は目的に適ったものだった。それらは、彼がしばしば当然のことと思い、時には嘲笑うこともあったが、おそらくつねに必要としていた価値観を、彼の元に取り戻してくれたのだ。

ヴィルヘルムはハプスブルク家の神話から切り離されてしまっていたが、今は帝政という夢に回帰する道を見つけていた。おそらく彼は、一九〇八年には若者として『皇帝の夢』に出てくる中世の歴史の描写を嘲笑っていただろうし、ウクライナで自分の王国を捜し求めていた頃には、ハプスブルク家の先祖を理想化することに気障な笑いを覗かせていたことだろう。しかしそれにもかかわらず、あの戯曲の中で描かれている永遠《とわ》の栄光というのは、自分のことを未来の王と見なす傾向と同じく、ヴィルヘルムが生まれつき持っている権利であった。騎士道に対する独自の概念と古代の貴族階級に関する独自の見解を持っていたウクライナ・聖ジョージ騎士団は、彼が些かならず誇りを取り戻すのに役立った。騎士団の存在を示すものは、数名のウクライナ人が認《したた》めたほとんど判読できない手紙と、ヴィルヘルムがウィーンで考案して注文した騎士の標章に過ぎなかったが、それにもかかわらずこの結社によってヴィルヘルムは、ハプスブルク家の他の面々、とりわけあのいまいましいオットーの助力なしにウクライナの玉座に座れるかもしれない、と夢想できたのだった。

今やヴィルヘルムは、周りの様子をうかがいながら、じっくりと考える余裕を得た。自己の創造というデリケートなところにまで到達した彼は、不名誉を被ってから一年かそこらだが、権力の座に就くという夢をどうすれば実現できるか、再度熟考する機会を得た。皇族の若者としての意味もない自信や、年長の友人の善意への無邪気と言って良い信頼の念を失ったヴィルヘルムは、内なる者と閉め出された者といういわば陰謀史観と、完全な対立に絶対的な自己矛盾、という二つの観点からヨーロッパを考え直し始めた。ヨーロッパの左派は、フランスの人民戦線との自分の関わり方の後では、結託して彼に敵対的であると考えていたので、ヴィルヘルムは、権力の座への手掛かりとなるのは右派との提携だと決意した。この時点では、彼の唯一の政治的手法は秘密主義とエリート主義であったので、彼はこの提携をさまざまな騎士団が結ぶ同盟として考えていた。手掛かりは曖昧とはいえ、明らかにその騎士団とは、ローマカトリック・聖グレゴリー騎士団、バイエルン・聖ジョージ騎士団、そしてウクライナ・聖ジョージ騎士団であったと思われる。そのような同盟は達成されなかったし、これらの騎士団の個別の規則や使命を同盟のいわば綱領に加えようもなかった。そうであっても、ヴィルヘルムは、政治活動における自分の信念を取り戻していた。*14

ヴィルヘルムが君主制への郷愁という秘めた世界に引きこもっている間にも、オーストリアの政治体制は、民主主義や個人の権利というような近代的な政治思想を拒絶しているようにも見えるやり方で、彼の周りの公的な空間を変質させていった。ヴィルヘルムは、政府がそれまでよりハプスブルク家を受け容れるようになっていたちょうどその時に、たまたまオーストリアに入った。彼が理解するようになっていった如く、この変化はより大きな変容の一部であった。その大きな変容において、当時のオーストリアの体制《レジーム》であった「祖国戦線」が、新たな全体主義体制への民衆の支持を生み出すために過去の象徴を持ち込む、という政治モデルを編み出そうとしたのだった。祖国戦線はオットーと交渉し、またヴィルヘルムを保護したが、当然ハプスブルク家もそのような意思表示を歓迎した。しかし祖国戦線は、新しい政治体制を正当化するために、過去を引き合いに出していただけだった。ドイツのナチスと同じ様に、慣例的に使われていなかった十字——ナチスの逆鉤十字に対抗してこちらは撞木十字だったが——のついた国家の紋章を広めていった。しかも、ナチスのように、右腕を上げる挨拶を含む公式の敬礼も用いた。

つまるところ、一九三六年には、オーストリアはファシズム体制に似ていた。少なくとも、離れて眺めれば、自らが国民の意思を代弁しているのだとして存在を誇示する大指導者による支配の方を好んで、民主主義や理性は拒否するという、当時のヨーロッパの動きに加わっていたように見えた。最初のファシズム体制は、イタリアのムッソリーニのもので、その次がドイツのヒトラーのものだった。この二つの体制には重大な違いがあったが、右派左派を問わず多くの者たちから、大衆政党政治の強大なものを表していると見なされていた。ヴィルヘルムが逃げ出したばかりのフランスで、左翼人民戦線は、世界はファシストと反ファシストに分けられると考えていた。ヴィルヘルムは、いったんは周りの様子をうかがってみて、強制的に退去させられたばかりのフランスとは反対の姿を示す国に到着したことを喜んだ。一九三五年一一月、彼はトカリに「ここではすべてが上手くいっているし、ファシスト的な法と秩序があって、イデオロギー的にも非常に好ましいのです」と手紙を書いた。[*15]

かなり迅速に、ヴィルヘルムは、周りにあるファシズムと、彼個人のウクライナでの任務とを止揚し始めた。正しい見方だったが、彼は、ファシズムとはヨーロッパの戦後秩序に対する異議申し立てであると見なしていた。イタリアのファシスト、ドイツのファシスト、それ以外のファシストたちも、講和条約こそが、国民の意思の実現に対する不公正で卑劣な障壁をなしているとして、これを拒絶した。言い換えると、彼らは軍事力によってヨーロッパの地図を書き換えることを切望していた。ファシストたちは歴史修正主義者《リヴィジョニスト》であり、ヨーロッパ各国の国境線は変えられなければならないと信じていた。ヴィルヘルムが一九二〇年代前半の体験からそのことを知らされたように、歴史修正主義者ならばウクライナ人の味方たりえた。

ウクライナという国は存在しなかったので、ウクライナの民族主義者たちは、国家の独立を得るためには、ヨーロッパが大惨事に見舞われること、思うにファシストによって始められる戦争が必要だと信じていた。そうした筋書きを実現するには、ヨーロッパのファシストと喜んで協力しようとし、その大惨事を自分たちの目的達成に利用することのできる——そうしたウクライナ側の指導層がいなければならないことになる。ヴィルヘルムと貴族階級の結社の仲間は、そこにこそ自分たちの役割があると思っていた。一九三六年の四月までには、ウクライナが独立するのにはファシスト国家しかないと、ヴィルヘルムは確信していた。その年の一〇月にトカリに宛てて書いたように、彼らのウクライナ・聖ジョージ騎士団は、「一人の人間によって統治される、独立した主権国家のウクライナ帝国を再建するのに必要となる、中核的集団を創設する」ことになっていた——どうやらその一人の人間とはヴィルヘルム自身であったらしい。*16

大指導者というファシストの考え方は、一九三六年のヴィルヘルムにとって二重に重要であった。大体において彼は自分が精神的に脆いと感じていたし、誰かに導いて欲しいと願っていた。ムッソリーニを賞賛したがっていたし、トカリに指示して欲しいとも思っていた。それでもいつかは自分自身が大指導者になることも夢見ていた。もっとも、彼は大指導者になる前に自分がどの民族・国家に属しているかを決めなければならなくなるだろう。この点については、ヴィルヘルムの人生を通してまさに曖昧なままだったが、その曖昧さをも、少なくとも当初は、ファシズムは許容してくれそうに見えた。

一九二〇年代から一九三〇年代初めのファシズムは、一九世紀の愛国心を抱いた、友愛会的なものを保っていた。国ごとにファシズムがあるとして、二ヶ国以上を愛する人物なら、かろうじてではあろうが、コスモポリタンなファシストになりうるかもしれない。ヴィルヘルムとトカリは二人ともコスモポリタンなファシストと呼ばれる条件を満たしていた。ヴィルヘルムはオーストリアのファシストであり、ウクライナのファシストでもあったが、そうした存在の矛盾を経験していなかった。しかし、ヴィルヘルムがファシスト体制であると見なしていたオーストリアという国でのんびりしながら、いつかファシスト国家になることを願っていたウクライナのことを夢見ていたちょうどその頃、ナチス・ドイツはファシズムの意味を変質させていた。ヒトラーは、「国民」は人種によって決定されると宣言し、それはヴィルヘルムの夢想するファシズムが不可能であることを意味していた。ナチスの人種理論によると、ヴィルヘルムはドイツ人であるか、さもなくばどこの馬の骨かということになる。

一九三六年にヴィルヘルムがふたたび政治的な思考を巡らし始めた時、彼はドイツのイデオロギーについて考察しなければならなかった。というのもドイツの軍事力と向き合わねばならないからであった。一九三三年の春から夏にかけてのことだが、ヒトラーは支配してから最初の数ヶ月でドイツ国民を手懐けてしまった。一九三五年三月、ドイツは徴兵制を復活させ、軍備を強化して和平協定を破った。一年後には、無期限に非武装地帯のままということになっていたフランスとの国境地帯、ラインラントにドイツ軍が進駐した。その一方でドイツは世界大恐慌から回復し、ドイツの貿易政策は東側にある近隣諸国をその勢力圏内に引っ張り込んだ。

こうしてナチス・ドイツは、ヨーロッパにおけるファシズムの模範として、ムッソリーニ率いるイタリアに比肩するようになった。パリからローマに移動していたトカリは、引き続きイタリアのファシズムをウクライナのファシズムの雛型と考えていた。良きカトリック教徒として、トカリはナチス・ドイツを無宗教者と見なしていた。そしてまた、イタリアがどうにかして、オーストリアとウクライナが独立したファシスト国家となるのを助けてくれると夢想していた。オーストリアに居住し、歴史的にドイツ諸侯を輩出した家系の出身であったヴィルヘルムは、ヒトラーの人種的な国家観を受け容れなければならなかった。トカリとは違って、彼自身もドイツ人だと見なされえた。彼の最新の母国であるオーストリアも、ドイツ語を話す者が住んでいたので、ドイツ国家の一つと見なされえた。ヒトラー自身生まれはオーストリア人であり、つねに故国を未来の大ドイツの一部と考えていた。

祖国戦線はヴィルヘルムを迎え入れてくれたし、彼にもそれが魅力あるファシスト的な体制であると映った。しかしヴィルヘルムは、その祖国戦線が、ナチス・ドイツの侵略行為、人種差別的政策、軍事力、そしてほとんど隠しもしないオーストリア併合への野心に直面しているのを観察していた。ナチス・ドイツの台頭を前に生き延びるため、オーストリアの政権は外部からの助けを必要としていた。数年の間イタリアは誠実な同盟国だった。一九三四年にナチスがウィーンでクーデターを企てると、ムッソリーニはオーストリアの独立支持を表明するため、ブレンナー峠に精鋭の歩兵部隊を派遣した。しかし、ヴィルヘルムがファシスト体制のヨーロッパに対する賛意を表した年である一九三六年までには、勢力の均衡は変わってしまっていた。ヒトラー率いるドイツが敗戦国から再軍備した強国にまで上り詰めたちょうどその頃、ムッソリーニ率いるイタリアは、強引な対外政策により同盟国となる可能性のあった国々との関係を悪化させ、エチオピア侵攻における不手際によって軍事的な弱さも露呈した。一九三六年一〇月にヒトラーとの協定に署名する時には、ムッソリーニは、もはや守ってやれなくなった友邦オーストリアを見捨てていた。

ヴィルヘルムにも見抜けたように、オーストリアはイタリアの後ろ盾がなければドイツから自国を守れる状況ではなかった。一九三六年七月、ドイツとオーストリアは不干渉協定に署名したが、オーストリア側にとって遺憾なことに、それはオーストリアの内政に事実上ドイツが関わることを合法化したものであった。付随する秘密条項は、権限ある地位に二人のナチ党員を任命することをオーストリア政府に要求しており、このためにオーストリア国内のナチ党員は、厳密にはその政党がまだ非合法のままであるにもかかわらず、大いに勇気づけられた。祖国戦線は、国の独立を支持しているオーストリア国民を結集させる方法が見つからず、途方に暮れていた。この政権は、一九三四年に社会民主党の活動を禁止していたので、左派に支援を求めることはできなかった。そしてオーストリア・ナチ党はドイツとの統合を望んでいたので、極右のナチスに支援を求めることもできなかった。一部の愛国的なオーストリア人は、ハプスブルク家の再興によってしか国を救うことができないと信じ始めた。オーストリアの町や村々では、オットーに名誉市民の称号を授け始めた。[*17]

この時ヴィルヘルムは、ナチスの軍事力が証明されたことだけでなく、オットーの人気が明かされたことにも直面したのだった。多くのオーストリア人にとって、ドイツの侵略を防ぐには、オットーの下で復活する君主政治が最も理に適っているように思われた。ドイツの強さは、ヴィルヘルムにドイツ型ファシズムを受け容れる強力な根拠を与え、それと同時にオットーに対する嫉妬が、かつて持っていた寛容さを彼から奪った。利害関係がより深くなり、またオーストリアのナチスの軍事力との対峙がより直接的になるにつれて、ヴィルヘルムはもはやコスモポリタンなファシストになりようがなかった。ヨーロッパにおいて民族間の平等な関係やユダヤ的な生活様式が存在することを認めるという、歴史的にも有名なハプスブルク家の寛容な雰囲気を、ヴィルヘルムは持ち続けることもできたし、逆に、ナチスが未来のあるべき姿と見なしていた人種差別主義を受け入れることもできた。ヴィルヘルムが観たところではオットーはハプスブルク家の再興から彼を除外していたが、ナチスの人種差別主義はそのことに対する怒りを表す術をヴィルヘルムに与えることになった。

一九三七年に入るとすぐに、ヴィルヘルムは選択した。彼は一月にトカリ宛の手紙の中で、オーストリアにおけるハプスブルク家再興運動の指導者はユダヤ人の生まれだ、と記した。ヴィルヘルムが言うには、これはその運動が道徳的には堕落していて、政治的には破滅する運命にあることを意味していた。奇妙な言い分だった。問題となっている男はフリードリヒ・フォン・ヴィースナーで、ヴィルヘルムとは一五年以上にわたる知己だった。一九二一年には、二人は、バイエルン地方の資本を使ってボルシェビキ・ロシアへの侵入に資金提供する計画であるウクライナ・シンジケートにおいてだけでなく、ウィーンでのハプスブルク家復興運動においても協力していた。お互い、一九二〇年代にヴィルヘルムがマドリッドにいた時も連絡を保っていた。一九三四年には、オットーが復興運動の舵取りをヴィースナーに任せたことを、ヴィルヘルムは嬉々として記していた。ユダヤ人の血統の者が、それまでヴィルヘルムを苦しめたということもなかった。青年時代は陸軍士官学校のユダヤ系教官や、陸軍のユダヤ系軍医たちを賞賛していた。一九三五年の夏には、ウィーン市内の、居住者の大部分がユダヤ人であった区域に住むことを選んでいた。彼はこの都市のことを良く知っており、隣人が何者となるだろうか理解していた。日常的に歩き回る道筋で、ユダヤ人特有のものを目にすることさえあった。一九三五年の秋にした数多くの旅行を振り返った時には、自分のことを「永遠に彷徨い続けるユダヤ人」と呼んでいた[*18]。

たとえ「ハプスブルク家出身のファシスト」であっても、ハプスブルクの一員ならばユダヤ人に寛容であっても良かったかもしれない。反ユダヤ主義は、彼のナチ党員としての証であった。それまでの人生で取ってきた態度が、突如決定的に変化したのはなぜなのか。ことによると金がその答えだったかもしれない。一九三六年の八月にヴィルヘルムは初めて金銭的な屈辱を味わった。その年の秋、三ヶ月続けて毎月の「扶持」がポーランドから届かなかった。ポーランドとオーストリアは良好な関係を持っておらず、ポーランドの通貨をオーストリアに送るのは困難だった。兄のアルブレヒトからのヴィルヘルムへの支払いは、手形交換勘定の形で維持されていた。彼には貯えもなく、働く気もなかったので、たちまちにして貧窮に陥った。兄アルブレヒトに宛てた手紙に記したように「それでこのような状況でどうすればよいか自問するのですが――そこまでで私の知識は尽きてしまうのです」という状態だった。ヴィルヘルムは家賃やガス代を払うために、一家が所有する会社の経営者に懇願する手紙を書いたり、数少ない貴重品を質に入れたりしなければならなかった。このことは、欲しいと口にするだけでお金を受け取ることに慣れていて、現実に一度も不自由したことがない男の自尊心を傷つけた。おそらく彼は、自分の無力感をどういうわけかユダヤ人に結びつけてしまったのだ。[*19]

しかしながら、九分どおり、ヴィルヘルムがナチスの支持者となった動機としては、ナチスの軍事力を検討したことと、オットーへの嫉妬心からというので足りた。ナチスは唯一ウクライナの味方になる可能性がありそうだったし、ヴィルヘルムをもう一度王位へと押し上げられそうな軍事力を持っていた。彼は、ドイツがウクライナを蘇生させる方法をあらためて考え始めた。ヴィルヘルムはオーストリアでのナチスの政治運動に一度も加わったことがないように見えるが、後年の報告書の一つによれば、彼はヒトラーを賞賛し始めていた。[*20]

一九三七年二月、ヴィルヘルムは自分と似たような考えと経歴を持っている共謀者を見つけた。国家社会主義を賞賛していた、自分と同じウクライナ軍の大佐、イヴァン・ポルタベツ－オストリアニツァは、ヴィルヘルムのそれと気味悪いほど似通った人生を送ってきた男だった。一九一八年に、ヴィルヘルムがハプスブルクの占領軍でウクライナでの特別任務を遂行していた時、ポルタベツは、ドイツの傀儡政府の首班である、ヘトマンのパヴロ・スコロパツキイの副官として、キエフで勤務していた。一九二〇年にヴィルヘルムとスコロパツキイが、協同しての君主の地位について交渉していた時には、ポルタベツは中間的な立場にいた。彼はそれからヴィルヘルムのウクライナ・シンジケートに加わった。一九二二年にバイエルン地方の資金が底をつき、民兵組織「自由コサック」がいくつかの党派に分裂すると、ポルタベツは自分がその指導者になることを宣言した。当初はスコロパッキイの配下と見なされていたが、一九二六年にはかつて仕えていたスコロパッキイと縁を切り、自分こそがウクライナのヘトマンであると宣言した。

ヴィルヘルムが自身の二〇代から三〇代、これは二〇世紀の二〇年代と三〇年代とほぼ重なるが、スペインやフランスでぶらぶら過ごしていた間も、ポルタベッツは依然としてバイエルンに留まっていた。彼はナチスと友好的な関係となり、ナチスの側では彼を最初のウクライナ人ファシストの一人と見なした。ナチスが政権に就く前の年月は、党員たちがヨーロッパの未来の秩序について話し合う際、ウクライナは重要な役割を果たしていた。彼らは皆ソ連を滅ぼすべき敵と考えており、中には民族主義こそソ連滅亡の手掛かりになると信じている者もいた。ナチ党員の中には確かにウクライナに関心を持っている者がいた。ソヴィエト社会主義共和国連邦の構成国であるウクライナ社会主義ソヴィエト共和国（この一九三七年にウクライナ・ソヴィエト社会主義共和国に改称）は、スターリンの下で辛酸をなめてきていたため、ロシアにも、またナチスの見解ではソ連を牛耳っているユダヤ人指導者たちにも刃向かうかもしれない、広大なソヴィエト共和国であった。ポルタベッツの後ろ盾の一人であったアルフレッド・ローゼンベルクは、ドイツはソ連と戦うためにウクライナ人を徴募するべきだと考えていた。一九三五年五月、ポルタベッツはヒトラーに宛てた手紙で、ポルタベッツ自身も、率いている「自由コサック」も、従軍する旨を申し出た。*21

こうしてヴィルヘルムと同じ様に、ポルタベッツも、反逆的なウクライナ人君主制主義者にしてファシストとなり、今や権力に復しウクライナに戻る手段を求めながら、ナチスの活動を最も妥当な協力者と見なすようになっていた。一五年間の別離の後に二人がふたたび顔を合わせた時には、再会が喜ばしいものとなるのに、ウクライナ・シンジケートが崩壊してから十分な時間が過ぎていたのだった——ことに再会の舞台がスキー休暇だったのだから。ヴィルヘルムはポルタベッツに、ウクライナ・聖ジョージ騎士団と、フアシスト体制のウクライナを建国するための騎士団の任務について得意気に話した。

ヴィルヘルムは、ドイツに支配されるヨーロッパでウクライナの大義を明確にするための政治的着想をわずかなりとも具体化させて、一九三七年二月のポルタベッツとの邂逅を終えた。ヴィルヘルムはドイツ右派との協力期間を一九二二年に終えていたが、ポルタベッツはヴィルヘルムと違って最近までナチスとの関わりがあった。ナチスの中でもウクライナの大義に賛同して、ウクライナ人の要人との接触に興味を持つだろう者は誰かについての感触を、十中八九ポルタベッツはヴィルヘルムに伝授しただろう。ヴィルヘルムはトカリに宛てて、自分たちの騎士団は、一九三三年にバイエルン州の法務大臣を務め、今はヒトラー内閣の閣僚となっているナチ党員、ハンス・フランクの周辺に入り込まなければならない、と書き送った。さらに彼は、ドイツ軍が「ウクライナ軍団」を編入させるのに自分が力になれる、という壮大な夢も描いていた。[*22]

一九三七年三月にこの「ウクライナ軍団」という言葉を使いながら、ヴィルヘルムは一九一八年三月に、皇帝カールからボルシェビキに対抗してオーストリア軍指揮の下でウクライナ軍団、詳しく言えばウクライナ軍団を吸収した新設の「ヴィルヘルム大公連隊」を率いよ、と命令されたことを思い起こしていた。おそらく彼は、来るべきソ連との戦争で、いずれヒトラーから同様の命令を受けることを思い描いていたのだろう。しかしそうであったとしても、このように考えていたウクライナ人が彼だけということはまずなかった。今やさまざまなウクライナ人政治組織が、ナチス・ドイツとの何らかの軍事的連携を当てにしていた。ドイツから支援を受けるのに真に値するのは自分たちの騎士団以外にない、という点でヴィルヘルムとトカリは意見が一致していた。トカリはヴィルヘルムに宛てた手紙で、競争相手となるウクライナ人政治家たちは「間抜け野郎ども」だ、とドイツ語で記していた。ヴィルヘルムの方は、過去にドイツの右翼と協力したことがあったので、自分にはナチスに接近する特別な手段があるのだ、と想像をめぐらすことができた。[*23]

ナチスはヴィルヘルムのことをまともに扱おうとはしなかった。一九三七年の三月に、ヴィルヘルムが第二の「ウクライナ軍団」を夢想していたちょうどその頃に、ナチスの機関紙は、ヴィルヘルムのことを退廃したパリの犯罪者だと誹謗しているところだった。ヴィルヘルムはさしてものを読む人間ではなかったので知らなかったのだが、もしその記事を目にしていたら、ヒトラーが抱くオーストリアとハプスブルク家に対する漠然とした敵意が顔を覗かせた、と正確に解釈したかもしれない。おそらくヴィルヘルムは、自分がすでにオットーに敵対する立場に変わっていて、今ではオーストリアでのハプスブルク家復興に反対しているということを、ヒトラーに説明できると考えたことだろう。現在の彼は、ハプスブルク家の復興を本質的にナチスの言い回しを基準にして見るようになっていた。つまりユダヤ的で、法に触れ、命運の尽きたものとしてである。一九三七年一二月にトカリに書いた手紙にはこう書いている。どんな復興も「ユダヤ人とフリーメーソンのおかげ」でなされるもので、ハプスブルク朝それ自体が「ユダヤ人の行う事業」になってしまった、と。ヴィルヘルムは、逆のことも言えると考えはせずに、「頑固で先の見えない」オットーとは自分から袂を分かったのだと勝手に納得していた。ヴィルヘルムは、自分がハプスブルク家復興にまったく関わることができないなら、他の誰かが関わることも望まなかった。これは帝衣の色である「ロイヤルパープル」の色をした——端に少しナチスの茶色がかっていたが——「酸っぱい葡萄」であった。[*24]

一九三八年に入った頃には、ヴィルヘルムはすでに、オーストリア版の独裁主義が満足のゆかぬものだと決め込んでいた。結局のところオーストリア民族などどこにいるのか。ヴィルヘルムの見解では、ユダヤ人というのは少なくともある種の確かな民族性というものを持っていた。たとえその民族性が「本質はアカ」であり、それゆえ共産主義を名目にして他の何者の民族主義的な野心をも否定するところに存するとしてもだ。オーストリア人一人一人は、民族を持っていないので民族性というものが皆無だ、と今やヴィルヘルムは考えていた。オースリア人というのは要するにドイツ人である、と信じるようになっていた。すでに自分自身をオーストリア人として甦らせていたので、彼は今度はオーストリア人のアイデンティティを人種的にはドイツ人であるという問題として考え直していた。仮に政治とは民族主義に関わることであり、民族主義とは人種の問題であるなら、オーストリアそれ自体は何の役にも立たなかった。ヒトラーが望んでいたように、合併して大ドイツ帝国の一部になるべきだった。[*25]

ヴィルヘルムは今や、フランスで自分が挫折したことの真の意義は、文明のための崇高な戦争に参加できることにあったのだ、と信じていた。かつて邪悪な勢力によって攻撃を受けたことが、善なる勢力の間で自分を偉大な人物にしたのだ。そのうえ彼は自分が勝っている側についていると信じていた。ヴィルヘルムは、彼自身予測していたがこの時点ではまだ形成されていなかったベルリン、ローマ、東京という三都市の枢軸を「現代において最も偉大なこと」だと見なしていた。それはソ連を封じ込め、破滅をもたらすことだろう。「共産主義のイデオロギーが根絶され、世界全体が癒される！」という偉大な勝利がそれに続くだろう。しかしこの「唯一つの決定的な勝利」という未来像は、ヴィルヘルムとトカリを反目させることになった。トカリはいまだドイツよりもイタリアの方をはるかに好んでいたし、「ウクライナが癒されること」により関心があったからである。ヴィルヘルムは自分の政治における「衛生学」を固守した。一九三五年にオーストリアに逃れてきた頃には、神経がズタズタになっている、と彼は愚痴をこぼしていた。しかし今や彼の神経は「縄のように」なっていた。[*26]

民族主義は彼の治療の一部であった。それ以外の治療は雪とセックスであった。一九三七年と三八年の冬がそうであったように、ヴィルヘルムは金がある時はいつもザルツブルクに行き、そこからゲレンデに向った。若い美男子たちと一緒に写った写真は、彼がきりっとしたハンサムであったことを証明している。

仲間とゲレンデにいるヴィルヘルム（左）

ヴィルヘルムがその神経を落ち着かせていた頃、オーストリアの指導者たちはかなり不安を募らせていたが、それにはもっともな理由があった。一九三八年二月一二日、ヒトラーはクルト・フォン・シュシュニック首相に最後通牒を突きつけたのである。オーストリアが自国の政策をドイツのそれと一致させ、ナチ党を合法化し、ナチ党員に警察の指揮権を与えるまで三日間の猶予があった。これらの条件が満たされなければ、ドイツはオーストリアを侵略する、とヒトラーは言った。シュシュニックはそれらの条件を飲んだ。

　しかし彼は条件を満たさなかった。シュシュニック率いる祖国戦線は、オーストリア国家の説得力ある未来像を作り出したことは一度もなかったが、その指導者たちはオーストリアを奉じていたし、少なくともしばしの間はオーストリアを守ろうとしていた。ヒトラーが来るべき統合、つまりアンシュルスを宣言した時は、シュシュニックはオーストリア国民に生命を賭して自国を守るよう要求した。彼は独立の是非について国民投票を実施するよう命じたが、国民投票に勝利するために、文言を選び、投票者も二四歳未満は排除するよう案配したものだった。またシュシュニックは外国の軍事力の支援も求めたが、どの国からも支援が来そうにはなかった。元同盟国のイタリアは、すでにオーストリアを見捨てていた。フランスの左派政権は、一九三八年初めには、オーストリアをヒトラーの拡大政策の防壁になりうると見なすようになっており、イギリスを共通の立場に立たせようとしていた。ロンドンでは、オーストリアの運命は決まったと見て、シュシュニックの策略を支援するのを断った。[*27]

オーストリアの国民投票は、準備はされたが日の目は見なかった。ヒトラーが侵攻を命じると、シュシュニックはオーストリア軍に対し抵抗しないように命じた。一九三八年三月一二日、ドイツ軍はオーストリアに侵攻した。そして翌日には、ヒトラーがオーストリアは消滅したことを宣言した。結局シュシュニックは命懸けでオーストリアを守るということはしなかったのだが、ヒトラーの敵対者と目されるにいたった。ドイツの侵攻後、彼は逮捕されて勾留され、尋問後さっさとドイツの強制収容所に送られた。初めはダッハウで、その後はザクセンハウゼンだった。

アンシュルスの後、オーストリア内のたくさんのユダヤ人たちは、祖国戦線の統治下よりもはるかに過酷な制約に直面していた。統合前から医師や弁護士といった知的専門職や大学社会におけるユダヤ人の割り当てのために、一九三〇年代に数千人のユダヤ系オーストリア人が国外に去っていたが、シュシュニックはヒトラーではなかったし、祖国戦線もナチ党ではなかった。ユダヤ人が祖国戦線に加入することは許されており、実際たくさんのユダヤ人がそうしていた。しかしドイツの統治はそれとはまったく異なっていた。ユダヤ人は職と財産を失った。一九三八年一一月には、ウィーンでも水晶の夜のポグロムが信じられないほどの猛威を奮っていた。老若男女を問わず殺害されたが、しばしばそれは非常に恐ろしい、衆人環視の中での辱めの後に行われた。

ヒトラーはオーストリアを滅ぼしただけでなく、ヨーロッパにおいてすぐにもハプスブルク家を復興するという希望を、ことごとく潰していった。ヒトラーはハプスブルク家を嫌悪していたが、それは非常に根深いものだったので、彼のオーストリア侵略計画は「オットー作戦」と呼ばれていた。実際オットーはアンシュルスを阻もうとしていた。一九三七年の終わりから三八年の始めにかけて、彼は自分の話しに耳を傾ける者すべてに、ヒトラーをウィーンから遠ざけておくのにはハプスブルク家の復興しかない、と口にしていた。一九三七年の一一月二一日はオットーの二五歳の誕生日であったが、ウィーンは旧帝国を象徴する色である黒と金で飾り立てられた。一二月一七日にはオーストリア政府が、第一次世界大戦後ハプスブルク家から押収した資産を返還したので、オットーは国内で最も富裕な者の一人になった。同じ月に彼は、ドイツに対する軍事的抵抗の準備をするようシュシュニック首相をせきたてるとともに、国民を勝利に導くことができるのは、この場合にはオットー自身だが、正当な世襲君主だけであると示唆した。ヒトラーの最後通牒が来た直後、オットーは政府の首班として尽力すると申し出た。オットーに自分の地位を譲ることをシュシュニックは丁重に断った。シュシュニックはいつも、ドイツが自分に言った次のことを、おそらく信じてもいたのだろうが、そのまま繰り返し口にしていた。それは、ハプスブルク家の復興は即座にドイツの攻撃を招くのだから自殺行為になるだろう、というものだった。結局のところ、オットーが王位に就くよう頼まれたことは一度もなかったが、それと関わりなくドイツは侵攻してきた。

ハプスブルク家におけるヴィルヘルムのライバルだったオットーは敗北した。実際ナチスの軍事力が、ヴィルヘルムの抱いていた暗く深いところの願望をことごとく叶えたかに見えた。ドイツはオーストリアを併呑し、ユダヤ系ではないオーストリア人はドイツ市民となり、ユダヤ人は国外に逃げ出した。アンシュルスの余波で、ドイツはチェコスロバキアの分割を始めた。チェコスロバキアは、フランス以東のヨーロッパにおいて唯一の民主主義国であり、フランスの同盟国であり、そしてヴィルヘルムがパリでの自分の失脚を企んだと思っている国であった。ヴィルヘルムの敵はすべて打ち負かされたように見えたのかもしれない。ヴィルヘルムはその時代の精神と足並みをそろえて生きていた。彼が夢想した政治、つまり見たところ現実から切り離されたような貴族的ファシズムというものが、彼をして実際に起きたことをそのままに予測させる結果になった。次には、ドイツ人がボルシェビキを滅ぼしてウクライナを取り戻す、と彼は信じていた。

もちろんナチス・ドイツとソ連との間には、肝腎なヨーロッパの国が一つ横たわっていた。ポーランドである。ヒトラーがスターリンを攻撃できるようになるには、その前にヴィルヘルムの兄であるアルブレヒトとレオが祖国として選んだポーランドを滅ぼさなくてはならなかった。ヴィルヘルムのウクライナ人としての夢が実現するためには、ポーランド・ハプスブルクの一家はドイツによる支配という悪夢に耐えねばならなかった。

BLACK

# ヒトラーとスターリンに抗して

一九三九年の時点でも、アルブレヒトはまだ良き息子であった。ヴィルヘルムが民族から民族へと移っている時にも、兄の方は変わらず忠実なポーランド市民にして尊敬すべきポーランドの実業家だった。ポーランド共和国はハプスブルク一族のジヴィエッツにある分家と和解していたので、アルブレヒトはその厚意に対し、自分が選んだ祖国への公然とした愛国的な献身でもって報いていた。アルブレヒトと妻のアリスは、自分たち夫妻も家族もポーランド人と見なされることを望んでいた。子どもたちは英語、フランス語、ポーランド語を習ったが、ドイツ語は習わなかった。

アルブレヒトとアリス夫妻の長女であるマリア・クリスチーナは、ジヴィエッツにある一家の居城で幸せに暮らしていた。彼女は玄関広間を通り抜ける時は、いつも黒い大理石のタイルを避けて白い大理石のタイルの上をピョンピョン跳ねて進んだ。家庭教師たちは、いろいろな言語で教えていたが、いずれ彼女が送るかもしれない、それまでと違う世俗的な生活で必要となるものに触れさせた。彼女は、フランス人教師の下手なポーランド語をからかうのが好きだった。また、ポーランド人将校に乗馬を教わっていたが、その馬はカラスが尻尾をついばんでも放っておくくらい大人しかった。

この年一六歳となったマリア・クリスチーナにとって、一九三九年の夏はそれまでと変わらぬ年だった。ドイツとの戦争の気配が漂っていたが、父親も他のポーランド人たちも、その戦争でポーランドが勝つと信じていた。アルブレヒトはすでに、ポーランドに対空砲台を設置するための募金活動に気前良く寄付していた。ポーランドの精鋭の国境警備師団に所属する部隊が、ドイツ国境に近いジヴィエッツに向かうよう命令を受けた時には、彼は自分の城の敷地内に彼らを宿営させた。*1

一九三九年九月一日に、ドイツ軍は正当な理由もなく宣戦布告もせずに、ポーランドに侵攻した。オーストリアやチェコスロバキアと違って、ポーランドは抗戦した。フランスとイギリスはポーランド支援を約していて、ドイツに宣戦布告した。ドイツとポーランドの国境でヨーロッパの戦争が始まると、ジヴィエツの住民は東へ避難した。アルブレヒトとアリスは、すでにこれより数週間前に、娘たちをワルシャワに送り出していた。息子たちの方は、アリスの実家の家族とスウェーデンで休暇中だった。

おそらくアリスからも熱心に説かれたのだろうが、アルブレヒトは危機に瀕しているポーランドのために軍務につこうとした。病弱であったために何年も前から兵役を免除されていたが、九月一日にアルブレヒトはポーランド軍将校の制服を身に着けて、派遣されてきていた部隊を捜した。彼の行動には象徴的な意味合いがあったが、戦闘は望みのないものだった。ジヴィエツ周辺でポーランド軍は激しく抵抗し、ドイツ軍の死傷者はかなりの数に上ったが、彼が合流したのは撤退する部隊だった。ジヴィエツは三日で陥落した。*2

そこでアルブレヒトは、ドイツ軍の電撃戦《ブリッツ》に先んじようと、急いで娘たちを迎えにワルシャワに向かった。ポーランドの首都では、娘のマリア・クリスチーナが、澄んだ青空を飛ぶ飛行隊を見上げていた。道行く人々は「我々の軍隊のものだ」と言っていたが、それは勘違いだった。ポーランド空軍はすでにして、飛び立つまもなく壊滅していたのだ。その飛行隊はドイツ軍のもので、ポーランドとの戦争が始まった直後から、一般市民に向けた爆撃を行っていた。

ドイツ軍の爆弾が何万人ものポーランド人を殺戮している最中《さなか》に、アルブレヒトは娘たちを救出することができた。彼はそのままドイツ軍の先を行こうとした。彼はジヴィエツに引き返すよりも、むしろアリスの所領がある南西方面に娘を連れて行くことにした。これはポーランドのもう一つの地方への旅であったが、同時にハプスブルクの歴史におけるもう一つの物語への旅でもあった。彼らが向かった所領は、ハプスブルク家の外交官をしていた、アリスの初めの夫ルドヴィック・バデーニ伯が所有していたもので、伯爵は、ハプスブルク帝国の下でオーストリア側の宰相を務めた父カジミエシュ・フェリクス・バデーニ伯から相続していた。それは、元のハプスブルク帝国のガリツィア領邦の東部にあって、ポーランド人よりもウクライナ人が多数派である地方であった。

アルブレヒトと娘たちは、全体主義的国家の軍隊の一つから逃れはしたが、それはたんに、もう一つの全体主義的国家の軍隊に出くわすという結果になっただけであった。九月一七日、ソ連の赤軍が、これも正当な理由も宣戦布告もなしに、東からポーランドに侵攻した。ナチス・ドイツとソ連は、その年の八月に不可侵条約を締結していたが、それは東欧をお互いの勢力圏に分割するという秘密協定を伴ったものだった。ポーランドは両国の間で分割されることになり、スターリンは自分の取り分を手にしようとしているところだった。

アルブレヒトと娘たちは、予期せぬソ連の猛攻撃に直面し、今度はジヴィエツに向けて西へと引き返す羽目になった。アルブレヒトはポーランドの貴族であり、またポーランド軍の将校でもあったので、ポーランドの大地主に復讐するようウクライナ人の小農たちを唆していたソ連を恐れるのはもっともなことだった。ソ連はそれから二万人以上のポーランド人将校を殺害することになったが、その中にはマリア・クリスチーナに乗馬を教えてくれた騎兵隊の将校も含まれていた。ドイツの占領地帯はどこもひどい状態になっていた。アルブレヒトたちがいない間に、ジヴィエツはすでにドイツ第三帝国に呑み込まれていた。

子どもたちの家庭教師をしていたうちの一人は、絶望のあまり自殺してしまった。*3

一九三九年のこの恐ろしい秋、ポーランド市民は、身の安全のためにはどこがよいのかと当て推量をしたり、家族と再会しようとしながら、右往左往して逃げ惑った。ポーランド・ハプスブルクの一家もその例に洩れなかった。アルブレヒトから何の連絡もなかったので、アリスは九月二五日に、勇敢にも夫と娘たちを捜し出すために東に向けてジヴィエッツを出発した。ポーランドの自分の所領がある地方にソ連が侵入したことを彼女は知っていたが、怖気づいて思い止まることはなかった。実際のところ、彼女は夫のアルブレヒトと娘たちが自分の助けを必要としていると考えていたのだろう。

侵攻してきたソ連が、田園地帯で階級闘争を行うようウクライナ人をせっついていた時、まさにそうした地域である東ガリツィアにアリスは辿り着いた。アリスは地元の地主であり、スウェーデン出身の貴族令嬢であり、結婚によってハプスブルクの二人のポーランド人貴族の妻となった人物だった。しかし二〇年前と同様この時も、地元のウクライナ人たちは彼女のことを良き隣人と見なしていたし、彼女を傷つけることは望んでいなかった。自分の所領ではアルブレヒトと娘たちを見つけ出せないまま、彼女はジヴィエッツへと戻る道を辿った。夫と娘たちは、彼女が出発した四日後に、ジヴィエッツの城に戻って来ていた。ところが、彼女が自宅に到着する一一月半ばには、アルブレヒトはふたたびいなくなっていた。家に着いて彼女が見つけたのは、フランス語で書かれた短い別離の手紙だけだった。それ以外のことは召使たちが彼女に伝えた。

屋敷の庭師はこう言ってアルブレヒトに警告していた。「ドイツ軍がこちらに向かっていて、将校を捜しています」。ドイツの国家秘密警察、つまりゲシュタポは、アルブレヒトがポーランド軍に資金援助したことや、軍務に服すべくポーランド軍に出頭したことを知っていた。一一月九日に、アルブレヒトは二人の警官に居城から連行されてしまったが、マリア・クリスチーナには、父親の顔が「まるで幽霊のように青ざめている」と見えた。彼が恐怖を抱くのにはしかるべき理由があった。つまり妻は東部のどこかにいて、子どもたちは両親が二人ともいない状態だった。自分の属する軍隊は殲滅された。ポーランド内の自分たちの側は、そこにジヴィエツ一帯も含まれたが、第三帝国に併合されてしまっていた。そして彼は、自分の所領が没収される危険がある、という事実を理解していたに違いない。財産の一部は、ドイツ軍が獲得したポーランド領で第三帝国に併合されなかった占領地域を統治するポーランド総督のハンス・フランクによって強奪され、すでに失われていた。すなわち、任地に赴く途上でフランクはジヴィエツに立ち寄ったが、それは、元々はオーストリア皇帝フランツ・ヨーゼフ一世からシュテファンとマリア・テレジアに結婚祝いとして贈られた、ハプスブルク家の家宝の銀食器を強奪するためだった。フランクは、クラクフにあるかつてのポーランド王国の王宮のあったヴァヴェル城を司令部としたが、そこでこの銀食器を使用することになった。[*4]

ポーランドが崩壊した時、アルブレヒトは勇敢にふるまった。自分がドイツ人であると主張することで、アルブレヒトは自分自身と資産や所領を守ることもできたかもしれない。しかし彼はそうせずに、一九三九年一一月一六日に行われた最初のゲシュタポによる尋問の際、自分はポーランド人である、と断言した。アルブレヒトの先祖は、数百年にわたって「ドイツ国民の神聖ローマ帝国」の皇帝であったのだから、「ドイツ人の血統」であることを否定するのは難しかったのだが、自分がそう決めたのだから自分はポーランド人である、と彼は繰り返した。私はポーランドが好きだ、と彼は言った。ポーランドでは厚遇されたし、子どもたちもポーランド人として育ててきた、と。

ゲシュタポは苛立った。一二月八日、ゲシュタポの将校たちは、「アルブレヒトの人生は、ドイツ人で

あることへの長期間にわたる裏切り行為であったし、ドイツ人社会から彼を永遠に排除する人生である。彼から反逆罪の汚名がそそがれることは決してない。したがって彼は、資産・所領に関するあらゆる権利を失ったし、外国人の身分としてであってもドイツ国内に居住するいかなる権利も失った」と結論づけた。アルブレヒトは、ジヴィエツと同じくドイツ帝国に併合されたポーランドの都市であるチェシンにおいて、無期刑で投獄された。[*5]

アルブレヒトのとった態度は劇的なものであったが、この地方のポーランド人一般を代表しているものであった。ドイツ当局はその頃何週間にもわたって、併合されたジヴィエッツ地方はそれまでもずっとドイツのものであったし、その居住者もドイツ民族である、と布告していた。しかし、ジヴィエッツとその周辺地域がドイツに併合された後も、その地域のポーランド人たちは、ドイツの侵攻に抵抗して戦死したポーランド人兵士の墓を飾っていた。一九三九年一二月、ドイツ当局はこの地方の人口調査を実施した。しかし、一四万八四一三人がポーランド人として登録したのに対し、ドイツ人として登録したのはたったの八一八人だけだった。

ポーランド人はドイツ人として登録するよう奨励されたにもかかわらずそうしなかったが、その一方で、ドイツ人として登録することを望んで叶わなかったいくらかのユダヤ人がいた。いくつかのケースでは、ポーランド人でもドイツ人としての身分を与えられる場合がありえた。ポーランド・ハプスブルクの一家は、そのために、甘言を弄され、尋問を受け、拷問にかけられる羽目になったりしたが。ユダヤ教徒、あるいはユダヤ系のポーランド市民は、単純にユダヤ人として登録され、ジヴィエッツからポーランド総督府領に追い払われてゲットーに入れられた。[*6]

アルブレヒトの勇敢さは、ドイツ側の注目を彼の家族に引きつけることになった。アルブレヒトに関するゲシュタポの調査ファイルには、ウィーンに居住するヴィルヘルムを含めて、彼の弟たちや姉妹のことが記載されていた。一九三九年も終わりに近づいたある時点で、ゲシュタポはウィーンにいるヴィルヘルムの元を訪れた。彼らはヴィルヘルムに尋ねた。アルブレヒトがポーランド市民であるのはなぜか、軍務に服すべくポーランド軍に出頭したのはなぜか。ヴィルヘルムがそうした質問に対する答えを持ち合わせていたとしても、説明をすることはしなかった。人種至上主義的な第三帝国の警官に理解できるようなことで、彼に言えることはほとんどなかった。ドイツの警官は、家族の出自と国籍とは同じものだと教えられてきた。ヴィルヘルムとその兄弟たちは、何世紀も前に民族的なアイデンティティをきっぱりと捨て、それからいちどきに複数の民族を受け入れた一門に生まれていた。さしあたってヴィルヘルムは彼らと同じ民族、ドイツ人であった——少なくとも彼が与えた印象はそうだった。

まもなくヴィルヘルム自身が将校の制服、それもドイツのものを着ることになった。一九四〇年の春、彼は再訓練のためにウィーナー・ノイシュタットに召集された。そこはヴィルヘルムが二五年前に、士官候補生としてハプスブルクの軍隊に入隊するための訓練を受けたのと同じ場所だった。かつて一九一五年に卒業した時には、この上なく前途有望で、ウクライナでの秘密の任務に就くことも期待することができた。しかし一九四〇年には、状況はかなり異なっていた。彼はまだ四五歳で、将校として脂ののった年配であったにもかかわらず、ヴィルヘルムが印象に残ることはほとんどなかったようである。彼がナチスに共感していることは知られていたが、ナチ党に入ったことは一度もなかったらしい。彼はハプスブルク家の人間だった。そして結核と心臓病も患っていた。ドイツ軍の通常の軍務ではなく、ヴィルヘルムは通例では年寄りや少年の仕事である国内防衛の任務を割り当てられた。この時に彼は、ドイツ軍がソ連からの解放戦争を行うために、自分にウクライナ軍団を立ち上げるよう要請するつもりがまったくないことを悟ったに違い。ドイツ軍は、ヴィルヘルムにほとんど関心を払わなかったように見える。*7

一九三〇年代後半の壮大な政治的計画が無に帰したと気づくと、ヴィルヘルムは自分の関心を家族のことに向けた。彼はウィーンのすぐ南にあるバーデン・バイ・ウィーンで、国内防衛の任務に就くために出頭したが、そこには姉のエレオノーラが夫のアルフォンス・クロスとともに住んでいた。ヴィルヘルムは末弟でエレオノーラは長姉であったが、二人はこれまでもずっと仲が良かった。エレオノーラは、自分の気持ちに正直に従い、愛情のために平民と結婚した最初のハプスブルク家大公女だった。ヴィルヘルムの方も自分の気持ちに正直で、姉よりさらに伝統的でない生き方を選んだ。彼らは二人とも船乗りというものに目がなかったのだが、実際エレオノーラの夫は船乗りであった。エレオノーラとクロスは、ドイツ人となったオーストリア系の一家だった。夫妻には六人の息子がいて、ドイツ軍に入っていた。息子たちは遠く離れた前線にいたので、かわいい末の弟がすぐそばにいたことは、おそらくエレオノーラにとって慰めとなっていたろう。六人の息子たちのうち二人が戦死してしまってからは、その慰めはよりいっそう大きくなったかもしれない。姉弟はこの戦争についてどんな風に話し合ったのだろうか。姉の息子たちは、ドイツの侵略軍の一員として、長兄アルブレヒトが愛するポーランドを壊滅させることにまさに苛担していたのだから。*8

もっとも、もしかすると一族の財産は何とか守ることができたのかもしれない。アルブレヒトがポーランドと命運を共にすると決心していたとしても、ヴィルヘルムとエレオノーラは少なくともアルブレヒトの金の返還を要求しようとすることはできた。二人とも家族に反抗した身であったにもかかわらず、アルブレヒトは二人が月々の「扶持」を受け取れるよう必ずきちんと手配していた。アルブレヒトが逮捕され、それに続いて資産や所領が押収されると、彼らが受け取る金額は、ジヴィエツの醸造所と所領を新たに管理するドイツ当局によって減らされていた。エレオノーラとヴィルヘルムは、二人とも弁護士を雇って抗議書を提出した。若い時にポーランド人であることを拒絶したことが、今となっては姉弟に有利に働いた。二人が雇った弁護士たちは、彼らは第三帝国の国民で人種的にもドイツ人なのだから、第三帝国が資産・所領を押収した場合にも罰せられるべきではない、と主張した。ヴィルヘルムは直接ヒトラーにも手紙を書いた。

ヴィルヘルムとエレオノーラはアルブレヒトを告訴した。もっとも、ドイツの裁判所は、ジヴィエツの所領をドイツ側が管理することに対しての財政上の請求としてこの件を審理した。姉弟は十中八九アルブレヒトが投獄されていることは知っていただろう。ゲシュタポによって拷問にかけられている兄弟を告訴するなどというのは、薄情な行為だと思われるかもしれないが、彼らが法的に勝利したことで、ハプスブルク家が所有する一族の富のうちごく一部でも、手許に残ることになったのである。アルブレヒトがきわめて思慮に富んだ寛大な性質だったことを考えると、彼自身が姉弟にそうするよう勧めたか、あるいはまさにそうするよう望んでいた可能性も否定できない。

ドイツの当局は、確かにヴィルヘルムとエレオノーラの要求に好意的だった。ドイツ国家の準軍事組織であったＳＳの法務部は、彼らを「帝国ドイツ人」(Reichsdeutsche)、つまり「ドイツ帝国の外に住むドイツ帝国に協力的なドイツ民族」と見なした。つまり人種的にも文化的にもドイツ人で、あらゆる権利を享受するに値すると見なした。ＳＳの法律担当者は、エレオノーラにはドイツ人の子どもが八人いる、と正確に記している。一方では彼らは、事実に反するのだが、ヴィルヘルムは、この頃までにはドイツの一部になっていたオーストリアで、一九二〇年代から三〇年代にかけてをずっと過ごしていたと思っていた。ヴィルヘルムのパリでの醜聞について書かれたナチス機関紙の不快な記事は、読まれなかったかあるいは忘れられていた。ヴィルヘルムにとって幸運なことに、彼の人生の中のウクライナやフランスにいた期間から、彼らの注意は完全に逸れていた。実際ヴィルヘルムがフランスを退去させられたことは、彼にとって実に幸運なことだった。もし彼が望んでいたようにそのまま留まってフランス市民になっていたら、スキャンダラスな過去を明るみに出さないで、ドイツの裁判所でドイツ人として権利を主張するなどということは、はるかに困難になっていただろう。

アリス・ハプスブルク（もとのアリス・アンカルクローナ）

一九四一年の春にドイツ国家はエレオノーラとヴィルヘルムに金を支払ったようである。慣例となっていたように毎月決まって支払われるのではなく、彼らは一括で受け取った。エレオノーラは八七万五〇〇〇マルク、ヴィルヘルムは三〇万マルクで、現在のドルに換算すると、それぞれ二七〇〇万ドル未満、九〇〇万ドル以上といったところである。二人とも一生金に不自由せずに済むこととなった。[*9]

当然この気前の良い支払いは、ドイツが彼らの兄弟であるアルブレヒトから押収したジヴィエツの所領から捻出されていた。ヴィルヘルムとエレオノーラが、ウィーンで自由の身のドイツ市民であったのに対し、長男のアルブレヒトはドイツ国家の敵としてチェシンにおいて投獄されていた。彼らが一族の富の分配に与《あずか》る一方で、アルブレヒト夫妻とその子どもたちは、わずかな給付金で生活していた。

アリスは頑なにポーランド人のままでいた。彼女は自分を尋問したゲシュタポに、面と向かってナチス政権は「強盗国家」だと言った。尋問者に対して「ゆすりたかりの犯罪者」とまで言った。またアリスは、そのドイツ人たちに「自分の味方」が勝利した後「ポーランドは復活するだろう」と保証した。一九四〇年五月にアリスがこのように断言していた頃、ポーランドは占領され、ドイツ軍はフランスを席巻していた。ヨーロッパの覇権をめぐってドイツの前に立ちはだかることができたのは、イギリスだけだった。したがって彼女の言葉は大胆な予言だった。

アリスは、今現在の世の中に惑わされない視野を持てるほど、王朝史観に頼った見方をする人物だった。彼女はドイツをハプスブルク一門が五〇〇年間支配してきた国だと考えていた。そしてヒトラー政権、いわゆる「千年帝国」は、到底長く続かないと感じていた。アリスの強がりと美貌に恐れをなして、ゲシュタポは彼女を逮捕する度胸がなかった。それどころかゲシュタポの将校たちは、北欧民族の完璧な女性の見本として、ポーランド民族を捨てて戦勝者たるドイツ人に加わるべきだ、そう説得しようとさえした。[*10]

アリスとアルブレヒトの待遇の改善を求める手紙が、ベルリンから転送されて現地のゲシュタポ支部に届き始めた。それらの手紙は、スウェーデンやスペインのような中立国から出されており、夫妻はそれらの国の王侯貴顕とつながりがあったのである。また手紙の中には、第一次世界大戦でのアルブレヒトの元戦友で、今は第三帝国の政府内で重要な地位にいるドイツ人からのものもあった。ゲシュタポはこうした圧力に対する答えを用意していた。それは、アルブレヒトはその人種上の背信を考慮するとどうあっても釈放できないし、アリスの方は尋問中の彼女の不快な言動を考えればきわめて良い待遇を受けている、というものだった。

一九四〇年の夏、アリスは娘たちとともに、ジヴィエツから西に約二〇マイル離れた、ヴィスワという小さな町に追放された。一家が退去すると、居城にはナチ党の党旗が垂らされ、第三帝国の高官たちが好むように仕立て上げられた。入れ替わりにジヴィエツにやって来た二万五〇〇〇人ほどのドイツ人を収容するために、四万人ほどのポーランド人がジヴィエツ地域から強制的に移住させられたが、アリスもその一人であった。たとえば、ジヴィエツのビール醸造所の運営のため、解雇されたポーランド人スタッフの代わりにドイツ人が雇われた。ヨーロッパが誇るビールブランドは、ドイツ軍ががぶがぶ飲むためのものとなったので、生産量は三倍になったが質は落ちてしまった。[*11]

一九四〇年を通してずっとこの夫妻を監視した結果、ゲシュタポは「このハプスブルクの夫妻の内、妻の方が積極的だ」ということを理解した。夫の妥協しない姿勢を支えているのは妻のアリスである、と彼らが思ったのには、もっともな理由があった。ゲシュタポはアリスがアルブレヒトに宛てた手紙を盗み見たが、そこで彼女はこう書いていた。「私が勇気をなくすなどと思わないで。まったくその反対で決してなくすことなどないわ。絶対にあきらめたりひれ伏したりしないで――そのくらいなら地面に叩きつけられた方がましよ」。[*12]

アリスはまったく屈しなかったし、地面に叩きつけられることもなかった。彼女は一九三九年の終わり頃から、ドイツの占領に抵抗して、ポーランドの地下組織とともに活動した。子どもたちの家庭教師をしていたうちの一人に誘われて、その地方のポーランド独立をめざす秘密組織の一員となることを誓った。この組織は当時ポーランドで構成された何百もの地下組織の一つで、その後それらの組織のほとんどは、ヨーロッパ大陸の中でもユーゴのパルチザンに次いで大きな反ナチスレジスタンス組織であった国内軍（アールミア・クラヨーヴァ）に統合された。アリスはＢＢＣその他聴くのが非合法であったラジオ放送に耳を傾け、また仲間がポーランド亡命政府と連絡を取るのを手伝った。[*13]

アリスは外国とのつながりがあったので旅にも出た。一九四一年一一月、彼女はドイツの町ケルンにいたが、ケルンの町が空爆を受けているのを、自分も爆撃の標的となっているところにいながらも大喜びして眺めていた。「とても美しい光景でまるで花火のようだった」と彼女は記している。自分の命を簡単に奪ってしまうかもしれなかった凶器を積んでいるイギリス空軍に、空を見上げながらすっかり共感していた。おそらく彼女は、ドイツ軍から逃れたポーランド人の航空将兵が、イギリス軍航空将兵と一緒に飛んでいるのを知っていたのだろう。彼女は、普段男性全般をそう考えているのと同じ様に、コクピットにいた男たちのことを、女性からのちょっとした激励を必要としている単純な生き物だと思ったようだった。ドイツ軍の対空放火が標的を捜しているのを見ている時、彼女の気持ちはパイロットとともにあった。「空中で対空砲火がいくつも爆発するのが見えましたから、乗っている将兵たちは天地の狭間におかれ、ひどく居心地が悪かったに違いありません。かわいそうな子たちでした」[*14]。

ヴィルヘルムは、一九三九年には国家社会主義に期待を抱いていたが、一九四〇年、一九四一年と進むにつれて、この戦争について義姉のアリスとかなり似た見方をするようになっていた。ヴィルヘルムがゲシュタポの訪問を受けて推測したに違いないように、ドイツの占領はアルブレヒトとアリスにとって恐ろしいものであった。もしかすると彼は兄夫婦から直接何か聞いていたかもしれない。一九三七年から三八年にかけては兄弟たちと連絡を取り合っていて、その頃アルブレヒトが次兄のレオを結核の治療のためにウィーンに連れて来ていた。レオはアルブレヒトと同じように、父から相続したジヴィエツの所領の一角に住んでいた。アルブレヒトとレオの兄弟は、兄がポーランド人であるのに、弟は子どもたちをドイツ人として育てていたこともあって、格別仲が良いというわけではなかったが、必要な時は互いを頼りにすることができた。ヴィルヘルムが一九三九年から四〇年に家族の消息を知っていたら、お気に入りのナチスの一員のハンス・フランクが、家族の銀食器を強奪したことも教えてもらったことだろう[*15]。

今やヴィルヘルムは、人生で初めて兄のアルブレヒトより金持ちになった。望みさえすれば、彼はウィーンでそのお金を使って、パリにおいてとても大切だった享楽に囲まれて過ごすことも簡単にできた。おそらくヴィルヘルムはそのようにしたのだろう。ドイツ警察の記録によると、彼は恋人を見つけたが、その女が自分の金を全部使ってしまった、などとこぼしていたらしい。それでも経済的な独立という新たな立場から眺めることができた彼は、ヒトラーと彼の政策とについて判断をして、以前よりもずっとアルブレヒトの見解に沿うことを選んだ。自分の家族、さらにはウクライナに対するドイツの方針を目にしたので、ヴィルヘルムは、兄がヒトラーに抵抗することを選んだのは、正しい選択であったと思うようになっていた。ハプスブルク君主国が解体されてからはじめて、アルブレヒトとヴィルヘルムは同じ側に身を置いた。第一次世界大戦はポーランドとウクライナの独立を約束していたので、二人は袂を分かっていたが、第二次世界大戦では、ドイツがポーランドとウクライナを両方とも圧迫していたので、二人を結びつけることになったのだった。[*16]

戦争がウクライナ人にとってソ連による恐怖支配から解放されるための唯一の希望であったのだが、ヒトラーはその希望を粉々に打ち砕こうと決意しているようであった。ドイツはウクライナに意思表示をする機会をことごとく逃してきた。一九三八年には、ベルリンは、チェコスロバキアから獲得した東方の領土をウクライナの支配下に置くのではなく、ハンガリーに与えた。翌一九三九年のポーランド侵攻後には、ヒトラーはポーランドにいた五〇〇万人のウクライナ人をほとんどすべてソ連に引き渡した。一九四一年六月二二日にソ連に侵攻した時には、歴史的にハプスブルク朝の下にあった二つの民族、スロバキア人とクロアチア人に対してはすでに同じことを実現させていたのにも関わらず、ウクライナ人による傀儡国家を創り損ねた。その年の夏、ウクライナの民族主義者たちが、ソ連との戦争でドイツの同盟国となるはずだった名ばかりの独立国家を作ろうとした時には、ヒトラーは彼らを強制収容所に送ってしまった。ドイツはウクライナ・ソビエト社会主義共和国だったところに、帝国管区ウクライナ（Reichskommissariat Ukraine）という冷酷な統治をした占領地域を設けたが、そこではウクライナ人は人間以下の扱いを受け、彼らの食糧は第三帝国の食糧に回された。[*17]

ソ連に対する戦争で、ヒトラーはどのウクライナ人組織とも連携せず、どちらかといえば自分の政権が関わる犯罪行為においてのみ、個々のウクライナ人の協力を許した。ヒトラーのソ連侵攻は、始まった時からユダヤ人は死の穴で殺され、ソ連の捕虜は餓死させられる人種闘争であったが、これに参加したウクライナ人の一団もいた。SSは警察業務のために、数千人のウクライナ人を新しく入隊させたが、その警察業務には銃殺するためにユダヤ人の女子どもを駆り集めることも含まれていた。ヨーロッパにいるユダヤ人の老若男女をことごとく殺害しようとするドイツの政策「ホロコースト」は、ソ連侵攻から始まった。広々とした野原の、死の穴を前にして行われたドイツ軍によるユダヤ人の殺戮を、ヴィルヘルムも聞き及んでいたに違いない。八月の終わりに、ドイツ軍はカミャーネツィ＝ポディリスキイで二万三〇〇〇人のユダヤ人を殺したが、そこはヴィルヘルムが一九一九年にウクライナ人民共和国軍の軍務に就くために出頭したところであった。九月の終わりには、キエフのユダヤ人三万人以上をバビ・ヤールで銃殺した。第一次世界大戦ではポグロムに抗議していたヴィルヘルムは、もしかするとこうした惨事が起きたことで、身につけた反ユダヤ主義を考え直したのかもしれない。[*18]

ヴィルヘルムも理解したようだが、このような戦争でドイツに協力することは、恐ろしい契約を結ぶことであった。ウクライナ人は政治的代償の約束もまったくなしに、考えうるかぎり最悪の戦争犯罪をドイツ人が行うのに手を貸していた。遡って一九一八年に、ヴィルヘルムが第一次世界大戦終焉間際にドイツ皇帝の元を訪れた時、搾取的な占領政策のせいでドイツは戦争に負けるかもしれない、と警告したことがあった。その時よりはるかに直截的なドイツの政策を目の当たりにして、彼は同じ結論を出したように思える。ソヴィエト連邦で二番目に大きい共和国として、そしてヨーロッパに向けた窓として、ウクライナはモスクワの政権にとって欠かせないものだった。一九一八年にヴィルヘルムがそうしていたように、ソ連に対抗するためにドイツがウクライナ人の民族主義を利用していたら、ドイツはこの戦争にすでに勝利していただろう――少なくともヴィルヘルムはそう思っていた。そういう機会を逃したために、ドイツはすでにウクライナを失い、さらにはヴィルヘルムの見るところ、戦争全体に負けることになるのだ。[*19]

一九四二年までには、ヴィルヘルムはこの戦争の結末について義姉のアリスと同じ意見を持つようになった。もちろんアリスにとって、ポーランドが最終的に勝利するというのは、初めから信じ込んでいたことだった。一方ヴィルヘルムにとっては、ドイツが彼とウクライナに冷淡であったために、それまで感じていたファシズムの魅力が台無しとなったのだ。アリスは並外れた品の良さと意志の強さを持った女性だったので、彼女のポーランドに対する高潔な忠誠心と、ヴィルヘルムのナチス・ドイツへの一時的な浮気心とを対比させるのは容易なことだろう。しかし二人の態度の違いは、二人が選んだ民族の利益が異なることからも生じていた。ポーランドは、第一次世界大戦後の講和条約の恩恵を受けており、したがって現状維持が利益となる国の一つであった。対照的に、ウクライナ人愛国者は、独立国になるためにはもう一度戦争が起きる必要があると理解していた。彼らはまだ、一九一八年以前のポーランド人愛国者たちが堪え忍んだ状況に置かれていた。つまり自分たちの独立を宣言する機会を得るためには、自国を占領しているすべての国々が壊滅するという何らかの形での一大異変を必要としていたのである。ポーランド人全般にそうであったように、アリスにとってドイツの軍事力は明らかに脅威であった。そして多くのウクライナ人と同様、ヴィルヘルムにはドイツの侵略は好機と見てとれた。ドイツがウクライナを支援しないとなると、ヴィルヘルムはアリスと同じく、勇敢で危険な抵抗運動に参加した。

ヴィルヘルムとアリスは若い頃に別々の民族を選んだが、二人は民族へきわめて個人的な愛着を持つという点で共通していた。アリスのポーランドへの愛情はまた、ポーランド人の二人の夫と子どもたちへの愛情でもあった。ヴィルヘルムがナチスから親ウクライナ的抵抗運動へと移ったのは、友情によって刺激されたからだった。彼は共に楽しく過ごせる男たちを見つけると、アリスよりも重大で危険な活動を始めた。その中でも最も重要となる人物は、偶然にも、並外れてハンサムなウクライナ人の音楽学校生だった。

ロマン・ノヴォサドは、旧ハプスブルク帝国の版図の中のガリツィア領邦で生まれ、ポーランドの市民権を持ったウクライナ人であったが、冒険心に富んだ若者だった。彼も数百万人のポーランド市民が第三帝国での強制労働のために召喚された中に含まれていたが、強制労働の代わりにウィーンの音楽学校への入学が許可されるべきだと言って、ドイツ人の役人を何とか言いくるめていたのだった。一九四一年に、彼はウィーンで指揮と作曲を学びながら、出版するためにウクライナ民謡を採譜して集めていた。そして第三帝国で名を轟かせていた著名なオーストリア人指揮者である、ハンス・スワロフスキーにも注目されていた。

一九四二年二月のある晩、ロマンともう一人のウクライナ人の友人は、コンサートを聴きに行くことに決め、軽く食事を摂るために寄り道をした。リングシュトラーセに面した、ウィーン市長の執務室が入っている素晴らしい市庁舎《ラートハウス》の地下のOKというレストランを選んだ。そこは食べでのある料理とチェコ人の給仕がいる居心地の良いところで、ウィーンっ子たちが、元の帝立宮廷歌劇場である国立歌劇場に行こう

ロマン・ノヴォサド（右から３番目、眼鏡姿）。1941年６月。

としてリングシュトラーセを渡る前に立ち寄るレストランだった。

友人同士の二人は座る席を探したが、ドイツの将校たちがほとんどのテーブルを占めているのがわかった。私服姿の男が一人で座っている窓際のテーブルを見つけられたので、彼らは喜んだ。その男は優しく笑って相席するようテーブルに招いた。二人は互いにウクライナ語で会話を交わした。しばらくすると、隣に座っている客が自分たちの会話について来ていることに気づいた。気づかれたことに気づいて、その男は魅力的な微笑を浮かべてこう言った。「私はオーストリア人ですが、ウクライナ人とは大の仲良しなのですよ」。

そして陰謀めかして眉を寄せて言った。「ヴァシル・ヴィシヴァニと言います」。

ロマンは伝説的人物と出会ったのであり、その伝説的人物は時間を持て余していた。偶然にもヴィルヘルムは、彼らと同じく、ウクライナ人チェリストによるコンサートに行く途中だった。ホールはほとんどがらがらだったので、ヴィルヘルムは一緒に最前列近くに座りましょうと言った。コンサートが終わると、彼は演奏者に会わせるためにロマンを楽屋に連れて行った。ロマンにとって素晴らしい時間だったに違いない。

それからヴィルヘルムとロマンはバーに向かい、そこで互いにウクライナ語で穏やかに話し合った。ヴィルヘルムはロマンに自分の初恋について語ったが、その相手もまたウクライナ人の音楽学校生だった。その話はそれなりに事実に基づいていた。二〇年前、ヴィルヘルムと恋人のマリアは、ちょうど今のヴィルヘルムとロマンのように、ウィーンのバーで同席していた。しかしその時期のヴィルヘルムはいつもう寂しげに見えた。今夜ロマンと一緒にいる彼は幸せそうに見えたが。

まさに初めてのこの出会いで、ヴィルヘルムは驚くべき考えを口にした。新鮮な空気を求めてバーを後にすると、ヴィルヘルムは大きく溜息をついてこう言った。「ここより東側のどこかでまったくひどい戦争が行われていて、何千、何万という健康な男たちが死んでいっている。しかもドイツはすでにこの戦争に負けてしまった！」このように考えるのには理由があった。ドイツ軍は東部戦線で素早い勝利を収めていたが、まだモスクワを陥落させてはいなかった。新聞雑誌や政府のプロパガンダが約束していたソ連に対する決定的な勝利は、まだ実現してはいなかったのである。一九四一年一二月、日本は真珠湾を爆撃してアメリカを戦争に引き込んでいた。一年前は、ドイツが真正面から戦っていたのはイギリスだけだった。しかし今やドイツはイギリス、ソ連、アメリカと戦わなければならなかった。それでも一九四二年のウィーンにおいて、事実上見知らぬ人物相手にドイツの敗北を予言するのは、大胆なことだった。ウィーンはドイツ第三帝国の一部であった。したがって、そのような意見を口にして警察に通報されたら、よくて尋問で、それよりずっとひどい展開になる危険性もあった。ヴィルヘルムは何をしていたのだろうか？

確かに彼は心底確信していることを口にしていたが、可能性としていちばん高いのは、これでロマンを試してもいたことだった。[20]

おそらくヴィルヘルムは、この時すでに西側の情報機関のために諜報員を新しく募る作業をしていたのだろう。その情報機関とは、まず間違いなくイギリス特殊作戦執行部（BSOE）で、ヨーロッパ内のドイツに支配されていた地域で、レジスタンスの細胞を組織していた。ヴィルヘルムは生涯にわたってイギリスびいきだった。おそらく彼は、イギリス政府が、オーストリアを復興させるという考え、それどころかもしかすると拡大した多民族国家という考えにさえも同情的だったのを知っていたからだろう。きわめて一九世紀的な人物だった首相のウィンストン・チャーチルは、ハプスブルク朝というものに郷愁を感じるところが大きかった。[21]

ロマンはヴィルヘルムの発言を聞いて驚き、歓喜した。ヴィルヘルムが自分のことを信用してくれていると思った。そこで今度は、お返しにロマンがヴィルヘルムを信用するようになった。二人は毎週会うようになったが、一九四三年は頻繁に顔を合わせていたようである。彼らは、ヴィルヘルムのお気に入りだったのだろうが人目につかない安いレストランで夕食をとり、連れ立ってコンサートに行った。ヴィルヘルムとロマンは友達になった。

一九四四年二月八日、ヴィルヘルムはアパートを変えてウィーン市内の二区から三区に引っ越した。引退した教師から借り受けた新しい住居は、ファザーンガッセという小路の四九番地にあり、ウィーン市内でも少年時代によく知っていた地区にずっと近いところだった。小路自体はつましい一画だったが、彼の住む建物は父の昔の住まいから歩いてほんの三〇分だった。そこは面白い地区にあって、ベルヴェデーレ宮殿のすぐ脇だったし、ウィーン南駅の雑踏にも近い場所だった。慌てて町を離れる理由が生じるかもし

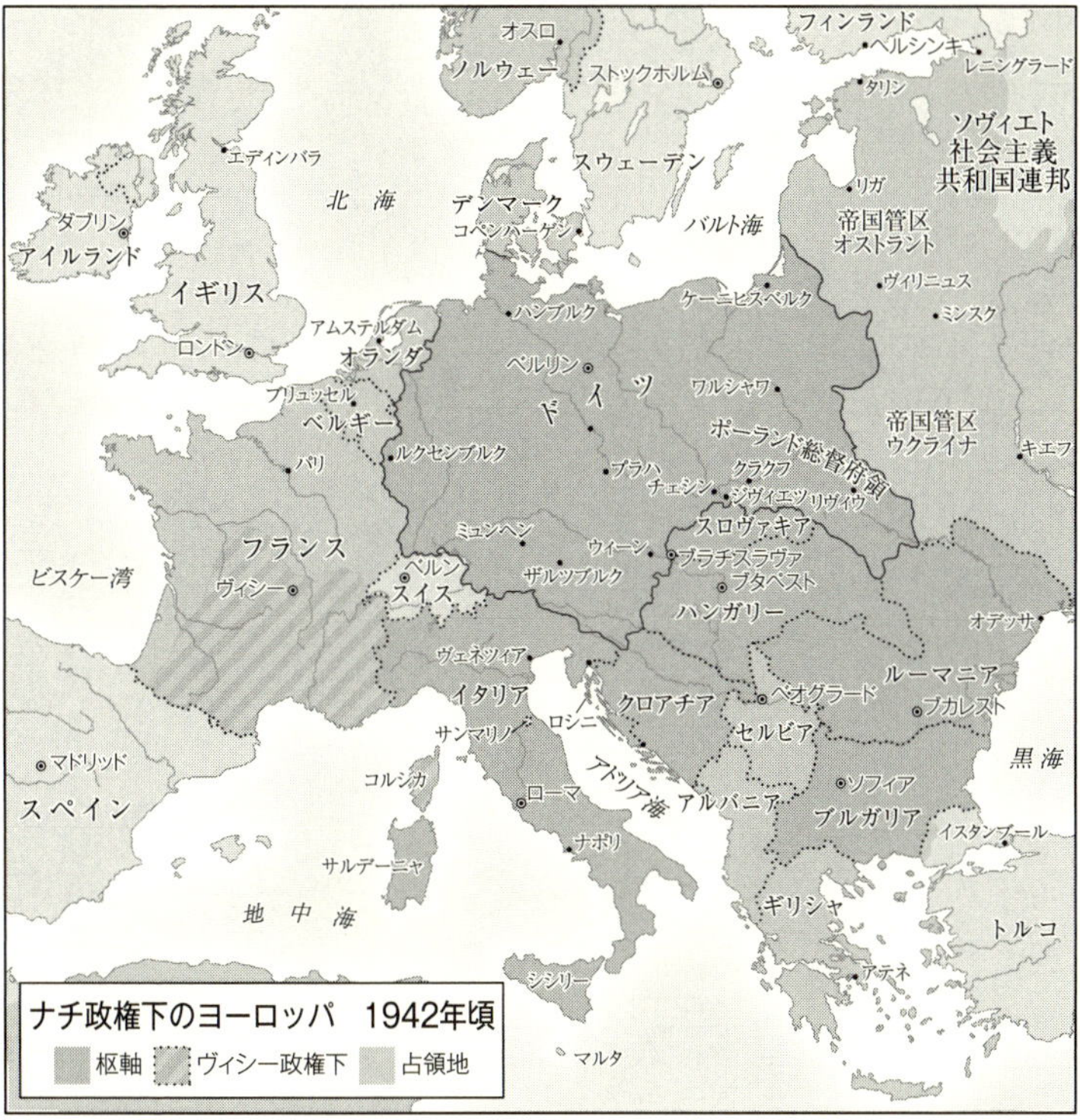


れない友人たちにとっては、ちょうど良い避難場所にもなった。

ヴィルヘルムの新しいアパートは、すぐに反ナチ諜報活動の中心になった。彼のスパイ活動を指揮していた人物で、ポール・マースと名乗る紳士と会うのも彼の部屋においてだった。マースは、自分はフランス国籍を持っていて、ドイツの工場で働きながらイギリスの情報機関に情報を流している、と言った。ヴィルヘルムは「ポール・マース」というのは偽名だと思っていたが、実際そのとおりだった。マースというのは、リージュからアントワープにかけてベルギーを流れる川であり、したがっていかにも偽名という感じがするのでその名前を選んだように思える。名前以外でマースがした話の中で、どれくらいのことが本当だったのかは、判断が付かない。

マースがヴィルヘルムに求めていたのは、ドイツ軍の動きについて報告することと、一九四四年三月に始まった連合国側の爆撃に適した目標を定める手助けだった。ヴィルヘルムは快諾した。彼は、イギリス空軍がドイツの軍事施設を爆撃目標とするのに手を貸すことを熱望していた。ヴィルヘルムは面識のあるドイツ人将校たちと話をし、その会話の内容をマースに伝えた。重要な標的の一つは、ウィーナー・ノイシュタットにあるメッサーシュミット社の航空機工場で、連合国軍はそこに大規模な爆撃を行った。ヴィルヘルム自身ウィーナー・ノイシュタットの帝国士官学校で教育を受けたが（「ドイツ軍将校」として再訓練を受けたこともあった）、アリスと同じように、彼も爆撃を行うパイロットに共感していた。ファザーンガッセにある彼のアパートの隣の建物を連合国軍が爆撃で破壊した後になっても、その共感は揺るがなかった。[*22]

東部戦線の戦況はドイツの劣勢となる、というヴィルヘルムの一九四二年二月の予言はあたった。その一年後にドイツ軍がスターリングラードで降伏したことは、この戦争における象徴的な分岐点であった。戦争が始まった時には、ヴィルヘルムは、ドイツの勝利がウクライナ国家の創建につながることを望んでいた。一九四三年にソ連の赤軍を前にしてドイツ軍が退却した時は、ドイツの敗北がウクライナ民族にとって災難となるのを防ぎたいと願った。一九四四年になると、ドイツ軍に協力していたウクライナ人たちがウィーンに現れ、ドイツ軍敗北の知らせをもたらし、助けを求めた。ヴィルヘルムとファザーンガッセの彼のアパートに同居するようになっていたロマンは、ウクライナ人避難者たちを地元当局と接触させ、通訳の役目を果たした。

ロマンはかなりのやり手で、東部からウィーンに来たばかりで捨て鉢になっているウクライナ人女性たちの中から好きに選べるということをよく理解していた。一九四四年九月、ロマンは、自分の部屋にやって来て、料理や掃除、加えておそらくそれ以外の務めも果たしてもらうつもりで、リダ・トゥルチンと名乗る若い女性を選んだ。ところがロマンは単なる格好のパートナーという以上の女性と出会っていたのである。リダは、彼が当初承知していたよりも複雑な人生を送ってきていた。実は彼女はアンナ・プロコポヴィッチという名の有力なウクライナ民族主義者で、派閥争いの激しいウクライナ民族主義者組織（OUN）のバンデーラ派の幹部らのために密使を務めていた。彼女がウクライナの民族主義者と関係があることを突き止め、すぐにロマンがヴィルヘルムにその発見について話すと、ヴィルヘルムは非常に興奮した。[*23]

この一九四四年の秋、ウクライナ民族主義者が助けを必要としている時に、ヴィルヘルムはウクライナの政治にふたたび参加する大きなチャンスを得た。彼は一九三五年に起こした醜聞の後、ウクライナの民族主義的活動に関わる機会を失っていたし、ウクライナ民族主義者とのいちばんの橋渡し役は一九三八年にソ連によって暗殺されてしまっていた。今や彼はより壮大な計画を始動させることが可能となった。つまり、ドイツに協力していたウクライナ人を西側の情報機関に所属させることによってウクライナの印象を変え、その政治的可能性を広げる、という計画である。ドイツの敗北後、ウクライナ民族主義者が外国から何らかの支援を受けられるとしたら、唯一彼らに残された希望はできるだけ早く西側に陣営を変えることである、ということをヴィルヘルムは理解していた。彼らはアメリカ、イギリス、フランスといった後ろ盾を見つけなければならないだろう。というのも、ウクライナを自国のものと主張するソ連であれば、ウクライナ民族主義者を捕まえたら拷問にかけて殺すだろうからである。ヴィルヘルムは西側の情報機関と連絡をとった。彼がこの計画を始動させるのに、リダはヴィルヘルムがまさに必要としていた、恰好な人物だった。

ヴィルヘルムは、ドイツ人を見捨てた人々が戦時中にドイツの敵陣営と接触するのを手助けすることで、自らの生命を由々しいほどの危険に晒していた。それでも一九四四年には若い頃の冷静さと機転を取り戻したようだった。彼はロマンにそのウクライナ人女性をかのフランス人男性に紹介するよう頼んだ。「君がリダ・トゥルチンをポール・マースに紹介してくれると好いんだがね。しかしどのようなやり方で紹介すべきかは考えなければね。君の恋人のビルタも一緒に、二人をコンサートに招待する、というのはどうだろう。それならまったく自然だろうし疑われることもないだろう」。この手配は、結果としてきわめてうまくいった。ロマンの数多い女友達の一人だったビルタは、フランス語を話せるバレリーナだったので、必要に応じて通訳を務めることができた。マースは少し遅れてやって来て、リダの隣の空いている席に座った。顔合わせは上手く行って、ヴィルヘルムはウクライナの政治に本格的に復帰を果たした。[*24]

マースはリダに難しい任務を与えた。自分は仲間と、乗っていた機を撃ち落されてしまったイギリス人パイロットを一人保護している、彼のためにドイツ人であることを証明する何らかの書類を見つけてきてくれないだろうか、と。彼女はその任務をやり遂げ、ドイツ軍から離れていたあるウクライナ人の身分証明書をマースに渡した。[*25] この任務は彼女を試すためだった可能性はきわめて高いが、リダは見事に合格した。撃ち落されたパイロットは実際にいたのかもしれないし、いなかったかもしれない。彼女は銃をとっていたウクライナ人たちと現に接触を持っていることを証明したわけだが、それこそが重要だったのである。

間違いなくリダはヴィルヘルムの計画を理解していた。かつてドイツ軍に協力していた何千人ものウクライナ民族主義者と同様に、今や彼女の唯一の希望は西側諸国であった。彼女はヴィルヘルムとマースを、ウクライナ民族主義者の派閥の指導者であったミロスラフ・プロコップに会わせた。ヴィルヘルムは、ウクライナ民族主義者たちが西側諸国と初めてぎこちない会談を持つ手助けをして、ウクライナの政治のまっただ中に戻ってきた。この邂逅は破れかぶれなものであったに違いないが、ある意味では見込みのある部類だった。一九一八年に遡ってみると、ヴィルヘルムが記憶しているかぎりでは、ウクライナ人は第一次世界大戦で勝利した西側諸国とまったく接触を持たなかった。当時ウクライナはドイツの帝国主義の化身に過ぎぬと見なされており、パリ、ロンドン、ワシントンからの支持は無きに等しかった。今回は、ウクライナ人がドイツと心中しなくとも済むのではないか、そうヴィルヘルムは希望を抱いていた。[*26]

ウィーンで、ヴィルヘルムは、西側諸国の同盟国であるウクライナというヴィジョンのために生命を危険に晒すことで、ふたたびウクライナ人になりつつあった。ドイツと運命を一体にする気を起こさせた人種主義的な思想を脇に置き、ヴィルヘルムはかつて選んだ民族のもとに帰ったし、これは「どこの国民であるかは自分で選ぶものだという考え」に立ち戻ったことだった。

ジヴィエツではアルブレヒトとアリスが、一貫して人種という考えを拒否していた。アルブレヒトはポーランド人のままで、そのために投獄されていた。アリスの方は、一九四二年一月にゲシュタポによる尋問を受けた際、自分がポーランド国籍なのは個人としての政治倫理の問題だと答えた。「私は以前と変わらず、今も自分がポーランド人の社会に属していると考えていますし、ポーランド人の勇敢な姿勢にただただ感嘆するのみです」。ナチス政権に対する彼女の態度は、いつも変わらず頭から否定的だった。「もし国家社会主義についてどう思うかと訊かれたら、私はそれを拒んでいるとしか答えられません。なぜなら個人の自由というものがないからです」[27]。

ドイツの政策は正反対の原理に基づいていた。つまり民族とは人種のことであり、人種は生物学的なものであるから科学によって決定され得る。ということは、実際には国家によって決定されるのだ。一九四〇年までには、ドイツは、占領地域のドイツ民族の登録、いわゆる「フォルクスリスト」を制度化していた。四つあったドイツ民族のカテゴリーの第一、つまり「ドイツ帝国の外に住むドイツ帝国に協力的なドイツ民族」は、人種的、文化的、かつ政治的にドイツ人であるとみなされる人々で構成されていた。アルブレヒトとアリスは「フォルクスリスト」に加えられることを拒否した。ポーランド人は資産・所領について何の権利もなかったので、彼らがドイツ国籍となるのを拒絶したことは、それらの国有化を正当化するのに利用できたのである。SSとドイツ民族性強化国家委員本部の両方のトップだったハインリヒ・ヒムラーは、好機だと考えた。秘密警察の報告によれば、ヴィスワのカトリック系ポーランド人はアリスと娘たちに好意を抱いていたので、ヒムラーは資産・所領の没収だけでなく、家族全員をそこから引き離し、プロテスタントのドイツの、どこか人知れぬ場所にある強制労働収容所に送り込みたいと思っていた[28]。

ナチスの上層部すべてがヒムラーと同じ意見というわけではなかった。ヒムラーの右腕だったラインハルト・ハイドリヒは、これらハプスブルク家の者たちが強制収容所に送られるのを見たくなかった。しかしながら、一九四二年五月、ハイドリヒはチェコスロバキアのレジスタンスによって暗殺され、この議論から永久に除かれてしまった。それでも、ポーランド・ハプスブルクの一家に対してヒムラーと同じような特別な敵意を、ヒムラーの部下全員が持っていたわけではなかった。現地のSSの一人はアルブレヒトにさらなる尋問を行うことを拒否し、SS内部の通信文ではアルブレヒトのことを、敬意を込めて「大公」と呼んでいた。このSSは、ゲシュタポがこの件を幼稚なやり方で処理したと思っているようだった[29]。

しかし、上官であるヒムラーには彼なりのやり方があった。あるいは、あるように見えた。一九四二年一〇月、アルブレヒトとアリス、そして二人の娘たちは、ドイツのシュトラウスベルクにある強制労働収容所に送られた。そこでさえ、ナチスの統制が完全に行きわたっていたわけでは決してなかった。外国にいる保護者たちは、アルブレヒトは病が進行し尋問によって傷ついているので労働に耐えないと抗議した。アルブレヒトは刑務所を出た時には片目を失明していたし、手足もかなり不自由になっていたのである。明らかに、ハプスブルク家の外国の保護者に対するジェスチャーであろうが、ドイツは娘たちが学業のためにウィーンに行くことは許可した。一九四三年の初めには、治療を受けに行くのを認められたアルブレヒトは、しばらくの間娘たちのいるウィーンに行くことができた。その年の夏にアルブレヒトが収容所に戻って来た時、まだまだ彼は「意気揚々」としているとアリスは思った。しかし体の具合が良くなっているようには見えなかった。その年ずっと強制労働収容所に留まっていたのはアリスだけであったが、彼女は芋掘りをするのを断っていた。それは芋掘りをするのが威厳を損なうからではない、と彼女は説明した。まったく逆なのだ、と。じゃあなぜかと言えば、ヒトラーの第三帝国のためには一切働きたくないからであった。二人の娘たちも同じ様な態度を示していたため学校で居場所をなくし、結局はウィーンで強制労働をすることになった。一九四四年三月、ウィーン市内にアメリカ軍が爆撃を始めた時、マリア・クリスチーナは看護師の助手をしていた。[*30]

ポーランド・ハプスブルクの一家を追い払ったにもかかわらず、ドイツはジヴィエツの所領を没収する法的な根拠を確実なものにできないままだった。一つの所領ではないことがわかったのである。ドイツが法的に国有化したいと考えていたものは、正確には、一九三〇年代には管理体制は一括であったが、アルブレヒトとレオが別々に所有する所領からなっていた。またドイツはビールの醸造所と材木事業もまとめて経営していたが、それらを国のものであると主張するには、アルブレヒトだけでなくレオからも押収した資産を国有化しなければならないということであった。レオがことの処理を複雑にしていた。レオはおそらくはドイツ人であり、間違いなく亡くなっていたのである。死んだのは、一九三九年四月に結核のためだった。

レオは遺言を残していなかったので、彼の財産はすべて妻のマリーが相続していたが、アルブレヒトの所領と一緒に自分の所領を奪われた時、当然異議を唱えた。彼女には言い分があった。彼女がドイツ人であることを疑う者は誰もいなかったのである。それにコネも持っていた。義理の兄は、ドイツ空軍のトップで第三帝国の高官でもあるヘルマン・ゲーリングと一緒に狩りをしていた。彼女はヒトラー本人に宛てて手紙を書いて、自分は五人のドイツ人の子どもがいるドイツ人の未亡人であると申し立て、「はかり知れない苦難と、言葉で言い尽くせない絶望にみまわれている」と訴えた。[*31]

状況が複雑になったことで手はずの狂ったヒトラーとヒムラーは、後はもう、とにかく所領を国有化し、ハプスブルクに一泡吹かせたいものと考えた。一九四一年、ヒムラーは、ヒトラーが資産をドイツ帝国のものにしたがっているという理由で、あらゆる証拠が揃っているにもかかわらず、マリーはドイツ人には見えないと言い出した。しかしこの指示は遂行されなかった。[*32]

一九四二年になってSSは、ヒムラーの指示を遂行する代わりに、マリーの国籍に関する入念な報告書を作成した。SSはこの問題について、さまざまなドイツ人の官吏を五人召喚した。彼らは皆、それぞれ異なってはいるが、まったく筋のとおった答え方をした。一人目は、彼女の経歴と選択から、彼女はドイツ人であると言った。二人目は、ドイツ人だが、ハプスブルク家の人間が資産を所有すべきかどうかについては答えたくない、と言った。三人目は、ドイツ人ではあるが、彼女はナチスを信奉していない、と言った。四人目は、彼女は貴族であり、したがって無国籍である、と言った。そして五人目は、書類上からはこの問題に答えられない、と言った。政治への関わりとSSが見なすものが彼女には欠けていることが、SSの頭を悩ませていた。というのは、マリーは人種にも反ユダヤ主義にも無関心で、しかも子どもたちをナチ党員として育てることはできない、と認めていたからである。SSは、それでも彼女はドイツ民族のカテゴリーの第二、つまり「受け身のドイツ民族」なのだと結論を下した。これは、マリーが資産を持つ権利を有する、ということを意味していた。[*33]

一九四三年五月、ヒトラーはこの問題を自らの手で処理した。マリーの資産をアルブレヒトの資産とともに補償なしに国有化せよ、との命令を下したのである。ヒムラーがその根拠を次のように説明した。マリーはいずれにせよ「売国奴」のアルブレヒトと近しすぎるからである、と。ヒムラーに伝えられた情報は誤っていたが、何にせよ、交際がある故に罪であるという論法は、人種主義的イデオロギーや、ドイツ人相手に適用されるドイツの法律と反りが合うとは言えなかった。現地のSSはふたたび総統の指示に従うことを拒んだ。彼らは、ドイツ人であると判明する可能性のある者の資産を国有化しようとはしなかった。ヒトラーは、自身の権力をもってしてもつねに覆せるとは限らない、人種問題を扱う官僚組織を確立してしまっていたのだ。[*34]

この時すでに、ドイツ人自身が、仮に自分たちの政策の言外の意味から判断しただけにせよ、生物学ではなく、官僚組織が人種を定めていることに気づいていた。一九四二年に始まったことだが、第三帝国に組み入れられたジヴィエツやその他の地域で適用された新しい人種政策に合わせて、ドイツの官僚は、文化的適応を目的としてドイツへ送り込むために、背が高く、容姿の整ったポーランド人を捜し求めた。「ドイツ化政策」(Eindeutschung)として知られるこの政策の指示するところでは、採り上げられた標本がドイツ人の血統と思われるかどうかはどうでもよい、と明記されていた。この国家的政策は、この政策が適用されなければドイツ人以外の民族の一員とされた（あるいはその一員のままであった）人々の間から、ドイツ人を作り出すことを意図していた。この時点までにポーランド総督府領に移送されていた現地のユダヤ人にまでは、この政策が適用されることはなかった。一九四二年と四三年に彼らは死の収容所に送られた。ワルシャワの北東にあるトレブリンカでは、およそ八〇万人のポーランド系ユダヤ人が殺害された。それ以外にも、ジヴィエツからほんの三〇マイルと離れていない、北にあるアウシュヴィッツで、ヨーロッパにいたユダヤ人一〇〇万人がガス室で殺された。[*35]

人種問題は官僚にとって重大事だったので、政府機関の間でも論争の的になった。一九四三年までは、ハプスブルク家の問題に関わるさまざまな部局が互いに議論を戦わせていた。一九四四年になると、官僚機構は論じる機能さえも失ってしまった。その年の五月、国家保安本部が空襲によって焼かれたが、それと同時に、その頃アリスやヴィルヘルムが声援を送っていた連合国側のパイロットは、知らないうちにハプスブルクの側の大義名分に貢献することとなった。文書がないと、官僚たちは、係争中のさまざまのハプスブルク家の人間たちに何が起きていたのか、どこが案件だったのか、を思い出すことができなかった。[*36]

しかしドイツの官僚たちは諦めなかった。たとえ書類が失われ、電話線が切断されてしまっても、彼らは残っていた手掛かりを追求した。一九四四年五月、彼らはヴァドヴィツェの町でロメル伯爵とかいう人物を捜していた。この人物は戦争が始まる前からずっとレオとは知り合いで、彼からレオの国籍について何か聞ける可能性があったのである。それによっては、ドイツがレオの妻や子どもたちの国籍を決めるのに役立つかもしれず、そうすることでひょっとしたら資産や所領の最終的な処置を早められる可能性があった。[*37]

戦争もこの時点まできて、こうした件に関心を持つのは奇妙なことだった。同年の夏には、アメリカ軍と連合国軍の兵士たちがノルマンディーに上陸していたし、ソ連軍もポーランドが戦前は領土にしていた地域に到達していた。それにもかかわらず、ドイツのポーランド総督は、ジヴィエツにおける資産の国有化は、「総力戦を戦っている最中だから繰り延べにして良いという単なる形式的な事案などではなく、行政の単純化という観点からして喫緊のものである」と主張していた。現地当局は、それとは別にもう一つヒトラー自身の裁決を必要としていたが、ヒトラーはそれに構っている暇はなかった。現地の官僚たちは、「当分の間《かん》」は現在の「無視された状態《リンボー》」を受忍せよと通告された。実際に、当分の間どころではなかった。一九四四年には、連合国軍は東からも、西からも、南からも近づきつつあった。そして一九四五年の春、ヒトラーの「千年帝国」はわずか一二年で終焉を迎えた。*38

　ヒトラーの人種に基づいた王朝支配は、ハプスブルク家の家族に基づいた王朝支配よりも脆いことが証明された。この二つの対立は、一見かなり力の差があったように見えたが、生き延びたのはハプスブルク家であった。ヒトラーは一九四五年四月三〇日に自殺した。アルブレヒトとアリスの方は、その数日後に、自分たちのいるシュトラウスベルクの強制労働収容所が、アメリカ軍によって解放されるのを目のあたりにしていた。そうしている間にも赤軍が西へ向かって突進していた。ハプスブルク家のアルブレヒトとアリスがアメリカ軍兵士を歓迎しているまさにその時、ソ連の将校たちは、ポーランドにある二人の城で睡眠をとっていた。ジヴィエツを解放したのは赤軍であり、そしてソ連は資産・所領や政治、ハプスブルク家に関して、自分たちの見解を持っていた。

　アルブレヒトの家族の第二の故郷であるウィーンも、赤軍によって解放された。ウィーンとジヴィエツは、かつてはハプスブルクの帝都および領地であり、それからオーストリアとポーランドという二つの共和国の都市になり、さらにヒトラーの第三帝国に加えられたが、突如としてウィーンもジヴィエツもスターリンの支配下に置かれたのだった。

一九四五年五月八日にドイツが降伏した後、スターリンは東欧と中欧の支配者としてヒトラーの後を継いだ。スターリンは、勝利した国家が、その軍隊が到達したところまで己の政治体制を敷くという点で、この戦争は過去のものとはまったく異なる――そうかねてから宣言していた。ドイツとオーストリアで、赤軍が西側連合国軍と遭遇した際に、四ヶ国それぞれの憲兵隊と情報機関による、異なった占領地域が設けられた。アリスとアルブレヒトは娘たちを見つけ出すためにシュトラウスベルクからウィーンに急行したが、それはアメリカの占領地域を離れてソ連の占領地域に入ることになるので、いくらか危険を伴っていた。ソ連の警察、とりわけスメルシ（SMERSH）の名で知られるスターリン直属の国防人民委員部防諜総局は、ソ連の支配の敵と思われるものは、民間人であっても拘束するのに何ら躊躇をしなかった。

おそらくはなるべく目立たないようにしながらであろうが、ヴィルヘルムは一九四五年四月に赤軍が市内に入ってきた後も、依然としてウィーンに留まっていた。彼は、少なくとも当面はソ連が支配するヨーロッパの一都市で、命を危険に晒していた。ソ連の秘密警察と防諜部隊は、「後方でも」巧妙かつ精力的に任務を遂行していた。彼らは、ドイツよりもはるかに効果的に、ポーランドやウクライナの抵抗組織を根絶させていった。ポーランド国内軍にいたアリスの同志たちは、ソ連によって制圧されてしまった。

領土全体を赤軍が解放したポーランドをはじめとする国々において、ソ連は共産主義者の役割が不相応なほど少ない臨時政府を指名したが、共産主義者はその後で巧みな術策で完全な支配権を握っていった。東部と南部はアメリカとイギリスが解放していたオーストリアでも、ソ連は臨時政府の表の顔にする非共産主義者を探して、同じやり方をした。ところがオーストリアでは、ソ連の策略も、思惑とは違った方向に進んだ。ソ連は組閣の責務をカール・レンナーに委託したが、彼はオーストリア共産党とともに、現在ではオーストリア社会民主党とオーストリア国民党と呼ばれている二大政党を、政権党として指名した。一九四五年の春、まずソ連が、ついでアメリカとイギリスが臨時政府を承認した。

オーストリアの二大政党は以前とまったく違うものになった。オーストリア共和国における民主主義をはっきりと支持するようになったのである。社会民主党と国民党の指導者は、自分たちの政党は自由で公正な選挙が行われれば勝機があると認識していたが、他方、ソ連が後ろ盾となっていたオーストリア共産党はそうはいかなかった。オーストリア国内において受けが良かったことのない共産主義は、ソ連の占領によって瞬く間に評判を落とした。ソ連当局は、占領地帯におけるすべての資産を、「元々はドイツの所有物」であるから没収は免れないもの、として扱った。最も恐ろしく忘れられないのは、ソ連軍の兵士が、ブダペストやベルリンでしたのと同じように振る舞い、何万人もの女性を強姦したことだった。ソ連がシュヴァルツェンベルク広場に「無名戦士の碑」を建てると、ウィーン市民の憂鬱な気分を反映したブラックジョークから、ウィーンっ子たちに、「無名父親の碑」と呼ばれるようになった。公正な手続きが踏まれて投票率も高ければ、オーストリア共産党が民主的な選挙で勝つチャンスはまるでなかった。

今やオーストリアの民主主義を支持している中道左派と中道右派の二つの政党にとって、民主的選挙における勝機は、彼らが戦争以来期待してきたよりもはるかに大きなものとなっていた。社会民主党は、一九三四年に政党活動を禁止されたのに伴いオーストリアの政治体制から排除されてしまっていたが、ふたたび表舞台に戻れることに満足していた。「祖国戦線」の後継者にも等しかった国民党としては、とにもかくにも政治に参加できて幸運だった。というのは、ヨーロッパの他の地域では、ソ連が、右翼政党はすべてドイツの協力者だったと言明していたからである。オーストリアでは、ソ連もそれを貫くことはできなかった。誰もが知っていたように、祖国戦線は一九三八年にナチスに抵抗して国を守ろうとしていた。戦後国民党の指導者となったレオポルド・フィグルは、戦時中ほとんどは、ドイツの強制収容所に入れられていた。そのうえ、アメリカ、イギリス、フランスは、明らかに民主主義体制を望んでいた。それらの国々もオーストリアを占領していたので、ソ連も選挙の参加資格は誰にあって、誰にないかを、それほど簡単には決めることはできなかったのである。[*39]

赤軍に続いて共産主義がオーストリアにやって来た。一方でアメリカ軍とイギリス軍に続いて民主主義がやって来た。オーストリアはその狭間に落ちてしまった。ヴィルヘルムは王族に生まれた野心家であったが、人民による統治を支持しようと決めた。一九四五年五月、ヴィルヘルムはドイツが降伏してすぐに、オーストリアの民主政治の世界に飛び込んだ。彼は、君主制主義者という経歴を経てオーストリア共和国を支持し、帝政を信奉する人生を送ってからオーストリア国家を受け入れ、さらには、ソ連の陰謀のお先棒をかついでいると言って民主主義を嘆く年月を過ごした後に国民党に加入する、ということさえした男だった。彼には手引きをしてくれる者がいた。ヴィルヘルムをスパイ活動で操っていたポール・マースは、すでにフランスに向けてオーストリアを離れていたが、帰国前にヴィルヘルムをジャック・ブリエルと名乗る仲間と接触させていた。ブリエルはヴィルヘルムに、オーストリア国民党と、フランスの中道右派政党である人民共和派との仲介役を務めて欲しいと頼んだ。ヴィルヘルムは、フランスの情報将校たちをオーストリア国民党の幹部たちに紹介したようである。ドイツの降伏後、ヨーロッパの多くのところでやっていたことを、ヴィルヘルムも彼独自のやり方で行っていた。つまり、過去のきわめて非民主主義的な断片をかき集めて、民主主義的な活動計画を組み上げていたのである。[*40]

一九四五年一一月に予定されていたが、オーストリアで民主的な選挙を行うという約束は、より大きな問題――国そのものの命運が不確定であること――から多少は気を紛らわせるものになっていた。確かなのは一つだけであった。それは、アンシュルスが解消されて、ドイツとは別の独立した国家になる、ということだった。この件に関しては、一九四三年にアメリカ、イギリス、ソ連が概ね同意していた。一九四五年七月にイギリスのウィンストン・チャーチル政権が倒れ、それに伴って、オーストリアがふたたび君主制国家になる、ということはつまり中央ヨーロッパ連邦といったようなものの中心になる、というささやかな可能性もまるでなくなった。オットー・フォン・ハプスブルクは戦時中ほとんどアメリカで過ごしていたが、ハプスブルク家が上に立つ多国籍の連邦という自分の考えに対して実のある支援を取り付けることはできなかった。このように、連合国側はオーストリアが共和国となることで概ねのところ同意していた。ただし、国により、この共和国という言葉の解釈にはかなりの隔たりがあったのだが。ソ連は、真の共和国とは、共産主義者が労働者階級の名の下に国家を統制するもの、と思っていた。それ以外の連合国は、共和国とは、自由選挙による民主的な権力交代が必然的に含まれるもの、と思っていた。ソ連はどの国でも選挙が行われることに同意したが、現地の同志たちが選挙に不正工作することを期待していた。

一九四五年七月、連合国側はオーストリアを四つの占領区域に分割した。ソ連、アメリカ、イギリス、そして西にとびだした山岳地帯を占領したフランスにである。首都ウィーンも四ヶ国による占領下に置かれた。八月にイギリス、フランス、アメリカの当局がウィーンに移動した。間違いなくきわめて喜ばしいことに、ヴィルヘルムのいるところは、幸いにもウィーンでもイギリスの占領区域の中に含まれていた。自分は大義のためにこそ、戦時中は西側の情報機関のために、戦後は民主主義のために、己が身を危険に晒してきたが、今ようやく報われるのだ――そんな風に彼には思えたかもしれない。五月や六月に行っていた大胆不敵な民主主義活動を自慢することができたし、ソ連の憲兵と比べれば、イギリスの憲兵の警備は厳重でないので、緊張を緩めることもできた。彼は、その年の秋には、社会民主党と国民党がてきぱきと選挙運動をするので、民主主義がそれなりの機能を果たすのを目の当たりにすることができた。ヴィルヘルムは、住んでいるアパートの女主人に思いやりのある手紙を書いたり、同じアパートの住人の子どもたちを泳ぎに連れて行ったりと、上機嫌であった。一一月になると、彼は女主人に、あちこちさまよう人生を送った後だから、そろそろ腰を落ち着けるつもりだ、と話していた。今や彼も五〇歳になっていた。おそらく、そんな風に考える歳になったということだろう。[*41]

ヴィルヘルムが新しいオーストリアに居場所を見つけたように思えたちょうどその頃、彼の家族はオーストリアからの出口を探していた。アルブレヒトとアリスは、ひとたび娘のマリア・クリスチーナとレナータを見つけてしまえば、オーストリアに留まっていても何ら得るものはなかった。アルブレヒトがウィーン市内で弟のヴィルヘルムを探したかどうかははっきりしていない。だいぶ経ってからのことだが、マリア・クリスチーナは兄弟が会ったということを思い出せないからである。会ったかもしれないが、この二人の兄弟は、それぞれ異なる政治的な関与をしていた。アルブレヒトとその家族はオーストリア人ではなくてポーランド人であったから、ポーランドに帰る道を選んだ。赤軍に占領されて共産主義者の支配に陥っている国を見ることになるのは、彼らにもわかっていた。ヨーロッパの自由な国のどこか、おそらくは家族や友人のいるスペインかスウェーデンに、容易に逃げることができたかもしれない局面であったが、アルブレヒトの一家はそうせずにポーランドに戻ることを選んだ。彼らは、共産主義者たちが、一九四六年の国民投票や、さらには一九四七年の総選挙の結果を改竄して、権力を確かなものにするのを眺めていた。

オーストリアでは、ヴィルヘルムの所属する政党が、一九四五年一一月の選挙で勝利を収めた。国民党はほぼ半数の票を獲得し、社会民主党はそれをわずかに下回っていた。オーストリア共産党が獲得したのは僅かに五・九パーセントだった。その後、国民党はソ連によって解放された首都で組閣を行った。ソ連は茫然自失して為《な》す術を知らなかった。自由選挙では共産主義者が絶対に勝てない国であったとはいえ、ポーランドにおいては、ソ連は共産主義者が敵対者を脅したり、選挙結果を改竄したりするのに手を貸せたし、実際にやってのけていた。オーストリア共産党は、主要な省をコントロールすることはできなく、イギリスやアメリカは新政権を温かく迎え入れた。連合国側は突如不協和音が激しくなり、この国の将来は不確定なものになった。一九四六年三月、ウィンストン・チャーチルは、合衆国で演説した際に、ヨーロッパを東西に分断する「鉄のカーテン」という言葉を口にした。そのカーテンが、まさにウィーンのまっただ中にも下ろされたように思えた。[*42]

四つの強国に占領されていたとはいえ、オーストリアは、まるまるソ連に組み入れられてしまったウクライナよりもずっとましな立場にあった。ソヴィエトは、戦前自分たちのものだったウクライナ・ソヴィエト社会主義共和国をもう一度征服し、一九三九年にドイツと結んだ不可侵条約の秘密協定によって認められた領域をふたたび併合した。この時獲得した領土には、かつてハプスブルク家が所有していたガリツィア領邦の東側半分を含んでいた。ガリツィア、あるいは西ウクライナと呼んでもよいが、そこでは、ウクライナ民族主義者組織（OUN）のパルチザンが頑なにソ連の支配に抵抗していた。彼らはドイツ軍をうち負かしたばかりの、まさにその軍隊である赤軍をうち負かしたいと願っていた。何としても救援が必要だった。
一九四六年のヴィルヘルムは、諜報の仕事から身を引いて事業に専念し、オーストリアで上手くやっていることを喜んでいたかもしれないが、それでも自分にできることはやった。ともかくもフランスの情報機関ともう一度連絡を取った。ヴィルヘルムは、西側の情報機関の人間とウクライナの民族主義者との橋渡しをする任務に自分がまだ役に立つということを、スパイ活動で彼を操っていたジャック・ブリエルにそれとなく知らせたようである。一九四六年の初め、ブリエルはヴィルヘルムに、ジャン・ペリシエルと名乗り、フランス海軍の大佐だと自ら口にするフランス人を紹介した。ペリシエルは、フランス政府から特殊な任務を与えられてこちらに来たのだ、と言った。フランスはウクライナの民族主義者と協力することに興味を示していた。フランスは、ソ連に対する諜報活動をしてもらうのと引き換えに、ソ連の支配地域にウクライナ民族主義者とプロパガンダ文書とをパラシュート降下させるのを約せるということだった。
ヴィルヘルムは、戦時中のウクライナ人との接触を、フランス人に自由に使わせることができた。戦時中彼とロマンが親しくなっていたウクライナ人活動家、リダ・トゥルチンが間に入って、ペリシエルをウクライナ民族主義者組織の彼女の仲間と接触させるというのはどうか、と彼は提案した。ところが、リダはもうウィーンにいなかった。彼女は赤軍を恐れてすでに西へ向かって逃避行を続けているところだった。何千人もの他のウクライナ民族主義者と同様、リダも、ドイツの中でのアメリカの占領地域であるバイエルンに進路を取っていた。このことを知ると、すぐにヴィルヘルムは、彼女を見つけに行くようロマンを説得できないか、と考えた。[*43]
そこでヴィルヘルムは、友人のロマン・ノヴァサドを諜報活動に引き戻した。ドイツの占領期間中、ロマンもヴィルヘルムと同じようにかなりの危険を冒していた。しかし今は、ソ連が勝利者となっていたので、年上の友人と違う意味で、ロマンは弱い立場に置かれていた。働かずに暮らせるだけの財産があるわけでもない若者であるし、ポーランドのパスポートを携行していたのである――それは、急速に共産主義国家になりつつある国ポーランドに追い払われる可能性がつねにあることを意味していた。そのうえロマンはソ連に併合されてしまったガリツィア地方で生まれたので、ポーランドからもあっさりソ連に追放される可能性があった。彼はまだ、将来のキャリアに関して計画も展望も抱いていた。学業を卒え、指揮者か作曲家になりたいと思っていた。失いたくないものがたくさんあったのである。

それにもかかわらず、ペリシエルが、バイエルンに行ってリダを見つけてきてくれないかと言うと、ロマンはすぐに承諾した。なぜか。彼は愛国者であり、勇敢であったからである。これまでヴィルヘルムは彼に幸運や素晴らしい仲間をもたらしていた。それに、もしかするとロマンは、一見無力な亡命者に見えたが、実は感銘を受けるほど機略に富んだ民族主義者だと判明したリダのことを、愛していたのかもしれない。フランスの占領地域はオーストリアの西に突き出した地域であり、バイエルンのすぐ南にあったが、ペリシエルはフランスの占領地域に入る特別な通行許可証をロマンに渡した。彼は許可証に、ロマンがポーランド市民でコンサートの指揮をするためにインスブルックへ行くところである、と書いた。これは、ロマンがフランスの占領地域にいる理由だけでなく、彼が民族的にはウクライナ人であることもぼかす表現だった。[*44]

ロマンは有能な使者だった。何事も無くフランスの占領地域に到着し、インスブルックからミュンヘンに急行した。ロマンは、この混沌とした時代にあって、なかなかの要領の良さを発揮して、難民キャンプにいたリダを見つけた。そして彼女に、フランス当局がウクライナ民族主義者組織の指導者層と会いたがっている、と告げた。彼女はロマンに、大物の民族主義者であるミコラ・レベディに関する伝言を託した。

ロマンはフランスの占領地域に引き返し、あらかじめ示し合わせたとおり、ホテルのフロントに短い手紙を残してウィーンの家に帰った。フランスの情報機関は、その手紙が届けられるとレベディに会う準備を進めた。

一九四六年五月一五日、ペリシエルは、インスブルック郊外の森の中にある小さな町でレベディと会見した。信頼できる雰囲気を作り出すため、ジャック・ブリエル、ロマン・ノヴォサド、リダ・トゥルチンも同席した。とはいえ、実際の話し合いは、フランスの情報将校とウクライナ民族主義者の指導者との間で行われた。ヴィルヘルム、ロマン、リダのおかげで、一人の有力なウクライナ人活動家が、西側の情報機関と接触することができた。この三人の友人たちは、次に何が起きるかは知る由もなかったが、自分たちが手助けしたことで、ウクライナの民族主義者が、手を貸さなければ摑み損ねていたかもしれない足掛かりを手に入れたことは理解していた。結局レベディはアメリカ人のために働くことになった。[*45]

ロマンは、自分の骨折りの結果がどうなったのか知ることはなかったが、その仕事を楽しんでいた。その任務における自分の役割が明らかになると、とりわけそれに女どもが関わっていることがわかると、彼は進んで危険を冒した。リダをバイエルンまで追いかけただけでなく、その後ロマンは、その任務の間彼を保護するために送り込まれた女性将校も追いかけたように思える。ロマンはまず、インスブルックからミュンヘンに行く飛行機の中で、その魅力的なフラン人女性に注目した。アメリカの占領地域であるバイエルンでは、彼女は機転を利かして、ロマンがアメリカ人に自分の用向きについて説明するのを手助けした。数週間後、彼はウィーンフィルハーモニーを聴きに行き、まるで偶然であるかのように、彼女に再会した。二人で一緒にコンサートに行くようになると、彼女は、自分のアパートで夕食を一緒に摂ろうとロマンを招いた。

ヴィルヘルムは歳の若い友人に気をつけるよう忠告した。件の女性が本当にフランスの将校であれば、ロマンは情報機関の監視の目に、自分の私生活を晒していることになるからである。性的関係を種にするという旧弊だが向こう見ずなやり方で、フランス側の作戦に加えられてしまいかねないという危険も冒していた。ヴィルヘルムは、ロマンとともに危険を冒すことは厭わなかったが、友人を見張っていようとしていた。あるいは、もしかするとただただたんに嫉妬していただけかもしれない。

ヴィルヘルムのフランスへの愛着というのは、盲目的なものでも感傷的なものでもなかった。パリでの歳月は、非常に多くの人の目に触れるかたちで屈辱の中で終わった。戦時中になると、フランスがウクライナの味方となるかもしれないと理解するくらいには、落ち着きを取り戻し、大人になっていた。彼は、フランスもその一つである西側諸国と、ウクライナの独立運動との間では、ある種利害が一致するものと信じていた。ドイツが負けつつあることも、ソ連がウクライナに対しては、自分たちの支配権を取り戻して民族主義的なレジスタンスを押しつぶす以外に興味がないこともわかっていた。戦争が終わったら、ウクライナにとって最善の後援者になり得るのは、フランス、イギリス、アメリカだと彼は思っていた。[*46]

ヴィルヘルムが、ウクライナの後ろ盾となりうる国はそれら以外にない、と考えたのは正しかったが、もしかすると、パリ、ロンドン、ワシントンができることに期待し過ぎであったかもしれない。その後数年間、少数のウクライナ民族主義者が西側の情報機関の支援を受けた。しかしソ連の防諜活動はアメリカ、フランス、イギリスを凌いでいた。ウクライナ人のパラシュート降下がどこで行われるかを、ソ連はたいてい事前に把握していた。西側諸国の支援でソ連の国境を越えたウクライナ人は、大体が捕らえられ、拷問を受け、銃殺された。

ウクライナの抱いていた願望の中でもいちばん好ましいかたちは、実際にはほとんど期待できるものではなかった。ヴィルヘルムは、ウィーンでフランスの情報機関のためにウクライナ民族主義者の勧誘を続けていたが、ウクライナの民族主義闘争が、実際どれほど絶望的なものになってしまったか、そこからではほとんど見当もつかなかった。西ウクライナに戻ってきたソ連は、あらゆるレジスタンスを壊滅させることに決めていた。ニキータ・フルシチョフの指揮下にあるソ連の特殊部隊は、「戦う相手であるウクライナのパルチザンよりも残忍になり、もって恐怖の的となれ」と命令を下されていた。ウクライナのレジスタンス組織は、ポーランド人だけでなく、大義に忠実でないと思われるウクライナ人でさえも殺すことにまったく良心が咎めなかったので、残忍さにかけてはなかなかのものだった。だが、ついにはソ連の特殊部隊は、敵を上回るに足るだけ、多数の人間の四肢の切断もやってのけ、多数の村々も焼き払い、多数の家族を国外追放にした。彼らには国家という機構が味方についていたのである。

外国によって、ウクライナ問題が自国の不利となるよう利用されないのを確たるものにしようと、モスクワ当局は、領土内の住民と国境線とを合わせる、という冷酷な政策を実施した。一九四四年から四六年にかけての国外追放の二年間で、約一〇〇万人のポーランド人とウクライナ人が、東西の共産国家、ポーランドとウクライナ・ソビエト社会主義共和国へと引き渡された。こうした政策実行には、ウクライナ民族主義者組織（ＯＵＮ）からの支援を枯らしてしまおうとする意図があった。国境のポーランド側では、支配していた共産主義者が、自国内にいるウクライナ人という存在に対し、あからさまに人種差別的な眼差しを向けていた。ポーランドの将軍の一人は、ホロコーストを匂わせる言い方で、「ウクライナ人問題を抜本的に解決すべき」と言い出した。その人物は、一九四七年に、ポーランドに残っていたウクライナ人を南部と東部から北部と西部に再定住させる最後の作戦の一つに従事した指揮官の一人だった。この作戦の標的の中には、ジヴィエツ周辺のベスキディ山系の住民が含まれていたが、そこはヴィルヘルムが初めてウクライナの言葉を耳にしたところだった。[*47]

ウクライナの理念は死んでしまったわけではなかった。結局のところソ連は、ウクライナという名を冠した共和国として支配を続けたからである。ウクライナ・ソビエト社会主義共和国は、第一次世界大戦中も第二次世界大戦中もウクライナの民族主義者が領有権を主張したほとんどすべての領土を含めており、東部の大草原《ステップ》地帯からカルパティア山脈まで広がり、ソヴィエト社会主義共和国連邦においてロシア共和国に次いで重要な共和国であった。しかしながら、この地におけるウクライナ民族主義者による真の独立国家を目指す戦いは、失敗に終わる運命にあった。ウクライナ・ソビエト社会主義共和国内で、ソ連軍の圧倒的な兵力と無慈悲な対パルチザン作戦に直面し、一九五〇年代前半までには、彼らはソ連・ポーランド国境のウクライナ側で敗北した。

ウクライナ人の民族主義的な暴動を粉砕するために、ソ連と、ソ連に味方するポーランド人共産主義者は、今やソヴィエト社会主義共和国連邦と共産主義国家のポーランドとの間で分割されている、かつてはハプスブルク帝国の領土であったガリツィア地方から民族的な多様性の痕跡を取り除いてしまっていた。ガリツィアのポーランド側にはポーランド人が、ウクライナ側にはウクライナ人がいる、という構図になった。ユダヤ人はすでにドイツ人によってホロコーストで殺害されており、入植していたドイツ人は今やドイツ本国に追い払われていた。ハプスブルク朝が創造した、多民族のガリツィア領邦というものは、ヒトラーとスターリンの時代を生き延びることはできなかった。

多種多様な忠誠心と曖昧な国籍というハプスブルク的なヨーロッパは、一九四八年までに終焉を迎えたように見えた。「ポーランド・ハプスブルク」の一家は、先祖が作り上げたヨーロッパとともに沈んだ。シュテファンの息子たちや娘たちも、亡くなってしまったか、進んでか不本意かはともかくとして、ポーランドを捨ててしまっていた。娘たちのうち、レナータは一九三五年に亡くなった。エレオノーラは夫のクロスと一緒にオーストリアにいた。そしてメヒティルディスと夫のオルギュルト・チャルトリスキは、戦時中にブラジルに逃亡した。ドイツは彼女に対して奇妙な別れ方をした。ポーランドのパスポートを所持してドイツを通行している際に、彼女はドイツの警察官に呼び止められた。警官は結婚前の彼女の姓に気づくと「ハプスブルクだって?」と尋ねた。「ユダヤ系の名前のように聞こえるな」ブラジルに亡命している間、メヒティルディスはいつも、自分はドイツ人ではなくてオーストリアの生まれであり、ポーランド人だと思っている、と説明して過ごしていた。レオは一九三九年に亡くなった。彼とその妻と子どもたちは、おそらくオーストリア人かドイツ人以外の何者でもなかったが、早死にしてしまったおかげで、レオは永遠にどちらであるかを定義されぬままである。[*48]

一九四〇年代の終わり頃、アリスとアルブレヒトはポーランド人のまま、ポーランド国内に残ることを望んでいた。ポーランドの共産党政権は、ドイツが押収したもの——所領やビール醸造所——を彼らに返還することを拒んだ。かつてアルブレヒトとアリスは、ポーランドに忠実であったために、資産や所領を失った。今度は、我らこそはポーランドと主張する新しい政権相手に、ふたたびそれらを失ったのだ。決定的な侮辱であったのは、ポーランドを選び、ポーランドのために戦い、ポーランドのために拷問を受けたアルブレヒトが、新しいポーランド政府当局に、ドイツ人であると言われたことだった。病と悲嘆を抱えたアルブレヒトは、アリスがスウェーデンの医師ならアルブレヒトの健康を恢復させてくれるのではと願ったので、ポーランドを去ってスウェーデンに向かった。娘たちもポーランドを去り父親と一緒になった。

その後もアリスはスウェーデンとポーランドを往ったり来たりして、一家の資産や所領を取り戻そうとしたが、徒労に終わった。一九五一年、彼女が夫の死を知ったのは、たまたまポーランドにいる時だった。そうとなって、さしものアリスも渋々ながら敗北を認めた。二人の夫への愛情のためにポーランド人になり、誇り高い高貴な家庭の奥方であり、ポーランドにいるハプスブルク家の最後の一人となったアリスは、最終的には生まれ故郷であるスウェーデンに帰ることになった。

人種を明快なものにし、かつまた階級闘争が繰り広げられているこの新しいヨーロッパにおいて、「ウクライナ・ハプスブルク」であるヴィルヘルムの身には何が起きただろうか。彼は一九四七年のウィーンで、オーストリア人であることとウクライナ人であることという、二つのアイデンティティに折り合いをつける方法を見つけていた。彼はオーストリアの民主主義を受け入れ、オーストリアの政党の一つを支持していた。それと同時に、可能性は低かったけれども、ウクライナがソ連から解放されることを望んでいた。オーストリアを我が家としたが、ウクライナにも夢を抱き続けていた。一九四七年にソ連がウィーン中の通りでスパイの摘発をしていたまさにその時、彼は自身の運命をウクライナの友人たちの運命と固く結びつけていた。オーストリアが主権を回復し、四ヶ国占領が終わっていたなら、彼は無事であっただろう。ウクライナがどうにかしてソヴィエトの権力から解放されていたなら、彼は英雄になっていただろう。

ヴィルヘルムにもわかっていたに違いないが、ソヴィエトが長いことオーストリアにもウクライナにも居座っているなら、彼はウィーンの通りから、そして歴史のページから、姿を消さねばならない運命だったのだ。

ORANGE

# ヨーロッパの革命

その音楽が喧《やかま》しくないかぎり、ウィーンは音楽の都だ。ウィーンっ子は、昔からの習慣と法によって是認されていることだが、夕べから夜にかけては静穏でなくてはならないと思っており、破られればせっかちに警察に電話してそれを守らせる。何世代にもわたって、外国人は、パーティーに熱をあげてしまうとすぐに、ドアがどんどんとノックされるのに驚かされてきた。ウィーン警察は丁寧だが断固としていて、時には騒いでいる人間たちを連行さえする。そんなだから、一九四七年の春に、ウクライナからの難民で、ヴィルヘルムとロマンの知人であるヴァシル・カチョロフスキイが、静穏を破ったというので逮捕されたのだった。その若者は遅くまで歌ったり踊ったりして自身の誕生祝いをしていたのだが、それが最後の誕生祝いになってしまった。

カチョロフスキイは、フランス軍情報部のために働いているウクライナ民族主義者のスパイだった。典型的なウクライナ人の物語と言えた。一九三九年に、自身は一インチも動いていないのに、突然ソ連に組み入れられていたのだ。一九三九年八月のベルリンとモスクワ間の不可侵条約に伴っていた秘密協定の条項によって、ソ連はポーランドの半分を自分の領土と主張したが、その中には、元々はハプスブルク帝国のガリツィア領邦だった地の東半分も、リヴィウ市も、五〇〇万人のウクライナ人も含まれていた。これらの土地がソ連のウクライナ・ソヴィエト社会主義共和国に編入されると、ウクライナ民族主義者は西欧へと逃れた。スターリンの手の届くところに留まっていたなら、彼らはシベリアやカザフスタンへの長期間の流刑の危険を冒すことになったろう。

カチョロフスキイは一九四〇年にウィーンに辿り着いていたが、そこでドイツ軍情報部のための無線技師の仕事を得た。もちろん、その頃までには、オーストリアはヒトラー率いるドイツに併合されていたし、ドイツはポーランドとフランスを席巻してヨーロッパの支配的な国家となっていた。ヒトラーは、ヨーロッパにおける彼の最終的な勝利を決定づけると思っていたソ連への侵攻を目論んで、目を東方に向けた。カチョロフスキイの母国語であるウクライナ語の能力は、ドイツ軍が一九四一年六月にソ連に一気に侵攻した際に、ソヴィエト・ウクライナに入ったドイツ軍によって活用された。

カチョロフスキイのようなウクライナ民族主義者の願いを押しつぶし、ドイツはウクライナを取り戻しもしなければ、赤軍を打ち負かしもしなかった。一九四三年から一九四四年にかけてのソ連の反撃は、またまたジレンマを引き起こした。東部戦線でソ連がドイツ軍を打ち負かしてゆくにつれ、ソ連は、ドイツがかつて不可侵条約によって彼らに認めていた土地を含めて、ソヴィエト・ウクライナ全土を再度自国領土にした。カチョロフスキイの故郷である東ガリツィアは、今回もまたソ連邦内のウクライナ・ソヴィエト社会主義共和国の西方地域として組み込まれた。一九四五年五月八日のドイツ降伏後、カチョロフスキイのようなウクライナ人は帰るべき家を失った。ソ連側の見方からすれば、彼らは今では以前よりもずっと罪深い存在にさえなっていた。民族主義者というだけでなく、対独協力者だったのである。彼らは、尋問と迫害とに直面することになった。

ヴィルヘルムが大戦中に理解していたごとく、そうした男女にとっての希《のぞ》みは、寝返って西側同盟国の中にパトロンを探すことにしかなかった。もちろん、かつてドイツに協力していたことは、アメリカ、フランス、イギリスから共感を呼びはしなかった。それでも、一九四六年に共産主義者が東欧一帯を勢力下に置くにつれ、西側諸国は、ソ連についてもっと詳しく知らねばならぬことを認識した。それで、時にはヴィルヘルムの助けを借りて、カチョロフスキイのようなウクライナ人を募ったのだ。以前リダがそうであったように、カチョロフスキイはまずロマンに会い、ヴィルヘルムのところに連れて行かれ、ヴィルヘルムがカチョロフスキイがフランスと接触するのに手を貸した。

フランスは、オーストリア、ハンガリー、ルーマニアでのソ連軍の動きを察知するために、一九四六年八月にカチョロフスキイを雇った。赤軍に占領されていたハンガリーとルーマニアでは、共産党は権力奪取のために闘っていたが、まもなく勝利を収めた。カチョロフスキイは、ハンガリー語もルーマニア語もわからないとぶつぶつ言いながらも、地元での情報網を作り上げるのに最善を尽くした。一九四六年一二月には、フランスからオーストリア人であるという書類を与えられ、彼はウィーンに続けて居住し、必要に応じてブダペストやブカレストを訪ねた。

一九四七年初めまでには、ソ連軍の防諜機関である恐怖のスメルシ（SMERSH）がカチョロフスキイのすぐ背後に迫っていた。少なくとも一度はソ連軍兵士たちがウィーンの街中《まちなか》で、カチョロフスキイを車のバックシートに押し込めようとしたが、彼の力が強かったので逃れることができた。今回は、パーティーの後で、オーストリア警察は、混乱し、疲弊し、おそらくは酔いつぶれていたカチョロフスキイを、ソ連に引き渡した。運命の悪戯から、ウィーン警察は、ウィーンで本物の権力を発揮していた占領ソ連軍当局が血眼になって探していた男を拘置してしまったのだった。ソ連はときおり、自分たちが追いかけている人物をオーストリア警察に告知していたし、望めば誰なりと逮捕し尋問する権利を有すると主張していた。普段は彼らは何とかして自分たちの欲しい人物を手中にしていたが、今回は、騒がしいパーティーと怺《こら》え性のない隣人のおかげで、カチョロフスキイを自分たちのものにできたのだった。

カチョロフスキイは吐いた。名前を挙げていった。ウィーンのすぐ南のバーデン・バイ・ウィーンにあるソ連軍占領司令部での尋問で、彼は驚くべき情報を一つソヴィエトに与えた。ヴィルヘルム・フォン・ハプスブルクが友人のロマン・ノヴォサドとともに、カチョロフスキイをフランス軍情報部に接触させたことを教えたのだ。一九一八年にはウクライナで、一九二一年にはオーストリアでソヴィエトに敵対し、ウクライナでの政治的キャリアを駄目にしたかに思えた一九三五年のパリでの醜聞の犠牲者である「赤い大公」が、活動を再開していたのだ。ヴィルヘルムは、正体を知られずに、一年以上にわたってソ連への敵対行為を続けていたのだ。今や、ソ連は初めて、喜んで証言してくれる人間を手に入れた。たぶんカチョロフスキイは、ヴィルヘルムとロマンのことを密告することで、我が身は助かると思い込んでいた。仮にそうなら、間違いを犯していたのだ。ソ連は彼を死に至らしめた。カチョロフスキイは、四ヶ国共同占領の間にウィーンの街中から姿を消し、二度と現れなかった何千という人間たちの一人だった。人々はオーストリア警察とオーストリア国家の限られた権限から滑り落ち、ソ連の底知れぬ闇の中へと消えていったのだった。[*1]

ロマン・ノヴォサドが続いた。一九四七年六月一四日に、ソ連の兵士たちがウィーンのイギリスの占領区域で彼を誘拐した。オーストリア警察の記録によれば、ロマンは「正体不明の民間人らによって、Ｗ２０３８というナンバーの自家用車に押し込まれ、そのまま連れ去られた」。そのナンバーを辿るとソ連の少佐にゆきつくが、それはもちろんオーストリア側の捜査の終わりを意味した。オーストリアには自由な選挙と民主的な政府があったが、その政府はオーストリア領土に対する主権を保っていなかった。ホンチャルクとかいうソ連の少佐が、バーデン・バイ・ウィーンでロマンを尋問した。三日間でロマンはヴィルヘルムとの関わりと、西側情報機関のための彼らの活動を認めた。八月一九日には、ロマンはヴィルヘルムとの関わりをこう定義してみせた。「私たちはお互い友人として信頼していました」[*2]。

信頼がなかったなら、彼らの陰謀は成立しなかっただろう。しかし、三番目の男が密告した今となっては、残った友人同士の二人はソヴィエトで囚われの身として一緒になる羽目となった。翌日の一九四七年八月二〇日、ソヴィエトはヴィルヘルムを逮捕することに決めた。彼はもう怯えていたはずだ。カチョロフスキイが突然姿を消していた。それから友人のロマンがいなくなった。ファザーンガッセのアパートで心細かったに違いないし、最悪な事態を想像する理由も十分にあった。八月のある日、ヴィルヘルムは、同僚に昼食をとりに行くと言って、抱えている三つの小さな事業の書類仕事をしていた事務所を出た。それから、彼はいちばん近い鉄道駅、ウィーン南駅の出発ゲートに進んだ。彼は列車に乗らなかった。オーストリア警察がふたたび記録を残している。「ヴィルヘルム・フォン・ハプスブルクの人相に合致する男が、一九四七年八月二六日の二時に、ウィーン南駅の出発ゲートで、少佐に率いられた赤い腕章を巻いた三名のソ連兵に捕らえられ、ソ連軍司令部に連行された[*3]」。

それからの四ヶ月間、ホンチャルク少佐がバーデン・バイ・ウィーンでヴィルヘルムを尋問した。ソヴィエトの基準に照らせば、ヴィルヘルムの待遇は良かった。他の囚人たちは同じボウルから食事をとらされたが、ヴィルヘルムは自分のボウルを与えられていた。自分の毛布さえ持っていた。それでも、彼の様子はひどいものだった。結核のうえ心臓の調子が悪いので定期的な治療が必要だったが、それは拒絶された。逮捕後四ヶ月経った一九四七年一二月一九日にロマンや他の囚人たちと飛行機に乗せられたときに、皆はヴィルヘルムの髪が薄くなり、怯えた目をし、声は震えているのに気づいた。飛行機がウィーン近くのアスペルン飛行場から離陸した後、ヴィルヘルムはドイツ人の囚人の一人に第三次世界大戦は近づいているかと尋ねた。

時とところとを考えると、少しも奇妙な質問だとは言えなかった。一九四七年には、冷戦が本物の戦争

冷戦下のヨーロッパ 1948年

に発展しないとは、誰にもわかっていなかった。アメリカ合衆国はヨーロッパ諸国に向けて、マーシャルプランの名で大量の援助を行ったが、ソ連は東欧の従属国にそれを受け取るのを拒絶するよう命じていた。ハリー・トルーマン大統領は、アメリカはギリシャに共産主義が広がるのを防ぐためには必要なあらゆる手段をとると言明していた。スターリンは、アメリカとイギリスとがバルカン半島に介入するのを恐れた。ポーランド、ウクライナ西部、バルト諸国では、何千人ものパルチザンが、共産主義の押しつけに抗して戦っていた。外部からの救いの手が必要なことはわかっていたので、たくさんの者が第三次世界大戦が起きて、アメリカとイギリスとがソ連に侵攻することを夢みていた。ヒトラーの第三帝国を生き延びた挙げ句がスターリンの支配下に入ってしまった一億人ものヨーロッパ人にとって、アメリカとイギリスとが彼らを見捨てて全体主義の支配下に追いやるという考えは受け容れられなかった。[*4]

　飛行機がリヴィウに着陸するまでには、ヴィルヘルムは将来を思うことは止して、過去について考え始めた。その晩、今はソヴィエト・ウクライナの一部になっている町で、ヴィルヘルムは第一次世界大戦のことを夢み、寝言に若き日の偉業について語って囚人仲間を眠らせなかった。ソヴィエトに囚われた身での移動は、奇妙なことに青春時代の冒険譚を思い出させていた。ウィーンを発つ際に使われた飛行場のアスペルンは、ヴィルヘルムの祖先でいちばん武勇に秀でていたカール大公の最大の軍事的勝利にちなんで名づけられていた。一九四七年の八月から一二月まで尋問を受けたバーデン・バイ・ウィーンには、第一次世界大戦中は、ハプスブルクの陸軍の司令部が暫定的に置かれていた。おそらくヴィルヘルムは、尋問の間に健康が悪化するにつれて、バーデン・バイ・ウィーンが三〇年前に病を癒やした場所であったことを思い出していたことだろう。着陸したリヴィウは、ヴィルヘルムが訓練をした兵たちが一九一八年にウクライナでの暴動を率いたところだった。翌日にはキエフに飛んだが、ここは、ヴィルヘルムが一九一八年に独立に手を貸したウクライナ人民共和国の首都であったし、その年の夏に大草原《ステップ》での冒険の間、彼が玉座を置くことを夢みた場所であった。[*5]

　一九四七年一二月二〇日に、ヴィルヘルムはリヴィウからキエフまでの飛行機の中で、ロマンと一緒に一枚の毛布を被っていた。二人はウクライナ語でささやいていた。その飛行はヴィルヘルムにとってウクライナの首都への最初の訪問となるが、二人ともがヴィルヘルムにとって最後のものとなるだろうことも知っていたに違いない。彼らの運命はおそらくこの時点で定められていたし、彼らの願いは他の人間をたくさん巻き込まないようにというものだけだったろう。彼らの尋問は、ヴォロディミルスカ通りに面した国家安全保障省の司令部で行われた。この通りは、キエフの高台を走るたぶんキエフでいちばん美しい通りだった。宮殿か、あるいは牢獄を建てるべき類の場所であった。三〇年も前のことだが、ボルシェビキとハプスブルクとがともにこの高台を占拠することを夢みたのだった。一九一八年には、ヴィルヘルムは大草原《ステップ》に宿営し、キエフへの進軍の好機を待ち構えていた。今や「赤い大公」は彼の夢の詰まっていた都市に着いたが、王冠の代わりに目隠しをされ、玉座でなく地下牢にと連れられていった。一九一八年の彼の冒険を知っている仲間のウクライナ人と投獄されたヴィルヘルムは、王になりたかったという若き日の夢を隠しはしなかった。バーデン・バイ・ウィーンでの尋問に続いて、一九四八年の一月から四月にかけてのヴォロディミルスカ通りでの尋問で、自分の生涯を今度こそ最後のものとして語り終えると、ヴィルヘルムの話しは終わったものと見なされた。[*6]

一九四八年五月二九日に、ソヴィエトの法廷はヴィルヘルムに対し、一九一八年にウクライナ王になろうという野心を抱いたこと、一九二一年に「自由コサック」を率いたこと、第二次世界大戦の戦中戦後にイギリスとフランスの情報機関のために働いたことで有罪を宣した。ソヴィエトの法は、遡及すること、管轄外にも及ぶことに特徴があった。ソ連邦成立以前のある時点まで何十年も遡ったし、モスクワが主権を一度も持ったことがない地域にまで向けられた。数多《あまた》ある不名誉な言動の中でも、ヴィルヘルムの第二次世界大戦中のドイツに対する諜報活動が、ソ連に対する犯罪として扱われた。同じことは何千という東ヨーロッパの住人にも起きていた。ソヴィエトの裁判官たちは、共産党に与《くみ》しない抵抗運動は、対独協力の形態の一つと見なしていた。イデオロギー上は、これは次のようなマルキスト的な考えによって正当化された――ナチズムは明瞭にファシズムの最高の形態であり、ファシズムは資本主義の当然の帰結である。

よって、共産主義体制以外のいかなる体制のためにせよ戦った者は、客観的にみてナチスの盟友となるのだ。

ソヴィエトの司法制度はもっと実際的な動機も持っていた。ドイツ人に抵抗した連中は、民族的な誇りと危険を冒す心構えを持ち、腕章や軍靴や雄叫びに怖じ気づかず、プロパガンダの旗や勝利のマーチに心躍ることのない成熟した精神の持ち主であるのだから、そうした人間たちはソヴィエトにも同じように楯突くだろうというのである。むろん、皆が皆、アルブレヒトのように高貴な精神を持ったり、アリスのように優美で潔かったりするわけではなかった。それを言えば、ロマンのように魅力的で、ヴィルヘルムのように恥知らずな者もたくさんはいなかった。それでも、ドイツ人の下で受動的でなかったヨーロッパ人は皆が、ソヴィエトにとっては危険な存在であった。彼らを取り除くに超すはなかった。一九四八年八月一二日に、ソ連軍将校が、ヴィルヘルムを、二五年の刑期を務めることになる西ウクライナに移すよう、命令を発した。[*7]

ソヴィエトに囚われて三五七日経っていたが、その六日後の一九四八年八月一八日に、ヴィルヘルムは結核で亡くなった。この日は、ヴィルヘルムの最初の後ろ盾であった皇帝フランツ・ヨーゼフの誕生日であった。さらに言えば、フランツ・ヨーゼフが、一八四八年に「諸国民の春」の中で権力の座についてから、ちょうど一〇〇年が経っていた。ハプスブルク君主国に属するアドリア海沿いの澄んだ空気を生後すぐに吸ったヴィルヘルムの肺は、キエフにあるソヴィエトの牢獄の病院で最後の息を吐き出した。一九〇八年には帝立宮廷歌劇場で栄光に包まれたフランツ・ヨーゼフを眺めた青い眼は、錆びついた寝台の枠とひび割れたコンクリートの壁を視界にとらえながら閉じられた。

ソヴィエト側がヴィルヘルムを殺すつもりがあったかどうかは定かでない。結局、彼らは、ヴィルヘルムに死刑を宣告することもできたのだ。他方で、彼らは、ただヴィルヘルムが朽ちてゆくのを眺めているだけでなく、尋問に費やした一年の間に、結核と心臓病とを治療してやることもできたのだ。こうした種類の死は、ソヴィエトの制度に特徴的なものであった。スターリンの下の警察は、直接的な命令でほぼ一〇〇万人を殺したが、他方労働収容所《グラーク》での消耗や、牢獄での非人道的な扱いで死んだたくさんの人間の数となると判明さえしていない。仮に尋問を生き抜いたとしても、あっという間に獄死するのがヴィルヘルムの定めだったのだろう。

ソヴィエトのやり方には、殺意があったし、虚偽に満ちていた。ヴィルヘルムが亡くなった後、ソヴィエトはその事実を否定した。彼らはオーストリア当局に、ヴィルヘルムの刑については知らせたが、それは彼が生きてキャンプにいると仄めかすものであった。こうした場合にはよく見られることだったが、オーストリアからソ連に戻ったことのある者たちは、ヴィルヘルムが生きているのを見かけたと主張した。やがて、同じように虚偽ではあるが、一九五〇年代に入ってから、囚われたまま亡くなったという報告が届いた。オーストリア国家は、三、四年の間は問い合わせをしたものだったが、一九五二年にはオーストリア当局は、ヴィルヘルムは結局のところオーストリア国民ではないのだという結論を出した。彼らの推論では、ヴィルヘルムはハプスブルク朝のいくつもの国家の王位継承権を放棄していなかったのだから、実際には一九三六年に得ていたのだが、オーストリアの市民権を得られるはずがなかったのだ。オーストリアは、ヴィルヘルムが死んで四年後には、この件からはきれいさっぱり手を引いた。

ヴィルヘルムの人生のほとんどの時期を自由なものとしてくれた、恒久的な無国籍状態が、今では彼の存在を抹殺してしまった。ヴィルヘルムの持っていた落ち着きのない精神は、我々の知るところのただ一つの永遠の確認であり、永遠でありたいという野望の確認でもあるが、ずっと昔にその活発さを失っていたのだった。かつてヨーロッパのビーチというビーチやスキーのゲレンデで賛嘆されたヴィルヘルムの肉体も腐敗し、誰のものともわからなくなり、忘れ去られた。彼の心も身体も、自身の時代と呼べるものを必要としないほど豊かで風変わりな人生を送った果てに、君主制と現代性との狭間のどこかで消え去ってしまった。[*8]

ヴィルヘルムとともに、ウクライナの一つの夢が消え去ったように思えた。ヴィルヘルムは、一九四〇年代後半に、実際にそうだったのか嫌疑だけだったのかは定かでないが、ウクライナの独立を目指す運動に絡んでいるとしてソヴィエトに殺された何万もの男女の一人だった。ほとんどとはいえないまでも、かなりの者が、かつてはハプスブルク帝国の版図の内にあった東ガリツィアの出身であった。

一九四五年にソ連の西にあるこの辺りの領土を併合した後、モスクワはすこぶる意図的にそれらをハプスブルクの歴史から切り離した。大量虐殺と民族浄化とが、すでに修復しようもなく人口構成を変えてしまっていた。ドイツは、一九四一年から一九四四年の間にユダヤ人の過半を殺害していたし、その後ではソヴィエトが、ポーランド人、そして生き延びたユダヤ人をポーランドに追放した。ソヴィエトは、ギリシャ・カトリック教会を禁止することで、ハプスブルクが以前に創りあげていた体制を排除した。ギリシャ・カトリック教会は、ウクライナ民族を代表していただけでなく、西側世界に共通する伝統である、国家と相対《あいたい》しての教会の自治をも代表していた。遡って一九一八年に、ヴィルヘルムは、ギリシャ・カトリック教会の首都大司教アンドリイ・シェプティツキイによる、ロシア正教会を改宗させようという計画に些か荷担したことがあった。そうなるどころか、完全にソヴィエト国家に隷属していたロシア正教会は、西ウクライナのギリシャ・カトリック教徒を吸収してしまった。ギリシャ・カトリック教会の聖職者たちは牢獄かシベリアに送られた。ある聖職者は、ロマンと牢獄内で行き違う際に、彼に林檎をくれた。[*9]

ロマンは一九四七年六月にソヴィエトに逮捕されたとき、音楽の勉強を卒《お》えようとするところだった。尋問の間にも、何度も彼は取り憑かれたように、このことに話を戻した。ヴィルヘルムとともにその年の一二月にソヴィエト・ウクライナに移送された後でも、ロマンはウィーンに戻って、学業を卒えて指揮者になることを熱望していた。そうはならずに、彼は北極圏にある間違った場所ノリリスクにあるソヴィエトのグラークで重労働刑を宣告された。ノリリスクは一九五三年に都市として登録されるまでもっぱら囚人が強制労働を課せられていた極寒の地だった。そこのグラークで、考えられるかぎり最悪の状況下、疲れを知らぬロマンは、収容者仲間が「とても素晴らしい合唱団とオーケストラ」と回想するものを編成した。[*10]

ロマンがかつて師事していたハンス・スワロフスキーは、ナチスの時代にキャリアを確固たるものにしていたが、戦後、北極圏の永久凍土地帯よりもはるかに快適な場所である、ウィーン、グラーツ、エジンバラで指揮棒を振っていた。長く成功したキャリアを通して、スワロフスキーは、たくさんの次代の指揮者たちを訓練したし、その内のいくらかはクラシック音楽の世界で現在とても著名な指揮者になっている。ロマンは、二〇世紀ウクライナの数知れぬ芸術家と同様に、芸術でなく政治にその足跡を印した。彼の書き記した物から判断するかぎり、ロマンは自分がヴィルヘルムとウクライナのために冒した危険について後悔したことはなかったようだった。[*11]

ウクライナがソ連に吸収され、民族独立の錚々たる志士たちが殺されたりグラークに送られていた頃に、オーストリアはまさに初めて自国のナショナリズムを前面に出した。一九世紀に、ハプスブルク帝国とロシア帝国の境目の土地をめぐる競争の副産物としてウクライナ民族主義が台頭したのと同じように、オーストリア国民も冷戦時代初期の超大国間の軋轢を利して自己主張を始めた。

ウィーンで人間をいつの間にか消えさせてしまうというソヴィエトのやり方は、ソヴィエトが占領しているヨーロッパのどの地域でも見られたモスクワの政策の氷山の一角だった。同じことははるかに大規模に、一九四六年から一九四八年にかけて共産主義体制に移行していたポーランド、ハンガリー、ルーマニア、ブルガリア、チェコスロバキアでも起きていた。ソヴィエトが西側諸国と共同占領していたオーストリアとドイツとでは、第二次世界大戦中の同盟国が、撤退の条件につき合意に達せないでいた。一九四〇年代も終わり近くではモスクワとワシントンとは、はっきりと世界での覇権争いに拘《かかわず》らっていた。冷戦は疾うに本格化していた。ドイツ情勢、朝鮮半島、核開発競争とに気をとられていたアメリカ国民やソ連国民は、オーストリアには時間も関心も割く余裕はなかった。オーストリアから外国の軍隊が撤退したのは、戦後一〇年経ってようやく一九五五年になってからであった。その年に署名された連合国との国家条約によりオーストリアは主権を回復し、軍事的にも政治的にも厳正な中立を守ることに同意した。

まるまる一〇年というもの、四ヶ国占領の屈辱に耐えたオーストリア国民は、自分たちで、一九三八年から一九四五年まではドイツの占領下で苦しみ、それから一九五五年までは連合国の占領下で苦しんだという国民的な神話を信じ込んだ。ドイツ占領下と言っても、犠牲者というよりもむしろドイツ第三帝国の一部だったという事実は曖昧にされた。第二次世界大戦中に、連合国はオーストリアを独立国として復帰させることに同意していた。オーストリアの「反ドイツ」の大義なるものをいくぶんなりと支えたいと願って、連合国はオーストリアを、ヒトラーの「最初の犠牲者」として扱ったのだった。こうした性格付けは、戦後になると、オーストリア国民自身にとって大切なものとなっていった。

オーストリア国民の歴史は、彼ら自身には過去についての責任はほとんどないという前提で、一九五五年に新たに始まった。一九世紀にハプスブルク朝に挑戦したすべての民族と同様に、新生オーストリア国民もその歴史を三つの部分に分けて説明するのを好んだ。はるか昔の漠とした黄金時代、近年の外国に抑圧された中間期、そして民族解放の現在である。ハプスブルク支配下の時代についての人口に膾炙した歴史も、数少ないイメージに収斂してしまった。多かれ少なかれ、一九〇八年に帝立宮廷歌劇場で即位六〇周年を祝ったフランツ・ヨーゼフに「夢の絵」として示されたものと同じようなものだった。

オーストリアが己が姿をこうだと見せたがっていたのは、可能ならばどこにおいても、政治を避けて文化、とりわけ音楽を前面に出すことだった。もっとも、時としてウィーンの音楽は線が細かった。一八九七年にグスタフ・マーラーが帝立宮廷歌劇場を引き受けてからウィーン文化の中心にいたユダヤ系の指揮者や作曲家が、一九三〇年代のうちに国を離れたか、ホロコーストで殺されていた。ドイツに対して諜報活動をするために書物も指揮棒も脇に置いてしまった音楽学校生のロマンも、心ならずもウィーンから離された。ロマンも、彼から愉快な暮らしを奪うことにつながったウクライナの大義も、戦後のオーストリアでは忘れ去られた。オーストリアの現在で、ウィーンがウクライナとかつて絆を持っていたことを思い出させる必要のあるものは何もなくなったのだ。

ウクライナは、オーストリアにとっては失われた存在になった。ウィーンの東五〇マイルのところに下ろされた鉄のカーテンの向こうに行ってしまっただけでなく、オーストリア人が自ら創りあげた新たな民族的アイデンティティの知的な範囲を超えたものとなってしまったのだ。ハプスブルク朝の下では、オーストリアは民族であったことはなかった。諸民族の上に立つものだったのであり、ハプスブルク君主国やハプスブルク帝国と一体視されていたのである。オーストリアが民族になるためには、他民族を圧するという地位を振り払い、現代のヨーロッパにワンオブゼムとして降りてゆく必要があったのである。中立国オーストリアは安全保障を求めて西側諸国に傾斜し、東側とのリスクを伴う絆は避けようとした。サービス業、金融、イメージといったものがかつてなく重要になった世界では、オーストリアの経済はうまくいっていた。東西の狭間で宙ぶらりん状態で四大国に占領され、今度は自国のことで頭がいっぱいのオーストリアは、たぶんその時代の完璧な創造物であった。オーストリアは、豊かで、成功し、民主的で、かつ自国の最近の歴史については分裂症気味であった。[*12]

ふたたび共和国になったオーストリアは、自国をナチスだけでなく、ハプスブルク朝の過去とも対立するものとして規定した。ハプスブルクの名を継ぎ、ウクライナ人のアイデンティティを持ち、ファシストだった時期もあり、挑発的な反共産主義者であるヴィルヘルムのような輩は、忘れ去られるべき人物であった。そして実際に、オーストリアでも、ヨーロッパのどこでも、彼は忘れ去られたのだった。ヴィルヘルムが一九四七年八月に逮捕されたときに、ソヴィエトの護送兵たちが彼の腕からオメガの時計を外した。この時計は、後年になって銀幕でジェームズ・ボンドがはめるブランドだった。小説でのボンド家の紋章のモットーは、ハプスブルク家のモットーであるオルビス・ノン・スフィツィト（Orbis non sufficit）、「世界を手にしてもまだ足りぬ（The World is not enough）」さえ採り入れていた（一九九九年にはこれをタイトルとした映画も制作されている）。一九六三年にこれがボンドの生みの親イアン・フレミングによって明かされた頃になると、ヨーロッパ人でもこれがハプスブルク家に起源を持つことを覚えている者は、いたとしても稀であったろう。一九九五年にジェームズ・ボンドが映画『ゴールデンアイ』でオメガシーマスターを着ける頃までには、この映画を観たおよそ八〇〇〇万人のうち、ヴィルヘルムのことを知っていた者は皆無であったと推測するのが筋であろう。

繰り返して言うが、それほど前のことではない。その時計をはめ、いくぶん趣を異にしているとはいえ艶福家であり、彼の家系がそのモットーを使い、彼の人生は海を支配する夢から始まり、ついには対ソ連の勇敢な諜報活動で果てた——そんな男が実在したのである。冷戦は独自の文化を育んでいて、以前のイメージや思想は吸収したし、ジェームズ・ボンド絡みでも二世代にわたるヨーロッパ人に東西冷戦の歴史を教えたが、その歴史はハプスブルク家を置き去りにしてしまっていた。つまるところ、ハプスブルク家は、冷戦以前に起きたあらゆることの中心にいたのだったが。

もっとも、冷戦は終焉してしまったが、ハプスブルクの面々はしぶとかった。ヴィルヘルムの生涯でもっとも強烈な印象を残した二人の女性、義姉のアリスとツィタ皇后は、生きているうちにソ連が傾き、新生ヨーロッパが出現するのを見ることができた。

一九八五年にアリスが九六歳で亡くなるまでには、ミハイル・ゴルバチョフという改革者がソ連で権力の座に就いていた。一九八八年にはゴルバチョフは、ソ連はこれからは東欧の衛星国の国内事情には干渉しないと約束し、いわばヨーロッパにおけるソヴィエトの権力を示すアーチからくさび石を取り除いてしまった。東欧の共産主義体制はどれもが、自国民に向かっての脅しや力の行使とに頼っていた。一九五六年のハンガリーでの革命を粉砕した後、ソ連は一九六八年にはチェコスロバキアにも侵攻した。一九八一年には、ソ連は、ポーランド共産党指導部を脅しつけて戒厳令を敷かせた。ポーランドの治安維持出動が「連帯」として知られる独立した労働運動を潰したとはいえ、このことは共産党の指導者層が力以外に頼るものがないことを告白するようなものであった。*13

ゴルバチョフがソ連を改革しようとしたときに、共産主義は東欧で崩壊した。ゴルバチョフは、政策についてオープンに議論することを促し、それによって変革への紛れもない政治的な支持を生み出して共産主義を復活させようと願っていたが、彼の政策は期待とは劇的に異なる結果を生じさせた。一九八一年にすでに力の行使を試していたポーランドの共産主義体制が、最初にゴルバチョフの新しいやり方に倣った。一九八九年に、ポーランドの共産主義者たちは抵抗にあったので、選挙の日程を定め、そして選挙で敗北した。抵抗した「連帯」の指導層が八月に政府を組織。これが共産主義の終わりの始まりだった。もっとも、いつまでもまざまざと目に残るイメージは、その年の一一月のベルリンの壁の崩壊だったが。一九九一年八月には、ソヴィエトの保守派が、ウクライナのようなソヴィエトの共和国に中央との対応においてより大きな裁量権を与えることになってしまう協定に抗議して、ゴルバチョフに対してクーデターを企てた。彼らの思惑に反して、クーデターは、ソ連が終焉し、連邦を構成している各共和国に分裂するのを一挙に早めた。一九九一年末までには、ウクライナは独立国家になっていた。[*14]

あっという間の二〇世紀は終わってしまった。世界大戦の一つは伝統的な帝国というものを終焉させ、民族自決の実験をもたらした。二度目の世界大戦は二つの全体主義国家を崩壊させ、新たな種類のイデオロギー帝国、ソ連の勝利をもたらした。冷戦はとこしえではないかと思わせるほど長く続いていたので、冷戦の急な終焉は、新たに獲得した自由をどうするかという問題を生じさせた。モスクワの東欧での衛星国家は、一九八九年以降主権を取り戻したし、旧ソ連の中の共和国は一九九一年以降独立国になったが、ともに共産主義に代わるものを探さねばならなかった。ヨーロッパ大陸の半分が二つの変革に乗り出した。一党独裁から民主主義へと、国有制と国家計画経済から何らかのかたちの自由市場型資本主義へとである。共産主義の終わりは、東欧全体で民営化を大規模に進めることを意味した。一九四〇年代に共産主義体制が接収して国有化した企業は、今や経済の民間部門へと戻された。もっとも、以前の所有者の手にというのは、ふつうはなかったことだが。

ジヴィエツにある醸造所も、ポーランドが国有企業を民営化し始めると、法的に無視された状態になった。一九九一年にはポーランドの証券市場に上場した。ここで窮地にあるポーランド・ハプスブルクの一家が登場とあいなる。オランダのビール会社大手のハイネケン社が株の買い占めに走ると、ポーランド・ハプスブルク——アリスとアルブレヒトの娘二人と息子一人——がポーランドのメディアに登場して、ポーランド人に向かって、ナチスと共産主義者たちが来る前には誰がジヴィエツの醸造所を所有していたかを思い出させた。三人共が戦間期のポーランドに生まれていたとはいえ、誰一人ポーランドの市民権を持っていなかった。息子のカール・シュテファンは、スウェーデン人。末娘のリナータは、スペイン人。そして長女のマリア・クリスチーナは、無国籍のままスイスに住んでいた。一家の中で唯一ポーランド国籍を持ち、それゆえにポーランドの法廷に臨んだのは、アリスの初婚の際の息子であった。ハプスブルクの外交官の息子であり、祖父は首相も務めたこの紳士はカジミェシュ・バデーニとして生まれた。彼はやがてドミニコ派修道会の僧になり、ファーザー・ヨアヒムとして知られる、なかなかに関心をひく神学者になっていた。

ファーザー・ヨアヒムを先頭に、今や六〇代になっていたアリスの子どもたち四人は、三件の訴訟を起こした。一件目は、戦後に醸造所がポーランド国家に委譲されたのは当時の法を侵害していたという根拠で、無効にされることを望むものであった。これはたぶんまっとうな主張であった。醸造所は、農業関連の法のせいで国有化されたのだったから。二件目は、民営化される前に醸造所に対するハプスブルク家の法的権利をポーランド国家が尊重しなかったというので、補償として莫大な損害賠償金を求めるものであった。これもまたそれほど筋の通らぬことではなかったが、訴訟に勝てる見込みは薄かった。ポーランド国家はそのような申し立てに応えるべき予備の金などなかったし、そもそも民営化の目的が現金を得ることにあったからだ。三件目は、一家は裁判所に対し、ハイネケン社がビールの瓶や缶のラベルにハプスブルク家の王冠と盾型の紋章を使うことを差し止めるよう求めていた。

ハプスブルク家はまずこのシンボルの点で訴訟に敗れた。二〇〇三年にポーランドの最高裁判所は次のような判断を下した。ハプスブルク家の知財は公共財である。ハプスブルクの歴史はポーランドの歴史であり、よってそのシンボルは誰のものとは言えない。アリス、シュテファン、アルブレヒトをはじめとするポーランド・ハプスブルクの一家の伝統に限って言えば、ジヴィエツに属している、と。ポーランドの高等裁判所の方はすでに、ハプスブルク家の者たちがポーランドに留まることができなかったまさにその何十年間かは、ポーランドがハプスブルクの伝統を守ってきたのだと裁定を下していた。これは、一家の資産を全体主義国家二つに取り上げられ、成年となってからの人生を亡命して暮らさねばならなかった者たちにとっては、あまりにも悦ばしくない皮肉だった。少なくとも何らかの意味で、アリスの子どもたちは確かにポーランド人だった。彼らの側の弁護士、裁定を下す裁判官と同じようにポーランド語を話せた。明らかに、その醸造所の新たな所有者、ハイネケン社よりもポーランドを体現していた。[*15]

残されたのは、二〇〇五年後半までに子会社を通じてジヴィエツの醸造所の株の九八パーセントを所有したハイネケン社との話し合いだけだった。急速な民営化への損害賠償請求を取りこぼしていたハプスブルクの一家が、法廷で述べたかったのは今やたった一つだった。当初の醸造所のポーランド国家への委譲の合法性についてである。二〇〇五年一二月に、彼らは金銭とひきかえに、この訴訟の取り下げに同意した。

ジヴィエツの醸造所は現在ではハイネケン社のものであることに議論の余地はない。ハプスブルク家の王冠はビール瓶の一本一本に見受けられる。

アリスの家系であるポーランド・ハプスブルクは、私企業のロゴになりはてたが、国のシンボルとして持ち上げられた。同じ時期に、ツィタ皇后の跡継ぎたち、ハプスブルク家の王位継承者の方は、自由なヨーロッパの新たな政治において一家をもり立てようと苦闘していた。

ツィタ皇后自身は、東欧・中欧の諸民族、かつてのハプスブルク帝国の版図にあった諸国がふたたび自らの主権を主張し始めた「魔法の年」である一九八九年に亡くなった。ポーランドに続いたのは、どちらも完全にハプスブルクのものだった領土からなる、ハンガリーとチェコスロバキアだった。一九九一年のソ連の終焉は、ガリツィアとブコビナというかつてのハプスブルクの二つの領邦の一部であった地域も含んだウクライナを解放した。南の方では、ユーゴスラヴィアで戦争が勃発し、これまたかつてハプスブルクが施政権を行使したり併合もしたボスニアで、最悪の闘争が行われた。以前はハプスブルク帝国の版図にあって大幅に自治権を認められていたクロアチアは、つねにハプスブルクを苛立たせていたセルビアと戦った。

ツィタ皇后の息子のオットーは、一九三〇年代にハプスブルク朝復興のための教育を受けていたが、六〇年経ってもまだ政治の世界にいて、バイエルン地方に基盤を措くドイツの保守政党の一員であり、欧州議会の議員であった。新たなヨーロッパについて言うべきことはいくらも持っていた。ユーゴスラビアが解体されたときに、オットーはヨーロッパ諸国にプレッシャーをかけて、新たに独立したクロアチアを承認するようにさせた。セルビアの悪名高い民兵組織アルカン・タイガーの指導者の一人が、オットーに向かって、バルカンの政治に鼻を突っ込んだ際にフランツ・フェルディナントに何が起きたかを思い起こさせた。オットーは、自身サラエボに乗り込むことで死の脅迫に応えた。彼の言葉では「この悲劇の循環が閉じるのを祈って」サラエボに赴いたのだった。オットーは、その民族の歴史がハプスブルクとともに始まった他の諸々の民族・国家について、ことにウクライナについてヴィジョンを持っていた。一九三五年にヴィルヘルムはパリで醜聞を引き起こし、その結果オットーからウクライナにおけるハプスブルクの味方をとりあげたし、ハプスブルク家の面々すべてを当惑させたものだった。失望を味わってから七〇年経ち、オットーはウクライナのためにふたたび声を上げた。二〇〇四年も遅くに、彼は、ヨーロッパの将来はキエフとリヴィウで決せられると発言したのだった。[*16]

オットーは要点を衝いていた。ウクライナはヨーロッパにおいて、旧ソ連にあった国家として最大だったし、人口も最多であった。フランスと同じ程度の国土に、五〇〇〇万の人口がいた。ウクライナを見るだけで、元共産主義体制下のヨーロッパ全土に民主政治が拡大できるかどうかのテストと諒解された。ウクライナの西側にある元の共産主義国家のほとんどは、市場経済を伴った選挙制民主主義へと、多かれ少なかれ変容を遂げるのに成功していた。ウクライナの東側のロシアは、市場経済も議会制民主主義のどちらも、それとわかるかたちでうち立てるのに失敗していたが、ソ連時代からの、国家インフラと国家エリートとに頼ることができた。独立して存在した時期のほとんどない旧ソヴィエト共和国のウクライナは、民主主義や市場だけでなく、独立国家としての機構をまるまる創りあげねばならなかった。そもそも最初から、つまりソ連成立時から共産主義に耐えてきた他のヨーロッパ諸国の例に洩れず、ウクライナは、まさにこの根本的な変容にいくつかの困難を抱えていた。指導者の個人支配を超えた、客観的存在としての国家概念が、まるで新奇なものだったのだ。うさんくさい民営化の時期に巨富が積まれ、国家は「オリガーク（「オリガルヒ」）」として知られる新興財閥の保護者と目されるようになった。

二一世紀に入ってからの数年間で、ウクライナは、とりわけテレヴィ・メディアを支配するたいへんな富裕層という顔ぶれの変わりやすい取り巻きと一緒に、大統領が強大な権力を持って支配するにつれて、「オリガーク」的全体主義体制へと移行していった。数あるスキャンダルの中でもいちばん衝撃的だったのは、大統領のボディガードが二〇〇〇年の終わりに、大統領の録音テープと思えるものを暴露したことだった。レオニード・ダニロヴィッチ・クチマ大統領（任期一九九四年―二〇〇五年）があるジャーナリストを消すように命令を出していた。ゲオルギー・ゴンガゼは、腐敗したテレヴィ・メディアの間隙を縫い「ウクライナの真実」という信頼性の高いウェブサイトの編集長を務め、大統領の政権運営を批判していた。暴露の数ヶ月前に、ゴンガゼは、頭部を切断された形で発見されていた。二〇〇四年の大統領選挙の選挙運動で、クチマ大統領が厳選した後継者の対抗馬はダイオキシンを盛られた。ハンサムで鳴らしたヴィークトル・アンドリーヨヴィチ・ユシチェンコの顔は、痘痕《あばた》だらけとなってしまった。[*17]

それでもユシチェンコは端正な顔をひどく損なわれ、苦痛にあえぐ中でも戦い続けた。そして、出口調査が示したところでは選挙に勝利した。二〇〇四年一二月にクチマ政権が選挙結果を偽ったときに、ユシチェンコの支持者たちはキエフに集まり、再集計を求めた。彼らは、何週間も一〇万人単位でキエフの独立広場の近くで、凍えるような玉石舗装の上でキャンプした。厳しい天候も、現実の暴力の脅迫も、ものともしなかった。ウクライナの愛国者としては歴史上一度もなかったことだが、今回は西側世界に強力な同盟者を見出せた。ヨーロッパとアメリカ合衆国からの圧力、そしてポーランドの調停により、彼らはやってのけた。ふたたび選挙が行われ、票が集計され、ユシチェンコが勝利し、民主主義の原則は回復された。

そうこうするうちにも、ロシア、アメリカ合衆国、ヨーロッパで、たくさんの者たちが、ユシチェンコ支持者がオレンジをシンボルカラーとしたために「オレンジ革命」として有名となったものを、民族の観点からとらえ始めた。ユシチェンコの支持者たちは、世界の多くのメディアで、その活動が多分に出自による者たち、すなわち民族的にもウクライナ人だとして描かれた。民主主義の反対者たちは、曖昧にだが、ロシア人として描かれた。ウクライナ国家が主要紙によってこのように好意的な取り扱い方をされるのは初めてのことだったが、ジャーナリストたちには、そのように民族と政治とを結びつけるいわれはなかった。東欧政治を本質的に人種的問題だと軽はずみにも分類するのは、かつては、ハプスブルクのより穏やかでより曖昧な遺産に対する、ヒトラーとスターリン両者に共通する民族政策の「狡猾で理詰めの」勝利だったはずである。[*18]

もっとも、オレンジ革命そのものは、ハプスブルクが政治的な報復を果たしたものと言えた。一九一八年に、ヴィルヘルムは、ウクライナ語を話す小農たちに向かって彼らは民族に属しており、その民族は国家となる資格があるのだと教えることで「ウクライナ化」を追求した。そのときにはヴィルヘルムは成功しなかったし、その時期を含んだ革命の時代に独立を求めて戦った他のウクライナ人も、誰一人成功しなかった。ただし、一九一八年以降は、ウクライナ文化はもはや無視することができなかった。ソヴィエトさえ無視できなかったのである。ソヴィエト・ウクライナに加えられたひどい政治的な抑圧にもかかわらず、文化政策においては、ソヴィエトは、共産主義に忠誠なウクライナのエリート層を生み出したいと願って、総じて彼らなりの「ウクライナ化」——ヴィルヘルムの用いたのと同じ語だった——を図ろうとした。一九四五年には、ソヴィエトは、ハプスブルク家のいくたりかが一九一八年になそうと夢みたことをなしとげた。つまり、ウクライナのすべての土地をソ連という自身の多民族国家に組み入れることで、ウクライナ問題を解決したと主張したのである。ソ連が一九九一年一二月に崩壊した後、ウクライナは独立国家にふさわしい形態を整えた。ソ連の中の自治共和国の境界線が、突如として独立国家の国境線となったのである。[*19]

ウクライナの政治がその後腐敗したものになったときに、ウクライナは国家だという認識が、人民による支配という原則、すなわち民主主義として、ふたたび活用できることになった。二〇〇四年のオレンジ革命の間、ウクライナの愛国者たちは、市民が政治に発言権を持つウクライナ、というヴィジョンを擁護すべく危険を冒したのだった。一九九一年と二〇〇四年の出来事において、かつてハプスブルク帝国のガリツィア領邦だったところの出身者が、人口比に合わない役割を果たした。ウクライナの愛国者たちには、ハプスブルクは守っていたがソヴィエトは禁教とした、ギリシャ・カトリックの信徒がたくさんいたからだ。もっとも、オレンジ革命を担った者たちは人種を理由にではなく、政治的選択としてウクライナ国家を擁護したのだった。頭部を切断された勇気あるジャーナリストは、ウクライナからは遠いコーカサス生まれであった。ウクライナ革命が起きた都市キエフは、ロシア語圏であった。[*20]

国民というのは、言語に由来するという以上に愛国心の問題である。若き日にヴィルヘルムは、その頃はまだほとんど習得の域に達していなかったウクライナ語での詩で、ウクライナの「凍える大地」を越えて国家の自由をめざして、率いる部隊とともに進軍する様を記している。オレンジ革命を担った者たちは、もっと平和的なやり方でだが、やはり「凍える大地」を選んだ。彼らもまた、国家の自由という一つの理念を実現しようと願ってテントを張ったのだった。自由が暴力を伴わずに求めうるようになったヨーロッパで暮らしていたのは、彼らにとって幸運だった。ウクライナ語を話す者もいたし、ロシア語を話す者もいたが、ほとんどはウクライナ語もロシア語も話せた。彼らが、オレンジ色のテントの中で二つの言語を併せ持つ愛国心を育みながら、その場の空気も玉石舗装も温めていた際には、なるほどヴィルヘルムの精神に則って行動していたのだった。[*21]

オレンジのテントの中でオレンジ革命を担った者たちは時として二つの旗を持っていた。ウクライナの旗とEUの旗である。おそらくオットーは、二〇〇四年にヨーロッパの将来はウクライナで決せられると述べた際には、己の主張を大げさに述べたのだろう。オットーは二〇〇七年にキエフに戻ってきたときには、少々異なった表現で要点を衝いた。「あなた方はヨーロッパ人だ、我々はヨーロッパ人なのだ」。オレンジ革命は二一世紀の初めのヨーロッパで、民主主義を擁護する上で最も重要なものとなった。[*22]

二一世紀初めのウクライナ人にとって、ヨーロッパというものは、二〇世紀初めとはまるで異なったモデルであった。一九一〇年代、一九二〇年代、一九三〇年代、一九四〇年代と、ヨーロッパがもたらしたものは、政治においては帝国の崩壊と次いで民主主義の崩壊、経済においてはインフレと次いで大恐慌、国際関係においては疑心暗鬼と次いで戦争であった。ファシズムと共産主義とは魅力的でモダンなモデルであり、ウクライナ人の中にも追従する者がいくらもいた。一九五〇年代、一九六〇年代、一九七〇年代、一九八〇年代と、ヨーロッパの自由主義諸国は、長期的で平和的な経済的・政治的統合の過程に加わった。一九九〇年代までには、EUは、発展過程により表現は異なりはするが、自由貿易地域、関税同盟、域内自由移動圏、共通外交・安全保障、共通通貨、司法・内務協力、欧州司法裁判所といったものを内に含んだ連合となっていた。こうした過程が可能になったのは、アメリカ軍の駐留と戦後の経済発展があってこそだった。EUはまた、民主主義を採り入れること、福祉国家の理念を受け容れること、とりわけ金融・貿易面での大陸共通の利害を是認することを求めた。こうしてヨーロッパの新しいヴィジョンができあがったが、オレンジ革命を担った者たちが知っていたヨーロッパはこのヴィジョンだけであったのだ。[*23]

こうした新しい統合されたヨーロッパという歴史は、小規模で制限されたものではあったとはいえハプスブルクの歴史でもあった。一九四六年、一九四七年と、ヴィルヘルムは、「人民共和派」と呼ばれるフランスの政党のために、与えられた任務を実行すべく生命の危険を冒した。これは、ヨーロッパ統合の創設者の一人であったロベール・シューマンの政治的母体であった。シューマンがヨーロッパ石炭鉄鋼共同体を考案した。一九五一年に設立されたその共同体は、ヨーロッパの経済的・政治的統合へ向けての第一歩であった。オットーは、ヨーロッパ統合のそのプロジェクトの背後から、せいぜいのところ保守的な君主制といったものを売り込もうとしていたのだったが。オットーは欧州議会の一員に選ばれた一九七九年にはもう六七歳だった。彼は一九九九年まで二〇年間議席に留まった。オットーは、一九八九年の東欧諸国での革命の後EUを東にも拡大することを唱えたし、二〇〇四年にはウクライナの民主主義を支援した。

ヨーロッパは模倣されるべきモデルというだけではなく、そこに加わるべき体制であった。二〇世紀の最後の二〇年間にも、EUはその圏外のヨーロッパ諸国を惹きつけた。ギリシャも民主主義的な憲法を制定して六年後の一九八一年に加盟し、一九八六年にはスペインも、全体主義体制から民主主義へと移行した後に、褒美として加盟を許された。スペインの政治的変革の中心的役割を果たしたのはファン・カルロス王であったが、アルフォンソ一三世の孫であり、よってヴィルヘルムの従兄の孫にあたる。一九九五年には、スウェーデンと同様に、オーストリアも中立国であることをやめてEUに加盟した。二〇〇四年には、EUは、他の七つの元共産主義国家と一緒にポーランドも加盟させた。キプロスとマルタの加盟も同年であった。オレンジ革命の間に、EUは自由選挙を支持する形で干渉したが、ヨーロッパ外交政策で重要な結果を伴うものとしては初めてのことであった。ハプスブルクを彷彿とさせるが、EUの官僚たちは、ロシアとその盟友に対抗してウクライナ国民の側に肩入れして干渉したのだ。[*24]

民主主義に好意的な、ヨーロッパの集団的な行動が、ヨーロッパ大陸の歴史の新たな章を開いた。ヴィルヘルムは、異なった形でだったとはいえ、そうしたヨーロッパの社会を知っていた――ドイツ、フランス、イギリス、スペイン、オーストリア、スウェーデン、ポーランド、ウクライナ、ギリシャ、マルタ。しかり、ヴィルヘルム独特の方法でだったが、一九二〇年代、一九三〇年代と、こうした国々のいくつかが政治的な展開をしてゆくのに参加したものだった。紆余曲折はあったが、ヴィルヘルムは戦間期のヨーロッパを離れなかった。気鬱で退嬰的になり、政治面では情熱が勝りすぎたし、情熱の発散場所としては政治に偏りすぎたが。けれど一九四〇年代には、他の何百万人ものヨーロッパ人と同じく、ヴィルヘルムは知的な面での民主主義への移行に乗じた。ヴィルヘルムがソ連によって誘拐され、ソ連に連れてゆかれて死んだことでもわかるように、民主主義はソ連に占領されていないヨーロッパ大陸の半分でしか具現化されなかったが。

一九四八年のヴィルヘルムの死は、偶然にもヨーロッパが東西に分裂したのと同じ年だった。ハプスブルク朝の歴史そのものがほとんどそうであったのと同様に、ヴィルヘルムについての記憶も鉄のカーテンが投げかける影に隠れてしまった。ハプスブルク朝は、すでに一九一八年に一度、民族自決の理念を侵すものとして歴史から追放されていた。一九四八年に、ハプスブルク朝の遺産は、ヨーロッパの忘れられた半分になってしまった共産主義の土地でふたたび公然たる非難を浴びせられた。ヴィルヘルムは、これまでのところ、少数の熱心なウクライナの歴史家や君主制支持者によって忘却から救い出されてきたが。二〇世紀も終わり近くに共産主義が終焉し、二一世紀の初めにEUが拡大するにつれて、ヨーロッパの諸々の民族国家の歴史は、よりコスモポリタンな観点からはっきりとした輪郭を与えられるようになろう。そしていずくの歴史においても、ヴィルヘルムは正当な位置を得ることができそうである。ヴィルヘルムもハプスブルク朝も戻ってくることだろう。実際、ソ連解体後にウクライナが興隆する中で、すでに戻ってきているのだ。

その当時は奇妙なものに思えたヴィルヘルムの計画が達成されている。ウクライナは選んだだけでは済まずに、創りあげなくてはならないことを承知していたヴィルヘルムは、「ウクライナ化」と自身でも呼んでいたものに献身した。今日、ウクライナの国民は実際に「ウクライナ化」されている。ほとんどの国民がウクライナ人としての民族的なアイデンティティを受け容れ、ウクライナ国家の将来を疑っていない。ヴィルヘルムが一人でウクライナの運命を思い描くようになってからほぼ一世紀経った今、ウクライナ国家は東欧のきわめて重要な民主主義国家である。ロシアが選挙による独裁政治に堕し、ポーランドが無事にEU内に納まっているので、ウクライナがヨーロッパ政治のいわば蝶番《ちょうつがい》となっている。

ウクライナは、かの近代ヨーロッパの政治形態、「民族国家」(「国民国家」)の生命力が試される場でもある。一九世紀の後半にイタリアとドイツ、二〇世紀前半にポーランド、チェコスロバキア、ユーゴスラビアがあったが、ヨーロッパの国家統一においては最も新しい集団の内の一つになる。現在注視すべきは、一つの領土の中に一つの国民が統合されているというこの国民国家なるものの成功そのものが、先行きも繁栄する前触れとなっているのか、それとも破滅の前触れとなっているのか、どちらだろうという点である。ヴィルヘルムと父のシュテファンが理解していたように、歴史は国家統一の時代をもたらした。が、どんな時代とも同じで、その時代もいずれは去るということである。

一九世紀においては、国家統一は、大衆政党政治をもって君主政治の新たな「支え壁」にしようとした君主と大臣たちによってもたらされた。民族主義者たちは統一を国民の選択の結果であるとして示したが、国の問題で民意によって解決されるものは一つもなかった。イタリアとドイツは、どちらも、戦を通して王によって創建された。第一次世界大戦でヨーロッパ大陸にあった帝国が崩壊した後でさえ、国家統一は、民主主義の所産というよりも外交の結果であった。少数のチェコ人によって考案されたチェコスロバキアは、実際には、第一次世界大戦の勝者によって創られた。ユーゴスラビアは、最初に創られたときは、セルビアを拡大したものに過ぎなかったし、二度目は共産主義のパルチザンによって創られたのだった。ポーランドでさえ、第一次世界大戦後の三つの帝国の崩壊と、権力を握った連合国側の支援がなくては生み出されなかったであろう。

ウクライナは、その国境線がソヴィエトの政策から生じ、そしてその独立がソ連の崩壊によって勝ち取られたものであり、国民国家としての統一の「第三の波」の好例である。ウクライナの愛国者たちは認めるのに気が進まないだろうが、ウクライナ民族の住む地を単一のものにまとめたのはソ連であった。一九二〇年代から一九五〇年代にかけて、ソ連はウクライナ共和国に次々と領土を加えていったので、よほど頑迷な民族主義者でなければ、少なくともその次元での「民族問題」は解決されたと認めざるをえないまでになった。つまるところ、ソヴィエト・ウクライナを創りあげ拡大したのは、これまた上からの統一だったのである。

今日のウクライナは、将来を垣間見せてくれているのか、それとも過去の片鱗なのか？　一九世紀、二〇世紀の他の統一されたどの国民国家とも同じく、ウクライナは一つの民族にちなんでつけられた国名だが、きわめて錯綜した民族の寄せ集めにとっての故国でもある。国家統一の第一の波、第二の波で先行した国々とは異なり、ウクライナは、建国の一三年後、国家の民主主義と公民的な性格とが共に公然と確認される時機を持った。他のほとんどの国々と違って、ウクライナは、独立国家としての創建以来、危ういものとはいえ、民主主義でもあった。ウクライナの政治にもの申したいことは多々あれども、おそらく、この統一は他のどの国家よりもしっかりしたものとなるであろう。国境線が変わらぬままほぼ二〇年間存在してきたというだけでも、ウクライナは、第一の波、第二の波で先行した国々のほとんどより堅牢ということを証してきた。

他の国家統一は実際のところ脆いものだった。ハプスブルクをさんざんに悩ませた民族主義運動は、君主政治を打破するのには成功したが、それに代わる堅牢な国家秩序をもたらすことができなかった。一八五九年にパルチザンがハプスブルクに対して抵抗をしたイタリアが、いやしくも堅牢と呼びうる国家統一に成功した唯一の重要なものであったが、第二次世界大戦中には短期間とはいえ分裂したし、戦後には領土のいくらかを失っている。むろんのこと、イタリアの政治については、成功した議会政治の好例としての評価が定まっている、などとは言えまい。二〇世紀の前半において、イタリア政治の主調音はファシズムであったし、二〇世紀の後半では「ヨーロッパ統合」であった。

一八六六年のハプスブルクとの戦い、普墺戦争をもって始まったドイツ統一という試みは、イタリアに比べて安定性でははるかに落ちるものであった。一八七一年に創建されたドイツは一九一八年の敗北によりかなり縮小された。短期間版図を拡大したヒトラーのドイツも一九四五年には叩きつぶされた。戦後のドイツ連邦共和国、いわゆる西ドイツは一九七一年にビスマルクが統一したドイツに対して規模は半分以下であったし、一九三八年終わりにヒトラーが創りあげたドイツの三分の一にも満たなかった。西ドイツはアメリカ軍により占領され、フランスと並んで、ヨーロッパ統合の旗振り役になった。かくて、伝統的な要件に照らし合わせれば、主権国家とはもはや言えなくなった。一九九〇年に東西ドイツが統一されるまでには、ドイツ連邦共和国において、すべての主要な政党の間でヨーロッパへの政治的なコミットメントは、自明の理となっていた。統一ドイツはEUのいちばん信頼できる唱導者となっているし、それゆえ伝統的な意味での国民国家として見ることはできないのである。[*25]

イタリアとドイツに続いての国家統一の歴史についていては、印象が薄いものとなってしまう。ハンガリーは、墺土戦争のあった年である一七一六年にハプスブルクの版図の中で統一され、一八六七年にいわゆるアウスグライヒ（妥協）によって帝国内部での主権を獲得した。第一次世界大戦が終わってみると、今日まで続いている形の、ハンガリー民族の住む情けないほど小さく残された領土にまで縮小してしまった。一九一八年のポーランド統一は一九三九年までしか続かなかった。一九三九年には、ポーランドはナチス・ドイツとソ連とに分割されてしまった。一九四五年になってからは、ソ連の小さな衛星国として復活した。一九八九年に主権を回復したときに、その外交政策はEU加盟へと向けられた。チェコスロバキアは、一九三八年から一九三九年にかけて、ドイツ主導のもと解体されたが、第二次世界大戦後に復活を遂げた。とはいえ、その主権も共産主義者のクーデターが起きるまでの三年足らずしか続かなかった。四〇年間ソ連の衛星国であった後に、一九八九年に主権を回復した。二〇世紀に入って二度目になるが、自由なチェコスロバキアは三年間しか続かなかった。一九九三年一月一日には、いわゆる「ビロード離婚」だがチェコ共和国とスロバキア共和国とに分かれた。二つの国家ともが、ポーランドと同じように、二〇〇四年にEUに加盟した。一九一八年に統一された今一つの国家ユーゴスラビアは、一九四一年にドイツ軍に侵攻され、分割占領をされる目に遭った。戦後になってからユーゴスラビア連邦人民共和国として再建されたが、結局一九九〇年代の同胞相食《あいは》む戦闘で解体する羽目になった。構成国の一つであったスロベニアは二〇〇四年にEUに入り、もう一つのクロアチアも二〇〇九年には加盟するだろう。

二一世紀に入ってEUに加盟した中欧・東欧の国々は、ハプスブルク君主国をあれほど脅かした壮大な民族統一の所産ではなかった。壮大な民族統一で創建された国々は、今では仮に国名だけが残っていても実質的には消滅しているが、ハプスブルク朝の多民族の歴史を再現していた。ただし、より速く、より残忍にであり、より血なまぐさいフィナーレを迎えたが。EUに加盟する請願をした国々は、かつての壮大な国家形成の計画のつましく、かつ民族的には純一化された残滓である。ハプスブルクが当然のことながら恐れた国家統一の所産である、ユーゴスラビア、チェコスロバキア、ポーランドは、EUに参加する前に、分解されたり、規模がはなはだしく縮小されるかしてしまった。実際に、今日のヨーロッパの国家の標準的な大きさは、一世紀前のハプスブルク帝国の版図の中の領邦と比較できる程度である。ハプスブルクの領邦のガリツィアは、二一世紀初めのヨーロッパの主権国家のちょうど半数よりも規模が大きかった。今日の小さな民族国家がハプスブルクの領邦と同じ名前を付けていることは少ないとはいえ、ほとんど同じ立場にある。真に主権国家たろうと夢想するには小さすぎ、グローバリゼーションの時代に国家を運営するには資源も教育を受けたエリートも少なすぎるので、それら小国は統合されるのを目指している。

ヴィルヘルムが予言した国家統一を果たしたウクライナは、遅れて登場したし、他と違った兆しを見せた。ウクライナ人、とりわけ元のハプスブルクの領邦のガリツィア出身のウクライナ人にとって、将来のヨーロッパ統合への参加の形態については未解決のままである。全体としてのウクライナは、大きく、不格好で管理しがたく、貧しい国家であるので、近い将来にEUに加盟する可能性は高くない。ガリツィア地方のウクライナ人の中には、EU加盟を願って、あれだけ創建に尽力した独立ウクライナからの脱退を考えている者もいる。仮にそうなるなら、彼らは、チェコスロバキアを離れたチェコ人、ユーゴスラビアを離れたスロヴェニア人に合流するだろう――両者とも、二一世紀の「ヨーロッパ概念」のために一九世紀の壮大な国家形成の計画を放棄した、かつてのハプスブルク帝国の版図の中の民族であり、チェコ、スロヴェニアとも二〇〇四年、二〇〇七年にそれぞれＥＵに加盟している。

どちらに転ぶにせよ、ここで問題となる統合とは、かつてのような民族主義的なものでもなく帝国的なものでもない、誰もどういう意味合いかははっきりとは定義しがたいようだが「ヨーロッパ的」なものである。ＥＵは、ハプスブルク君主国とは異なり、彼らの主権を共同して管理することを自由意思で選択してきた主権国家の連合である。ハプスブルク君主国が、皇位への関わり合いもさまざまで、種類もこれまたいくつもある歴史的な政体の無秩序な集積であったのに対して、ＥＵは、互いの関係がヨーロッパの法と行政上の慣行とによってはっきりと定義づけられている現代国家群から成り立っている。ヨーロッパの政策は、加盟国から出す担当閣僚からなる集合体、閣僚理事会によってまとめられる。よって、ハプスブルク君主国とＥＵとを比較しても示唆に富むとまでは言えまい。

それでも、両者には、なるほど類似した点がある。今日の「ヨーロッパの」アイデンティティは、ハプスブルク朝も後期の「オーストリアの」アイデンティティにも似て、民族感情を超越しているが、排除するわけでもない。オーストリアの作家たちが亡命先でハプスブルクへのノスタルジーに駆られるように、ヨーロッパ人は、ヨーロッパを離れてから、共有するものを見出すのだ。どちらの場合でも、「民族を超越したアイデンティティ」は、それを芽生えさせた地域の外に出てこそ、ひしひしと感ぜられ、表現されるのだろう。かつてのハプスブルクの作家たちと同様に、ヨーロッパのエリートたちは避けられないアイロニーに苦しんでいる——重複する制度と多様な言語の恐ろしい混乱に根ざし、全体的な平和が構築されたのは戦争ゆえだというおぼろに記憶されている真実によって追認されたアイロニーに。ハプスブルクの民族主義的な妥協のアウスグライヒは、ハプスブルク君主国が戦争に勝利を収められなかったことから生

まれたし、ヨーロッパの統合は、勝っていたらさらに恐ろしいものだったろうが、戦争にドイツが敗れてくれたことから生まれた。このアイロニーのもたらす物憂さが、ヨーロッパ人に自分たちの現在の体制を誇らしく思うのを躊躇わせている。

二一世紀の初めになって、ＥＵは、いわばハプスブルクと同じ立場にある——自由貿易の行われている広大な地域を持つこと、経済のグローバリゼーションの中心であること、遠方の海洋に領土を持たぬこと、決定的な軍事力を動員する能力を欠くこと、予想できぬテロリズムの時代であることなどである。二〇〇七年の終わりに、オーストリア外相は、自国と東方で隣り合う諸国との間での出入国管理の撤廃を誇らしげに語った。このEUの政策は、ハプスブルク帝国の臣民たちが、まさに同じ版図を、一切の書類を要さずに縦横に旅することができた一九一四年の状態に復させるものであった。EU自体は、ハプスブルク朝と同じで民族的なアイデンティティを持たないが、それを構成する各地域の中で、またそれら地域の国境線に沿って、民族の問題を扱うことが宿命づけられている。ハプスブルクは、駆け引き、経済的圧力、官僚的職位の保証といったもので民族の問題を扱ったときには、とても上手くやってのけた。きわめて限定的な軍事力しか持たぬ今の「ヨーロッパ人」も、まさにこの政策以外の選択肢を持っていない。そして、その政策は、概ねきちんと機能してきた。[*26]

ハプスブルク君主国は、実態がそうでなくなっていても、自分たちは依然として強大な軍事国家だと考えていた。ヨーロッパ人はそうした幻想を一切抱いていない。むろん、軍隊を持たないので、EUは、一九九〇年代にユーゴスラビアの無差別殺戮を止めることができなかったし、二〇〇三年にはアメリカのイラク侵攻について発言権を持てなかった。その年にいわゆるネオコンの才人のロバート・ケーガンが、論文の中で自国のアメリカを戦《いくさ》を好むマルスに、EUを愛らしいヴィーナスに譬えたときに、ケーガンは、五〇〇年以上前に一人のハンガリー王がハプスブルク家に与えた忠告を繰り返していたのだ。曰く「戦は他家に任せよ。幸いなる哉オーストリア、汝は結婚すべし。軍神マルスが他家に与えるものを、ヴィーナスが汝に授けるであろう」。ハプスブルク朝とは異なって、EUは結婚によって版図を広げることはできないが、実際にたくさんの「求婚者」を惹きつける政治体制であるのだ。翌二〇〇四年に民主主義を擁護しようとテントを張ってオレンジ革命を担った者たちは、明らかにマルスのではなくヴィーナスの仲間に加わっていたのだ。

ハプスブルクは、東欧に規則や官僚《ビューロクラット》を広めることで、広大な帝国を文明化するよう強いられていると感じていた。EUは、加盟の候補となっている国々に「文明化」する使節団を送っていて、それらの国々に対し加盟を申請する前に規則を改善し官僚を啓発せよと要求している。ハプスブルクは、その周りを、いくぶんか自分たちで創りあげた国家によって囲まれていた。EUは、EU自らのイメージをかたどって創られた弱小国家群に囲まれている。

ハプスブルクの一員であり、かつヨーロッパ人のヴィルヘルムは、アメリカを夢見続けた。民族的に寛容な君主制国家に生まれたし、ヴィルヘルム自身がそうした国家が提供する、変化と同化のための可能性についての証左であった。同時代人の作家フーゴ・フォン・ホーフマンスタールが第一次世界大戦中のハプスブルク君主国について語ったように、「どこかだとすれば、アメリカのようなものだ」。皇帝フランツ・ヨーゼフ個人のラテン語のモットーであった「フィリブス・ウニティス」(Viribus unitis)は、合衆国の国璽のラテン語のモットーである「エ・プルリブス・ウヌム」(E pluribus unum)と同じ意味を持っていた。前者は「力を合わせて」であり、後者は「多様の中の統一」であった。土地というものを個人的な機会を摑むものとして眺めるよう教育されていたヴィルヘルムは、まさに個人的にも「機会の国」アメリカへと惹きつけられた。彼はソヴィエトの尋問官に向かって、自分はツェッペリン飛行船に乗ってアメリカに飛んでゆくのが夢だったと語ったし、ハプスブルクの軍隊の同僚士官には、アメリカに移住したいと話していた。こうしたことは、まことに筋が通っていたと思える。自分の国籍をいくつも選んだ男にとって、国自体が選択の結果として成り立つアメリカ以上に好ましい国があっただろうか?

つまるところ、アメリカの建国の父たちのどれだけがアメリカ人として生まれたのだろうか? 本書の描く人物でウクライナ人として生まれた者たちとまるで同じ数である。すなわち、一人としていなかった。

アメリカの建国の父たちは、出自はさまざまだったが、イギリスの臣民として生まれ、彼らがアメリカを創ったのでアメリカ人になったのだ。ウクライナの政治家の初めの世代においてもほぼそれがあてはまる。ヴィルヘルムはハプスブルクの一員として生まれた。彼を政治の世界へと誘《いざな》ったハプスブルクの陸軍少佐のカジミェシュ・フシコフスキイ、いちばんの師であった首都大司教のアンドリイ・シェプティッキイ、一九三〇年代に友人であったヤン・トカリは、皆がポーランドの貴族階級出身のウクライナ人だった。ヴィルヘルムの大草原《ステップ》での軍事的盟友フセヴォロド・ペトリフ大佐は、ロシア人としての生活を送った後でウクライナの大義に馳せ参じた。そこでつねに仲間であった司祭のフランソワ－クサビエ・ボンヌは、ベルギー人として生まれた。ブレスト・リトフスクでの講和交渉の際の盟友ミコラ・ヴァシルコは、ルーマニアの貴族の御曹司であった。ウクライナ人民共和国の初代の事実上の元首であったウクライナ中央議会議長ムィハーイロ・フルシェーウシクィイの母はポーランド人であった。彼は、古今を通じてウクライナの歴史家として最も影響力のある二人のうちの一人であったが、もう一人のイヴァン・ルドニツキイも、ユダヤ法の条件によればユダヤ人であった。[*27]

そうしたウクライナ人たちは、アメリカの独立革命家たちと同じように振る舞った。帝国の最良の原理原則を体現していると申し立てて帝国に反抗したし、独立国家を創建しようとし、それによって自ら新たな政治的アイデンティティを創りだした。唯一の違いは、意図にではなく結果にあった。ウクライナ人は最初の建国の試みでは失敗したのだ。ヴィルヘルムが参加した独立革命の戦争は、成功とはいえず、破綻してしまった。何せ、ウクライナの革命戦争は、同盟国は弱体であり、慈悲心に欠ける敵を相手とするという点で、アメリカ独立革命の戦いに比べて不都合な状況で行われたのだった。ウクライナの国家理念が、君主制主義者のヴィルヘルムでさえ願ったように憲法に刻まれることは、ついぞなかった。その代わりに、一九一八年から一九二二年の間《かん》の失敗の後には、ウクライナの民族主義を吸い上げたのは急進派であったが、幻滅している者あり、斜に構えた者あり、ウクライナを支配し搾取しようとする外国勢力を代表する者ありといったていたらくであった。二〇世紀のほとんどを通じて、極右と極左とが「エスニシティ」にばかり目をやった――右翼は、共産主義からこの国を解放しうる隠されたウクライナ民族の民意といったものをやけになって信じていたし、左翼はウクライナをソヴィエトの支配が必要な民俗文化のレベルに貶めようとしていた。もっとも、ウクライナの国家理念というものは、アメリカのそれと同じで、そもそもが政治的なものであったのだが。それは、友人たちと同様に、ヴィルヘルムにとっても「選択」であったのだ。

強力な警察力と拡大した官僚組織を備えた国家というものが二〇世紀において国籍を定義し規制するようになると、そうした選択をするのは難しくなっていった。ヴィルヘルムの父親シュテファンはポーランド人になりたがったが、市民権を得るためには、賄賂として資産と所領とをポーランド国家に渡さねばならなかった。ヴィルヘルムの兄のアルブレヒトはポーランド人になりたがったが、ドイツ人は彼を拷問にかけ、自分がドイツ人であることを認めないからといって資産と所領を取り上げた。次いで共産主義者が、アルブレヒトはほんとうはドイツ人だからと言って資産と所領を差し押さえた。ヴィルヘルムはオーストリア人とウクライナ人になりたがったが、オーストリア国家は彼がソヴィエト・ウクライナで死んだ後、市民権を取り消した。選択がほとんど不可能になっていた二〇世紀中葉の暗い時期に、ヴィルヘルムは一九四八年、アルブレヒトは一九五一年と、続けて亡くなった。共産主義者がポーランドとウクライナとで権力の座にあるかぎり、二人の生涯を模倣する者もいなければ、記録されることもありえなかった。

むろん、こうした悲劇を過去に属することだとして扱うのは、願ったりというところがある。つまるところ、ポーランドもウクライナも今では自由で民主的な国家なのだ。それでも、今日の社会でいかに自由なものとて、かつてハプスブルク家の者たちがなしたような選択を許容することはありえなくなった。市場と同じく、国家が、ヴィルヘルムの時代には考えられなかったようなツールと正確さとをもって、我々を分類する。ヴィルヘルムのようにもう一つの人生を持つことなど今後ありえないのだ。今日では、マタハリがしたように、ヨーロッパにおいてジャワの王女に見せかけるのは不可能だ。あるいは、アナイス・ニンのように、アメリカ合衆国の東海岸・西海岸とにそれぞれ夫を持つなどということも不可能だ。たぶん、それは必ずしも悪いことではないかもしれない。とはいえ、アイデンティティを形成し、またまた再形成する能力というものは——その自由が他者からの押しつけからの自由であれ、自我を確立する自由であれ——自由についてのいかなる観念の中心にも近いところにあるのは間違いない。絶頂期には、ハプスブルク家の者たちは、我々が持ちえない類の自由を持ったし、想像力と決断力を伴う自己形成の自由も持っていた。二〇世紀においてあまりにしばしばそうしてしまったように、それを退廃とか堕落といったカテゴリーに押し込めるのは間違いなのだろう。ハプスブルク家の者たちは、自分たちは臣民でなく国家そのものなのだという信念の恩恵に与《あずか》っていた。けれど結局、政治の道具ではなく政治の一部であるというのは、自由な個人がそうありたいと願うものなのではないだろうか?

我々の時代のこと細かに規制された公的空間においてさえ、アウトサイダーが国家の政治形態に加わり国家の政策に影響を与えることは、いまだ可能である。フランスのサルコジがセファルディ系ユダヤ人とハンガリー人の血を引くことを考えてみよう。あるいは、アメリカ合衆国のバラク・オバマの、アフリカ・ハワイ・インドネシアと関わる幼少年時代でもよい。世界でも最も民族意識の強い国家の二つを彼らが率いているのだ。いやしくも彼らの票が数えられる民主主義の社会においては、すべての市民が、自分の国家にどのように属するかについて、いくぶんたりともコントロールできるようになっている。たぶん彼らは、それぞれの国の建国者たちがいかに不服従で何をしでかすか予期できなかったか、また想像力と野心とに富んだ男女であったかを知れば、伝統に則っていない選択をする際にもっと自信を持つことになろう。どこの国の記念碑も、一度は溶かされてしまう運命だったのだ。

国家は前を向いている。それは日々創造され、再生される。仮に我々が、国民というのは指導者たちによって与えられる整然と列挙してある歴史の中にこそいるのだと信じてしまったなら、そこで我々の物語は終わってしまうのだ。

# エピローグ
*Epilogue*

ウィーンと同様、ジヴィエツでも、騒々しいパーティーを開くのにはある程度の危険が伴う。マリア・クリスチーナ・ハプスブルクは、今また市の中心にある城に住んでいるが、がみがみ屋さんとして知られている。彼女はまた、若い人間を脅しつけてケーキを振る舞うのでも知られている。もはや彼女の一家のものではない城は、市の美術館になっている。館蔵品のいくつかは、マリア・クリスチーナ自身から提供されたものだ。

マリア・クリスチーナは、市の賓客のようなものとして、城内の一隅にある小さなアパートで独り暮らしをしている。一家の醸造所はハイネケン社のものとなっているが、ハイネケンは、アンチークな備品、アールデコの広告ポスター、第二次世界大戦のモンタージュ・ビデオ、ヘッドセットを着けマイクを持った意気揚々としたガイドと、すべて揃えた自前の博物館を建てている。市の周りの山並みも様相を変えた。毎年のこと、冠雪もマリア・クリスチーナの少女時代よりはやく融けるし、緑が山々の頂にまで達し昔より長くその青さを保っている。

黒い服を着たマリア・クリスチーナは、目を合わさぬように眺める青い瞳をしている。その瞳をとらえようとするのは、海面に焦点を合わせようとするようなものだ。彼女は、戦間期のポーランド語を、挑むような速さで話す。まるで自分の話している物語がまるまる理解されることは望んでいないかのように。彼女はちょこっと英語やフランス語のフレーズを挟むが、その表現たるや、七〇年前に家庭教師が彼女に話し言葉ではこうよと教えたものではないかと思われる。二一世紀に入った自由で民主的なポーランドでは、彼女は、ポーランドを選びそのために苦しんだ、英雄的なポーランド・ハプスブルクの一家の象徴なのだ。マリア・クリスチーナは、ポーランドのもの以外の国籍は取得したことはなく、結婚もしなかった。市長のオフィスが彼女を見張っており、訪問客の手配をするのに手を貸している。

ある夏のこと、マリア・クリスチーナはジヴィエツで、たくさんの美人コンテストの優勝者の表敬訪問を受けた。一九九〇年代のハイネケンによるビール醸造所の買収と同様、これはかつてよき時代を謳歌した観光の町にとっては、新聞雑誌に恰好のネタであった。美の女王たちは、本物のお姫様に面会したのだ。おそらくこれは、同等な立場の者たちの面会だった。叔父のヴィルヘルムの時代と異なり、皇族や王族は今ではちやほやされている。権力を求めたりしないせいもあるだろうし、スキャンダルそのものが陳腐となってしまったからでもあろう。ヴィルヘルムは一種のプレイボーイとして、しんそこ危険を身に引き寄せた。若い頃は暮らし方への第三者の目を気にせず、自身の性的行動にもまるで無頓着だったので、パリでの政治的なキャリアを積もうとし始めた一九三〇年代に、大衆雑誌や赤新聞で散々に恥をかかされた。今日では、スキャンダルは、皇族や王族をおとなしくさせるほどの影響力を残していない。皇族も王族も、生まれついてのセレブというのと変わらない。ヴィルヘルムの姪のマリア・クリスチーナが「ミス・プレイボーイ」と面会しても、何らスキャンダルではなかったのだ。新聞の地方版のセレブのゴシップというに過ぎなかった。疑いもなくポーランドは、当たり前のヨーロッパの国にとても近づいてきたのだ。

今はクロアチア領となっているロシーニ島にある、このポーランド・ハプスブルクの一家のもう一つの宮殿は、ジヴィエッツの城と比べ少しばかり騒々しい。ヴィルヘルムが生まれてすぐにシュテファンが完成させたヴィラは、今ではアレルギー症患者専用のサナトリウムになっている。夏が来ると、クロアチアの一〇代の男女が一室にたくさん詰め込まれてごろ寝をし、開いた窓からは音量をあげた音楽が轟いてくる。建物はあらゆる意味で国有化されている。それは国の所有となり、民族の偉業の成果として公開されている。その建物がかつてはハプスブルク家の者たちの住まいであったこと、ポーランドとウクライナの歴史に出てくる人物たちとつながりがあることを示す表示は外側にはない。庭は国立の公園となっている。シュテファンの植えたエキゾチックな木々や花は、彼がここを離れてから一世紀経ってもまだ育っているが、その功はクロアチアの科学者に帰せられている。

時は流れる、そして時代も移る。ロシーニ島は二〇世紀を、永遠を目指してもがきながらも、民族の進歩を奉じる連中と妥協しつつあったハプスブルク君主国の一部として迎えた。それから、帝国と同じようにシンボルに愛着を持つが、同時に天才的指導者により促進されるイタリアの近代化を奉じる、ファシストのイタリアの一部となった。第二次世界大戦後は、ロシーニ島は、急進的な運動が社会正義というユートピアへの前進をもたらすという信念によって正当化された体制、共産主義ユーゴスラビアに編入された。そして今では、時が民族の解放をもたらすという二〇世紀の信条にしぶしぶながらも立ち戻る民族国家、独立クロアチアの一部である。もっとも、今日では、ヨーロッパにおける成功の証は国家の独立にあるのではなく、ＥＵに加盟することにあるのだ。

オーストリアの投資家たちはそのヴィラを購入して修復しようと躍起だ。オーストリアの銀行の一つは、おそらく良いパブリシティになると考え、公園の運動場のスポンサーとなっている。クロアチア当局は先延ばしにしている。ひとたびクロアチアがＥＵの法規範に則るようになれば、そうした取り引きに抗うのは難しくなるかもしれない。ヴィラが元々の魅力ある姿に修復され、大公シュテファンによって建てられた宮殿にノスタルジアから惹き寄せられるオーストリア人と、ヴィルヘルムやアルブレヒト、否ウクライナ語やポーランド語での呼び名ヴァシル・ヴィシヴァニ、カロル・オルブラフトで彼らのことを考えるウクライナ人やポーランド人によっていっぱいになるのを想像するのはたやすい。外の公園では、訪問者たちはシュテファンによって設計された小径をオレンジ色の松葉を踏みしだきながら歩いてゆくことだろう。訪問者たちが求めるだろう健康はシンプルで身体的な健康である。さしずめ、ヨーロッパの老いた者たち、より正確に言えば老いつつある者たちが探し求めている「金羊毛」(golden fleece) といったところだろうか。もっとも、この言葉には「高利潤獲得」の意味もあるのだが。

今日では、ヨーロッパの諸民族は長寿になり、生活も良くなっている。ヨーロッパ人は、教育、栄養、医療の質を高めることで、できるかぎり、時をも支配するようになった。典型的なヨーロッパ人は、一世紀前のハプスブルクの大公よりも、教育、栄養、医療といったものを豊富に、しかも簡単に手に入れられる。ヨーロッパのほとんどの国では、ヴィルヘルムが憂き目に遭ったようには、独裁者の牢獄で死ななくても済む。ヴィルヘルムと兄のレオがそうであったようには、結核で死ななくても済む。寿命も、二人の義姉のアリスやツィタ皇后がそうであったように、八〇代、それどころか九〇代が当たり前になっている。オットー・フォン・ハプスブルクは、九五歳の今なお元気であるが、長寿の説明として、身体の鍛錬という現代的な考えと、ハプスブルクの循環的な時間の観念に触れている。「人生は自転車のようなものだ。ペダルを漕いでいるかぎり、進み続けるさ」。

ロシーニ島の周りのアドリア海の海水は年々温かくなっている。吹く風は一世紀前と同じように呼ばれている。山風のトラモンタン、アフリカから吹いてくる熱風のシロッコ、北東から吹き降りてくる冷たい風で船乗りにとっての災いのもとであるボラ、と。大気の温度が上昇し続けるにつれ、風もまた変化するし、航海士は航路を調整してゆかねばならない。製図家も、海岸線を修正するという間断ない作業をしてゆくことになる。昔のハプスブルクの海図は、海面の上昇に伴い価値を失ってゆく。カール・シュテファン大公が彼の船を舫《もや》っていたロヴェンスカ湾の美しい桟橋で、海面上昇は測ることができるだろう。オレンジ色の地衣類が年々岩山の少しずつ上の方へとあがってゆき、これまたオレンジ色の酸化鉄が山腹の緑の色を損なってゆく。

二〇世紀から二一世紀に受け継がれたのはそうしたことどもであった。陸の領土を失ったハプスブルクが永遠《とわ》というものを受け継いでゆく最後の手段である海は、時を測る物差しとなった。歴史の必然性の中で、地球温暖化だけが残されている。

ウクライナの都市リヴィウには、ハプスブルクの宮殿はない。ヴィルヘルムが彼の野望を成就したら、父シュテファンがロシーニ島とジヴィエツでそうしたように、リヴィウに石造りの形で己が痕跡を残したことだろう。そうはならずに、ヴィルヘルムは、ワルシャワ、ベルリン、モスクワによって支配されるリヴィウを眺めていた。かつてのハプスブルク帝国の版図の逆の端にあるロシーニ島と同じで、リヴィウも、二〇世紀の左と右のイデオロギーによる帝国を経験していた。もっとも、ロシーニ島がイタリアのファシストとユーゴスラビアの共産主義者のもとで嘗めた苦しみに比べ、ナチスとソヴィエトの支配下での苦しみは何層倍にも上ったが。

第二次世界大戦後の長き年月、リヴィウは、ソヴィエト支配下においてさえ、ウクライナでいちばんプライドの高い都市であり続けた。現在も、非力で模索中の民主主義国家の独立ウクライナで、いちばん愛国的な都市である。この都市の静かな一郭に、ヴィルヘルム、否そのウクライナ名ヴァシル・ヴィシヴァニにちなんだ広場がある。そこを飾っているのは、通りのモノクロの標識だけだ。広場の真ん中にモニュメントが載っていないグレイの台座がある。ただし、原色に明るく塗られたシーソーとぶらんこもある。ヴァシル・ヴィシヴァニ広場は遊び場なのだ。

夏の日の午後には、お祖母さんたちが孫のことを目で追いながらベンチに腰かけている。彼女らの誰一人、この広場の名前の由来となった人物がどんな人間だったかを知らない。私はお祖母さんたちにヴィルヘルムの物語をしてあげる。彼女らは、まるで毎日のようにハプスブルクの大公をウクライナ民族のパンテオンに加えようと外国訛りの人間がやって来るかのように、耳を傾け、頷いてくれる。私の想いはさまよい、私の目は陽の光を追って彼女らのライラック色の髪に向けられる。お祖母さんたちが頭《こうべ》をめぐらすので、私もそうする。孫たちがモニュメントの台座の上で遊んでいる。モニュメントはまだ載っておらず、台座だけがあるその上で。

この本は、ヴァシル・ヴィシヴァニ広場にいたお祖母さんたちと子どもたちの話しで終わりになります。終わりから始めたように、始まりで終わるのです。

# 訳者あとがき

本書は、Timothy Snyder: *The Red Prince – The Secret Lives of a Habsburg Archduke*, 2008の全訳です。

昨年訳者は、『日系人を救った政治家ラルフ・カー――信念のコロラド州知事』（水声社）を世に問いました。日系アメリカ人の強制収容に対し、違憲であり、己の信念に背くとして敢然として反対し、自らの政治的キャリアを犠牲にしても悔いなかった政治家ラルフ・カーの評伝です。

これまで四冊の訳書でお世話になった慶應義塾大学出版会の上村和馬さんが、ティモシー・スナイダーの原著を携えて現れたのは、昨年のいつ頃だったでしょうか。斜め読みして、ラルフ・カーと違って、主人公のヴィルヘルム・ハプスブルク（一八九五－一九四八年、ウクライナ名はヴァシル・ヴィシヴァニ）の人生がcolorfulなことに驚かされました。心憎いなと思ったのは、一〇あるそれぞれの章のタイトルが一章とか二章でなく、「GOLD　皇帝の夢」から最終章の「ORANGE　ヨーロッパの革命」まで、まずcolorが来てそのあとにタイトルが続くのです。むろんそのcolorは、その章の内容を如実に反映しているのです。

第一次世界大戦の終わった一九一八年は、同時に「帝国の終焉」の年でした。数世紀にわたり、ヨーロッパの大きな部分を、時代によっては世界の大きな部分を支配してきたハプスブルク帝国は、まさにその筆頭格でした（本文中では主として「ハプスブルク君主国」が使われています。「ハプスブルク帝国」をはじめ、呼称の点は複雑ですので、読者の方々にはまず「用語と言語についての註記」をお読みくださるようお薦めします）。ハプスブルクについては、三年前に亡くなったオットー・ハプスブルク氏の汎ヨーロッパ的な活動が報ぜられていたくらいで、後は疾《と》うに歴史の教科書に納まってしまったかと思っていました。ところが、本書をお読みいただくと、おやこれがというものがいろいろとあるのです。たとえば007シリーズの『ワールド・イズ・ノット・イナフ』というタイトルですが、スペイン・ハプスブルクのフェリペ二世（「太陽の沈まぬ帝国」を誇った、スペイン・ポルトガルその他の王にして典型的な絶対主義君主）のモットーからとっています。また、ハイネケン社のジヴィエッツ・ビールの瓶のラベルに、ハプスブルクの王冠が見受けられる所以も出てまいります。

皇帝フランツ・ヨーゼフ一世の六八年に及ぶ長い長い治政（在位一八四八－一九一六年）のもと、「一ダースの民族と五〇〇〇万の人口を抱える」ハプスブルク帝国は、「民族国家」創建をもくろむ各民族の、それもどの土地でも入り混じった民族による民族主義に対処せざるをえませんでした。一八六七年に「アウスグライヒ」（妥協）によってオーストリア＝ハンガリー二重帝国を成立させたことなど、その最たるものでした。それでも、ハプスブルク家の者たちは、ハプスブルク帝国の版図の中で民族主義を君主政治と調和させてゆくことは可能だと思っていました。普墺戦争でドイツから閉め出されたハプスブルク帝国にとって、南のバルカン半島、そして北のポーランドとウクライナとが、他の帝国との関わりでも、民族主義への対応という点でもきわめて重要でした。ヴィルヘルムの父シュテファンは、世界国家どころかヨーロッパの強国の地位からも滑り落ちそうなハプスブルク帝国において、海軍での自らの役割に見切りをつけ、まずは南のイストリア地方のロシーニ島、ついで北のガリツィア地方のジヴィエツへと居を移しながら、自分が統治する民族・国家を探し求めます。彼は自分をポーランド民族に重ね合わせ「ポーランド・ハプスブルク」家を創始します。ただ、反逆児の三男坊のヴィルヘルムは、帝国の中でも最も貧しかったウクライナ民族に己を重ね合わせ「ウクライナ・ハプスブルク」家を創始しようともがきます。

本書は、ヴィルヘルムというきわめて魅力的な人物の生涯を多彩なエピソードを交えつつ描いたものです。彼の腕にあった錨と北極星の青いタトゥー（青は「ブルーブラッド」、高貴な血統の青であり、またアドリア海の青です）といった小道具の使い方など、まるで良質な小説を読むようです。本書はまた、彼の家族や同時代のハプスブルク一族、ひいてはヨーロッパ全体の皇族・王族の物語でもあります。何せヴィルヘルムは「イギリス王位の継承順位でも三五八番目くらいのところにいた」とこれは「原註」に出てまいります。ヨーロッパの皇帝や王は、戦争をしていても、おたがいいとこ同士だったりするのは珍しくもありません。さらに本書は、ヴィリーと呼ばれていたロシーニ島での幸せな幼少年時代からキエフの牢獄での悲惨な死まで、彼の暮らし方・主義思想・住んでいる場所の変化に絡めて、折々のヨーロッパ情勢が説得力のある筆致で「近現代史」として記述されるという、まことに巧みなつくりの評伝になっています。

　ヴィルヘルムは、ナイーヴではあったけれど、語学の才にも秀でていれば、将校としても部下に敬愛され、洗練された挙措動作の持ち主で、何よりも会う人間を魅了する人物でした。同性愛、放蕩、パリでの醜聞等、芳しからぬ面もたぶんに持っていました。本書の「人物略伝」ではヴィルヘルムは、「オーストリア大公、他。ハプスブルク家に生まれ、幼少年期はバルカン半島で過ごす。ポーランド人として育てられたが、自らウクライナ人となることを選択。第一次世界大戦中はハプスブルク帝国陸軍将校を務め、ハプスブルク君主国の版図の中でのウクライナ人独立国家建設を支援した。一九二〇年代には、バイエルンの帝国主義者、スペイン王家、フランスの享楽家たちと親交を持った。一九三〇年代にはハプスブルク帝国の復古主義者やファシストになるが、その後一九四〇年代になると、ナチス・ドイツとソヴィエト連邦に対してスパイ活動を働き、最終的には民主主義者となった。色男で、オリエンタルなものに通じ、スポーツを愛好した。……」となります。主義の面でも、ずっと君主政治の支持者だったのは当たり前ですが、右に左にと揺れ、はてはファシズムにまで傾倒するという節操のなさ。その弟と比べ、長兄のアルブレヒトとその妻アリスは、訳者好みで感嘆するほど節を枉《ま》げぬ人物ですが、そのアルブレヒトもナチス・ドイツとソヴィエト・ポーランドの間でまさに翻弄され続けます。ただ、兄夫妻と弟の生き方の差は単なる性格の違いからでなく、それぞれが選びコミットした民族の置かれた状況から生じた面があることを、本書は解き明かしてくれます。

スナイダーがname-droppingをめざしたわけではなく、ヴィルヘルムの関わった中には異彩を放つ人物がいやも応もなく次々と登場してきます。訳者など、「LILAC　ゲイ・パリ」に登場するミスタンゲットに懐かしさを覚えたり、「WHITE　帝国主義の手先」に出てくるリンカーン・トレヴィッチのまさに数奇な人生に、あらためてこれはこれで賛嘆の念を抱いたりしました。エピソードも負けず劣らず興味深いものばかりです。こちらは、「BLACK　ヒトラーとスターリンに抗して」に出てきますが、「フォルクスリスト」でヴィルヘルムの次兄レオとその妻子の人種を同定しようとするナチス官僚組織の執念にも、その官僚組織をヒトラーでさえ制御することができなくなったのにも呆れてしまいます。ちなみに、グレアム・グリーン脚本、キャロル・リード監督の名作『第三の男』（一九四九年）の舞台は「四ヶ国占領下のウィーン」ですが（グリーンとリードのコンビは、みごとに当時のウィーンの底知れぬ恐ろしさを描き出していました）、ヴィルヘルムと仲間は、まさに映画のシナリオハンティングやロケの直前に、ソ連の占領当局により芋づる式に逮捕されていたのです。友人の音楽学校生ロマン・ノヴォサドは、極寒の地の労働収容所《グラーク》に送られても「とても素晴らしい合唱団とオーケストラ」を組織します。このロマンと、ヴィルヘルムの義姉のアリスの残したメモワールだけは、読んでみたいものと願っています。

「BLACK　ヒトラーとスターリンに抗して」は、一九三九年の第二次世界大戦勃発から冷戦構造が確立される一九四八年までのほぼ一〇年間を扱っています。ウィーンやポーランドにいる、ヴィルヘルムやアルブレヒト夫妻などを追った記述になっています。直接ウクライナが舞台というわけではありません。スナイダーが本書の二年後に刊行した、それこそ世界的な大ベストセラーの*Bloodlands*には、一九三三年から一九四五年までのウクライナ、ポーランド、ベラルーシ、バルト海諸国、ロシアで、ナチズム、スターリニズムという二つの全体主義体制により行われたジェノサイドが描かれています。そちらには、ウクライナでの飢饉の詳細も描かれています。たとえばウクライナで一九三二年から一九三三年にかけて、スターリンによって人為的に起こされた大飢饉で少なくとも三〇〇万以上のウクライナ人が死亡しています。スナイダーはこの言葉を避けていますが、この時の「ホロドモール」（英語ならFamine Genocide）の死者の数は、研究書によっては一〇〇〇万人を超えています。本書でも、パリにいるヴィルヘルムが心を痛めている様子が出てまいります。

「用語と言語についての註記」では、スナイダーはヴィルヘルムが操った言語として「ドイツ語、フランス語、ウクライナ語、ポーランド語、イタリア語、英語」をあげ、それに加えてむろんロシア語についても言及しています。訳者は、歴史背景を知るために、ずいぶんと関連書を繙きました。けれど、言葉については、もちろん自分で調べられるだけ調べはしましたが、翻訳のほぼ完成した時点で恃《たの》むべき親しい友人が二人身近にいることを見越していました。二〇代からの付き合いで、日本スラヴ学研究会会長の土谷直人さん（東海大学教授）は、一つ単語を出せば、ブルガリア語でもクロアチア語でも何でもわかってしまいます。拙訳『ユダヤ人を救え！　デンマークからスウェーデンへ』（二〇一〇年）の折りにもたいへんお世話になった鈴村直樹さん（慶應義塾大学経済学部教授・同外国語学校長）は、ドイツ語・北欧系言語のまさにエキスパートです。お二人の厚意には感謝の言葉もありません。翻訳としての性格上、すべてのアドヴァイスを活かせなかったことが残念でなりません。

翻訳は孤独な作業です。海保重人さん（文筆業）とヨーロッパ比較文化が専門の児島由理さん（慶應義塾大学講師）には、ずいぶんと励まされました。また、ウクライナ人のアンドリイ・ナコルチェフスキーさん（慶應義塾大学文学部教授）からは、毎日のように報ぜられていますが緊迫、混迷の度を深めている現下のウクライナ情勢を含めさまざまなお話しをうかがうことができました。ちなみに、ややオプティミスティックな筆の運びの感は否めませんが「ORANGE　ヨーロッパの革命」は、かなりの頁を、冷戦構造の崩壊と二〇〇四年の「オレンジ革命」にあてています。ハプスブルク帝国とEUとの類似性についても、何度も語られています。

「GREY　影を支配する王たち」にレデンプトール修道会のフランソワ－クサビエ・ボンヌが出てまいり

ます。「原註」には修道会のウクライナとの縁についてもっと詳しい説明が載っています。たまたま八月に散歩の途中でレデンプトール修道会を見つけ、悪戯心もあって仕事部屋を松濤から初台に移しました。モニターを一晩中見つめてふと目をあげると、きれいな朝焼けが眺められます。十字架も見えます。原著はすでに、フランス・ドイツ・イタリア・オランダ・ポーランド・ブラジル・スウェーデン・デンマーク・チェコ・ウクライナなどで次々と翻訳が出版されています。ヴィルヘルムの生涯を追う訳者の旅は終わりました（たった一つだけ残っていた「原註」の不明な点も、スナイダーさんのクイックレスポンスで解明されました）。後は日本の読者の方々に楽しんでいただけることを願うばかりです。

池田年穂

二〇一四年二月六日　Hへこの訳書を献ぐ

## ヴィルヘルム・フォン・ハプスブルクの血統

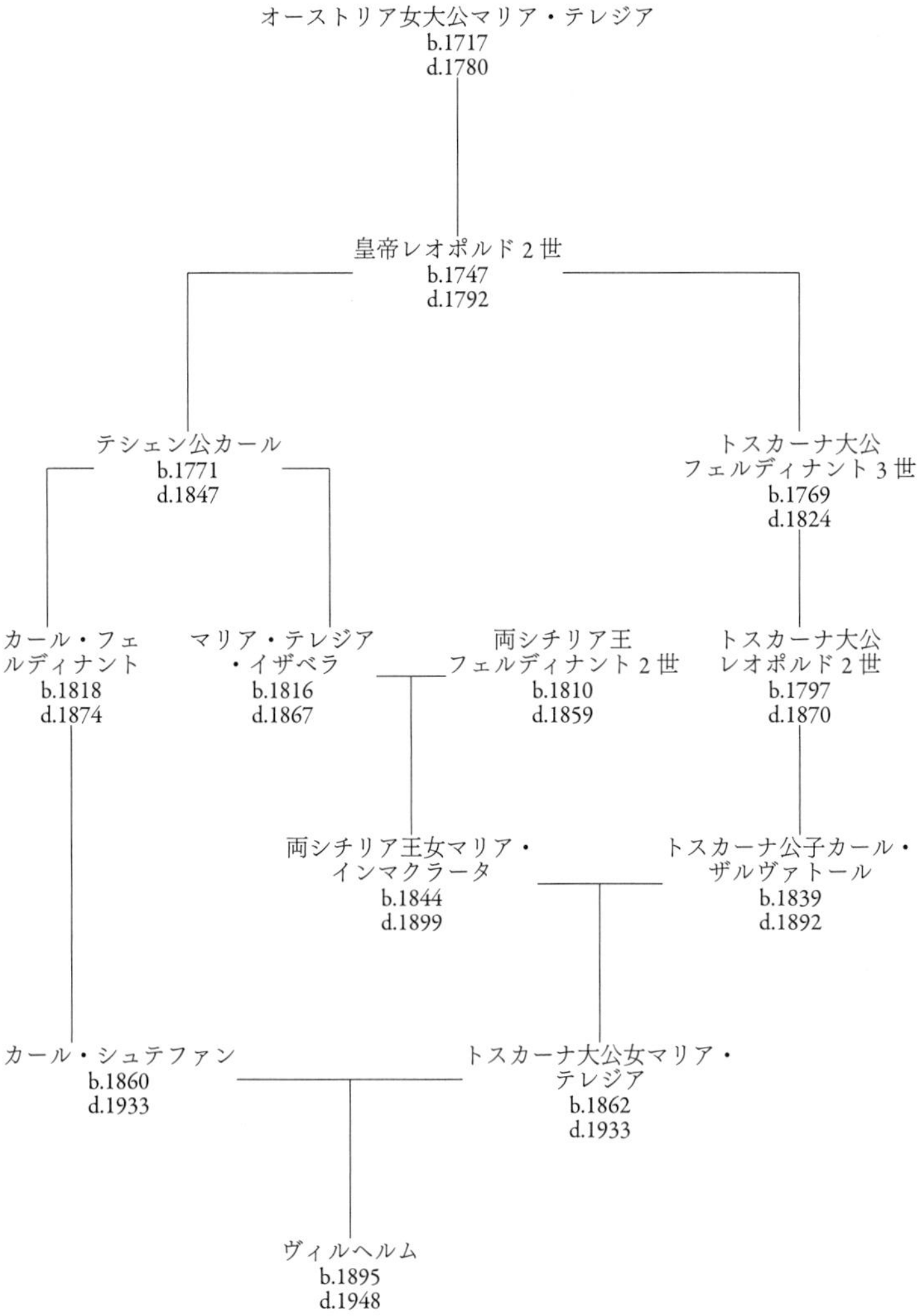
オーストリア女大公マリア・テレジア
b.1717
d.1780
皇帝レオポルド 2 世
b.1747
d.1792
テシェン公カール
b.1771
d.1847
トスカーナ大公
フェルディナント 3 世
b.1769
d.1824
カール・フェ
ルディナント
b.1818
d.1874
マリア・テレジア
・イザベラ
b.1816
d.1867
両シチリア王
フェルディナント 2 世
b.1810
d.1859
トスカーナ大公
レオポルド 2 世
b.1797
d.1870
両シチリア王女マリア・
インマクラータ
b.1844
d.1899
トスカーナ公子カール・
ザルヴァトール
b.1839
d.1892
カール・シュテファン
b.1860
d.1933
トスカーナ大公女マリア・
テレジア
b.1862
d.1933
ヴィルヘルム
b.1895
d.1948

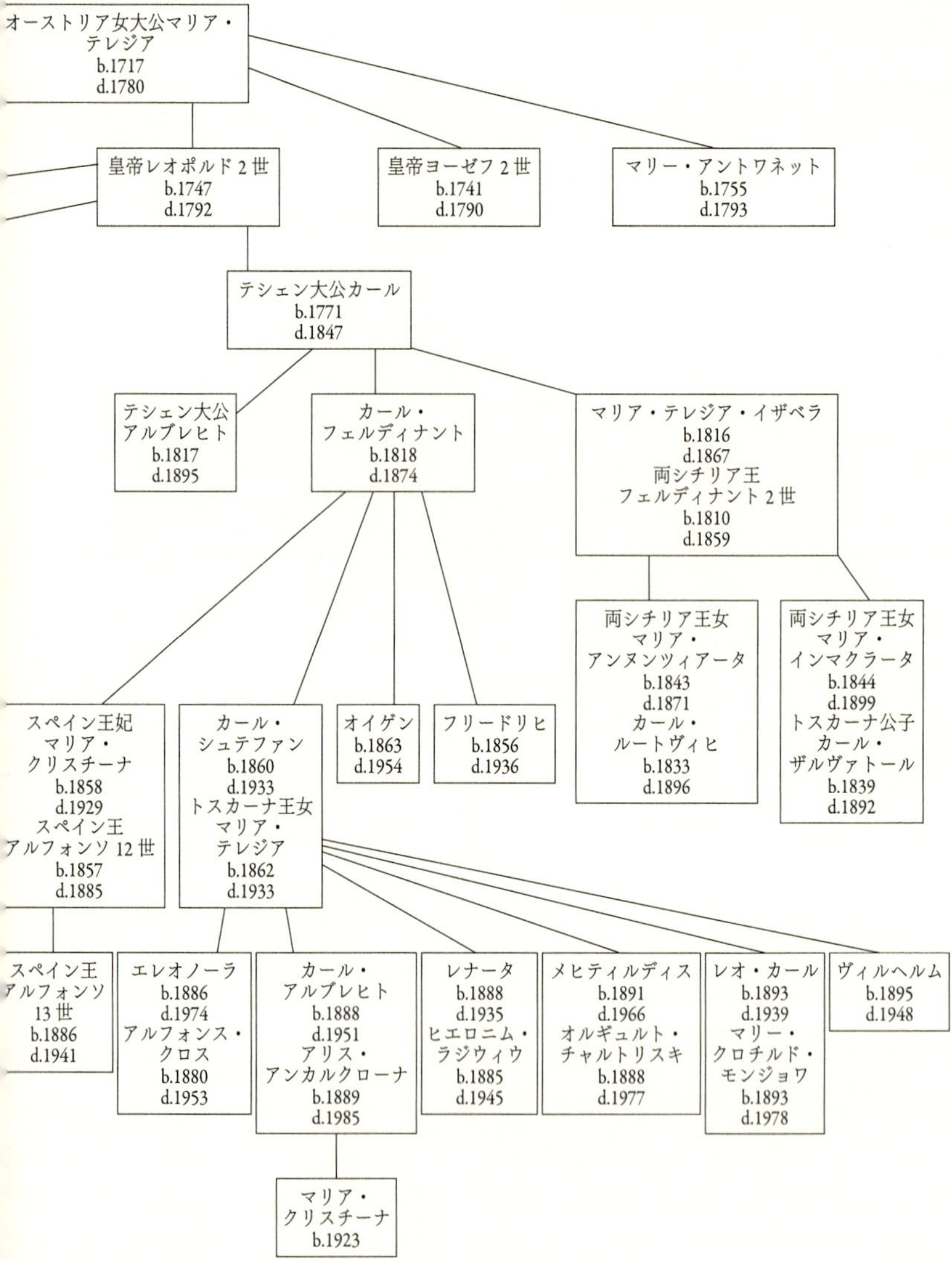
オーストリア女大公マリア・テレジア b.1717 d.1780
皇帝レオポルド 2 世 b.1747 d.1792
皇帝ヨーゼフ 2 世 b.1741 d.1790
マリー・アントワネット b.1755 d.1793
テシェン大公カール b.1771 d.1847
テシェン大公アルブレヒト b.1817 d.1895
カール・フェルディナント b.1818 d.1874
マリア・テレジア・イザベラ b.1816 d.1867 両シチリア王フェルディナント 2 世 b.1810 d.1859
両シチリア王女マリア・アンヌンツィアータ b.1843 d.1871 カール・ルートヴィヒ b.1833 d.1896
両シチリア王女マリア・インマクラータ b.1844 d.1899 トスカーナ公子カール・ザルヴァトール b.1839 d.1892
スペイン王妃マリア・クリスチーナ b.1858 d.1929 スペイン王アルフォンソ 12 世 b.1857 d.1885
カール・シュテファン b.1860 d.1933 トスカーナ王女マリア・テレジア b.1862 d.1933
オイゲン b.1863 d.1954
フリードリヒ b.1856 d.1936
スペイン王アルフォンソ 13 世 b.1886 d.1941
エレオノーラ b.1886 d.1974 アルフォンス・クロス b.1880 d.1953
カール・アルブレヒト b.1888 d.1951 アリス・アンカルクローナ b.1889 d.1985
レナータ b.1888 d.1935 ヒエロニム・ラジウィウ b.1885 d.1945
メヒティルディス b.1891 d.1966 オルギェルト・チャルトリスキ b.1888 d.1977
レオ・カール b.1893 d.1939 マリー・クロチルド・モンジョワ b.1893 d.1978
ヴィルヘルム b.1895 d.1948
マリア・クリスチーナ b.1923

## ハプスブルク＝ロートリンゲン家
## （本書登場人物のみ）

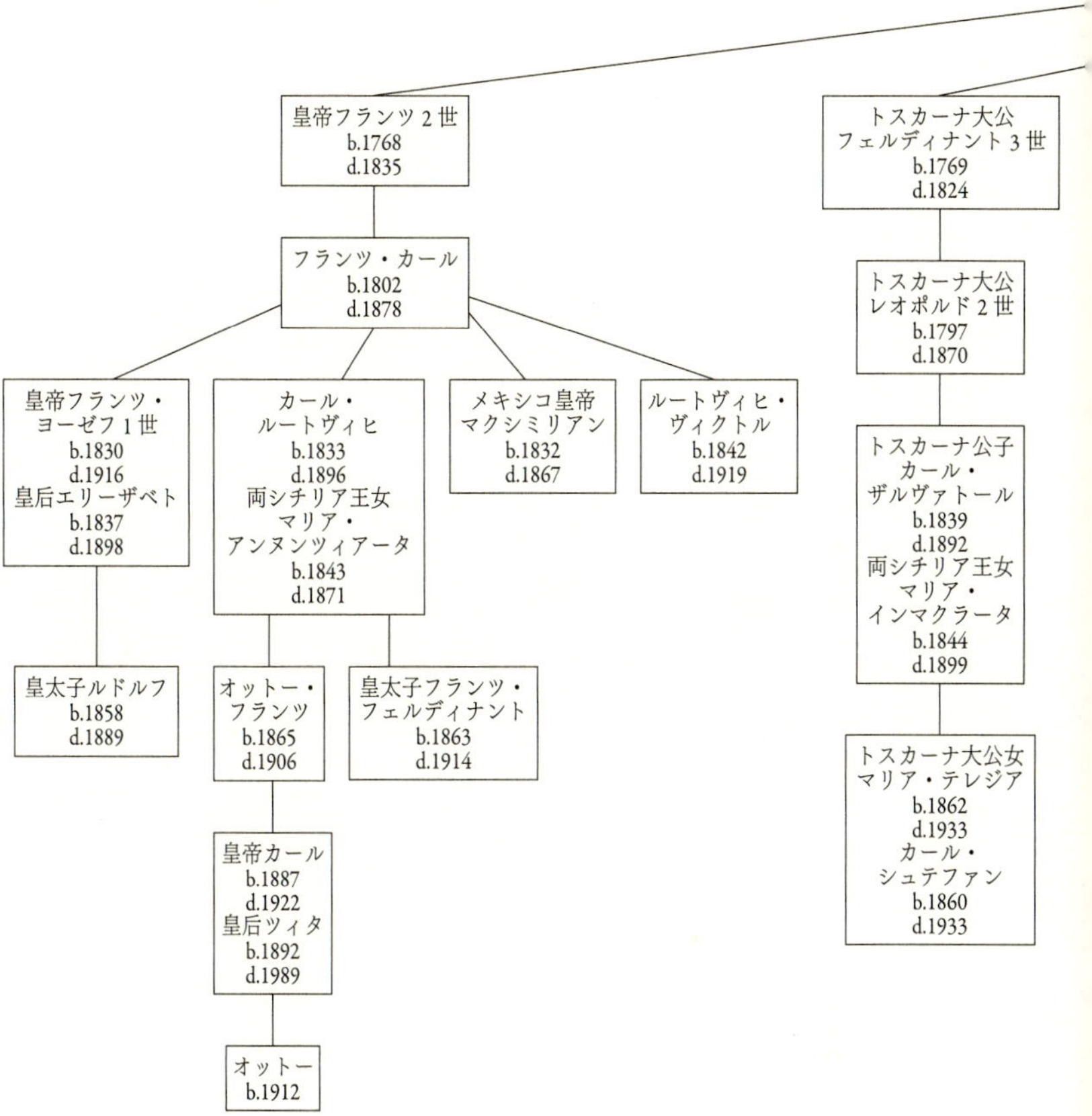
皇帝フランツ2世 b.1768 d.1835
トスカーナ大公 フェルディナント3世 b.1769 d.1824
フランツ・カール b.1802 d.1878
トスカーナ大公 レオポルド2世 b.1797 d.1870
皇帝フランツ・ヨーゼフ1世 b.1830 d.1916 皇后エリーザベト b.1837 d.1898
カール・ルートヴィヒ b.1833 d.1896 両シチリア王女 マリア・アンヌンツィアータ b.1843 d.1871
メキシコ皇帝 マクシミリアン b.1832 d.1867
ルートヴィヒ・ヴィクトル b.1842 d.1919
トスカーナ公子 カール・ザルヴァトール b.1839 d.1892 両シチリア王女 マリア・インマクラータ b.1844 d.1899
皇太子ルドルフ b.1858 d.1889
オットー・フランツ b.1865 d.1906
皇太子フランツ・フェルディナント b.1863 d.1914
トスカーナ大公女 マリア・テレジア b.1862 d.1933 カール・シュテファン b.1860 d.1933
皇帝カール b.1887 d.1922 皇后ツィタ b.1892 d.1989
オットー b.1912

# 人物略伝

＊訳者註記
以下の記述において若干の修正は施したが、個人の「生没年」に関しては原著のまま載せることとした。よって二〇〇八年以降に亡くなった場合でも（たとえば、オットーは二〇一一年に、マリア・クリスチーナは二〇一二年に没している）補いは入れていない。

## ハプスブルク家はじめ王家の主要人物

**アルブレヒト**（一八一七－一八九五年）
オーストリア大公、他。ハプスブルク帝国陸軍元帥、一八六六年の方のクストーツァの戦いにてイタリアに勝利。シュテファンの養父であり、ガリツィア地方におけるアルブレヒトの所領は、シュテファンが継いだ。

**アルブレヒト**（一八八八－一九五一年）
オーストリア大公、他。シュテファンとマリア・テレジアの長男。妻はアリス・アンカルクローナ。ヴィルヘルムの長兄にあたる。ハプスブルク帝国陸軍、後にポーランド陸軍の砲兵将校。マリア・クリスチーナ、カール・シュテファン、レナータの父。一九三三年、父シュテファンの死後、家長となり、ジヴィエツの所領の大部分の所有者となる。ヴィルヘルムを経済的に庇護する。ポーランド国籍であり、ナチス・ドイツによって投獄され、第二次世界大戦後はポーランド共産党政権によってスウェーデンへの亡命を余儀なくされた。

**アルフォンソ一三世**（一八八六－一九四一年）

スペイン王。マリア・クリスチーナの息子であり、よってシュテファンの甥、ヴィルヘルムの従兄にあたる。一九二二年、ヴィルヘルムと皇后ツィタをマドリッドに迎え入れたし、ポーランドにおけるシュテファンの所領を維持させようとした。一九三一年にスペインを退去し、一九三〇年代のパリで美食家のエピキュリアンとして名を馳せた。死の直前に退位し、息子に王位を譲った。現在のスペイン国王、フアン・カルロス一世の祖父にあたる。

**エレオノーラ**（一八八六－一九七四年）

アルフォンス・クロスとの結婚により爵位称号の放棄が必要となるまで、オーストリア大公女。シュテファンとマリア・テレジアの長女。ヴィルヘルムの長姉にあたる。父シュテファン所有のヨットの船長であった船乗りクロスとの結婚により、ハプスブルク家の伝統と断絶する。第二次世界大戦の前も後もオーストリア国籍であったが、息子たちは大戦中ドイツ国防軍に従軍した。

**エリーザベト**（一八三七－一八九八年）

オーストリア皇后、他、フランツ・ヨーゼフ一世の妻、ルドルフの母。シュテファン、マクシミリアン、ルドルフ、その他多くのハプスブルク家の人物と同様、過激ではないロマン派だった。シュテファンとその家族も訪れたケルキラ島に宮殿を建設、ギリシャに己が身を重ね合わせた。

**オイゲン**（一八六三―一九五四年）
オーストリア大公、他。シュテファンの弟。ヴィルヘルムの叔父にあたる。第一次世界大戦中、バルカン半島と後にイタリア方面でオーストリア軍司令官を務めた。一九三五年にヴィルヘルムがオーストリアに帰国した後、彼を庇護する。芸術の後援者。ハプスブルク家出身の最後のドイツ騎士団総長《グランドマスター》。

**ドン・フェルナンド**（一八九一―一九四四年）
デュルカル大公。パリでのヴィルヘルムの遊び仲間。

**インファンテ（親王）・フェルナンド**（一八八四―一九五八年〔没年は原著では一九五九年〕）
バイエルン王子、後にスペイン王子となる。アルフォンソとヴィルヘルムの従兄であり、一九二〇年代のマドリッドにおける、ヴィルヘルムの金儲けの企みの共謀者。

**フランツ・フェルディナント**（一八六三―一九一四年）
オーストリア大公、他。一八九〇年代に、アドリア海沿岸に住むシュテファンと、従姉のマリア・テレジアを訪問。オーストリア皇太子としてサラエボでセルビア人民族主義者に暗殺された。生前、バルカン半島の戦争に反対していたが、彼の死は第一次世界大戦勃発の原因となった。

**フランツ・ヨーゼフ**（一八三〇―一九一六年）

オーストリア皇帝、他。一八四八年の民族主義的反乱の鎮圧には成功したが、絶対王政を敷くことには失敗、その後立憲的改革を後押しする。民族問題に関してはプラグマティストであった。民族統一がヨーロッパの地政学を変化させていたただ中で、ハプスブルク君主国を存続させた。エリーザベトの夫、ルドルフの父。公然とヴィルヘルムのウクライナにおける使命を奨励した。

**フリードリヒ**（一八五六－一九三六年）

オーストリア大公、他。シュテファンの兄。ヴィルヘルムの伯父にあたる。第一次世界大戦において一九一七年〔原著では一九一六年〕までオーストリア帝国陸軍最高司令官を務めた。

**カール**（一八八七－一九二二年）

オーストリア皇帝、他。ハプスブルク家最後の皇帝。一九一六年、フランツ・ヨーゼフの薨去により帝位に就いた。第一次世界大戦中、迅速な休戦を提案。フランスとの秘密和平協定締結の交渉を試みるも失敗。一九一八年に特別任務のため、ヴィルヘルムをウクライナに急派。大戦の間、ハプスブルク君主国がドイツの衛星国という立場にまで落ちていくのを目の当たりにした。終戦時、正式に退位することなく国政の責から離れた。ハンガリーでの君主政治復活に二度失敗した後死去した。ツィタの夫、オットーの父。

**カール・ルートヴィヒ**（一八三三－一八九六年）

オーストリア大公、他。皇帝フランツ・ヨーゼフの弟。一八八九年にルドルフが死んでからしばらくは、フランツ・ヨーゼフの後継者とみなされていた。ヨルダン川の水を飲んだ後に死去。フランツ・フェルディナントとオットー・フランツの父。

**カール・シュテファン**（一九二一年-）
アルテンブルク公。アルブレヒトとアリス・アンカルクローナの長男。スウェーデン市民。一九八九年以降ジヴィエッツのビール醸造所の所有権をめぐって争った。本書でシュテファンと呼んでいる、祖父カール・シュテファンにちなんで名づけられた。ヴィルヘルムの甥にあたる。

**レオ**（一八九三-一九三九年）
オーストリア大公、他。シュテファンとマリア・テレジアの次男。ヴィルヘルムの次兄にあたる。ハプスブルク帝国およびポーランドの陸軍将校。父の死後、ジヴィエッツの所領の小さな部分を所有する。マリー・モンジョワの夫。

**ルートヴィヒ・ヴィクトル**（一八四二-一九一九年）
オーストリア大公、他。フランツ・ヨーゼフの末弟。同性愛者としての乱行と美術品蒐集で有名。皇帝である兄によりザルツブルク近郊の城に追放された。

**マリア・クリスチーナ**（一八五八-一九二九年）
オーストリア大公女、他、後にスペイン王妃および摂政となる。シュテファンの姉、アルフォンソの母。ヴィルヘルムの伯母にあたる。一九二〇年代初め、ツィタとヴィルヘルムをスペインに匿った。

**マリア・クリスチーナ**（一九二三年-）
アルテンブルク公女。アルブレヒトとアリスの長女で、第二次世界大戦後に亡命したが、現在ジヴィエッツの新しい城の方に居住している。ヴィルヘルムの姪にあたる。

**マリア・テレジア**（一八六二―一九三三年）
オーストリア大公妃、他、トスカーナ王女。夫シュテファンとともに、「ポーランド・ハプスブルク」家の礎となる。ヴィルヘルム、レオ、アルブレヒト、レナータ、エレオノーラ、メヒティルディスの母。熱心なカトリック信者で、芸術愛好家。第一次世界大戦中に病院を一つ寄付し、自身も篤志看護師として奉仕した。

**マクシミリアン**（一八三二―一八六七年）
オーストリア大公、他、後にメキシコ皇帝。ハプスブルク帝国海軍の司令官を務め、帝国海軍近代化の立役者。メキシコで共和主義者によって処刑された。フランツ・ヨーゼフの弟。

**メヒティルディス**（一八九一―一九六六年）
オルギェルト・チャルトリスキとの結婚により爵位称号の放棄が必要となるまで、オーストリア大公女、他。シュテファンとマリア・テレジアの三女。ヴィルヘルムの三姉にあたる。ポーランド国籍。第二次世界大戦中にブラジルに亡命した。

**オットー**（一九一二年―）
オーストリア大公、他、皇帝カール一世とツィタ皇后の長男。一九二二年、カールの死後ハプスブルク帝国の皇位継承者となり、一九三二年には、成年に達してハプスブルク家の当主となった。政治家にして著述家。一九三〇年代のオーストリアの君主政治復興運動を指導、第二次世界大戦中はドナウ連邦を、戦後は欧州統合を提唱した。バイエルン・キリスト教社会同盟に所属し、欧州議会議員を務めた。

**オットー・フランツ**（一八六五－一九〇六年）
オーストリア大公、他。数々の醜聞によって記憶されるが、ホテル・ザッハーに金羊毛騎士団の剣と頸章のみを身につけて姿を現したのがおそらく最も有名。フランツ・フェルディナントが結核に罹って後、一八九〇年代にはハプスブルク帝国皇位の有力な継承者と見なされていた。皇帝カール一世の父、オットーの祖父にあたる。

**レナータ**（一八八八－一九三五年）
ヒエロニム・ラジヴィウとの結婚により爵位称号の放棄が必要となるまで、オーストリア大公女、他。シュテファンとマリア・テレジアの次女。ヴィルヘルムの次姉にあたる。ポーランド国籍。

**レナータ**（一九三一年－）
アルテンブルク公女。アルブレヒトとアリスの次女。スペイン市民。一九八九年以降ジヴィエツのビール醸造所の所有権を申し立てた。ヴィルヘルムの姪にあたる。

**ルドルフ**（一八五八－一八八九年）
オーストリア大公、他、フランツ・ヨーゼフとエリーザベトの長男、一八八九年にマイヤーリンクで自殺するまでハプスブルク帝国の皇位継承者だった。著述家、自由主義者で、知識人に知己が多かった。

**シュテファン**（一八六〇－一九三三年）
オーストリア大公、他。ハプスブルク帝国海軍将校、自動車愛好家、絵描き、船乗り。存在していないポーランド王位を熱望し、「ポーランド・ハプスブルク」家の礎となった。ジヴィエツのビール醸造所と関連する資産・所領の所有者。マリア・テレジアの夫、アルブレヒト、エレオノーラ、メヒティルディス、レナータ、レオ、ヴィルヘルムの父にあたる。

**ヴィシヴァニ、ヴァシル**
ヴィルヘルムの項を参照。

**ヴィルヘルム**（一八九五－一九四八年）
オーストリア大公、他。ハプスブルク家に生まれ、幼少年期はバルカン半島で過ごす。ポーランド人として育てられたが、自らウクライナ人となることを選択。第一次世界大戦中はハプスブルク帝国陸軍将校を務め、ハプスブルク君主国の版図の中でのウクライナ人の独立国家建設を支援した。一九二〇年代には、バイエルンの帝国主義者、スペイン王家、フランスの享楽家たちと親交を持った。一九三〇年代にはハプスブルク帝国の復古主義者やファシストになるが、その後一九四〇年代になると、ナチス・ドイツとソヴィエト連邦に対してスパイ活動を働き、最終的には民主主義者となった。色男で、オリエンタルなものに通じ、スポーツを愛好した。シュテファンとマリア・テレジアの三男、アルブレヒト、レオ、メヒティルディス、レナータ、エレオノーラの弟、アルフォンソの従弟、マリア・クリスチーナ、オイゲン、フリードリヒの甥にそれぞれあたる。

**ヴィルヘルム二世**（一八五九－一九四一年）
ドイツ皇帝、プロイセン王、ホーエンツォレルン家当主。一九一八年八月、スパのドイツ軍司令部でヴィルヘルムと会見した。

ツィタ（一八九二―一九八九年）
ブルボン＝パルマ家王女、後にオーストリア皇后、他。カールの妻、オットーの母。一九三〇年代、君主政治復興の政治活動に全身全霊で打ち込む。ヴィルヘルムは、ベルギーにいるツィタを訪問していた。

## ハプスブルク一門の配偶者と姻戚

アンカルクローナ、アリス（一八八九―一九八五年）
一九四九年にアルテンブルク公女に列せられた。アルブレヒトの妻、カール・シュテファン、マリア・クリスチーナ、レナータ、ヨアヒム・バデーニの母。スウェーデン生まれの愛国的なポーランド・ハプスブルクで、ポーランドの地下組織活動家。回想録『プリンセスとパルチザン（*Princess and Partisan*）』の著者。

バデーニ、ヨアヒム（一九一二年―）
ポーランドの神学者。カジミェシュ・バデーニとして生まれた、アリス・アンカルクローナと、彼女の最初の夫、ルドウィク・バデーニの息子。東ガリツィアで育てられた後、アリスがアルブレヒトと再婚してからは、異父きょうだいであるカール・シュテファン、マリア・クリスチーナ、レナータとともにジヴィエツで養育された。一九四三年にドミニコ会修道士に叙階される前は、第二次世界大戦中にポーランド陸軍の兵士を務めた。神学を学ぶために共産党政権下のポーランドに帰国。ポーランド・ハプスブルクに関する回想録の著者。一九八九年以降ジヴィエツのビール醸造所の所有権を申し立てた。

ホテク、ゾフィー（一八六八―一九一四年）

ホトコウヴァおよびヴォーニン伯爵夫人、後にホーエンベルク公爵夫人。フランツ・フェルディナントの妻で、一九一四年六月二八日、夫とともにサラエボでセルビア人民族主義者によって暗殺された。

**チャルトリスキ、オルギュルト**（一八八八－一九七七年）
公子、ポーランド貴族、メヒティルディスの夫。ヴィルヘルムの義兄にあたる。第二次世界大戦中に、妻とともにブラジルに亡命した。

**クロス、アルフォンス**（一八八〇－一九五三年）
アドリア海のシュテファン所有のヨットの船長。一九一三年にエレオノーラと結婚した。オーストリア国籍。

**モンジョワ、マヤ**（一八九三－一九七八年）
正しくはマリー・クロチルド・フォン・テュイリエ、モンジョワ・エ・ド・ラ・ロシュ伯爵夫人。一九二二年にレオと結婚した。第二次世界大戦中、レオの未亡人として一家の資産と所領を押収しようとするドイツに抵抗した。

**ラジウィウ、ヒエロニム**（一八八五－一九四五年）
公子、ポーランド貴族、レナータの夫。ヴィルヘルムの義兄にあたる。青年期には親ドイツと見なされ、一九一八年にポーランド王位の候補者に挙げられた。第二次世界大戦中はポーランドの反ドイツ地下活動を援助した。ポーランドの愛国主義者としてソ連に捕らわれたまま死亡。

## その他の人物

**バウアー、マックス**（一八七五－一九二九年）
ドイツ軍砲兵将校、ルーデンドルフの側近。ドイツで右翼独裁制を唱導する。オーストリアの君主政治復興運動のシンパ。最終的には蔣介石の軍事面と産業面での顧問となった。一九二〇年、失敗に終わったベルリンでのカップ一揆に参加。一九二一年のウィーンで、バイエルンで立案されたボルシェビキ・ロシアへの侵攻計画でのヴィルヘルムの同志となる。一九二四年には、ヴィルヘルムの発案でアルフォンソ一三世からスペインに招待された。

**ボンヌ、フランソワ－クサビエ**（一八八二－一九四五年）
ベルギー出身のレデンプトール修道会司祭。東方典礼カトリック教会（ギリシャ・カトリック）を信仰してウクライナ国籍になった。一九一八年、ウクライナでヴィルヘルムの同志となり、一九二〇年にはウクライナ人民共和国の使節としてバチカンに赴いた。アメリカ合衆国にて死亡。

**クイーバ、ポーレット**
フランスの女山師。パリでのヴィルヘルムの恋人。

**ドルフース、エンゲルベルト**（一八九二－一九三四年）
オーストリアの政治家、一九三二年から三四年まで首相を務めた。一九三三年に彼が結成した祖国戦線の基盤となった、キリスト教社会党の指導者。一九三三年に議会を解散させ、その後は布告による支配を行う。一九三四年の「二月内乱」の後、社会民主党の活動を禁止した。左翼およびナチ党による右翼というきわめて強力な対抗勢力があったにもかかわらず、彼の宗教的独裁主義体制はオーストリア政界の中枢を握ろうとした。一九三四年にオーストリア・ナチ党員により暗殺された。

**フランク、ハンス**（一九〇〇－一九四六年）
ナチ党の法曹家。一九三三年からバイエルン州法相、一九三九年からはポーランド総督府領（ドイツ占領下のポーランド）の総督を務めた。クラクフのポーランド王宮のあった城に司令部を置き統治した。ポーランド・ハプスブルクの家宝の銀食器を強奪した。一九三七年にはヴィルヘルムは、彼のことをウクライナにとって有望なナチスの協力者であると見なした。ニュルンベルク裁判において戦争犯罪で有罪判決を受け、処刑された。

**ジョルジュ＝ミシェル、ミシェル**（一八八三－一九八五年）
多作なフランスのジャーナリスト、伝記執筆者、美術評論家。パリでのヴィルヘルムの友人。一九三六年にポーレット・クイーバからウィーン旅行の誘いを受けた。

**ヒムラー、ハインリヒ**（一九〇〇－一九四五年）
ナチスの指導者。SSの全国指導者、ドイツ民族性強化国家委員会の委員長、その他多くの役職を務めた。ホロコーストにヒトラーに次いで責任のあった人物。ハプスブルク家を個人的に敵視し、アルブレヒト一家を強制労働収容所に送ったうえ、その資産や所領を何度も国有化しようとした。最後は自殺した。

**ヒンデンブルク、パウル・フォン**（一八四七－一九三四年）
ドイツ軍司令官、政治家。一九一四年、彼の参謀長を務めたルーデンドルフとともに、ロシア軍に対してタンネンベルクの戦いで勝利を収めた立役者と見なされた。第一次世界大戦中、この二人はドイツ帝国において支配的な立場を手にし、皇帝ヴィルヘルム二世をも凌ぐ程だった。一九二五年、公的生活に復し大統領選に立候補し当選。一九三二年に再選され、翌三三年にヒトラーを首相に任命した。

**ホルティ、ミクローシュ**（一八六八－一九五七年）
ハプスブルク帝国海軍将校、後にハンガリーの摂政となる。マクシミリアン大公の命により世界を周航し、シュテファンにしたがってスペインに航海した。フランツ・ヨーゼフの侍従武官も務める。シュテファンの推薦により、カールはホルティを提督に昇進させ、ハプスブルク帝国海軍全艦隊の指揮権を与えた。ハンガリーで、共産主義革命の失敗後、政権の座に就いた。摂政として、主君であったカールの、二度にわたるハンガリー王復位の試みに反対した。

**フシコフスキイ、カジミエシュ**（不詳－一九一八年）
ポーランド人のウクライナ貴族、ハプスブルク帝国陸軍の将校。第一次世界大戦中にヴィルヘルムの話し相手となった一人。

**ルーデンドルフ、エーリッヒ**（一八六五－一九三七年）
ドイツ軍司令官、国粋主義者。第一次世界大戦中、ヒンデンブルクの参謀長を務め、一九一四年にヒンデンブルクとともにタンネンベルクの戦いの立役者と見なされた。一九二〇年ビヤホール一揆に参加。一九二一年、バイエルンで立案されたボルシェビキ・ロシアへの侵攻計画で、ヴィルヘルムと手を組んだ。

**ノヴォサド、ロマン**（一九二〇?－二〇〇四年）

ワルシャワ、後にウィーンで音楽を学ぶウクライナ人。戦中戦後の諜報活動におけるヴィルヘルムの友人にして同志。政治犯としてソ連によって投獄される。ヴィルヘルムについての短い回想録を残した。

**フルシェーウシクィイ、ムィハーイロ**（一八六六―一九三四年）
ウクライナの歴史学者、政治家。ウクライナ史の基礎となる書物多数を著した。一九一八年、一時的にウクライナ人民共和国の元首を務めた。

**ラリシェンコ、エドゥアルト**
ヴィルヘルムの副官、ついで秘書。フランスで二人が関係を絶つまで、ウクライナやスペインでヴィルヘルムに同行した。

**レベディ、ミコラ**（一九〇九―一九九八年）
ウクライナの民族主義活動家で、戦間期のポーランドにおいてテロ活動に参加。ウクライナ民族主義者組織（ＯＵＮ）のバンデーラ派で積極的に活動し、一九四三年にはウクライナ蜂起軍（ＵＰＡ）を組織した一人となった。ポーランド人を民族浄化することを提唱した。ヴィルヘルムの尽力によってフランスの情報機関に紹介された。第二次世界大戦後はアメリカの情報機関のために働いた。

**リンカーン、トレヴィッチ**（一八七九―一九四三年）
ハンガリーで窃盗を働く。英国国教会宣教師、英国下院議員、ドイツの愛国主義者、さらには仏教僧になる。パリ講和会議の和平協定やボルシェビキ・ロシアに反対する修正主義的な国々を結集するための、一九二〇年代初めの白色インターナショナルの陰謀に荷担した。

**ミスタンゲット**（一八七五－一九五六年）
フランスの歌手、女優。「私の男」という歌とモンマルトルでのライブパフォーマンスでよく知られる。アンギャン＝レ＝バンでジャンヌ・ブルジョワとして生まれたが、ヴィルヘルムは一九二〇年代終わり頃にその町に住んでいた。当時最も有名なフランス人女性であり、最も出演料が高額な芸人だった。一九三〇年代初めのヴィルヘルムの友人。

**パネイコ、ヴァシル**
ウクライナのジャーナリスト、政治家。西ウクライナ人民共和国の外相、パリ講和会議における交渉ではウクライナ人民共和国の代表を務めた。親ロシアとして知られ、ウクライナの政治家たちに情報機関への協力を疑われ、フランスに帰化した。遅くとも一九一八年にはヴィルヘルムと知り合い、一九三〇年代初めのパリにおいてヴィルヘルムの友人および政治的助言者であった。ポーランドの情報機関にヴィルヘルムを密告した可能性があり、ヴィルヘルムがパリから退去せざるをえなくなった一九三四年から三五年にかけてのスキャンダルを仕組んだ節がある。

**ピウスツキ、ユゼフ**（一八六七－一九三五年）
ポーランドの革命家、政治家。反乱による抵抗を奉じた社会主義者で、ポーランド独立のための武力活動を組織するため、ハプスブルク帝国軍のポーランド軍団での自分の役割を利用した。一九一八年から、独立したポーランド第二共和国の国家元首と総司令官を務め、西ウクライナ人民共和国およびボルシェビキ・ロシアとの戦争に勝利した。一九二六年、軍事クーデター「五月革命」によってポーランドで二度目の権力の座に就いた。

**プロコップ、ミロスラフ**（一九一三－二〇〇三年）
ウクライナの民族主義者、ウクライナ民族主義者組織（ＯＵＮ）バンデーラ派の指導者。第二次世界大戦中に、ヴィルヘルムがウィーンで接触した最初の大物民族主義者。

**プロコポヴィッチ、アンナ**
ウクライナ民族主義者組織バンデーラ派の密使。リダ・トゥルチンとして、一九四四年にウィーンでロマン・ノヴォサドやヴィルヘルムと知り合う。

**ポルタベツ－オストリアニツァ、イヴァン**（一八九〇－一九五七年）
ロシア帝国出身のウクライナ人愛国者。ヘトマンのパヴロ・スコロパツキイの側近としてヘトマン政府で活動。一九二〇年代初めに君主政治復興運動においてヴィルヘルムと協力し、一九三七年にふたたび親交を持った。ウクライナのナチス・ドイツとの同盟を提唱した。

**シュシュニック、クルト・フォン**（一八九七－一九七七年）
オーストリアの政治家。一九三四－三八年にオーストリア首相を務めた。オットー・フォン・ハプスブルクとの関係を維持し、王政復古運動にある程度の自由を許した。オーストリアを統治していた「祖国戦線」を支援してくれる勢力や国家を見出そうと努めた。一九三八年、激烈なレトリックと独立の是非を問う工作された国民投票によってヒトラーとアンシュルス（オーストリア併合）に抵抗を試みたが、軍にはヒトラーの侵攻に抵抗しないよう命じた。ドイツ軍によって拘束、自宅軟禁された後、強制収容所に送られた。戦後アメリカ合衆国に移住。

**シェプティッキイ、アンドリイ**（一八六五―一九四四年）

ポーランド人のウクライナの聖職者、ギリシャ・カトリックのハールィチ首都大司教。オーストリアが支配するガリツィア地方のギリシャ・カトリック教会をウクライナの国教にしたが、東方正教会をもギリシャ・カトリックへと転向させることを望んだ。一九一七年から一八年、そしておそらく一九三〇年代にもヴィルヘルムの助言者。

**スコロパツキイ、パヴロ**（一八七三―一九四五年）

保守派と地主の利益を代表するウクライナの政治家。一九一八年に、ヘトマンに就任したこともある。一九一八年四月には、ドイツの支援を得てウクライナ人民共和国に対するクーデターを指揮。同年夏には、ウクライナの地方部におけるヴィルヘルムの人気を恐れた。一九二〇年代初めには、ウクライナでの君主制主義運動においてヴィルヘルムの競争相手であったが、一時的に手を結ぶこともあった。ドイツに移住したが、連合国軍の空襲により死亡。

**トカリ**

トカジェフスキ＝カラシェヴィッチ、ヤンの項を参照。

**トカジェフスキ＝カラシェヴィッチ、ヤン**（一八八五―一九五四年）

ポーランド人のウクライナ外交官。ウクライナ人民共和国の官吏。ポーランドが支援する、民族主義を喚起してソ連の影響力を弱める「プロメテウス運動」に参加。一九三〇年代のヴィルヘルムの友人の一人で、貴族的ファシズムにおける同志。

**トゥルチン、リダ**
プロコポヴィッチ、アンナの項を参照。

**ヴァシルコ、ミコラ**（一八六八－一九二四年）
ルーマニア貴族出身のウクライナ政治家。オーストリア議会議員で、第一次世界大戦中にハプスブルク君主国の版図の中にウクライナの領邦を創ることを提唱した。第一次世界大戦中のヴィルヘルムの話し相手の一人。一九一八年の一月から二月に、「パンの講和」における交渉時にウクライナの外交官を手助けするのにヴィルヘルムと協力。西ウクライナ人民共和国およびウクライナ人民共和国の外交官を務めた。

**ヴィースナー、フリードリヒ・フォン**（一八七一－一九五一年）
ハプスブルク家と親しいオーストリアの法曹家、外交官。フランツ・ヨーゼフによってサラエボでの暗殺に関する特別報告書作成の任を与えられた。一九二〇年から二一年に、ウィーンで、君主政治復興運動およびウクライナをめぐる政治活動においてヴィルヘルムに協力。一九三〇年、オットーによって王政復古の政治活動の責任者に任ぜられた。ユダヤ系であったため、一九三七年から三八年にはヴィルヘルムの反ユダヤ主義の主な攻撃対象となった。

**ウィルソン、ウッドロウ**（一八五六－一九二四年）
アメリカの政治家。アメリカ合衆国第二八代大統領。第一次世界大戦中に「民族自決」の原則を提唱した。

# ハプスブルク家略年表

＊訳者註記
「ポーランド・ハプスブルク」の一族の者についての事項は、訳者が太字にした。

西暦
一二七三年　ルドルフ、神聖ローマ帝国皇帝に選出される
一四三〇年　金羊毛騎士団が創設される
一五二二年　スペイン・ハプスブルク家とオーストリア・ハプスブルク家とに分離する
一五二六年　モハーチの戦いで、ハプスブルク家はボヘミアとハンガリーとを獲得する
一六一八－一六四八年　三〇年戦争
一六八三年　オスマントルコ帝国によるウィーン包囲
一七〇〇年　スペイン・ハプスブルク家断絶する
一七四〇年　マリア・テレジア即位する
一七四〇－一七六三年　オーストリア継承戦争（一七四〇－一七四八年）、七年戦争（一七五六－一七六三年）

などプロイセンとの戦い
一七七二－一七九五年　一七七二、一七九三、一七九五年の三度にわたってポーランド分割が行われる
一七九二－一八一四年　フランスと戦う
一七九三年　マリー・アントワネット、処刑される
一八〇六年　神聖ローマ帝国の終焉
一八一四－一八一五年　ウィーン会議
一八二一－一八四八年　メッテルニヒ、首相を務める
一八三〇年　フランツ・ヨーゼフ、誕生する
一八四八年　「諸国民の春」。フランツ・ヨーゼフ、即位する
一八五九年　フランス・ピエモンテ同盟軍と戦う
一八六〇年　「一〇月勅書」公布。シュテファン、誕生する
一八六六年　普墺戦争（プロイセンやイタリアと戦う）
一八六七年　「アウスグライヒ」（妥協）で、オーストリア＝ハンガリー二重帝国成立。憲法公布。メキシコで皇帝マクシミリアンが処刑される
一八七〇－七一年　ドイツ、イタリアの国内統一
一八七八年　ベルリン会議開催され、オーストリア＝ハンガリー二重帝国はボスニアを軍事占領。セルビアは独立を承認される
一八七九年　「独墺同盟」成立。シュテファン、海軍士官となる
一八八六年　シュテファン、マリア・テレジアと結婚する
一八八八年　アルブレヒト、誕生する
一八八九年　マイヤーリンクで皇太子ルドルフ自死する

一八九五年　ヴィルヘルム、誕生する
一八九六年　シュテファン、海軍を退役する
一八九七－一九〇七年　シュテファン、ヴィリー（ヴィルヘルム）ら一家はロシーニ島に住まう
一八九八年　皇后エリーザベトが暗殺される
一九〇三年　セルビアに反ハプスブルクの王朝成立
一九〇七年　男子普通選挙法成立
一九〇七－一四年　シュテファン、ヴィリー（ヴィルヘルム）ら一家はガリツィアに住まう
一九〇八年　ボスニアとヘルツェゴヴィナを併合。皇帝フランツ・ヨーゼフの在位六〇年の祝典
一九〇九－一三年　ヴィルヘルムは陸軍実科学校に在校、姉たちは結婚する
一九一二－一三年　第一次バルカン戦争（オスマン帝国対「バルカン同盟」）
一九一三年　第二次バルカン戦争（ブルガリア対バルカン諸国）
一九一三－一五年　ヴィルヘルム、帝国士官学校に在校
一九一四年　サラエボでフランツ・フェルディナントが暗殺される
一九一四－一八年　第一次世界大戦
一九一五年　ヴィルヘルム、ウクライナ人部隊を指揮する
一九一六年　フランツ・ヨーゼフ薨去し、カールが皇帝に即位する。ポーランド王国、建国を宣言する
一九一七年　ボルシェビキ革命、ロシア帝国崩壊
一九一八年　ウクライナ人民共和国、承認される。オーストリアとドイツがウクライナを占領。ヴィルヘルム、ウクライナに入る。オーストリア、ポーランド、チェコスロバキア、西ウクライナに共和国成立。ハプスブルク君主国解体される
一九一九年　西ウクライナ人民共和国、消滅する

一九一九年　パリ講和会議
一九二一年　ウクライナ人民共和国崩壊。シュテファンとヴィルヘルム、公然と決別する。シュテファンはポーランド市民となり、所領を守る。ヴィルヘルムは白色インターナショナルに加わる
一九二二年　ムッソリーニがイタリアで権力の座に就く。アルフォンソ一三世、スペインにハプスブルクの者たちを迎え入れる
一九二二－二六年　ヴィルヘルム、スペインに留まる
一九二六－三五年　ヴィルヘルム、フランスに留まる
一九三一年　スペイン、共和国になり、アルフォンソは亡命する
一九三二年　オットー成年に達し、王政復古の政治活動を始める
一九三二－三三年　ウクライナ社会主義ソヴィエト共和国で飢饉
一九三三年　ヒトラー、ドイツで政権の座に就く。シュテファンとマリア・テレジア死去。オーストリア議会解散し、「祖国戦線」結成される
一九三四年　オーストリアで社会民主党、活動禁止される。オーストリアでのナチスのクーデター失敗する。パリで「人民戦線」結成される
一九三五年　ヴィルヘルムとポーレット・クイーバの裁判
一九三五－四七年　ヴィルヘルム、オーストリアに留まる
一九三六年　ドイツとイタリアは同盟し（独伊協定）、イタリアはオーストリアを見放す
一九三六－三九年　スペイン市民戦争
一九三七－三八年　ソヴィエト連邦における大粛清
一九三八年　アンシュルス（オーストリア併合）、オーストリア消滅。「水晶の夜」のポグロム
一九三九年　独ソ不可侵条約。ドイツとソヴィエト連邦、ポーランドに侵攻。アルブレヒト、ドイツ軍に捕

らえられる
一九三九－四〇年　ドイツ、ハプスブルク家の資産を押収。ドイツ、ポーランド人とユダヤ人を排斥する
一九三九－四五年　第二次世界大戦
一九四一年　ドイツ、ソヴィエト連邦に侵攻
一九四一－四五年　ヨーロッパのユダヤ人のホロコースト
一九四三－四七年　ポーランド人とウクライナ人の「民族浄化」
一九四四－四七年　ヴィルヘルム、諜報活動に従事する
一九四五年　ポーランド、ハプスブルクの資産を押収
一九四五－四八年　共産主義者、東欧を支配下に置く
一九四五－五五年　オーストリア、四ヶ国占領下に置かれる
一九四七年　ヴィルヘルム、ソヴィエトによって逮捕される
一九四八年　ヴィルヘルム、ソヴィエト・ウクライナで死去
一九五一年　アルブレヒト、スウェーデンで死去。ヨーロッパ石炭鉄鋼共同体
一九五三年　スターリン死去
一九五七年　ローマ条約（ＥＣの基本法）
一九七九－九九年　オットー、欧州議会の議員を務める
一九八〇－八一年　ポーランドで「連帯」運動
一九八五－九一年　ゴルバチョフがソヴィエト連邦の権力を握る
一九八六年　スペイン、ＥＵに加盟
一九八九年　東欧で革命
一九九〇－九九年　ユーゴスラビアの継承者たちの戦い

一九九一年　ソヴィエト連邦解体
一九九一年　ウクライナ独立
一九九一－二〇〇五年　ジヴィエツの醸造所をめぐる所有権申し立て
一九九五年　オーストリア、ＥＵに加盟
二〇〇四年　ポーランド、ＥＵに加盟。ウクライナでオレンジ革命

## 用語と言語についての註記

本書の主題となっている帝国に、的確にして簡潔な名称は存在しない。一八〇四年までは、ハプスブルク家がヨーロッパに有していた領土を一括りにする名称はなかったのである。一八〇四年から一八六七年の間、これらの領土は「オーストリア帝国」と呼ばれ、一八六七年から一九一八年までの間は、この国家は物的同君連合をなす「オーストリア＝ハンガリー二重帝国」と呼ばれた。著者はこれを「ハプスブルク君主国」と呼ぶこととした。「オーストリア」という名は、両次世界大戦後に形成された山地にある小さな共和国、つまり今日のオーストリアのためにのみ用いたい。

「オーストリア＝ハンガリー二重帝国」という命名は、字面以上に厄介なものである。この君主国の半分はハンガリー王国だったが、残りの半分がオーストリアというわけではなかったからである。ハンガリー以外の版図の公式名称は、「帝国議会において代表される諸王国および諸領邦」であった。本書が主として扱うのは、帝国のハンガリー以外の版図に含まれる領土である。本書の中の多くのできごとが起きたイストリア領邦およびガリツィア領邦は、どちらも「帝国議会において代表される諸王国および諸領邦」の一つであった。

ハプスブルク君主国を研究する者は、一八六七年－一九一八年の期間に使われた、行政面での正確さを斟酌したドイツ語の省略形というものを知っている。帝国、すなわち「カイザーリヒ（kaiserlich）」の諸組織は、自ずと「k」という文字で呼ばれていた。ハンガリーの体制は、王国、すなわち「ケーニックリヒ（königlich）」であった――よって、こちらも「k」の文字で呼ばれた。そこから、オーストリア＝ハンガリーにまたがる諸組織というのは、「Kおよびk（K. und. k.）」――帝国および王国の――と呼ばれていたのである。小説家のロベルト・ムージルが、『特性のない男』の舞台をカカニア（Kakania）と呼ばれる土地に設定した所以である。ひょっとすると、この「k」の文字がお役所仕事で煩雑に繰り返されるのが、フランツ・カフカ（Kafka）が自分の姓の最初の文字をひどく嫌った所以でもあったろう。著者は、「ハプスブルク（Habsburg）」を形容詞として用いることで、本書においてこうした異種の呼び方を避けることにした。

本書に登場する、帝国および王国、すなわち「Kおよびk」の諸組織というのは、陸軍、海軍、外務省、そしてボスニアの占領当局のことであった。ハプスブルク帝国陸軍といった場合、帝国および王国陸軍、すなわち「Kおよびk」陸軍（K. und k. Armee）についてのことである。オーストリア国防軍（ラントヴェーア、Landwehr）とハンガリー国防軍（ホンヴェード、Honvéd）についてはあまり論じられていない。両者とも一九一八年のウクライナ占領に参加したし、本書で触れている凄惨な大虐殺の犠牲となったのは、ハンガリー国防軍部隊だった。もっとも、このウクライナ占領を描写するのに、これらのハプスブルク帝国麾下の陸軍を区別する必要はほとんどない。王国の組織ではなく帝国の組織となるのだが、本書に登場する、ハプスブルク帝国のハンガリー以外の半分における組織には、政府と議会が含まれる。

ハプスブルク一門の称号は、蝶の収集にも似て、ピンで留めて標本にするよりも、追いかけているうちが華である。皇帝やその家族の正式な称号を書き連ねると何頁をも費すし、紋章研究のような追従の極みのようなものにおいてさえも、正式な称号が活字にされることはほとんどない。フランツ・ヨーゼフやカールは、オーストリアの皇帝であり、ハンガリーの王だった。ヴィルヘルムやその父、兄たちは、オーストリア帝国、ハンガリー王国それぞれの大公であった。彼の母や姉たちは、オーストリア帝国、ハンガリー王国それぞれの大公妃・大公女であった。ただし本書では、オーストリアの慣用法のニュアンス――彼らは親王であり、王位継承に繋がる者たちである――を伝えるために、時としてオーストリア独自の用い方の「大公（エルツヘルツォーク、Erzherzog）」を、語意により近い「大公（archduke）」ではなく、「王子（prince）」と訳した。

これらハプスブルク一門の正式名称はハプスブルク＝ロートリンゲン（Habsburg-Lothringen）であった。ハプスブルク＝ロートリンゲン家の創始は、一七三六年のロレーヌ公と大公妃マリア・テレジア・フォン・ハプスブルクとの結婚に遡る。国事勅書（プラグマティッシェ・ザンクツィオン）は、マリア・テレジアの統治と、その子どもたちがハプスブルク帝国の帝位を継承することを認めた。本書で言及している近現代ハプスブルク家の人物は、誰もがマリア・テレジアの子孫であり、したがってハプスブルク＝ロートリンゲン家、すなわち英語で言うところのハプスブルク＝ロレーヌ（Habsburg-Lorraine）家の一員であった。

かつてハプスブルク君主国の版図の内にあった場所の呼び方についても、申し分のないものなど存在しない。オーストリア＝ハンガリー二重帝国のハンガリー以外の部分における行政上の言語はドイツ語であったので、一九一八年以前の地図には、通常ドイツ語地名が使われている。本書で扱っているハプスブルク家の人物たちは、誰もが一九一八年より前に生まれた。しかし彼らは、国家・民族という点からはドイツではなかった――自分たちの帝国がドイツでなかったように。本書では、著者は、おおむね英語の地名を用いることにした。よりマイナーな地名の場合は、英語の地名はだいたいスラブ語のそれと同じになる。そのため多少時代背景にそぐわないところも出てきてしまうが、おそらくはそれを受け容れる方が混乱を最小限に抑えることができよう。

ヴィルヘルムは六つの重要な言語を操った。ドイツ語、フランス語、ウクライナ語、ポーランド語、イタリア語、英語である。これらの言語のうち五つまでは、ラテン文字で記される。ウクライナ語は、ロシア語と同様、キリル文字のアルファベットで書かれる。ウクライナ語とロシア語の言葉は、アメリカ議会図書館の翻字法の省略版にしたがって、英語の表記に直した。本文では、ウクライナ語やロシア語の名前は、可能なかぎり平易な表記を用いたが、註においては正確さを増すようにした。これら二つの言語を知る人には、このような表記法が読みやすいことが諒解されるだろうし、知らない人にとっては気にかける謂われもないわけである。参考文献で引用した小説二篇からのくだりを除くと、ウクライナ語とロシア語を含めてすべてものである。

の言語からの翻訳は、厚かましく助言を求めて友人や同僚に迷惑を掛けはしたが、いずれも著者自身によるものである。

ヴィルヘルム・フォン・ハプスブルクと近い家族で血の繋がりのある男性は皆が、ヴィルヘルムの父方の曽祖父である人物（母方では高祖父にあたる）の「テシェン公、カール大公」にちなんで、さらにもっと遡れば、一六世紀の「太陽が沈まぬ帝国」の皇帝カールにちなんで、カールという名を持っていた。ヴィルヘルム自身は、ヴィルヘルム・フランツ・ヨーゼフ・カール、父親はカール・シュテファン、長兄はカール・アルブレヒト、次兄はレオ・カールだった。さらに紛らわしいことに、一九一六年に即位したオーストリア皇帝の名もカールであった。わかりやすくするため、本文では、彼らと同時代を生きた人物については、カール・シュテファンではなくシュテファン、カール・アルブレヒトではなくアルブレヒト、レオ・カールでなくレオとした。よって、皇帝カールが、本文に登場する唯一のカールとなる。

ヴィルヘルムは、置かれた状況次第で異なる名前で呼ばれた。家族、友人、愛人、同志は、ギョーム、ギー、ロベール、ウィリアム、ヴァシル、ヴィリー、ヴィシィなどと呼んだ。本書では、幼少年時代はヴィリー、成人してからはヴィルヘルムとした。こうしたドイツ語表記を用いているからといって、国籍・民族の上で彼がドイツ人であったと言いたいわけではない――実際に人生の大部分において彼はドイツ人ではなかった。かつてはドイツ語は、普遍的なものを語れる言語であったし、ある人物の内の普遍的なるものはつねに曖昧なものなのである。ナチスの時代を経てからは、ドイツ語は、ヴィルヘルムが人生の大半を過ごした時代とは異なる響きを持っている。一九三三年以前は、ドイツ文化は、ドイツだけでなくハプスブルクの版図においても栄え、ヨーロッパ文化の精華であった。カフカの『審判』の主人公「K」とは異なり、ヴィルヘルムは自らアイデンティティを選択し、それが仇となって判決を宣告され、亡くなった。ヴィルヘルム自身は、ムージルの『特性のない男』の主人公のウルリッヒと同じように、そのような選択を決定的なものと見なしたことはなかったのであるが。

赤い大公
――ハプスブルク家と東欧の20世紀

2014年4月25日　初版第1刷発行
2018年7月25日　初版第2刷発行

著　者――ティモシー・スナイダー
訳　者――池田年穂
発行者――古屋正博
発行所――慶應義塾大学出版会株式会社
〒108-8346　東京都港区三田2-19-30
TEL〔編集部〕03-3451-0931
〔営業部〕03-3451-3584〈ご注文〉
〔　〃　〕03-3451-6926
FAX〔営業部〕03-3451-3122
振替　00190-8-155497
http://www.keio-up.co.jp/
装　丁――阿部卓也
印刷・製本――株式会社理想社
カバー印刷――株式会社太平印刷社


Printed in Japan　ISBN 978-4-7664-2135-4

著訳者紹介

［著 者］

ティモシー・スナイダー（Timothy Snyder）

イェール大学歴史学部リチャード・レヴィン講座教授。1969年オハイオ州生まれ。オクスフォード大学でPh.D.を取得。専攻は中東欧史、ホロコースト史、近代ナショナリズム研究。邦訳されている著書として『暴政――20世紀の歴史に学ぶ20のレッスン』（2017年）、『ブラックアース――ホロコーストの歴史と警告（上・下）』（2016年）、『ブラッドランド――ヒトラーとスターリン 大虐殺の真実』（2015年）、『赤い大公――ハプスブルク家と東欧の20世紀』（2014年）、インタビュアーを務めたトニー・ジャットの遺著『20世紀を考える』（2015年）がある。ハンナ・アーレント賞をはじめ多彩な受賞歴を誇る。

［訳 者］

池田年穂（いけだ　としほ）

慶應義塾大学名誉教授。1950年横浜に生まれる。ティモシー・スナイダーの訳書としてはほかに『暴政――20世紀の歴史に学ぶ20のレッスン』（2017年）、『ブラックアース――ホロコーストの歴史と警告（上・下）』（2016年）がある。ピーター・ポマランツェフ『プーチンのユートピア』（2018年）、タナハシ・コーツ『世界と僕のあいだに』（2017年）、マーク・マゾワー『国連と帝国』（2015年）など多数の訳書がある。

写真出典

Polish State Archives, Żywiec　pp. 58, 81, 82, 87, 89, 91, 132, 161, 187, 300

Timothy Snyder　p. 63

Harvard Ukrainian Research Institute

Bohdan Krawciw Papers, 1915-1976. Ukrainian Research Institute Reference Library, Harvard University, Cambridge, Mass.　p. 145

Jan Tokarzewski-Karaszewicz Papers, 1895-1955. Ukrainian Research Institute Library, Harvard University, Cambridge, Mass.　p. 285

Collection of Irene Palamartchuk-Pyziur　p. 308

地図出典

Jonathan Wyss（Topaz Maps Inc.）　pp. 21, 32, 45, 79, 121, 142, 220, 295, 311, 343, 371

# 索　引


## 英数字

10月勅書　October Diploma　30, 414
14ヶ条の平和原則　Fourteen Points　162–163, 176
1848年の革命（諸国民の春）　Revolutions of 1848　24, 30, 43–44, 49, 346, 414
2月革命（1917年）　February revolution（1917）　131
30年戦争（1618–1648年）　Thirty Years' War（1618–1648）　413
EU（欧州連合）　European Union　7, 363–364, 368–373, 417
　ウクライナと——　Ukraine and　362–362
　地図　map of　371
　ハプスブルクと——　Habsburgs and　371–373
　ポーランドと——　Poland and　363, 368–369
SS　SS　299, 305, 316, 318–319

## ア行

アウシュヴィッツ　Auschwitz　320
アウスグライヒ（妥協）（1867年）　Compromise of 1867　31, 414
アウフバウ（構築）　Aufbau　202
アキレウス　Achilles　74–76
アスペルン　Aspern　48, 342, 344
アドリア海　Adriatic Sea　2, 39–40, 49, 89, 105, 382
　——の支配　control of　19, 49
　地図　map of　45
アピス将軍　Apis, Colonel　111
アミアンの戦い（1918年）　Amiens, Battle of（1918）　158
アリス・アンカルクローナ　Alice Ancarkrona Habsburg　186, 234, 290, 300, 306, 312, 320, 322
　——の結婚　marriage of　188, 191
　——の拘禁　imprisonment of　317, 321
　——の移住　emigration of　334
　——の死　death of　353
　——の追放　exile of　301
　ヴィルヘルムと——　Wilhelm and　306
　解放と——　liberation and　321
　写真　photo of　187, 300
　人種問題と——　race issue and　315
　人物略伝　biographical sketch of　403
　ドイツ軍の侵攻と——　German invasion and　291, 302–303
　ポーランドと——　Poland and　334
アルカン・タイガー　Arkan the Tiger　357
アルチンボルド　Arcimboldo　106
アルブレヒト・フォン・ハプスブルク　Albrecht von Habsburg　3, 5–6, 268, 279, 290–293
　——の移住　emigration of　334
　——の教育　education of　65
　——の結婚　marriage of　186–187, 189–190

——の拘禁　imprisonment of　417
——への告訴　suit against　299
——の死　death of　375, 417
——の誕生　birth of　54, 414
ヴィルヘルムと——　Wilhelm and　235, 304, 326
解放と——　liberation and　326
人種問題と——　race issue and　315
人物略伝　biographical sketch of　395
市民権と——　citizenship and　375
写真　photo of　58
ドイツ軍の侵攻と——　German invasion and　291, 294
ポーランドと——　Poland and　192, 290, 294, 334, 382
アルブレヒト（オーストリア大公，陸軍元帥）　Albrecht, Archduke（field marshal）　48, 60
人物略伝　biographical sketch of　395
アルフォンソ13世　Alfonso XIII, King　67, 363
——への暗殺未遂　assassination attempts on　112
ヴィルヘルムと——　Wilhelm and　212–214
人物略伝　biographical sketch of　396
バウアーと——　Bauer and　214
パリにおける——　in Paris　218
アンギャン＝レ＝バン　Enghien-les-Bains　216–217, 227
アンシュルス（オーストリア併合）　Anschluss　200, 286–288, 325, 416
イアソンとアルゴナウタイ　Jason and the Argonauts　75–76
イギリス海軍による海上封鎖　Royal Navy, blockade by　117
イギリス空軍　Royal Air Force　303, 312
イタリア　Italy　36, 49, 165, 260, 265, 274, 276, 286
——との戦争　war with　30
——による宣戦布告　declaration of war by　117
——の帝国主義　imperialism of　26
——の王朝の正統性　monarchical legitimacy for　231
ヴェネツィアと——　Venice and　44
民族主義と——　nationalism and　38
イタリア統一　Italian unification　27, 44, 77, 365
イラク侵攻　Iraq invasion　372
イリュリア王国　Illyria, Kingdom of　22
インファンテ（親王）・フェルナンド　Infante Fernando　214
人物略伝　biographical sketch of　397
インペリアル・アンド・ロイヤル・ヨット・スクワドロン　Imperial and Royal Yacht Squadron　48
ヴァシル・ヴィシヴァニ広場　Vasyl Vyshyvanyi Square　384
ヴァシルコ，ミコラ　Vasylko, Mykola　126, 135, 193, 374
人物略伝　biographical sketch of　412
ヴァリャーグ　Varangians　197
ヴァンドーム広場　Place de Vendôme　240
ヴィシヴァニ，ヴァシル　Vyshyvanyi, Vasyl　133, 151, 209, 220, 247, 266, 308, 382, 384　→ヴィルヘルム・フォン・ハプスブルク
ヴィースナー，フリードリヒ・フォン　Wiesner, Friedrich von　214, 239, 279
人物略伝　biographical sketch of　412
ハプスブルクの再興と——　Habsburgs restoration and　279
ウィーナー・ノイシュタット　Wiener-Neustadt　202
——におけるヴィルヘルム　Wilhelm

at　100, 297, 312
ウィルソン，ウッドロウ　Wilson, Woodrow
——の 14 ヶ条の平和原則　Fourteen Points of　162–163, 176
ウクライナと——　Ukraine and　172
人物略伝　biographical sketch of　412
民族自決と——　self-determination and　170
ヴィルヘルム 1 世（ドイツ皇帝）　Wilhelm I von Hohenzollern, Emperor　24
ヴィルヘルム大公連隊　Battle Group Archduke Wilhelm　143–144, 282
ヴィルヘルム 2 世（ドイツ皇帝）　Wilhelm II von Hohenzollern, Emperor　51, 61, 133
人物略伝　biographical sketch of　402
同性愛スキャンダルと——　homosexual scandal and　92
ヴィルヘルム・フォン・ハプスブルクと——　Wilhelm von Habsburg and　129, 157–159
ヴィルヘルム・フォン・ハプスブルク　Wilhelm von Habsburg
——に対する訴訟　case against　247–249
——による告訴　suit by　299
——のアイデンティティ　identities of　179, 208, 237, 335
——のウクライナへの関心　Ukrainian interests of　39, 71, 95–99, 106, 119, 126–129, 133–134, 143, 147, 156, 166, 204, 213, 237, 288, 306, 314, 348, 365, 375, 382
——の教育　education of　65, 68, 124, 271
——の死　death of　8, 346–347, 364, 375, 417
——の尋問　interrogation of　341, 344, 347
——のスキャンダル　scandal of　243–245, 250, 260, 262, 265, 299, 358
——の政治的なキャリア　political career of　380
——の戦時下での軍務　wartime service of　108, 118
——の誕生　birth of　8, 58, 414
——の人気　popularity of　148, 155
——の病気　illness of　125, 163–164, 172, 176, 297, 342, 344, 348
——の幼少年時代　youth of　42, 65, 70, 78, 84, 89–91
姉の結婚式の写真と——　wedding photographs and　89
人物略伝　biographical sketch of　402
市民権と——　citizenship and　184, 225, 347, 375
写真　photo of　58, 82, 89, 91, 145, 285
シュテファンとの関係の断絶　Stefan break with　190–192
小農の土地と——　peasant property and　148
同性愛と——　homosexuality and　92, 380
ポーランドと——　Poland and　60, 123–124, 174
ウィーン　Vienna　1, 10–11, 23, 31, 34, 49, 52, 88, 99, 110, 120, 123, 129–130, 136, 304, 309, 312, 317, 330, 342, 349–350
——におけるヴィルヘルム　Wilhelm in　101, 127, 157, 183, 190, 200, 214, 233, 247, 264, 310, 325, 335
——におけるウクライナ人　Ukrainians in　129, 195, 217, 279, 313, 332
——におけるスト　strike in　136, 232

——における社会主義　socialism in 232
——における暴動　putsch in　238
——の音楽　music of　351
——の占領　occupation of　321–324, 340, 350
——の包囲　siege of　15, 75, 413
——のポグロム　pogroms in　287
ウィーン会議（1814–1815 年）　Congress of Vienna（1814–1815）　18, 22, 38, 414
ウィーン警察　Viennese police　338, 340
ウィーンフィルハーモニー　Vienna Philharmonic　330
ヴェッツェラ，マリー　Vetsera, Mary　52
ヴェネツィア　Venice　66
ヴェルサイユ条約（1919 年）　Treaty of Versailles（1919）　179, 200
ヴェルレーヌ，ポール　Verlaine, Paul 223
『ヴォーリャ』紙　*Volia*（newspaper）　197
ヴォロフタ　Vorokhta　96
ウクライナ　Ukraine
——との平和条約　peace treaty with 157
——の解放　liberation of　125, 335
——の国境線　borders of　191
——の征服　conquest of　128
——の占領　occupation of　304–306
——の創造　creation of　365
——の独立　independence of　7, 107, 128, 135, 142, 195, 206, 236, 357
ヴィルヘルムと——　Wilhelm and　5, 137, 173, 185
キリスト教大分裂と——　Christian schism and　147
ソ連と——　Soviet Union and　304, 331, 349, 364
地図　map of　142
ナチスと——　Nazis and　280
ハプスブルクと——　Habsburgs and 97–98, 107, 115, 128–154, 171, 197, 349
ボルシェビキと——　Bolsheviks and 135–136, 162, 196, 204–205
民族自決と——　self-determination and 170–171
歴史修正主義者と——　revisionists and 178
ロシア帝国と——　Russian Empire and 98, 350
ウクライナ化　Ukrainization　164, 360, 365
ウクライナ軍団　Ukrainian Legion　116, 143–145, 149, 164, 297
ウクライナ語　Ukrainian　129, 150, 421
ウクライナ公国　Principality of Ukraine 126, 137
ウクライナ・シーチ狙撃兵部隊 Ukrainian Sich Marksmen　145
ウクライナ人　Ukrainians　8, 11, 22–23, 31, 33, 39, 95
——による戦争協力　collaboration by 305
——の国外追放　deportation of　332
——の処刑　execution of　116
——の民族浄化　ethnic cleansing of　417
ヴィルヘルムと——　Wilhelm and　106, 119, 124–126, 131, 135, 137, 146–149, 175, 196, 200–201, 236, 268–273, 281, 306, 335, 345
戦争犯罪と——　war crimes and　305
ポーランド人と——　Poles and　95–97, 106, 115, 190
ボルシェビキと——　Bolsheviks and 140, 204–205
民主主義と——　democracy and　359, 362, 367

ウクライナ人のアイデンティティ
Ukrainian identity 97, 148, 175, 237, 352
ウクライナ人民共和国 Ukrainian National Republic 135, 142, 193–194, 196
——の軍隊 army of 174
——の承認 recognition of 136–137, 415
——の敵 rivals of 173
——の崩壊 destruction of 416
ヴィルヘルムと—— Wilhelm and 135, 162, 173, 175, 184, 190, 193, 203–205, 305, 344
ハプスブルクと—— Habsburgs and 206
ポーランドと—— Poland and 160, 174–175, 182, 204
ウクライナ総評議会 Ukrainian General Council 195–196
ウクライナ大飢饉 Famine, Great Ukrainian 236
ウクライナ中央評議会 Ukrainian Central Council 128, 135
ウクライナ帝国 Ukrainian Empire 275
ウクライナ独立 Ukrainian independence 135, 145, 206, 348, 354, 358–363, 384, 418
ウィルソンと—— Wilson and 163
ヴィルヘルムと—— Wilhelm and 164–165
ウクライナ民族会議 Ukrainian National Council 116
ウクライナ民族主義 Ukrainian nationalism 350, 375
——の奨励 promotion of 141
共産主義者と—— communism and 375
ソヴィエトと—— Soviets and 304–305
ウクライナ民族主義者 Ukrainian nationalists 275, 304, 313, 315, 328
——による抵抗 resistance by 327–328, 332–333
——の逃走 flight of 338
ソヴィエト・ウクライナと—— Soviet Ukraine and 338
ソ連の防諜活動と—— Soviet counterintelligence and 331
ウクライナ民族主義者組織（OUN） Organization of Ukrainian Nationalists（OUN） 313, 327–332
ヴィルヘルムと—— Wilhelm and 237, 313
ウクライナ問題 Ukrainian question 98–99, 119, 124, 201, 332
——の解決 resolving of 115, 130
ポーランド問題と—— Polish question and 120
ウクライナ領邦 Ukrainian crownlands 115, 127, 130, 152, 163, 189
エステルハージ，トーマス Esterhazy, Thomas 216, 235
エステルハージ，モーリッツ Esterhazy, Moríc 216, 235
エタブリスマン・ペルノー Établissements Pernod 241
エドワード７世 Edward VII, King 227
エマール，アンドレ Hémard, André 241–242, 248
クイーバと—— Couyba and 242
エリーザベト皇后 Elisabeth, Empress 52, 76
——の暗殺 assassination of 52, 415
——の宮殿 palace for 74–75
人物略伝 biographical sketch of 396
エレオノーラ・フォン・ハプスブルク

Eleanora von Habsburg 54, 82, 101, 297–298, 334
——による告訴 suit by 299
——の教育 education of 65–66
——の結婚 marriage of 87–89, 192
——への支払い payment for 300
写真 photo of 58, 89
人物略伝 biographical sketch of 396
エロス号（ヨット） *Eros*（yacht） 241
エンゲルス，フリードリヒ Engels, Friedrich 201
オイゲン（オーストリア大公） Eugen, Archduke 246, 254
——からの援助 help from 266
人物略伝 biographical sketch of 397
ドイツ騎士団と—— Teutonic Knights and 48
オイル・パイプ・ラインズ・オブ・ガリツィア Oil Pipe Lines of Galicia 179
オイレンブルク，フィリップ・ツー Eulenberg, Philipp von 92
欧州議会 European Parliament 357, 417
オーストリア共産党 Communist Party of Austria 323, 327
オーストリア国防軍（ラントヴェーア） Landwehr 420
オーストリア人のアイデンティティ Austrian identity 284, 370
オーストリア帝国 Austrian Empire 419
オーストリア＝ハンガリー二重帝国 Austria-Hungary 31, 57, 68, 386, 414, 419, 421
オーストリア＝ハンガリー＝ポーランド三重帝国 Austria-Hungary-Poland 130
「オーストリア・ポーランド」という解決策 Austro-Polish solution 120, 122
オーストリア・マルキスト Austro-Marxists 101
オスマントルコ帝国 Ottoman Empire 16, 57, 75
——による包囲 siege by 24
——の衰退 decline of 56, 67, 77, 99, 104
ハプスブルクと—— Habsburgs and 25
民族主義と—— nationalism and 76
ポーランドと—— Poland and 173
オタカル2世 Ottokar 13
オットー・フォン・ハプスブルク Otto von Habsburg
——に対する死の脅迫 death threat against 358
——の敗北 defeat of 288
EUと—— European Union and 363
ヴィルヘルムと—— Wilhelm and 233, 235, 267, 270, 278, 283
欧州議会と—— European Parliament and 417
金羊毛騎士団と—— Order of the Golden Fleece and 267–268
シュシュニックと—— Schuschnigg and 233, 287
人物略伝 biographical sketch of 400
ドゥ・モンジーと—— de Monzie and 240
ヒトラーと—— Hitler and 230
ムッソリーニと—— Mussolini and 240
オットー作戦 Operation Otto 287
オットー・フランツ・フォン・ハプスブルク（オーストリア大公） Otto Franz von Habsburg 113, 267–268
——の軽率さ indiscretions of 53–54
人物略伝 biographical sketch of 401
オバマ，バラク Obama, Barack 376

オメガの時計　Omega watch　352
オレスニツキイ，イェフヘン　Olesnytsky, Ievhen　126
オレンジ革命　Orange Revolution　362, 372, 418
ハプスブルクと――　Habsburgs and 360–361
民主主義と――　democracy and　372

## カ行

外交　Diplomacy　17, 68, 85
カイヨー，ジョゼフ　Caillaux, Joseph 224–225, 249
革命広場　Place de Révolution　17
カスパル，ミッツィ　Casper, Mizzi　51
カチョロフスキイ，ヴァシル　Kachorovsky, Vasyl　338–342
カトリック教会　Catholic Church　55, 59, 147
カフェ・ライヒスラート　Café Reichsrat 184, 209
カフカ，フランツ　Kafka, Franz　420, 422
カミャーネツィ＝ポディリスキイ Kamianets podils'kyi　173
――での虐殺　murders at　305
ガリツィア　Galicia　31, 34, 39, 59, 69, 82, 99, 105, 145
――におけるヴィルヘルム　Wilhelm in 84, 94–95
――における戦闘　fighting in　119–120, 124
――の支配　control of　171
――の分割　division of　333
――へのロシア軍の侵攻　Russian invasion of　116
ウクライナ人と――　Ukrainians and 96, 115, 119, 124, 127, 136, 201
ソ連と――　Soviet Union and　329, 333
地図　map of　79
ポーランドと――　Poland and　67, 70, 78, 131, 166, 190, 201, 333
カール1世　Karl, Emperor　214, 216, 258, 422
――の隠遁　withdrawal of　166
――の死　death of　212, 229
――の即位　accession of　415
――の東方政策　eastern policy of　157
ウィルソンの要求と――　Wilson's demands and　163
ヴィルヘルムと――　Wilhelm and　126–134, 143, 151, 157, 163, 200, 206–207, 282
ウクライナと――　Ukraine and　127, 130, 143, 197
議会と――　parliament and　129, 163
シュテファンと――　Stefan and　161
人物略伝　biographical sketch of　398
ハンガリーと――　Hungary and　199
和平と――　peace and　158
カール・シュテファン　Karl Stefan　355, 383
人物略伝　biographical sketch of　399
カルパティア山脈　Carpathian Mountains 83, 96, 98, 333
――における戦闘　fighting in　119
カール・フォン・ハプスブルク大公 Karl von Habsburg, Archduke　48, 344, 422
――のモットー　motto of　19
カール・ルートヴィヒ（オーストリア大公）　Karl Ludwig, Archduke　53
人物略伝　biographical sketch of　398
キエフ　Kiev　1, 135, 235, 280, 358, 362
――駐在の外交官たち　diplomats in

140–141
——におけるヴィルヘルム　Wilhelm in　160, 344–345
——におけるウクライナ革命　Ukrainian revolution in　361
——におけるポーランド軍　Polish army in　182
——のドイツによる占領　German occupation of　140
教皇レオ 13 世　Leo XIII, Pope　55
共産主義　Communism　134, 174, 177, 180, 202, 284, 322, 326–327, 339, 343
——の終焉　collapse of　354, 357, 360, 364
——への抵抗　opposition to　245–246
赤軍と——　Red Army and　324
ウクライナ人と——　Ukrainians and　360, 375
共産主義者　Communists
『共産党宣言』　*Communist Manifesto*（Marx and Engels）　201
ギリシャ　Greece　76, 363
ギリシャ・カトリック教会　Greek Catholic Church　99, 131, 147, 156, 361
ギリシャ独立戦争　Greek wars of independence　76
キリスト教社会党　Christian Social Party　231
金羊毛　Golden Fleece　44, 382
金羊毛騎士団　Order of the Golden Fleece　4, 12, 38, 75, 118, 234
——の創設　founding of　413
ヴィルヘルムと——　Wilhelm and　118, 267–271
クイーバ，シャルル　Couyba, Charles　223–224
クイーバ，ポーレット　Couyba, Paulette　223–225, 229, 261, 264, 269
——に対する訴訟　case against　247–249
——による裏切り　betrayal by　243, 246, 253–254, 263
——による詐欺　fraud by　246–249, 253
——の弁護戦略　defense strategy of　246–249
エマールと——　Hémard and　241–242
ヴィルヘルムと——　Wilhelm and　223, 239, 255
人物略伝　biographical sketch of　405
クチマ，レオニード　Kuchma, Leonid　359
クラクフ　Cracow　10, 83, 86, 188, 294
クリーブランド，グロバー　Cleveland, Grover　49
クロアチア　Croatia　357
EU と——　European Union and　368, 381
クロス，アルフォンス　Kloss, Alfons　192, 297–298, 334
——の結婚　marriage of　87–89, 192
人物略伝　biographical sketch of　404
黒手組　Black Hand　111
グローバリゼーション　Globalization　44, 369, 371
クロル，コンスタント　Kroll, Constant　217, 269
ケーガン，ロバート　Kagan, Robert　372
ゲシュタポ　Gestapo　1, 293–294
アリスと——　Alice and　300–302, 315
アルブレヒトと——　Albrecht and　293–302, 315
ゲーリング，ヘルマン　Göring, Hermann　318
ケルキラ島（コルフ島）への旅　Corfu, trip to　74–75
憲法　Constitutional laws　35, 414

『皇帝の夢』（戯曲） *Emperor's Dream, The* (Play) 13, 20, 28, 37, 42, 78, 96, 107, 272
国事勅書（プラグマティッシェ・ザンクツィオン） Pragmatic Sanction 15, 24, 421
国民党 People's Party（Volkspartei） 323–324, 326–327
「故国から」（バレエ曲） *From the Homeland*（*Aus der Heimat* ballet） 37
護国団 Heimwehr 232
コサック Cossacks 95, 144, 150
ウクライナの歴史と―― Ukrainian history and 145
コソヴォの戦い（1389 年） Kosovo, Battle of（1389） 110
国家安全保障省 Ministry of State Security 345
国家社会主義 National Socialism 206, 245, 280
――の拒絶 rejection of 316
ヴィルヘルムと―― Wilhelm and 303–304
国家（民族）統一 National unification 25, 30, 56, 62, 366, 369
第 1 次世界大戦と―― First World War and 366
第 2 次世界大戦と―― Second World War and 367
国家保安本部 Reich Security Main Office 320
国境警備師団 Border Control Corps 290
コノヴァレツ，イェフヘン Konovalets, Ievhen 237, 254
『ゴールデンアイ』（映画） *GoldenEye* (film) 352
ゴルバチョフ，ミハイル Gorbachev, Mikhail 353–354, 417
コロレド伯爵 Colloredo, Count 240, 246
婚姻による帝国主義 Nuptial imperialism 16–18, 26–27, 190
ゴンガゼ，ゲオルギー Gongadze, Georgii 359

## サ行

ザクセンハウゼン Sachsenhausen 286
ザポリージャ軍団 Zaporizhian Corpus 149, 156
サルコジ，ニコラ Sarkozy, Nicolas 376
サン・ニコラ大聖堂 Cathedral of St. Nicholas 66
ジヴィエツ Żywiec 83, 234, 290, 303, 315, 333
――における人種政策 racial policy in 319
――におけるユダヤ人 Jews in 296
――の解放 liberation of 321
――の併合 annexation of 294–295
ドイツ軍の侵攻と―― German invasion and 291–292, 296, 301
ジヴィエツ醸造所 Żywiec brewery 298
――での生産量 production at 302
――に対する法的論争 legal contestation of 355
ハイネケン社と―― Heineken and 356
ジヴィエツ所領 Żywiec estate 80, 85–86, 88, 189, 191, 290–291, 301, 379–381
――の没収 confiscation of 167, 317, 321
写真 photo of 81
シェプティツキイ，アンドリイ Sheptytsky, Andrii 99, 131–133, 171
ヴィルヘルムと―― Wilhelm and 135,

147, 193, 270
人物略伝　biographical sketch of　411
写真　photo of　132
シェンキェヴィチ，ヘンリク　Sienkiewicz, Henryk　95
シーチ（要塞）　Sich　144–146, 149, 155
市民権　Citizenship　184, 192, 225
社会民主党　Social Democrats　177, 184, 231–232, 278, 323, 326–327, 416
シャネル，ココ　Chanel, Coco　255
自由コサック　Free Cossacks　201, 205, 281, 345
シュシュニック，クルト・フォン　Schuschnigg, Kurt von　232–233, 286
――に対する最後通牒　ultimatum for 285
オットーと――　Otto and　233, 287
人物略伝　biographical sketch of　410
シュテファン大聖堂　St. Stephen's Cathedral　189
シュテファン・フォン・ハプスブルク　Stefan von Habsburg
――に対するポーランドの市民権　Polish citizenship for　192
――のヴィラ　villa of　64, 382
――の外交　diplomacy of　61, 85
――の結婚　marriage of　26–27, 50
――の死　death of　235, 268, 416
――の子女　children of　54–59, 65, 83–85
――の醸造所　brewery of　80
――の城　castles of　80–81
――の戦時の軍務　wartime service of 118
――の誕生　birth of　8, 25, 48, 414
――のポーランドへの関心　Polish interests of　39–40, 60, 69–70, 77, 107–108, 120–125, 213
――の幼少年時代　youth of　26
ヴィルヘルムとの関係の断絶　Wilhelm break with　189–193
ウクライナ問題と――　Ukrainian question and　98
「オーストリア・ポーランド」創設という解決策と――　Austro-Polish solution and　134
海軍と――　naval service and　61–62
金羊毛騎士団と――　Order of the Golden Fleece and　75
『皇帝の夢』と――　*Emperor's Dream* and　36–37, 42
国家統一と――　national unification and 365
子女の教育と――　children's education and　48, 65, 68, 90
写真　photo of　58
肖像画　portrait of　161
人物略伝　biographical sketch of　401
民族主義と――　nationalism and　3, 6, 56
ハプスブルクとドイツの不協和音と――　Habsburg-German disagreements and　122
バルカン半島と――　Balkans and　57
ポーランド問題と――　Polish question and　60–61, 90
ホルティ・ミクローシュ提督と――　Horthy and　199
ロートシルト家と――　Rothschilds and 241
シュトラウスベルク強制収容所解放　Straussberg, liberation of　321
シューマン，ロベール　Schuman, Robert 363
ショイブナー＝リヒター，マックス・エルヴィン　Scheubner-Richter, Max

Erwin　202
蔣介石　Chiang Kai-Shek　215
諸国民の春　Springtime of Nations　→1848年の革命
ジョルジュ－ミシェル，ミシェル　Georges-Michel, Michel　228–229, 241, 259–264
　ヴィルヘルムと――　Wilhelm and　219–221, 252
　人物略伝　biographical sketch of　406
　ワッセルバックと――　Wasserbäck and　261
シラー，フリードリヒ　Shiller, Friedrich　25
シリルとメソディアス　Cyril and Methodius　55, 105
神聖ローマ帝国　Holy Roman Empire　6, 13, 15, 22, 44, 166, 294
　――の終焉　end of　414
『審判』（カフカ）　*Trial, the*（Kafka）　422
人民共和派　Mouvement Républicaine Populaire　324, 363
人民戦線　Popular Front　245–246, 274
　――の結成　creation of　416
　――内閣の成立　rise of　258
水晶の夜　*Kristallnacht*　287, 416
スウィンバーン，リュシエンヌ　Swinburne, Lucienne　228
スエズ運河　Suez Canal　44
スコロパツキイ，パヴロ　Skoropadsky, Pavlo　142, 183
　――を打倒する政変　coup against　166–167
　――の君主制主義　monarchism of　196
　ヴィルヘルムと――　Wilhelm and　155, 161, 193–195, 280
　人物略伝　biographical sketch of　411
スコロパツキイをヘトマンにした政変　Skoropadsky coup　149
スターリングラード　Stalingrad　312
スターリン，ヨシフ　Stalin, Joseph　1, 6, 43, 71, 155, 238, 244, 254, 281, 333, 338, 347, 360
　――の死　death of　417
　バルカン半島と――　Balkans and　343
　ヒトラーと――　Hitler and　288, 322
　ポーランドと――　Poland and　292
スペイン市民戦争　Spanish Civil War　416
スペイン陸軍の改革　Spanish army, reform of　214
スメルシ　SMERSH　322, 340
スロヴェニア　Slovenia　369
スワロフスキー，ハンス　Swarowsky, Hans　307, 349
世界恐慌　Great Depression　258, 276
赤軍　Red Army　1, 135–136, 182, 185, 205, 312, 326
　――による侵攻　invasion by　291–292
　ウィーンにおける――　in Vienna　321
　ウクライナと――　Ukraine and　173, 339
　共産主義と――　communism and　324
　ジヴィエツにおける――　in Żywiec　321
　ポーランドと――　Poland and　185
　歴史修正主義と――　revisionism and　177
セルビア　Serbia　56–57, 357
　――王国の隆盛　rise of　39
　――との戦争　war against　105, 114–115, 164
　――におけるハプスブルク軍の攻撃　Habsburg offensive in　114
　――の支配　rule of　76
　――併合計画　proposed annexation of　111

——への関心　concerns about　37
——への最後通牒　ultimatum to　113
オスマン帝国と——　Ottoman Empire and　104
戦間期ヨーロッパ 1923–1938 年（地図）　Interwar Europe, map of　220
聖グレゴリー騎士団　Order of St. Gregory　273
聖ジョージ騎士団　Order of St. George　269, 273, 281
聖ユーラ大聖堂（写真）　St. George's Cathedral, photo of　132
セントラル・バス・ハウス（ツェントラールバート）　Central Bath House　53
ソヴィエト・ウクライナ　Soviet Ukraine　236, 271, 305, 332, 344, 360, 366, 375
——における飢饉　famine in　205
ウクライナ民族主義者と——　Ukrainian nationalists and　339
ソヴィエト連邦　Soviet Union　225, 238, 244, 253, 281, 288, 309, 328, 347, 364, 366, 416　→ロシア帝国
——に抗するポーランドとウクライナの連携　Polish-Ukrainian cooperation against　268
——による侵攻　invasion by　292
——の崩壊　collapse of　354, 357, 360, 366, 417
ウクライナと——　Ukraine and　304, 331–332, 349, 358
ガリツィアと——　Galicia and　329, 333
諜報活動と——　espionage and　345, 353
マーシャルプランと——　Marshall Plan and　343
祖国戦線　Fatherland Front　231–232, 273, 277, 285, 416
——の後継者　successor of　323
ヴィルヘルムと——　Wilhelm and　266
シュシュニックと——　Schuschnigg and　285
ハプスブルクの再興と——　Habsburg restoration and　233
ソルフェリーノの戦い（1859 年）　Solferino, Battle of（1859）　26

## タ行

第 1 次世界大戦　First World War　3–4, 158, 170, 172, 177, 179, 185–186
——の勃発　outbreak of　114–115, 117
国家統一と——　national unification and　366
第 1 次バルカン戦争（1912 年）　First Balkan War（1912）　104, 415
大粛清　Great Terror　416
第 2 次世界大戦　Second World War　1, 345, 379, 381
オーストリアと——　Austria and　350
国家統一と——　national unification and　367
第 2 次バルカン戦争（1913 年）　Second Balkan War（1913）　104, 415
ダッハウ　Dachau　286
チェコスロバキア　Czechoslovakia　176, 253, 291, 350, 353, 366, 369
——におけるウクライナ人　Ukrainians in　204
——における共産主義者によるクーデター　communist coup in　368
——における民主主義　democracy in　238
——の考案　invention of　366
——の主権　sovereignty of　357

ハプスブルクの再興と――　Habsburg restoration and　254
ハンガリー王政復古と――　Hungarian restoration and　199
チカレンコ，イェフヘン　Chykalenko, Ievhen　197
チャーチル，ウィンストン　Churchill, Winston　218, 310, 325, 327
チャブリノヴィッチ，ネデリュコ　Čabrinović, Nedeljko　111
チャルトリスキ，オルギュルト　Czartoryski, Olgierd　86–87, 123, 334
――の結婚　marriage of　86
写真　photo of　87
人物略伝　biographical sketch of　404
中央同盟国　Central Powers　135, 152
――に対するテロ　terrorism against　153
ツィタ（オーストリア皇后）　Zita, Empress　113, 199, 246, 253, 258, 263, 353, 357, 382
――への裏切り　betrayal of　253
ヴィルヘルムと――　Wilhelm and　212–213, 235–236, 255, 267–268
人物略伝　biographical sketch of　403
ハプスブルクの再興と――　Habsburg restoration and　229–230, 233, 237–238, 243, 252
マリア・クリスチーナと――　Maria Christina and　212
ムッソリーニと――　Mussolini and　230
ツェルの戦い（1914年）　Cer, Battle of (1914)　115
ディアギレフ，セルゲイ　Diaghilev, Serge　219
帝国管区ウクライナ　Reichskommissariat Ukraine　305
帝立宮廷歌劇場　Court Opera　10, 12, 37, 42, 346, 351
ディレクトーリヤ　Directory　173–174
デターディング，ヘンリ　Deterding, Henri　240–243
鉄のカーテン　Iron Curtain　327, 351, 364
デュルカル大公（ドン・フェルナンド・デ・ボルボン・イ・デ・マダン）　Don Fernando de Borbón y de Madan, duke of Durcal　221
人物略伝　biographical sketch of　397
テロリズム　Terrorism　111, 153, 371
ドイツ　Germany　22, 24–25, 33, 39, 238
→ナチス
――海軍の軍事力　naval power of　61, 103
――とオーストリア併合の可能性　potential Austrian merger with　230
――とハプスブルクの提携　Habsburg alliance with　50, 61, 103, 116, 122, 135
――による宣戦布告　declaration of war by　114, 291
――の愛国主義者、反革命主義者　nationalists/counterrevolutionaries in　181
――の降伏　surrender of　339, 371
ヴェルサイユ条約と――　Treaty of Versailles and　179
共産主義革命と――　communist revolution and　180
講和と――　peacemaking and　133
「背後からの一突き」理論と――　stab in the back theory and　180
民族主義と――　nationalism and　38
ドイツ騎士団　Teutonic Knights　48, 265
ドイツ統一　German unification　22, 24–25, 36, 103, 366–367, 414
ドイツ民族性強化国家委員会本部

Ministry for the Strengthening of Germandom　316
ドイツ陸軍第 8 軍　German Eighth Army　116
同性愛　Homosexuality　101, 219, 221, 262, 267
軍隊と――　military and　92–94
東部戦線（1914–1918 年）（地図）　Eastern Front, map of　121
東方正教会　Orthodox Church　55, 147
東方典礼カトリック教会　Uniate Church　147　→ギリシャ・カトリック教会
連合国（協商国）　Entente Powers　103, 182, 190
ドゥ・モンジー，アナトール　De Monzie, Anatole　225, 240
トカジェフスキ＝カラシェヴィッチ，オクサナ　Tokarzewski-Karaszewicz, Okzana　237
トカジェフスキ＝カラシェヴィッチ，ヤン（トカリ）　Tokarzewski-Karaszewicz, Jan（Tokary）　236, 281–282
ヴィルヘルムと――　Wilhelm and　236, 268–271, 284
人物略伝　biographical sketch of　411
独裁主義体制　Authoritarianism　177, 181, 200, 245, 283
『特性のない男』（ムージル）　*Man without Qualities, The*（Musil）　102, 420, 422
独ソ不可侵条約（1939 年）　Nazi-Soviet nonaggression pact　292, 327, 338, 416
トスカーナ　Tuscany　26
トリエステ　Trieste　44, 66
ドルフース，エンゲルベルト　Dollfuss, Engelbert　231
人物略伝　biographical sketch of　405
トルーマン，ハリー　Truman, Harry　343
トレブリンカ強制収容所　Treblinka　320
トロイア戦争　Trojan War　74–75
トロツキー，レフ　Trotsky, Lev　174

## ナ行

ナチス　Nazis　1, 5–6, 208–209, 239, 258, 273, 277–280, 297, 300, 346, 368, 383　→ドイツ
ヴィルヘルムと――　Wilhelm and　282–283
オーストリア内での合法化　legalization of Austrian　285
オーストリアと――　Austria and　350–352
ドルフースと――　Dollfuss and　232
ハプスブルクと――　Habsburgs and　231
ナチ政権下のヨーロッパ 1942 年頃（地図）　Nazi Europe, map of　311
ナポレオン 3 世　Napoleon III　26
ナポレオン戦争　Napoleonic Wars　6, 18
ナポレオン・ボナパルト　Napoleon Bonaparte　17–18, 22, 43, 48, 59, 240
ニコライ 2 世（皇帝）　Nicholas II, Tsar　128
西ウクライナ人民共和国　West Ukrainian National Republic　164, 194
――の独立宣言　declaration of　163
――の敗北　defeat of　174, 415
ニン，アナイス　Nin, Anaïs　376
ネシャディ，モーリス　Néchardi, Maurice　222, 264
ノヴァラ号（船）　*Novara*（ship）　47
ノヴォサド，ロマン　Novosad, Roman　307–309, 312–314, 338, 341, 344, 346, 351
――による諜報活動　intelligence work

by　329
——の裏切り　betrayal of　341–342
——の拘禁　imprisonment of　349
——の失踪　disappearance of　342
——の尋問　interrogation of　341–342, 349
ヴィルヘルムと——　Wilhelm and　309–310, 342
写真　photo of　308
人物略伝　biographical sketch of　407
リダと——　Lida and　330

## ハ行

バイエルン　Bavaria　181, 185, 200, 329–330
——での共産主義革命　communist revolution in　177
——の愛国主義者／反革命主義者　nationalists/counterrevolutionaries in 181
ハイドリヒ，ラインハルト　Heydrich, Reinhard　316
ハイネケン社　Heineken　356, 379–380
バイロン卿　Byron, Lord　76
バウアー，マックス　Bauer, Max　179, 185, 200, 205–206
カップ一揆と——　putsch and　181
人物略伝　biographical sketch of　405
スペイン軍と——　Spanish army and　214
リンカーンと——　Lincoln and　179, 214
パーカー　Parker　241–242
ハギアソフィア　Hagia Sofia　77
白軍　White Army　174
白色インターナショナル　White International　183–184, 200, 214, 416
——の崩壊　collapse of　186
白色ロシア（反ボルシェビキ）　White Russians　182
バデーニ，ヨアヒム（カジミェシュ）　Badeni, Joachim（Kazimierz）　355
人物略伝　biographical sketch of　403
バデーニ，ルドヴィック　Badeni, Ludwik　187
パデレフスキ，イグナツィ　Paderewski, Ignacy　172
バーデン・バイ・ウィーン　Baden　297, 341–342, 344–345
パネイコ，ヴァシル　Paneyko, Vasyl　247–250, 253, 262–263, 269
——の裏切り　betrayal of　243
人物略伝　biographical sketch of　409
王政復古と——　restoration and　237
バビ・ヤールの虐殺　Babyi Iar, murders at　305
ハプスブルク　Habsburgs
——の軍事力　military power of　372
——の終焉　end of　6
——の退嬰　decadence of　106
——の帝冠領と権力と富　crownlands/power/wealth of　29
——の統治　rule of　10–12
——に対する世評　reputation for　267
EU と——　European Union and　371–373
ウクライナと——　Ukraine and　97–100, 128, 140–141, 152–154, 198, 349–350
オーストリア＝ハンガリー帝国と——　Austria-Hungary and　31
海軍力と——　sea power and　42–50
少数派のドイツ系臣民と——　German minority and　122

ナチスと―― Nazis and 231
ホーエンツォレルン家と―― Hohenzollerns and 24–25
ボルシェビキと―― Bolshviks and 345
民族主義と―― nationalism and 29, 36, 122
ヨーロッパの同盟関係と―― European alliance system and 103
ハプスブルクの再興 Habsburg restoration 249
――への反対 opposition to 254
――への援助 promotion of 260
ヴィルヘルムと―― Wilhelm and 7, 229–233, 237–240, 250–253
ボルシェビキと―― Bolshviks and 245
ハプスブルク支配地 1580 年頃（地図） Habsburg, Earth, map of 21
ハプスブルク帝国海軍 Habsburg navy 44, 50, 61, 199
メキシコでのマクシミリアンの非業の死と―― Mexican debacle and 46–47
ハプスブルク・ヨーロッパ（地図） Habsburg Europe, map of 32
パリ Paris 171, 217, 230, 239, 258, 263–264, 269, 331, 380
――におけるヴィルヘルム Wilhelm in 217–227, 243, 358
――におけるウクライナ人 Ukrainians in 217
――における革命 revolution in 22
パリ講和会議 Paris peace talks 170–171, 180–181, 199, 215
ハルデン＝オイレンブルク事件 Eulenberg, Affair 92
バレエ・リュス（ロシア・バレエ団） Ballets Russes 219
パレ・ドゥ・ジュスティス Palais de Justice 247, 251
ハンガリー Hungary 14, 15, 30, 31, 59, 207, 304, 340
――における共産主義革命 communist revolution in 177
――における復古 restoration in 199
――における民族自決 self-determination and 170
――の国境線 border for 178
――の統治権 sovereignty of 357
ハンガリー革命（1848 年） Hungarian revolution（1848） 353
ハンガリー革命（1956 年） Hungarian rebellion（1956） 30
ハンガリー国防軍（ホンヴェード） Honvéd 420
パンの講和（1918 年） Bread Peace（1918） 136–137, 140, 152, 171, 193
反ユダヤ主義 Anti-Semitism 203, 279, 305, 319
ピウスツキ，ユゼフ Piłsudski, Józef 160, 166, 173–174
人物略伝 biographical sketch of 409
ピエモンテ－サルデーニャ王国 Piedmont-Sardinia, Kingdom of 26
ピカソ，パブロ Picasso, Pablo 241
ピーグル，ヨーゼフ Piegl, Jozef 214–215
ビスマルク，オットー・フォン Bismarck, Otto von 25–26, 367
ピッティンガー，オットー Pittinger, Otto 200, 205
ピッティンガーの組織 Pittinger Organization 200
『火と剣とを持って』（シェンキェヴィチ） *With Fire and Sword*（Sienkiewicz） 95
ヒトラー，アドルフ Hitler, Adolf 230,

237–239, 258, 280–288, 339, 344, 360, 367, 416
——の最後通牒 ultimatum by 287
——の支配 rule of 6
アンシュルスと—— Anschluss and 286
一揆と—— putsch and 181, 207
ウクライナ人と—— Ukrainians and 304–305
オットーと—— Otto and 230
国家社会主義と—— National Socialism of 245
ジヴィエツ所領と—— Żywiec estate and 319
シュシュニックと—— Schuschnigg and 285
人種問題と—— race issue and 321
スターリンと—— Stalin and 288
反—— opposing 1, 301, 317–318, 334
ファシズムと—— fascism and 274–276
ミュンヘンと—— Munich and 181
ヒムラー，ハインリヒ Himmler, Heinrich 316–319
人物略伝 biographical sketch of 406
ビヤホール一揆 Beer Hall Putsch 207
ヒンデンブルク，パウル・フォン Hindenburg, Paul von 116, 134, 161
人物略伝 biographical sketch of 406
ファシズム Fascism 208, 306, 345, 352, 367
ヴィルヘルムと—— Wilhelm and 274
ウクライナ人と—— Ukrainians and 362
貴族的—— aristocratic 288
ファシズムのイタリア Fascist Italy 245, 383
フアン・カルロス王 Juan Carlos, King 363
『フィガロ』紙 *Le Figaro* 224, 265
フィグル，レオポルド Figl, Leopold 324
ブーヴィエ・ジャクリーヌ Bouvier, Jacqueline 84
フェリペ2世 Philip II, King 19, 75
フェルディナント・カール Ferdinand Karl 53
フェルディナント2世（ブルボン家） Ferdinand II of Bourbon 49
普墺戦争（プロイセン・オーストリア戦争）（1866年） War of 1866 25, 30, 46, 61, 367
フォード，ヘンリー Ford, Henry 240
ブケイ，モーリス Boukay, Maurice →クイーバ，シャルル
フシコフスキイ，カジミェシュ Huzhkovsky, Kazimir 124, 126, 193, 374
人物略伝 biographical sketch of 407
フツル人 Hutsuls 96
普仏戦争（フランス－プロイセン戦争）（1870年） Franco-Prussian War（1870） 27
プーラ Pula 44, 46, 49, 54, 56, 70
フライポレ村 Hulai Pole 153–154
プラハの春（1968年） Prague Spring（1968） 353
フランク，ハンス Frank, Hans 282, 294, 303
人物略伝 biographical sketch of 406
フランス革命 French Revolution 6, 17–18
フランス共産党 French Communist Party 244
フランツ・フェルディナント（オーストリア大公） Franz Ferdinand von Habsburg, Crown Prince 53, 66, 126, 357
——の暗殺 assassination of 112–113,

357
——の不人気　unpopularity of　54, 103
ウクライナ問題と——　Ukrainian question and　99
サラエボの——　in Sarajevo　110–111
人物略伝　biographical sketch of　397
バルカンと——　Balkans and　54, 105
フランツ・ヨーゼフ1世　Franz Josef von Habsburg　20, 38, 49, 85, 88, 101, 124, 130
——の結婚　marriage of　51
——の誕生　birth of　414
——の統治　rule of　8, 10, 28, 50, 102–103, 414
——のモットー　motto of　373
——の民族政策　national policies of　31–32
——の幼少年期　youth of　23, 27
10月勅書と——　October Diploma and　30
ウクライナ問題と——　Ukrainian question and　99
海軍の改革と——　naval reform and　46
革新的な法律と——　progressive laws and　36
人物略伝　biographical sketch of　397
世界の支配と——　world power and　26
投票権と——　voting rights and　35
ハプスブルクとドイツの不協和音と——　Habsburg-German disagreements and　122–123
ハンガリー人と——　Hungarians and　30
ポーランド統一と——　Polish unification and　85
民族主義と——　nationalism and　22–24, 27
ルドルフの死と——　Rudolf death and　52
ブリエル，ジャック　Brier, Jacques　324, 328
フリードリヒ・ヴィルヘルム・フォン・ホーエンツォレルン（フリードリヒ・ヴィルヘルム1世）　Friedrich Wilhelm von Hohenzollern　24, 227–228
フリードリヒ（オーストリア大公）　Friedrich, Archduke　19, 48, 118–119
人物略伝　biographical sketch of　398
プリモ・デ・リベラ，ミゲル　Primo de Rivera, Miguel　213
プリンツィプ，ガブリロ　Princip, Gavrilo　112–113
フルシェーウシクィィ，ムィハーイロ　Hrushevsky, Mykhailo　374
人物略伝　biographical sketch of　408
フルシチョフ，ニキータ　khrushchev, Nikita　332
ブルジョワ，ジャンヌ　Bourgeois, Jeanne　227　→ミスタンゲット
ブルボン家　Bourbons　17
ブルボン－パルマ家の王女のふり　Bourbon-Parma, imposter princess of　257–259
ブルボン－パルマ，シクストゥス・フォン　Bourbon-Parma, Sixtus of　230
ブルーモスク　Blue Mosque　77
ブレスト・リトフスク条約（1918年）　Treaty of Brest-Litovsk（1918）　135, 137　→パンの講和
フレミング，イアン　Fleming, Ian　352
プロイセン　Prussia
——との戦争　war with　25, 30
——の徴税制度　tax system by　24
ドイツ統一と——　German unification and　26
フロイト，ジークムント　Freud, Sigmund

90, 127
プロコップ，ミロスラフ　Prokop, Myroslav　315
人物略伝　biographical sketch of　410
プロコポヴィッチ，アンナ（リダ・トゥルチン）　Prokopovych, Anna（Lida Tulchyn）　313–314, 328–330, 340
人物略伝　biographical sketch of　410
ヘトマネート（ヘトマン支配）　Hetmanate　143, 151, 154–155, 159, 195
ペトリフ，フセヴォロド　Petriv, Vsevolod　149, 151, 374
ペリシエル，ジャン　Pélissier, Jean　328
ベルヴェデーレ宮殿　Belvedere Palaces　310
ベルリン　Berlin　120, 123, 129, 134, 137, 140–141
——における一揆　putsch in　180–181
ベルリン会議（1878 年）　Congress of Berlin（1878）　414
ベルリンの壁　Berlin Wall　354
防衛同盟　Schutzbund　232
ホーエンツォレルン家　Hohenzollerns　24
ポグロム　Pogroms　174, 190, 203
ボスニアとヘルツェゴヴィナ　Bosnia and Herzegovina　36–37, 111, 357
——におけるハプスブルクの抑圧　Habsburg repression in　113
——の併合　annexation of　104, 110–111, 415
ホテク，ゾフィー　Chotek, Sophie　110–112
人物略伝　biographical sketch of　403
ポドヤヴォリ　Podjavori　63
ホーフマンスタール，フーゴ・フォン　Hofmannsthal, Hugo von　373
ポーランド　Poland　2–4, 31, 39, 69, 78, 86
——における共産主義　communism in　326, 343
——に対するドイツの立場　German position on　122–123, 129, 134
——の解放　liberation of　301, 306
——の国境線　borders of　191
——の侵攻　invasion of　290–291, 304
——の占領　occupation of　292–304, 321
——の創建　creation of　366
——の統一　unification of　368
——の独立　independence of　6–7, 59, 137, 357
——の分割　division of　60–61, 288, 292
——の利害　interests of　191
——への忠誠心　loyalty to　5
——における民営化　privatization in　355–356
——を支配する　ruling　4
EU と——　European Union and　363, 368
ウィーン包囲と——　Vienna siege and　15
ウクライナ人民共和国と——　Ukrainian National Republic and　136–137
ガリツィアと——　Galicia and　59, 67, 118–119, 127, 175, 333
地図　map of　142, 295
ナポレオンと——　Napoleon and　22
ハプスブルクと——　Habsburgs and　14, 191
民族主義と——　nationalism and　38
ポーランド王国　Poland, Kingdom of　125, 137, 166
ポーランド共和国　Polish republic　167
ポーランド軍　Polish Army　173, 182, 186, 189

アルブレヒトとレオと―― Albrecht/Leo and 188
ウクライナ人民共和国と―― Ukrainian National Republic and 182
ポーランド国内軍 Polish Home Army 302, 322
ポーランド人 Poles
――の国外追放 deportation of 332
――の民族浄化 ethnic cleansing of 408
ウクライナ人と―― Ukrainians and 95–97, 136, 115, 189
ポーランド摂政評議会 Polish Regency Council 129
ポーランド総督府領 Generalgouvernement 294–296, 320
ポーランド対ボルシェビキ戦争 Polish-Bolshevik War 185, 188, 196
ポーランド問題 Polish question 60–61, 90
――の解決 resolving of 115
ウクライナ問題と―― Ukrainian question and 120
ポーランド領邦 Polish crownlands 115, 130, 189
ポーランド・ルネサンス Polish Renaissance 80
ボルシェビキ Bolsheviks 154, 163, 174, 179, 182, 188, 194, 200, 202–207, 215, 288
――によるロシア臨時政府の転覆 overthrow of provisional government by 134
――との和睦 peace with 140, 157
ウクライナと―― Ukraine and 135–136, 140, 152, 162, 196, 205
ハプスブルクと―― Habsburgs and 245, 345
ポーランドと―― Poland and 186
歴史修正主義者と―― revisionism and 177
ボルシェビキ革命（1917年） Bolshevik Revolution（1917） 4, 135, 415
ポルタベツ－オストリアニツァ，イヴァン Poltavets-Ostrianytsia, Ivan 280–281
人物略伝 biographical sketch of 410
ホルティ，ミクローシュ Horthy, Miklós 178, 199
人物略伝 biographical sketch of 407
ホロコースト Holocaust 305, 332–333, 351, 417
ホンチャルク少佐 Honcharuk, Major 342
ボンヌ，フランソワ－クサビエ Bonne, François-Xavier 147, 171, 374
人物略伝 biographical sketch of 405

## マ行

マクシミリアン（オーストリア大公） Maximilian, Archduke 46
――の死刑執行 execution of 47, 50, 53, 414
海軍の改革と―― naval reform and 46
人物略伝 biographical sketch of 400
スペイン・ハプスブルクと―― Spanish Habsburgs and 46–47
ホルティと―― Horthy and 199
マクシミリアン2世 Maximilian II 106
マーシャルプラン Marshall Plan 343
マース，ポール Maas, Paul 311, 314, 324
マタハリ Mata Hari 376
マティアス・コルヴィヌス Matthias Corvinus 14
マドリッド Madrid 67, 229

——におけるヴィルヘルム　Wilhelm in 212–217, 279
マーラー，グスタフ　Mahler, Gustav　351
マリア・クリスチーナ（アンテンブルク公女）　Maria Krystyna Habsburg　1–2, 8, 290, 294, 317, 326, 355
解放と——　liberation and　325–326
人物略伝　biographical sketch of　399
ドイツ軍の侵攻と——　German invasion and　291–294
美人コンテスト優勝者たちと——　beauty pageant winners and　380
ポーランドと——　Poland and　379, 380
マリア・クリスチーナ（オーストリア女大公）　Maria Christina, Queen　67, 86, 216
——のスペイン王との結婚　Spanish marriage of　48
ヴィルヘルムと——　Wilhelm and　212
人物略伝　biographical sketch of　399
ツィタと——　Zita and　212–213
マリア・テレジア（オーストリア女大公）　Maria Theresia, Empress　16–17, 25, 413, 421
マリア・テレジア（トスカーナ大公女）　Maria Theresia von Habsburg, Archduchess　65, 80, 101, 118, 294
——に対するポーランド市民権　Polish citizenship for　192
——の結婚　marriage of　26, 48–50, 414
——の死　death of　416
——の子女　children of　54–58
ウクライナ語と——　Ukrainian and　95
写真　photo of　58
人物略伝　biographical sketch of　400
レードル事件と——　Redl Affair and　93–94
マリー・アントワネット（マリア・アントーニア）　Marie Antoinette（Maria Antonia）　16–17, 414
マルクス，カール　Marx, Karl　201
マルタ　Malta　77–78, 363
マルヌの戦い（1914年）　Marne, Battle of the（1914）　117
ミスタンゲット　Mistinguett　226–227, 252, 255
人物略伝　biographical sketch of　409
ミュンヘン　Munich　184, 200, 205, 329
——の愛国主義者、反革命主義者　nationalists/counterrevolutionaries in　181
ミラマール城　Miramar　46
民営化　Privatization　354–356
民主主義　Democracy　51, 201, 274, 358, 364, 366
民族解放　National liberation　23, 38, 70, 116, 146, 381
民族国家（国民国家）　Nation-states　365–366
民族自決　Self-determination　163, 170–171, 176, 208–209, 354, 364
——の実践と原理原則　practice/principle of　208
ウクライナの——　Ukrainian　129
民族主義（ナショナリズム）　Nationalism　4, 6, 22–23, 29, 31, 36, 38, 56, 62, 77, 88, 96, 98, 120, 281, 284–285
——の悪夢　nightmares of　27
——の危機と好機　risks/opportunities of　24
イタリアの——　Italian　44
ウクライナの——　Ukrainian　141, 304–306, 349, 374–375
オスマン帝国の——　Ottoman　76
皇族・王族の——　royal　3

セルビアの―― Serbian 110–111
ドイツの―― German 24
ハプスブルクと―― Habsburgs and 29–30
民族浄化 Ethnic cleansing 348, 417
民族的アイデンティティ National identity 77, 175, 208, 237, 284, 297, 351–352, 374, 376
ムージル，ロベルト Musil, Robert 92, 102–103, 420, 422
ムッソリーニ，ベニート Mussolini, Benito 237, 260, 274–275
――によるイタリアのファシズム Italian fascism of 245
――礼賛 cult of 213
ヴィルヘルムと―― Wilhelm and 239–240
オットーと―― Otto and 230–231
ツィタと―― Zita and 230–231
ハプスブルク再興と―― Habsburg restoration and 230–231
ファシスト運動と―― fascist movement and 208
ブレンナー峠と―― Brenner Pass and 277
名誉市民の称号 honorary 278
メキシコ帝国 Mexican Empire 47
メッテルニヒ，クレメンス・フォン Metternich, Klemens von 18, 23, 414
メヒティルディス・フォン・ハプスブルク Mechtildis von Habsburg 55, 86–86, 334
――の教育 education of 65–66
――の結婚 marriage of 86–88
写真 photo of 58, 87
人物略伝 biographical sketch of 400
ポーランドと―― Poland and 192
メルニク，アンドリイ Melnyk, Andrii 237
モーツァルト，ヴォルフガング・アマデウス Mozart, Wolfgang Amadeus 16
モハーチの戦い（1526年） Mohács, Battle of（1526） 14, 413
モルガン，J. P. Morgan, J. P. 240
モンジョワ，マリー（マヤ） Montjoye, Maria（Maja） 189, 318–319
人物略伝 biographical sketch of 404

## ヤ行

ヤギェウォ家 Jagiellonians 14, 59
ヤドヴィガ Jadwiga 58
ユーゴスラビア Yugoslavia 105, 111, 369, 381
――解体 destruction of 368
――の創建 founding of 366
ハプスブルクと―― Habsburgs and 56–57
ユシチェンコ，ヴィークトル Yushchenkom Viktor 359
ユダヤ人 Jews 31, 96, 141, 144, 153, 174, 179–181, 278–280, 296, 320
――の殺害 murder of 305, 320
――の追放 deportation of 286–287, 296, 348
――の逃亡 flight of 288
――へのポグロム pogroms against 174
ウクライナと―― Ukraine and 202–203
ヨーゼフ2世 Josef, Emperor 16
ヨーロッパ石炭鉄鋼共同体 European Coal and Steel Community 363, 417
ヨーロッパ統合 European unification 371
ヨーロッパのアイデンティティ

European identity 370

## ラ行

ライアン，ネリー Ryan, Nellie 64
ラウントリー，B・シーボーン Rowntree, B. Seebohn 179
ラジウィウ，ヒエロニム Radziwiłł, Hieronymus 86, 123, 179, 218
——の結婚 marriage of 84–85
人物略伝 biographical sketch of 404
ラヨシュ 2 世（ヤギェウォ家） Louis the Jagiellonian 14
ラリシェンコ，エドゥアルト Larischenko, Eduard 165, 172, 175, 185, 217, 269
君主制主義者のプロパガンダと—— monarchist propaganda and 195–196
人物略伝 biographical sketch of 408
リヴィウ Lviv 10, 119, 129, 147, 164, 166, 172, 338, 358
——におけるヴィルヘルム Wilhelm in 131, 133–134, 383
——におけるポグロム pogrom in 203
——のポーランドによる占領 Polish occupation of 167
リバ伯爵夫人 De Rivat, Countess 259–260
緑色インターナショナル Green International 203
リンカーン，トレヴィッチ Lincoln, Trebitsch 184, 200, 214
——の数奇な人生 lives of 179–181
カップ一揆と—— putsch and 181
人物略伝 biographical sketch of 408
白色インターナショナルと—— White International and 183, 186
『ルーヴル』紙 L'Oeuvre 251
ルーデンドルフ，エーリッヒ Ludendorff, Erich 134, 183, 200
ヴィルヘルムと—— Wilhelm and 203, 205–206
カップ一揆と—— putsch and 180–181
カールと—— Karl and 161
人物略伝 biographical sketch of 407
タンネンベルクと—— Tannenberg and 116
ポーランドと—— Poland and 134
リンカーンと—— Lincoln and 180
ルートヴィヒ・ヴィクトル（オーストリア大公） Ludwig Viktor, Archduke 53
人物略伝 biographical sketch of 399
ルドニツキイ，イヴァン Rudnytsky, Ivan 374
ルドルフ 1 世 Rudolf, Emperor 13, 15–16, 28, 35, 42, 413
『皇帝の夢』と—— *Emperor's Dream and* 13
ハプスブルク朝と—— Habsburg dynasty and 154
ルドルフ（オーストリア大公） Rudolf, Archduke 20, 51–52
——の死 death of 51–53
人物略伝 biographical sketch of 401
バルカン半島と—— Balkans and 57
ループレヒト王太子 Rupprecht von Wittselsbach, Crown Prince 181
『ル・ポピュレール』紙 *Le populaire* 246, 251
レアル・マドリード Réal Madrid 219
冷戦 Cold War 1, 342, 350, 353
——下のヨーロッパ（地図） map of Europe during 343
レオ・カール・マリア・キリル・メトー

ト・フォン・ハプスブルク　Leo Karl Maria Cyril-Methodius von Habsburg　55, 192, 234, 268, 288, 303
——の教育　education of　65–66, 101, 118
——の結婚　marriage of　189
——の国籍　nationality of　320
——の死　death of　318, 334, 382
——の誕生　birth of　55
写真　photo of　58
人物略伝　biographical sketch of　399
レオポルト大公　Leopold, Archduke　234
レオポルド２世　Leopold II von Habsburg　48
歴史修正主義（修正主義）　Revisionism　176, 182–183, 200, 207, 274
ヴィルヘルムと——　Wilhelm and　176–178
ボルシェビキと——　Bolsheviks and　176–177
レードル，アルフレッド　Redl, Alfred　93, 115
レードル事件　Redl Affair　93
レナータ（アンテンブルク公女）　Renata, Princess　326, 334
人物略伝　biographical sketch of　401
レナータ（オーストリア女大公）　Renata, Archduchess　55, 84–86, 192, 334
——の教育　education of　65–66
——の結婚　marriage of　84–85, 88
写真　photo of　58, 89
人物略伝　biographical sketch of　401
レーニン，ウラジーミル　Lenin, Vladimir　134, 174, 186
レベディ，ミコラ　Lebed, Mykola　329
人物略伝　biographical sketch of　408
連帯　Solidarity　353–354, 417
レンナー，カール　Renner, Karl　323
労働収容所　Gulag　347–349
ロシア帝国　Russian Empire　22–23, 33, 56, 61　→ソ連
——との国境線　border with　67
——の崩壊　collapse of　4, 415
——への侵攻　invasion of　18
ウクライナと——　Ukraine and　98–100
レードル事件と——　Redl Affair and　94
ロシア陸軍第２軍　Russian Second Army　116
ロシーニ島　Lošinj　66–67, 74, 84, 94, 381, 383, 415
ローズベルト，セオドア　Roosevelt, Theodore　35
ローゼンベルク，アルフレッド　Rosenberg, Alfred　281
ロートシルト，モーリス・ドゥ　Rothschild, Maurice de　225, 241–242
ローマ条約（1957 年）　Treaty of Rome (1957)　417
ロマノフ朝の終焉　Romanovs, fall of　128, 133
ロメル伯爵　Romer, Count　320

## ワ行

『若きテルレスの惑い』　*Confusions of Young Törless, The*（Musil）　92
ワゴン・リ社　Wagons-Lits company　260
ワッセルバック博士　Wasserbäck, Dr.　258–264
ワルシャワ　Warsaw　166, 175, 253, 291, 320, 383
——防衛　counterattack at　185–186
——のウクライナ兵　Ukrainians at

190
——の赤軍　Red Army at　185
——のドイツ軍による制圧　German occupation of　120
ワルシャワ公国　Duchy of Warsaw　23, 59
我らが友人の自動車大会　Congress of the Automobiles of Our Friends　83

# 原　註

＊訳者註記

以下の原註では、「参考文献」からの引用は簡単に「著者名・タイトル」で記されている。これは原著における方法そのままである。また、原著の註の特徴として、ほとんどが段落の終わりに付されていることが挙げられる。なお、以下の原注の説明の中で単に「著者」としてある場合には、原著者スナイダーのことである。付加すれば、「協商国」と「連合国」とはまったく同じではないが、使い方に一貫性を欠く憾《うら》みがあるため、本訳書では「連合国」で統一した。〔　〕内は訳者による補足である。

## 文書館とその略記

| | |
|---|---|
| AAN | Archiwum Akt Nowych, Warsaw, Poland |
| AC | Archives Contemporaines, Fontainebleau, France |
| AKPR | Achiv Kanceláře Prezidenta Republiky, Prague, Czech Republic |
| AP | Archives de Paris, Paris, France |
| APK-OZ | Archiwum Państwowe w Katowicach, Oddział w Żywcu, Poland |
| APP | Archives de la Préfecture de Police, Paris, France |
| AR | Archiv der Republik, Vienna, Austria |
| AUTGM | Archiv Ústavy Tomáše Garrigue Masaryk, Prague, Czech Republic |
| BA | Bundesarchiv, Berlin-Lichterfelde, Germany |
| BHStA | Bayerisches Hauptstaatsarchiv, Munich, Germany |
| BK | Bundesarchiv, Koblenz, Germany |
| CAW | Centralne Archiwum Wojskowe, Rembertów, Poland |
| HHStA | Haus-, Hof-, und Staatsarchiv, Vienna, Austria |
| HURI | Ukrainian Research Institute, Harvard University, Tokary Collection |
| IPH | Interrogation Protocol（Protokol Doprosa）, Wilhelm von Habsburg |
| IPN | Interrogation Protocol（Protokol Doprosa）, Roman Novosad |
| KA | Kriegsarchiv, Vienna, Austria |
| PAAA | Politisches Archiv, Auswärtiges Amt, Berlin, Germany |
| RGVA | Rossiiskii Gosudarstvennyi Voennyi Arkhiv, Moscow, Russia |
| TsDAHO | Tsentral'nyi Derzhavnyi Arkhiv Hromads'kykh Obiednan, Kiev, Ukraine |
| TsDAVO | Tsentral'nyi Derzhavnyi Arkhiv Vyshchykh Orhaniv Vlady ta Upravlinnia |

Ukrainy, Kiev, Ukraine
TsDIAL　Tsentral'nyi Derzhavnyi Istorychnyi Arkhiv, Lviv, Ukraine
WSL　Wiener Stadt- und Landesarchiv, Vienna, Austria

## GOLD　皇帝の夢

＊1. この戯曲は次のものである。*Des Kaisers Traum. Festspiel in einem Aufzuge von Christiane Gräfin Thun-Salm. Musik von Anton Rückauf*, Vienna, 1908. リングシュトラーセを知るには次を参照。Schorske, *Fin-de-Siecle Vienna*, 24-115. 当日の行事の詳細についてはヴィルヘルムによるものを含め次を参照。Vasyl Vyshyvanyi (Wilhelm von Habsburg), "Memuary," TsDAVO 1075/4/18a/2; *Wiener Abendpost*, 3 December 1908, 1-6; *Wiener Bilder*, 9 December 1908, 21; Thun-Salm and Hoffmansthal, *Briefwechsel*, 187, 238. その晩について別の観点からは次を参照。Mayer, *Persistence of the Old Regime*, 142-143; Unowsky, *Pomp and Politics*, 87-89.　1908 年の他の祝典に関しては次を参照。Grossegger, *Der Kaiser-Huldigungs-Festzug*; Beller, "Kraus's Firework."

＊2. ランバル公妃マリー・ルイーズの首についての詳細、およびこの件をめぐる解釈の多くは次による。Blanning, *Pursuit of Glory*, 619-670.

＊3. ハプスブルク家を象徴する記号については次を参照。Wheatcroft, *Habsburgs*. ハプスブルクの普遍的なディスクールの研究書としてこれに匹敵するものは出ないであろうものとして次がある。Evans, *Rudolf II and His World*. 皇太子ルドルフの記した小冊子については次を参照。Hamann, *Kronprinz Rudolf*, 341.

＊4. 検閲官と各民族については、次を参照。Zacek, "Metternich's Censors"; Killem, "Karel Havlicek." 検閲による滑稽な訂正については次を参照。Rak, *Byvali Čechové*.

＊5. このあたりの詳細については次を参照。Clark, *Iron Kingdom*. ただし、1683 年に金を溶かしたくだりについては次から。Stoye, *Siege of Vienna*.

＊6. 上演内容のこのあたりの細部については次を参照。Sonnenthal, *Adolf von Sonnenthals Briefwechsel*, 229. 新約聖書コリント人への第一の手紙、第 13 章 13 節 "Nun aber bleibt Glaube, Hoffnung, Liebe, diese drei; die größte aber von diesen ist die Liebe."（このように、いつまでも存続するものは、信仰と希望と愛と、この三つである。このうちで最も大いなるものは、愛である）が、劇中の「未来」によって "Das ist das Größte, und ich nenn's: die Liebe."（これが最も大いなるものであり、私はそれを愛と呼ぶ）として活かされている。

＊7. *Wiener Abendpost*, 3 December 1908, 3.

＊8. "Memuary," TsDAVO 1075/4/18a/1.

＊9. オーストリアとハンガリーは、軍隊、外務省、予算を共有することにな

るが、ハンガリー政府は国内政治については独自の判断を下すことになった。1867年以降は、ケースバイケースだが、フランツ・ヨーゼフのことは、オーストリア（帝国）とハンガリー（王国）の「皇帝および王」あるいは「皇帝－王」と呼び、その版図は「オーストリア＝ハンガリー」、ハプスブルク君主国の諸々の組織は、「帝国の」、「王国の」あるいは「帝国および王国の」、と呼ぶのが正確だろう。本書の「用語と言語についての註記」を参照されたい。

＊10. 次にあたること。Cohen, *Politics of Ethnic Survival*; King, *Budweisers into Czechs and Germans*; Kořalka, *Češi v Habsburské ríse a v Evropé*.

＊11. A. J. P. Taylor は、*Habsburg Monarch* において、ハプスブルク君主国は、第一次世界大戦の有無に関わりなく消滅する運命にあった、と主張しようとしていた。本書はその見解に与しない。Taylor に対して反証となる示唆に富む引用を次々と並べているものとして、次を参照。Remak, "The Healthy Invalid."

＊12. Stefan to Franz Ferdinand, 5 or 6 November 1908; Stefan to Franz Ferdinand, 6 or 7 November 1908, APK-OŻ DDŻ 84. 参謀本部長のコンラートの出席は次に見られる。*Wiener Abendpost*, 3 December 1908, 3.

＊13. *Volksblatt*, 6 December 1908, 3; *Die Neue Zeitung*, 3 December 1908, 1; Wingfield, *Flag Wars and Stone Saints*, 129; Unowsky, *Pomp and Politics*, 181.

BLUE　海辺の幼少年時代

＊1. *Des Kaisers Traum. Festspiel in einem Aufzuge von Christiane Gräfin Thun-Salm. Musik von Anton Rückauf*, Vienna, 1908, 29; Michel Georges-Michel, "Une histoire. d'ancre sympathetique," *Le Jour*, 25 July 1934; "Akt," TsDAHO 26/1/66498-fp/148980/I.

＊2. Basch-Ritter, *Österreich auf allen Meeren*, 71.

＊3. *Pola: Seine Vergangenheit, Gegenwart und Zukunft*, 32, 82. いわゆるグローバリゼーション（globalization）にあたるドイツ語は Welthandel である。著者はここでグローバリゼーションという言葉を意図して使用している。つまり、世界中で貿易が行われている今日の状況というのは、「第二次グローバリゼーション」と呼ぶべきなのであり、実際に時にはそう呼ばれている。

＊4. Wiggermann, *K. u. k. Kriegsmarine und Politik*, 36.

＊5. Sondhaus, *Habsburg Empire and the Sea*, 172-212; Perotti, *Das Schloss Miramar*, 9-89.

＊6. Vogelsberger, *Kaiser von Mexico*, 333.

＊7. エトワール凱旋門が記念碑となっているように、カール大公は翌々月にはヴァグラムの戦いでナポレオンに粉砕された。

＊8. "Memuary," TsDAVO 1075/4/18a/1; Sondhaus, *Naval Policy*, 61; Hyla, "Habsburgowie żywieccy," 7.

＊9. HHStA, Fach 1, Karton 189, Folder Vermählung des Erzherzogs Carl Stephan mit der

Erzherzogin Maria Theresia von Toscona zu Wien am 28. Februar 1886, Grover Cleveland to Franz Josef, 20 May 1886. 純銀製の食器一式を贈られたことについては次を参照。A. Habsburg, *Princessa och partisan*, 113.

＊10. ルドルフの生涯については次を参照。Hamann, *Kronprinz Rudolf*, 330-332, 415-419. 父と息子の関係については次を参照。Dickinger, *Franz Josef I.*, 54-66.

＊11. エリーザベトについての2ヶ所の引用は次から。Hamann, *Reluctant Empress*, 130, 135.

＊12. Markus, *Der Fall Redl*, 149-150; Wheatcroft, *Habsburgs*, 283; Gribble, *Life of the Emperor Francis-Joseph*, 281.

＊13. Ivanova, *Stara bulgarska literatura*, 64.

＊14. ルドルフについては次を参照。Hamann, *Kronprinz Rudolf*, 296-298. フランツ・フェルディナントとシュテファンの互いへの影響を示唆するものとして次を参照。"Memuary," TsDAVO 1075/4/18a/1, 2, and 6; Ryan, *My Years*, 232. 三重帝国については、次を参照。Dedijer, *Road to Sarajevo*, 93-95, 153, 159. 当時のセルビアおよびクロアチアの政治思想については次を参照。Banac, *National Question*, 70-114. ユーゴスラブの観念は、1903年の王朝交代後に再登場したが、これについては次を参照。Jelavich, *South Slav Nationalism*, 19-26.

＊15. HHStA, Fach 1, Karton 147, Folder Entbindung Erzherzogin Maria Theresia 1895. ヴィルヘルム・フランツ・ヨーゼフ・カールがヴィルヘルムのフルネームだった。これらはすべて王朝ゆかりの人物の名前だった。カールは、父方の曽祖父であり、母方の高祖父である。シュテファンの息子たちは皆このカールという名をつけていたが、ある意味でこのことは、自分たちは兄弟であるというだけでなく、ハプスブルク一門に連なるのだ、ということを彼らに思い出させるのに適していた。フランツ・ヨーゼフは、当時君臨していた皇帝であり、従ってこの名前はウィーンの宮廷に向けたジェスチャーだった。同様に、ヴィルヘルムという名前も、ドイツ騎士団の総長《グランドマスター》にして元オーストリア陸軍司令官で、彼が生まれる前年に亡くなっていたヴィルヘルム・フォン・ハプスブルク大公にちなんだものだった。このように、シュテファンは、直接フランツ・ヨーゼフに敬意を払うとともに、フランツ・ヨーゼフが尊敬していたハプスブルク一族のわずかしかいない中の一人に敬意を表することで、二重の意味で主君に息子を捧げていた。次を参照。Redlich, *Emperor Francis Joseph*, 200, 476.

＊16. この簡潔な概観では、19世紀のポーランドの複雑な歴史について十分で正当な評価を下しているとは言えない。最良の手引きとして次を参照。Wandycz, *Lands of Partitioned Poland*.

＊17. Schmidt-Brentano, *Die Österreichischen Admirale*, 473.

＊18. Sondhaus, *Naval Policy*, 136.

＊19. Ryan, *My Years*, 69.

＊20. 次を参照。Ryan, *My Years*, 70-73. ネリー・ライアンは、「ハプスブルク家の人間は誰もが無分別で素行不良で、統治するに相応しくない」という見解に反駁するために回想録を記した、と述べている。ただし、回想録の内容は、この点に関してはやや曖昧なものとなっている。

＊21. Ryan, *My Years*, 83.

＊22. シュテファンの作品は一つも残っていないようである。しかし習字帳に描かれたスケッチは、次で見ることができる。APK-OŻ DDŻ 84 and 85.

＊23. Ryan, *My Years*, 66-67.

＊24. "Memuary," TsDAVO 1075/4/18a/1; Ryan, *My Years*, 91.

＊25. 造船技師と見積りについては次を参照。Stefan to Cox and King, Naval Architects, London, 1905, APK-OŻ DDŻ 84. 息子たちの航海術の稽古については次を参照。"Memuary," TsDAVO 1075/4/18a/1. 山羊のエピソードについては次を参照。Ryan, *My Years*, 245-246.

＊26. ペテルブルクへの旅については次を参照。HHStA, Fach 1, Karton 66, Folder "Erzherzog Karl Stefan," Letter to Seine Exzellenz Herrn Grafen Gołuchowski, St. Petersburg, 12 August 1900.

＊27. マリア・クリスチーナとの接触については次を参照。HHStA, Fach 1, Karton 66, Folder "Erzherzog Karl Stefan," Letter to Seine Exzellenz Herrn Grafen Gołuchowski, San Sebastian, 30 September 1900. 1902年の、アルフォンソ成年の式典に出席するための旅行については次を参照。Ryan, *My Years*, 250.

＊28. HHStA, Fach 1, Karton 66, Folder "Erzherzog Karl Stefan," An das hohe k. u. k. Ministerium des k. u. k. Hauses und des Äußern, Vienna, 27 January 1905.

＊29. 船乗りたちとの付き合いについては次を参照。Ryan, *My Years*, 98. 相手については次を参照。Hyla, "Habsburgowie żywieccy," 9. ヴィルヘルム自身の船乗りたちについての記憶は次を参照。"Memuary," TsDAVO 1075/4/18a/1.

＊30. Stefan to Agenor Gołuchowski, 17 July 1906, HHStA, Fach 1, Karton 66, Folder "Erzherzog Karl Stefan."

＊31. "Memuary," TsDAVO 1075/4/18a/1.

GREEN オリエンタル・ヨーロッパ

＊1. Gribble, *Life of the Emperor Francis-Joseph*, 119; Hamann, *Reluctant Empress*, 288, 301; E. Habsburg, *Das poetische Tagebuch*, 383.

＊2. 議論を深めるためには Wheatcroft, *Habsburgs* と、とりわけ Tanner, *Last Descendant.* を参照。

＊3. イスタンブールへの旅については次を参照。HHStA, Fach 1, Karton 66, Folder "Erzherzog Karl Stefan," Letters to Seine Exzellenz Herrn Grafen Gołuchowski, 3

October 1906 and 23 October 1906. アルジェへの旅については同じフォルダー内の次を参照。Telegram, Chiffre, Algiers, 2 May 1907.

＊4. マルタ訪問については＊3と同じフォルダー内の次を参照。Consolato d'Austria-Ungharia, Malta, A sua Eccellenza Il Barone Lexa de Aehrenthal, 22 April 1907. マルタの政治については次を参照。Owen, *Maltese Islands*, 63-66.

＊5. 1909年の北アフリカ訪問については次を参照。Stefan in Podjavori to Austrian trade section in Triest, 31 March 1909, APK-OŻ DDŻ 84. ヴィルヘルムの抱いた印象については次を参照。"Memuary," TsDAVO 1075/4/18a/1.

＊6. Tylza-Janosz, "Dobra czarnieckie i porąbczanskie," 20, 28, 35; Spyra, *Browar Żywiec*, 27-30. 貴族制資本主義とでも呼ぶものについては次を参照。Glassheim, *Noble Nationalists*. and Mayer, *Persistence of the Old Regime*.

＊7. 家族の肖像画については次を参照。Senecki and Piotrowski, "Zbiory malarstwa," 58-60; Kuhnke, "Polscy Habsburgowie"; Mackiewicz, *Dom Radziwiłłów*, 209. 移住の時期については次を参照。"Memuary," TsDAVO 1075/4/18a/1. 建物のポーランド的な部分については次を参照。Bożek, *Żywieckie projekty Karola Pietschki*. 礼拝堂については次を参照。Rusniaczek, "Jak powstał," 40-41. マリア・テレジアの教皇への嘆願については次を参照。Maria Theresia to Pope Benedict XV, 1 December 1904; "Sacra Rituum Congregatio ..." 18 January 1905; [Illegible] to Maria Theresia, 15 May 1912; all in APK-OŻ DDŻ 3.

＊8. Kuhnke, "Polscy Habsburgowie." 窓の場所についての出来事については次を参照。Stefan to Entresz, July 1906, APK-OŻ DDŻ 84.

＊9. Stefan to "Caro Signore Commendatore," 25 September 1909; Stefan to Dr. Weiser & Sohn, Vienna, 8 October 1909; Stefan to Société Lorraine, 2 December 1909; Stefan to Daimler Motor Company, Coventry, 21 March 1910; Stefan to Hieronym Tarnowski, June 1910, all in APK-OŻ DDŻ 85. 自動車については次を参照。Husar, "Żywieccy Habsburgowie," 65.

＊10. Ryan, *My Years*, 127-134. そのイチイの木は、2007年にもまだロシーニ島の庭園にあった。

＊11. HHStA, Fach 1, Karton 200, Folder "Vermählung der Erzherzogin Renata mit dem Prinzen Radziwill," k. u. k. Ministerium des k. u k. Hauses und des Äußern, "Eheschließung Ihrer k. u. k. Hoheit der durchlauchtigsten Frau Erzherzogin Renata Maria mit dem Prinzen Hieronymus Radziwill"; ibid., Sr. k. u. k. Apost. Majestät Obersthofmeisteramt, An das löbliche k. u. k. Ministerium des k. u. k. Hauses und des Äußern, 18 September 1908. レナータは、宮廷に文書を提出してこれらの条件を受け入れなければならなかったし、1908年11月の式典の際にも放棄する旨をあらためて言明しなければならなかった。ポーランド分割の後でも、ラジウィウ家は裕福なままであった。ヒエロニム・ラジウィウはドイツと強いつながりがあ

った。ドイツ帝国の版図の出身で、父はドイツ帝国議会の議員だった。

＊12. Mackiewicz, *Dom Radziwiłłów*, 210-211.

＊13. 引用は次から。HHStA, Fach 1, Karton 203, Folder "Vermählung der Erzherzogin Mechtildis mit dem Prinzen Aleksander Olgierd Czartoryski." 同書の中の次の文書も参照。"Kopie" of "Entwurf," 9 October 1912; K. u. k. Ministerium des k. u. k. Hauses und des Äußern, Vienna, 26 January 1913, 3.518/1, Vertraulich; Vortrag des Ministers des k. u. k. Hauses und des Äußern, 9 October 1912.

＊14. Hyla, "Habsburgowie Żywieccy," 10. チャルトリスキ家のモットーは、ボンチツォボンチ（Bądź co Bądź）〔英語では原著にあるように Come what may. あるいは Be that as it may. となろうか〕である。

＊15. Ryan, *My Years*, 98-99; Hyla, "Habsburgowie Żywieccy," 9; "Memuary," TsDAVO 1075/4/18a/1.

＊16. シュテファンの手紙は次を参照。Stefan to Baron Rehmer, Ministerium des Äußern［December 1912］, APK-OŻ DDŻ 85. Reactions are recorded in HHStA, Fach 1, Karton 203, Folder "Vermählung der Erzherzogin Mechtildis mit dem Prinzen Aleksander Olgierd Czartoryski," K. u. k. Ministerium des k. u. k. Hauses und des Äußern, Vienna, 26 January 1913, 3.518/1, Vertraulich. Hamann, *Die Habsburger*, 81. によれば「ブルジョワに」（in das Bürgertum）嫁ぐ最初の結婚であった。妹たちと違って、エレオノーラは、将来的にも国庫とは無縁とならなければならなかった。次を参照。HHStA, Fach 1, Karton 203, Folder "Vermählung der Erzherzogin Eleonore mit dem Linienschiffsleutnant von Kloss," Kopie, "Verwurf."

＊17. 引用は次から。Ryan, *My Years*, 99. ウィーンとジヴィエツとの間の手紙のやりとりの例は次を参照。Stefan to L. Bernheimer, 22 December 1912, APK-OŻ DDŻ 85.

＊18. KA, Personalevidenzen, Qualifikationsliste und Grundbuchblatt des Erzherzogs Wilhelm F. Josef, Klassifikationsliste（15 March 1915）.

＊19. Hull, *Entourage*, 65 and passim; Clark, *Kaiser Wilhelm II*, 73-76; Murat, *La loi du genre*, 265. プルーストは「オモセクシャリテ」（homosexualité）という語をフランス語に定着させたのはこのスキャンダルによるとしている。次を参照。Lucey, *Never Say I*, 230.

＊20. Spector, "Countess Merviola," 31-46; ibid., "Homosexual Scandal," 15-24.

＊21. Deák, *Beyond Nationalism*, 143-145; Palmer, *Twilight*, 318; Ronge, *Krieg- und Industriespionage*,79-86; KA, Personalevidenzen, Qualifikationsliste und Grundbuchblatt des Erzherzogs Wilhelm F. Josef, "Hauptgrundbuchblatt."

＊22. Novosad, "Vasyl' Vyshyvanyi," 24. あるいは、ヴァシリ・ラセヴィフ（Vasyl' Rasevych）が次の中で主張しているように、ヴィリーは２つの王国に備えていたのかもしれない。"Vil'hel'm von Habsburg," 212-213. ラセヴィフは、ヴィル

ヘルムが最初に自己を重ねたのはユダヤ人であり、ウクライナ人はその後だったに過ぎない、と主張している。彼の主張は、たった一つの新聞記事の要約に依拠しているようである。その記事は次を参照。Henry Hellsen, "Kejser at Ukraine," *Berlinske Tidende*, 31 March 1920, 2. ヘルゼン（Hellsen）によると、ヴィリーはイスラエル国家建設の計画書を作成し、助力を申し出るためにベルリンの世界シオニスト機構に接近した。どのようにして彼がそうした考えを持つに至ったのか、ということについては想像することができる。シオニズム、すなわちユダヤ人がパレスチナに帰ってユダヤ人国家を建設するという思想は、支持者を獲得しつつあった。1913年に第3回シオニズム会議がウィーンで開催されたが、ヴィリーが当時住んでいたところであった。そのような筋書きがあったなら、ヴィリーのウィーンへの移住は、彼にとって自分の民族を見出す点でこの上ない瞬間だったのだろう。たまたまロシーニ島にはユダヤ人はいなかったし、ジヴィエツにはいたとしてもまれだった。イスタンブールや北アフリカには、間違いなくユダヤ人がいたが、それらの地はヴィルヘルムが、1906年、1907年、1909年に家族で航海旅行中に見て、愛着を持ったところだった。1909年から1912年にかけて彼が勉強した地であるフラニチェ・ナ・モラヴィエにもユダヤ人はいた。そこには、シナゴーグ、学校、公民館のあるユダヤ人通りと呼ばれる通りがあった（次を参照。Bartovský, *Hranice*, 225）。しかしこれはまったくの推測である。ヴィルヘルム自身はこの件については回想していない。その新聞記事だけが唯一わかっている情報源であり、ヘルゼンの経歴もはっきりしない。たとえばヴィルヘルムが皇帝ヴィルヘルム二世と交わした会話のような、ヘルゼンがユダヤ人について引用している詳細のいくつかは、ウクライナ人に関わる実際の出来事と疑わしいほど似ている。ヘルゼンは、これといった専門的知識もなしに、実際の事件から数年後に記事を書いていた。さらなる証拠が見つからないかぎり、ヴィルヘルムのユダヤ人に関するエピソードは、たんなる可能性に留まると考えるべきである。

＊23. "Memuary," TsDAVO 1075/4/18a/1-2, quotations at 1 and 2. 次も参照。Hirniak, *Polk. Vasyl' Vyshyvanyi*, 7-8.

＊24. "Memuary," TsDAVO 1075/4/18a/2.

＊25. 引用は次から。"Memuary," TsDAVO 1075/4/18a/2.

＊26. さらに詳しくニュアンスを伝えるものとしては次を参照。Markovits and Sysyn, *Nationbuilding*; Binder, *Galizien in Wien*.

＊27. 東欧の民族誌の方法論についてのみごとな要約としては次を参照。Gellner, *Language and Solitude*, 132ff.

＊28. ウクライナの君主制主義については次を参照。Tereshchenko, "V'iacheslav Lypyns'kyi." ガリツィアのウクライナ民族運動の大衆的側面についてはジョ

ン・ポール・ヒムカ（John-Paul Himka）の諸作品を参照。たとえば *Religion and Nationality in Western Ukraine*.

＊29. Tereshchenko and Ostashko, *Ukrains'kyi patriot*, 8. フランツ・フェルディナントの助言者はイェフヘン・オレスニツキイ（Ievhen Olesnyts'kyi）であった。

＊30. IPH, 14 April 1948; TsDAHO 26/1/66498-fp/148980/I/132. 次も参照。Onats'kyi, *Portrety v profil*, 126. 将校団については次を参照。Plaschka, Haselsteiner, and Suppan, *Innere Front*, 35.

＊31. "Memuary," TsDAVO 1075/4/18a/3; Novosad, "Vasyl' Vyshyvanyi," 24.

＊32. "Memuary," TsDAVO 1075/4/18a/3; Deák, *Beyond Nationalism*, 82.

＊33. ウクライナの貧困については次を参照。"Memuary," TsDAVO 1075/4/18a/2-3.

＊34. Stefan to Franz Ferdinand, 5 or 6 November 1908; Stefan to Franz Ferdinand, 6 or 7 November 1908, APK-OŻ DDŻ 84. 次も参照。Antonoff, "Almost War."

＊35. Dedijer, *Road to Sarajevo*, 145. 次も参照。Deák, *Beyond Nationalism*, 8.

＊36. 引用は次から。Tunstall, "Austria-Hungary," 124.

＊37. Wilhelm to Huzhkovs'kyi, 17 November 1916, TsDIAL, 408/1/567/15.

RED　戦う大公

＊1. MacKenzie, *Apis*. アピスの実名はドラグーティン・ディミトリエビッチであった。聖牛アピスが初めて歴史に現れたのは、まさに帝国への呪いとしてであった。次を参照。Herodotus, *History*, 192-193.

＊2. フランツ・フェルディナントのマジャール人への敵意が伝わっていたハンガリーでは、反応がかなり異なっていた。彼のオーストリア＝ハンガリー＝ユーゴスラビア帝国構想は、ハプスブルク帝国内におけるハンガリーの重要性を下げる意図を持っていた。

＊3. こうした保証は、首相がドイツ人とチェコ人に、戦争が続いている間は民族間の争いを棚上げにしておくようしきりに促していたのと対照的だった。ハプスブルク君主国内におけるドイツ人とチェコ人の相対的な地位は、どこを打ち破ろうが高まる可能性はなかった。Popyk, *Ukraintsi v Avstrii*, 99-100; Judson, *Guardians of the Nation*, 220.

＊4. ハプスブルクの側の受け止め方については次を参照。Shanafelt, *Secret Enemy*, 45.

＊5. Deák, *Beyond Nationalism*, 193. 第一次世界大戦について論じた最近の優れたものとしては次の2作が挙げられる。Strachan, *First World War*; Stevenson, *Cataclysm*.

＊6. 1913年に卒業した学年は、卒業した士官のうち半数以上がこの戦争で戦死するか負傷した。次を参照。Deák, *Beyond Nationalism*, 91. 引用は次から。KA, Personalevidenzen, Qualifikationsliste und Grundbuchblatt des Erzherzogs Wilhelm

F. Josef, Belohnungsantrag（28 March 1915）. 金羊毛騎士団については次を参照。“Liste Nominale des Chevaliers de l'Ordre de la Toison d'Or en vie May 1929,” APK-OŻ DDŻ 1.

＊7. アルブレヒトについては次を参照。KA, Personalevidenzen, Qualifikationsliste des Erzherzogs Carl Albrecht. ヴィルヘルムの卒業については次を参照。KA, Personalevidenzen, Qualifikationsliste und Grundbuchblatt des Erzherzogs Wilhelm F. Josef, Belohnungsantrag（21 March 1918）をはじめとする記録。

＊8. ヴィルヘルムが「赤い大公」と呼ばれるようになった経緯については次を参照。“Memuary,” TsDAVO 1075/4/18a/4; Onats'kyi, *Portrety v profil*, 126. 連隊は第 13 騎兵連隊であった。

＊9. “Memuary,” TsDAVO 1075/4/18a/4-5.

＊10. この時期のシュテファンとヴィルヘルムについては次を参照。HHStA, Fach 1, Karton 66, Folder “Erzherzog Stefan,” Telegram, Prinz Hohenlohe, Berlin, 7 February 1916. 噂と寄り合いについては次を参照。Lubomirska, *Pamiętnik*, 121, 333.

＊11. Burián, *Austria in Dissolution*, 96-97, 100, 342; Shanafelt, *Secret Enemy*, 71, 80, 90; Zeman, *Breakup*, 100, 104.

＊12. シュテファンについてヴィルヘルムが述べているのは次を参照。Wilhelm to Huzhkovs'kyi, 29 December 1916, TsDIAL, 408/1/567/28-29. シュテファンとオルギェルト・チャルトリスキについて一般的に述べているものとしては次を参照。Hamann, *Die Habsburger*, 226; Hyla, “Habsburgowie Żywieccy,” 14-15; Majchrowski, *Ugrupowania monarchysticzne*, 9-10. シュテファンとヴィルヘルムの書簡のやりとりの例としては次を参照。HHStA, Fach 1, Karton 66, Folder “Erzherzog Karl Stefan,” Der k. u. k. Legationsrath, Warsaw, An das Löbliche Politische Expedit des k. u. k. Ministeriums des Äußern, 1 October 1916.「摂政会議」3 名のうちの一人の視点から建国宣言をどうとらえたかを知るには次を参照。Kakowski, *Z Niewoli*, 333-356.〔「ハプスブルクから送り込まれる摂政」のような支配者としての摂政のイメージではなく、「摂政会議」は 1917 年 9 月に、ポーランド王国の行政執行機関としてワルシャワに設立されたが、占領ドイツ当局により行政面での制限があった上に外交権は持てなかった。摂政会議は、ユゼフ・ピウスツキに権力を移譲して 1919 年 11 月に解散した。本文「GREY」の章の註＊37 を付された段落のすぐ後に「ワルシャワでは、ポーランド王国の摂政会議が、シュテファンをポーランド国王にするために結成されたものであったにもかかわらず、その代わりにユゼフ・ピウスツキに権力を移譲した」とある〕。シュテファン支持の風潮については次を参照。Lubomirska, *Pamiętnik*, 499, 504.

＊13. フリードリヒ大公との書簡のやりとりについては次を参照。Friedrich to Wilhelm, 2 November 1916, TsDIAL, 408/1/567/8. 謁見については次を参照。

"Memuary," TsDAVO 1075/4/18a/6. 1916年のヴィルヘルムの教育課題については次を参照。KA, Personalevidenzen, Qualifikationsliste und Grundbuchblatt des Erzherzogs Wilhelm F. Josef, Vormerkblatt für die Qualifikationsbeschreibung für die Zeit vom 1/IV 1916 bis 30/IX 1917. 昇進についてはKA同箇所のVeränderungenを参照。「民族誌的《エスノグラフィック》」についてのくだりは次を参照。Huzhkovs'kyi（?）to Olesnyts'kyi, 29 January 1917, TsDIAL 408/1/567/120.〔この書簡はフズコフスキイからのものと思われる〕。

＊14. 引用は次から。Wilhelm to Huzhkovs'kyi, 7 November 1916, TsDIAL 408/1/567/18. 実際には、ポーランド王国建国宣言は、「オーストリア・ポーランド」解決策を提唱するポーランド人を失望させるものだった。この章ではウクライナ側の見方に主眼を置いている。ポーランド側の態度を論じたものとして優れているものとしては次がある。Suleja, *Orientacja Austro-Polska*.

＊15. シュテファンとのやりとりについては次の中に出てくる。Wilhelm to Huzhkovs'kyi, 29 December 1916, TsDIAL 408/1/567/28.「ウクライナ公国」（Fürstentum Ukraina）については次を参照。Wilhelm to Huzhkovs'kyi, 29 December 1916, TsDIAL 408/1/567/29.

＊16. Wilhelm to Huzhkovs'kyi, 8 February 1917, TsDIAL 408/1/567/62-63.

＊17. ユダヤ人軍医についての回想は次を参照。"Memuary," TsDAVO 1075/4/18a/6. フロイトの講義への出席は新聞記事の切り抜きから。次を参照。Michel Georges-Michel, "Ou l'Archiduc Guillaume unit Mlle Mistinguett et l'Archiduc Rodolphe"［summer 1932］, HURI, Folder 2. ヴィルヘルムが聴講したフロイトの講義は英語で出版されている。次を参照。Freud, *Introductory Lectures*, 414-415, 433-435. ピーター・ゲイによるフロイトの目を通したウィーン社会についての解釈は一派を築いたと言えよう。例として次を参照。Gay, *Freud, Jews, and Other Germans*.

＊18. ヴィルヘルムの4月3日の出立については次を参照。Wilhelm to Huzhkovs'kyi, 22 March 1917, TsDIAL 408/1/567/88. Wilhelm to Huzhkovs'kyi［1917］, TsDIAL 408/1/567/124. On the Regency Council, see *Polski Slownik Biograficzny*, vol. 9, 219. KA, Personalevidenzen, Qualifikationsliste und Grundbuchblatt des Erzherzogs Wilhelm F. Josef, Veränderungen.

＊19. Zeman, *Breakup*, 126; Bridge, "Foreign Policy," 28.

＊20. Wilhelm to Huzhkovs'kyi, 9 June 1917, TsDIAL 408/1/567/100-102.

＊21. カール皇帝の言の引用と詳細については次を参照。Wilhelm to Vasylko, 1 August 1917, TsDIAL 358/3t/166/34-35. コロミア駅でのカールの遊説については次を参照。Skrzypek, "Ukraińcy w Austrili," 74.

＊22. "Vom Tage Metropolit Graf Szeptycki in Lemberg," 11 September 1917, PAAA Wien 342; Deutsches Konsulat, Lemberg, report dated 12 September 1917, PAAA Wien 342; Novosad, "Vasyl' Vyshyvanyi," 22; Rasevych, "Vil'hel'm von Habsburg," 214.〔写真

の聖ユーラ大聖堂（聖ゲオルギウス大聖堂）は、2005年までウクライナ・ギリシャ・カトリック教会の総本山であった。2005年に総本山はリヴィウからキエフに移された〕。

＊23. 引用は次から。Cornwall, *Undermining*, 46. 講和の提案については次を参照。HHStA, Fach 1, Karton 66, Folder "Erzherzog Stefan."

＊24. Wilhelm to Sheptyts'kyi, 4 December 1917, TsDIAL, 358/3t/166/4; Tereshchenko and Ostashko, *Ukrains'kyi patriot*, 15-16; Grelka, *Die ukrainische Nationalbewegung*, 92; KA, Personalevidenzen, Qualifikationsliste und Grundbuchblatt des Erzherzogs Wilhelm F. Josef, Veränderungen; Wilhelm to Huzhkovs'kyi, 10 January 1918, TsDIAL 358/3t/166/6.

＊25. ウィーンでのストについては次を参照。Bihl, *Österreich-Ungarn und die Friedensschlüsse*, 87. 第一次世界大戦中最大のストに発展したスト参加者によって占拠されていたウィーン社会については次を参照。Healy, *Vienna*. 1918年1月22日のウィーンにおけるハプスブルク君主国外相のチェルニン伯の動向については次を参照。Arz, *Zur Geschichte des Großen Krieges*, 225. 軍参謀本部の書簡については次を参照。KA, Armeeoberkommando, Op. Abteilung, Op. geh. Akten, Karton 464, k. u. k. AOK zu Op. Geh. Nr. 829, Chef des Generalstabes, "Sitzungsbericht vom 21. Jänner（1918）." ヴィルヘルムとミコラ・ヴァシルコについては次を参照。Dontsov, *Rik 1918*, 14; Skrzypek, "Ukraincy w Austrii," 353; Hirniak, *Polk. Vasyl' Vyshyvanyi*, 13; Bihl, *Österreich-Ungarn und die Friedensschlüsse*, 98; Zalizniak, "Moia uchast,"80-81; Popyk, *Ukraintsi v Avstrii*, 134-143.

＊26. Wilhem to Sheptyts'kyi, 14 February 1918, TsDIAL 358/3t/166/7-8.

## GREY　影を支配する王たち

＊1. Lersner to Auswärtiges Amt, 18 March 1918, PAAA R14363; Arz, *Zur Geschichte des Großen Krieges*, 240.

＊2. 軍参謀長の言の引用は次から。KA, Armeeoberkommando, Quartiermeisterabteilung, 2626, Folder "Ukraine. Geheimakten," Chef des Generalstabes, Arz, K. u. k. Armeeoberkommando, Ukrainische Abteiling, to Austrian General Staff in Baden, "Klärung von Fragen in der Ukraine," 4 October 1918. 全権公使の言の引用は次から。Forgách to Burián, 10 August 1918. in Hornykiewicz, *Ereignisse*, vol. 3, 322. 情報将校の言の引用は次から。KA, Armeeoberkommando, Quartiermeisterabteilung, Karton 2634, "Referat über die ukr. Legion," Hptm. Kvaternik, K. u. k. AOK（Opabt.）, 25 February 1918. 意欲的な情報将校であったクファテルニク（Kvaternik）は、最初のウクライナ軍団、つまり1914年に組織された自称ウクライナ・シーチ狙撃兵部隊ではなく、戦争捕虜で構成される新しい部隊を構想した。それはすぐにドイツ軍によって解体されたが。

＊3. ドイツの優先事項については次を参照。Mumm, cited in Eudin, “German Occupation,” 93. また次も参照。Mędrzecki, “Bayerische Truppenteile,” 458. 油田については次を参照。Baumgart, *Deutsche Ostpolitik*, 123. ドイツ帝国の戦争目的と遂行の実際についての議論を初めて行ったものとしては次を参照。Fischer, *Griff nach der Weltmacht*. 参考になる文書の収集は次に納められている。Feldman, *German Imperialism*.

＊4. 公式には「ウクライナ国」と呼ばれていた。混乱を避けるため、本書では一貫して、ロシア帝国の領土から創られた国家は「ウクライナ人民共和国」と呼ぶこととする。

＊5. ウィーンに呼びつけたことについては次を参照。Wilhelm to Sheptyts'kyi, 19 February 1918, TsDIAL, 358/3t/166/15-16; Rutkowski, “Ukrainische Legion,” 3. 会話の内容については次を参照。Wilhelm to Vasylko, 18 March 1918, TsDIAL, 358/3t/166/17-18. 王位については次を参照。IPH, 23 September 1947, TsDAHO 26/1/66498fp/148980/I/47.「ヴィルヘルム大公連隊」の創設については次を参照。Vasyl' Vyshyvanyi, “U.S.S. z vesny 1918 r. do perevorotu v Avstrii,” 25 October 1920, HURI, Folder 2. その 1918 年までのいわば前史については次を参照。Popyk, *Ukraintsi v Avstrii*, 40-62.

＊6. ヴィルヘルムの抱いた印象については次を参照。Vasyl' Vyshyvanyi, “US.S. z vesny 1918 r. do perevorotu v Avstrii,” 25 October 1920, HURI, Folder 2.

＊7. ヴィルヘルムの言についての引用は次を参照。Vasyl' Vyshyvanyi, “US.S. z vesny 1918 r. do perevorotu v Avstrii,” 25 October 1920, HURI, Folder 2. コサックについては次を参照。“Memuary,” TsDAVO 1075/4/18a/8.

＊8. ヴィルヘルムの言についての引用は次を参照。Wilhelm to Vasylko, 24 May 1918, TsDIAL 358/3t/166/21-22. 彼の方針については次を参照。Hirniak, *Polk. Vasyl' Vyshyvanyi*, “U.S.S. z vesny 1918 r. do perevorotu v Avstrii,” 25 October 1920, HURI, Folder 2.

＊9. Sheptyts'kyi to Wilhelm, 13 June 1918, *Documents ruthéno-ukrainiens*, 13; Petriv, *Spomyny*, 550. 次も参照。Onats'kyi, *Portrety v profil*; *Podvyzhnyky Chynu Naisviatishoho Izbavitelia v Ukraini*; Skrzypek, “Ukraińcy w Austrii,” 381. fn. 47. ウクライナのレデンプトール修道会については次を参照。Houthaeve, *De gekruisigde kerk*, 323-324; Laverdure, “Achille Delaere,” 85-90; Turii, “Istorychnyi shlakh,” 49-51; Bubnii, *Redemptorysty*, 24-33. 20 世紀はじめ、ベルギーのレデンプトール修道会会員はカナダ西部で布教活動に従事しており、そこにはウクライナ・ギリシャ・カトリック教会の信徒たちがいたが、ウクライナ語とウクライナ式の典礼を使った礼拝が行われていなかった。これらのレデンプトール修道会会員はウクライナ語を学び始め、典礼もウクライナ・ギリシャ・カトリックの典礼に替え始めた。〔原著の註では、ローマ・カトリックの典礼に替え始めた、となってい

るが誤りであろう。本文「GREY」章の註＊9の付された段落にも「ボンヌは、他の何人かのレデンプトール修道会会員と同様、ギリシャ・カトリックの典礼とウクライナ民族のアイデンティティを受け入れていた」という記述がある〕。1910年にカナダを訪れたシェプティッキイは、カナダの草原に住むウクライナ人のミサの司式をするためにギリシャ・カトリックになったレデンプトール修道会会員たちに会った。感銘を受けたシェプティッキイは、レデンプトール修道会会員が東ガリツィアにも派遣されるよう手配した。ボンヌは、1913年に初めてガリツィアに定住したレデンプトール修道会会員の一人だった。他の会員たちと同じように、ボンヌはウクライナ民族と自己とを一体化し始めた。ヴィルヘルムのように、ボンヌもシェプティッキイに挨拶するため、1917年にリヴィウを訪れた。

＊10. "Memuary," TsDAVO 1075/4/18a/8; Tereshchenko and Ostashko, *Ukrains'kyi patriot*, 27.

＊11. この段落の引用はそれぞれ次を参照。Forgách to Burián, 22 June 1918, HHStA, Politisches Archiv X/Russland, Liasse Russland XI d/8, Karton 154, p. 149; K. u. k. Ministerium des Äußern, Referat I, "Tagesbericht," 27 August 1918, in Hornykiewicz, *Ereignisse*, vol. 3, 352; KA, Oberkommando, Quartiermeisterabteilung, 2626, Folder "Ukraine. Geheimakten," Nachrichtenabteilung an Ukr. Abt. des AOK, "Bericht über die ukr. Verhältnisse," 16 June 1918; K. u. k. Armeeoberkommando, Operationsabteilung, Streng vertraulich, nicht für Deutsche, 30 June 1918, in Hornykiewicz, *Ereignisse*, vol. 3, 139.

＊12. Malynovs'kyi, "Arkhykniaz Vil'hel'm fon Habsburh," 30; Petriv, *Spomyny*, 537. サボリージャ軍団は、騎兵連隊と歩兵連隊それぞれ一つずつで構成されていた。

＊13. 引用は次から。Petriv, *Spomyny*, 546.

＊14. Hirniak, *Polk. Vasyl' Vyshyvanyi*, 27. 次も参照。Wilhelm to Vasylko, 24 May 1918, TsDIAL 358/3t/166/21-22.

＊15. ペトロ・ボルボチャンの提案については次を参照。Petriv, *Spomyny*, 547. ヴィルヘルムとカールとの電報のやりとりについては次を参照。HHStA, Politisches Archiv I 523, Liasse XL VII/12/d, 517, "Entwurf eines Allerhöchsten Telegramms an Seine k. u. k. Hoheit Erzherzog Wilhelm," May 1918; IPH, 23 September 1947, TsDAHO 26/1/66498-fp/148980/I/45; "Memuary," TsDAVO 1075/4/18a/9; Bihl, "Beiträge zur Ukraine-Politik," 55.

＊16. 略奪者としてのハプスブルクの兵士については次を参照。KA, Oberkommando, Quartiermeisterabteilung, 2626, Folder "Ukraine. Geheimakten," Nachrichtenabteilung an AOK Ukraine, "Bericht über Ukraine," 15 June 1918. 食糧への支払いについては次を参照。Krauss, "Die Besetzung," 360. 小農側の態度については次で論ぜられている。KA, Oberkommando, Quartiermeisterabteilung, 2626, Folder

"Ukraine. Geheimakten," Nachrichtenabteilung an Ukr. Abt. des AOK, 6 October 1918. 秘密条項については次を参照。Borowsky, *Deutsche Ukrainepolitik*, 139.

＊17. 絞首刑については次を参照。KA, Armeeoberkommando, Operationsabteilung, Op. Akten, Karton 723, Evidenzgruppe "R," Telegram, 1 June 1918. 線路に括り付けられた鉄道職員については次を参照。KA, Armeeoberkommando, Operationsabteilung, Op. Akten, Karton 724, Evidenzgruppe "R," Telegram, 5 July 1918. 鎮圧のための砲撃については次を参照。KA, Armeeoberkommando, Operationsabteilung, Op. Akten, Karton 724, Evidenzgruppe "R," Telegram, "Bericht für s. m.," 20 July 1918. 軍情報機関からの引用は次を参照。KA, Oberkommando, Quartiermeisterabteilung, 2626, Folder "Ukraine. Geheimakten," Chef des Generalstabes, "Lage in der Ukraine," 7 August 1918.

＊18. KA, Armeeoberkommando, Op. Abteiling, Op. Akten, Karton 723. Report from Odessa, "Bericht über die Niedermetzlung der Honvedhusaren bei Wladimirowka am 31/5［1918］,"21 June 1918. 著者が指している無政府主義者はマフノ（Makhno）のことである。

＊19. ハプスブルクの将校たちの見方については次を参照。KA, Oberkommando, Quartiermeisterabteilung, 2626, Folder "Ukraine. Geheimakten," Nachrichtenabteilung an Ukr. Abt. des AOK, "Bericht über die ukrainischen Verhältnisse," 26 June 1918; KA, Armeeoberkommando, Operationsabteilung, Op. Akten, Karton 724, Evidenzgruppe "R," Telegram, 5 July 1918. 次も参照。KA, Armeeoberkommando, Operationsabteilung, Op. Akten, Evidenzgruppe "R," Karton 792, Telegram, 21 May 1918. マフノについては次を参照。Dontsov, *Rik 1918*, 14. ハプスブルクの軍司令官がヴィルヘルムに問い合わせた件については次を参照。Forgách to Burián, 16 June 1918, in Hornykiewicz, *Ereignisse*, vol. 3, 339. ハプスブルクの外交官が皇帝へ書き送った件については次を参照。Forgách to Burián, 24 June 1918, HHStA, Politisches Archiv X/Russland, Liasse Russland XI d/8, Karton 154, p. 141.

＊20. 陰謀についての情報機関からの報告については次を参照。"Monarchistische Bewegung in der Ukraine," 18 February 1918, PAAA R13461. ハプスブルクの目標について引用は次を参照。Lersner to Auswärtiges Amt, 20 March 1918, PAAA R14363. 5月13日の記述については次を参照。Stoltzenberg to Oberost, 13 May 1918, PAAA R14365. ヴィルヘルムがヘトマンを継承するのではというドイツ側の報告は次を参照。Mumm to Chancellor Hertling, 13 May 1918, PAAA R14365.

＊21. スターリンからの電報については次を参照。KA, Armeeoberkommando, Operationsabteilung, Op. Akten, Evidenzgruppe "R," 22 May 1918, Karton 793.

＊22. ドイツ側がヴィルヘルムを「夢想家」と見ていたことについては次を参照。General Gröner to Mumm, 20 May 1918, PAAA 14374. スパイたちの報告については次を参照。"Protokol pro dii USS na terytorii Annins'koi volosti," Hetmanate,

26 June-9 July 1918, in Malynovs'kyi, "Arkhykniaz Vil'hel'm fon Habsburh," 37-38; Mumm to Hertling, 2 June 1918, PAAA Wien 342; (last three quotations), "L'Archiduc Wilhelm," Informer's Report, 1918, PAAA 14379.

*23. 引用は次を参照。Mumm to Chancellor Hertling, 7 July 1918, PAAA 14376. 次も参照。Pelenski, "Hetman Pavlo Skoropadsky," 75. スコロパツキイ自身が、抱いた懐疑について回想しているものとしては次を参照。Skoropads'kyi, *Spohady*, 208. 次も参照。Pressebericht der Press-Warte, 28 July 1918, PAAA 14366.

*24. "Memuary," TsDAVO 1075/4/18a/9.

*25. "Memuary," TsDAVO 1075/4/18a/9.

*26. ヴィルヘルムの随員については次を参照。Legionsrat to Auswärtiges Amt, 8 August 1918, PAAA 14379. 会見については次を参照。Niemann, *Kaiser und Revolution*, 36; Hussche to Auswärtiges Amt, 13 August 1918, PAAA 14379. ヴィルヘルム二世がヴィルヘルムに抱いた印象を語ったのは、次の中である。Wilhelm II to Karl, 8 August 1918, PAAA 14379. ヴィルヘルムを他のハプスブルク家の面々と比較したものとしては次を参照。Plessen to Gräfin Brockdorff, 8 August 1918, in Afflerbach, *Kaiser Wilhelm II. als Oberster Kriegsherr, 926.*

*27. Niemann, *Kaiser und Revolution*, 35-36; Burián, *Austria in Dissolution*, 352-355; Ludendorff, *General Staff*, 595; Strachan, *First World War*, 317-318; Rumpler, *Max Hussarek*, 50-55.

*28. ドイツ側は、スパに滞在している間、ヴィルヘルムが王位に就くという野心について話したと主張していた。ドイツの外交官たちは、ヴィルヘルムが自分のことをウクライナの支配者に相応しいと記した手紙を一通所持している、と主張したのである。ヴィルヘルムの野心の証拠を握っているというドイツ側の主張に関しては次を参照。Bussche to Berkheim, 14 August 1918, PAAA 14379; Forgách to Burián, 18 August 1918, in Hornykiewicz, *Ereignisse*, vol. 3, 347, citing Mumm.

*29. Forgách to Burián, 11 August 1918, in Hornykiewicz, *Ereignisse*, vol. 3, 345. ヴィルヘルムが9月に戻ったことについては次を参照。Wilhelm to Sheptyts'kyi (September 1918), TsDIAL, 358/3t/166/19-20. キエフに戻ることを申し出た件については次を参照。Mumm to Auswärtiges Amt, 27 August 1918, PAAA R14380; Mumm to Auswärtiges Amt, 28 August 1918, PAAA R14380; Mumm to Auswärtiges Amt, 4 September 1918, PAAA R14382.

*30. 併合と民族浄化については次を参照。Geiss, *Der Polnische Grenzstreifen*, 125-146. シュテファンの立場については次を参照。Paul von Hintze, Auswärtiges Amt, Telegram, 28 August 1918, PAAA Wien 342.

*31. スコロパツキイへの約束については次を参照。Borowsky, *Deutsche Ukrainepolitik*, 264-265. ヴィルヘルムの安全への懸念については次を参照。Trautmans-

dorff to Burián, 23 September 1918, in Hornykiewicz, *Ereignisse*, vol. 3, 358. ウクライナにいるハプスブルクの軍隊の司令官は、アルフレート・クラウス（Alfred Krauss）であった。

＊32. ボルシェヴィキ・ウクライナについては次を参照。Wilhelm to Tokary, 12 October 1918, HURI, Folder 1. ヴィルヘルムは、オーストリアに占領された元ロシア帝国領から、オーストリアの一領邦に移動させられた。もっとも、ウクライナ人の見るところ、彼はまだウクライナにいたのだった。オーストリア内のあるべき姿のウクライナ領邦には、東ガリツィアとブコビナの両方が含まれてしかるべきだったからだ。チェルニウツィーはリヴィウからそう離れていなかった（鉄道で164マイル)。ヴィルヘルムの受けた命令は、ブコビナを民族固有の地として領有権を主張するルーマニアからチェルニウツィーを防衛せよ、というものだった。チェルニウツィーは、ハプスブルク帝国の支配下で大きな近代的な都市になったが、ハプスブルク帝国の近代性とは多様性を意味していた。およそ7万人の人口を抱えるチェルニウツィーには、ローマ・カトリック、ギリシャ・カトリック、アルメニア・カトリックの典礼を行う教会、さらにはユダヤ教のシナゴーグまであった。ウクライナ文化運動やルーマニア文化運動だけでなく、イディッシュ文化運動の中心であったが、たぶんその名をいちばんに轟かしていたのはドイツ語による講義を行う優れた大学があることだった。

＊33. Wilhelm to Vasylko, 18 October 1918, TsDIAL 358/3t/166/23-24; Wilhelm to Sheptyts'kyi, 18 October 1918, TsDIAL 358/3t/166123.

＊34. ヴィルヘルムの代わりに「別人」が連れてゆかれたことについては次を参照。Klimecki, *Polsko-ukraińska wojna*, 47, 55. 各民族に自治権をというカールの布告は、オーストリア＝ハンガリー二重帝国のうち、オーストリア側に適用された。ハンガリー政府は、自治権の問題については揺るがなかった。

＊35. Plaschka, Haselsteiner, and Suppan, *Innere Front*, vol. 2, 304, 316. ポーランド外務省は命令書の写しを手に入れていた。次を参照。AAN MSZ 5350/254-257. 次も参照。Erzherzog Wilhelm, 1 November 1918, "Dringend," *Documents ruthéno-ukrainiens*, 32; Vasyl' Vyshyvanyi, "U.S.S. z vesny 1918 r. do perevorotu v Avstrii," 25 October 1920, HURI, Folder 2; Klimecki, *Polsko-ukraińska wojna*, 68, 73, 91.

＊36. セルビア人が再結集するこができたのは、連合国軍が、ハプスブルク君主国の同盟国であるブルガリア王国に力ずくで戦争から手を引かせたためであった。

＊37. ヴィルヘルムの逃避行については次を参照。"Memuary," TsDAVO 1075/4/18a/9.

＊38. "Memuary," TsDAVO 1075/4/18a/11.

WHITE　帝国主義の手先

＊1. ヴィルヘルムの居場所については次を参照。"Memuary," TsDAVO 1075/4/18a/11.

＊2. Żurawski vel Grajewski, *Sprawa ukraińska*; Pavliuk, *Borot'ba Ukrainy*.

＊3. ヴィルヘルムが「象徴している」点については次を参照。*Documents ruthéno-ukrainiens*, 21. ポーランド側の主張については次を参照。Tereshchenko and Ostashko, *Ukrains'kyi patriot*, 37. また次も参照。Milow, *Die ukrainische Frage*, 312-313, 324.

＊4. 健康については次を参照。Rasevych, "Vil'hel'm von Habsburg," 217. Capture については次を参照。"Memuary," TsDAVO 1075/4/18a/11; IPH,4 September 1947; TsDAHO 26/1/66498-fp/148980/I/20. ルーマニア側の要求については次を参照。HHStA, Archiv der Republik, Fl, Karton 68, Rumänische Liquidierungskommission to Staatsamt für Äußeres, 10 June 1919. この初期の時点では、オーストリアは実際「ドイチュオーストライヒ」（Deutschösterreich）と呼ばれていたが、話はもう少し複雑だった。ルーマニアは戦争が終結する直前にふたたび参戦し、パリ講和会議の席でハプスブルク君主国からの広大な領土を要求した。ポーランドと同じ様に、ルーマニアも勝利した列強の同盟国だと称していた。ルーマニアの軍隊は戦争の勝利にほとんど何も貢献していなかったが、ルーマニアは、ハプスブルク君主国の領土を分割するに際して、戦勝国として利益を得ようとした。すぐ前までの支配王朝の一員を捕らえていたのだから、ルーマニア当局はヴィルヘルムの逮捕を使って、むろん彼を困らせ、また新しく生まれたオーストリア共和国にとっての厄介ごとを引き起こす手段とした。ヴィルヘルムを拘留しているルーマニア側は、ヴィルヘルムは自分たちに負債を負っているので、オーストリアが返済すべきだと主張した。1918年11月の大混乱の最中、家族とも宮廷とも切り離されていたヴィルヘルムは、実際、当時ハプスブルクのブコビナ領邦の政府が置かれていたチェルニウツィーで、政府からいくらか借金をしていた。ルーマニアは、ブコビナ地方の残りと一緒にチェルニウツィーを奪っており、今度はヴィルヘルムが借りた金を取り戻そうとしていたのである。ルーマニア軍兵士がヴィルヘルムの監視を続けていたちょうどその時、ルーマニア当局の役人は彼の消息についての情報を得ようとしてウィーンに書簡を送っていたところだった。陰険さからであったにせよ無能なためであったにせよ、いずれにせよ好まれないやり方だった。連合国側の同盟国ルーマニアは、むろんふさわしく小規模にだが、パリにいた列強によってなされていた不面目な行為をやはり模倣していたのである。

＊5. Hirniak, *Polk. Vasyl' Vyshyvanyi*, 31.

＊6. 本書では複雑な出来事を単純化しているので、次を参照されたい。Bruski, *Petlurowcy*; Ullman, *Anglo-Soviet Relations*; Wandycz, *Soviet-Polish Relations*; Reshetar, *Ukrainian Revolution*; Abramson, *Prayer for the Government*.

＊7. Tereshchenko and Ostashko, *Ukrains'kyi patriot*, 38-39.

＊8. Wasserstein, *Secret Lives*, 1-127. ガリツィア地方の油田については次を参照。Frank, *Oil Empire*.

＊9. Hull, *Entourage*, 269; Cavallie, *Ludendorff och Kapp*, 327; Evans, *Coming of the Third Reich*, 61, 177.

＊10. ヒトラーの言の引用は次から。Kellogg, *Russian Roots of Nazism*, 105. 次も参照。Evans, *Coming of the Third Reich*, 67-68, 97; Cavallie, *Ludendorff och Kapp*, 329.

＊11. Wasserstein, *Secret Lives*, 163.

＊12. Henry Hellsen, "Kejser at Ukraine," *Berlinske Tidende*, 31 March 1920, 2. ジャーナリストの記事の引用は次から。Onats'kyi, *Portrety v profil*, 135.

＊13. 陰謀の詳細について詳しく述べたものとしては次を参照。V. V. Biskupskii, in Williams, *Culture in Exile*, 100. また、次も参照。Rape, *Die österreichischen Heimwehren*, 246-248; Thoss, *Der Ludendorff-Kreis*, 444; Naczelne Dowództwo WP., Oddział II,"Skoropadski i arcyksiążę Wilhelm," 1921, CAW I.303.4.2718/99.

＊14. アルブレヒトとレオの軍務については次を参照。CAW, Teczka personalna, Leon Karl Habsburg:"Wniosek na odznaczenie 'Krzyże Walecznych' w myśl rozporządzenia ROP z dnia 11 sierpnia 1920 r.," Leon Habsburg, 3 September 1920; "Główna karta ewidencyjna," [1929]; CAW, Teczka personalna: Karol Habsburg, "Wniosek na odznaczenie 'Krzyże Walecznych' w myśl rozporządzenia ROP z dnia 11 sierpnia 1920 r.," Leon Habsburg, 11 April 1922; "Karta ewidencyjna," 1927.「ヴィルヘルムの助け」については次を参照。"Notiz," Vienna, 17 August 1920, PAAA Wien 342; Auswärtiges Amt.

＊15. リンカーンについては次を参照。Larischenko, 26 August 1920, PAAA R84244. Lincoln: Wasserstein, *Secret Lives*, 175. アリス・アンカルクローナについては次を参照。Badeni, *Autobiografia*, 11; Chłopczyk, "Alicja Habsburg," 29-31.

＊16. Stefan to "Kochany Hrabio"（Potocki?), 10 August 1920, APK-OŻ DDŻ 85.〔この書簡の宛先の「親愛なる伯爵」("Kochany Hrabio")はポトツキ（Potocki)伯と思われる〕。

＊17. Wilhelm, "Das Ukrainische Problem," *Neues Wiener Journal*, 9 January 1921.

＊18. Stefan, "Nadesłane," Żywiec, 31 January 1921, APK-OŻ DDŻ 754; Polizeidirektion Wien to Bundesministerium für Äußeres, 7 February 1921, in Hornykiewicz, *Ereignisse*, vol. 4, 284.

＊19. 資産・所領をめぐる係争については次を参照。HHStA, Fach 1, Karton 66, Folder "Erzherzog Karl Stefan,""Rozporządzenie Ministra Rolnictwa i Dóbr Państwowych w przedmiocie ustanowienia zarządu państwowego nad dobrami arcyksięcia Karola Stefana Habsburga z Żywca, położonemi na terytorjum b. zaboru austrjackiego," 28 February 1919, in *Monitor Polski*, 6 March 1919, Number 53. ヴィルヘルムが心痛の種であっ

たという件については次を参照。Stefan to ［Potocki?］, 10 August 1920, APK-OŻ DDŻ 85.〔この書簡はポトツキ伯爵宛てと思われる〕。シュテファンの嘆願書については次を参照。Stefan to Polish Council of Ministers, February 1922, APK-OŻ DDŻ 754. プロパガンダ用の刷り物については次を参照。K. O. Habsburg, *Na marginesie sprawy Żywieckiej*, 18.〔何万ヘクタールあったかについては、本文の「GREEN」章の註＊6が付された段落の記述と齟齬が見られる〕。

＊20. 合意については次を参照。Kancelarja Cywilna Naczelnika Państwa to Stefan, 26 August 1921, APK-OŻ DDŻ 757; "Informacja w sprawie dóbr Żywieckich," 1923, APK-OŻ DDŻ 754; "Rozporządzenie," 24 August 1924, APK-OŻ DDŻ 755. イタリアについての記述には次を参照。C. Canciani to Kloss, 6 July 1919, APK-OŻ DDŻ 757; "Akr darowizny," draft, September 1920, APK-OŻ DDŻ 757.「親愛なるパパ」が出てくる例として次を参照。Kloss in Rome to Stefan, 22 November 1921, APK-OŻ DDŻ 757.

＊21. ヴィルヘルムの言の引用は次から。"Das Ukrainische Problem," *Neues Wiener Journal*, 9 January 1921. Tereshchenko and Ostashko, *Ukrains'kyi patriot*, 46; Bruski, *Petlurowcy*, 332-333.

＊22. 感情を偽るくだりについては次を参照。Williams, *Culture in Exile*, 148. Deal: Dashkevych, "Vil'hel'm Habsburg i istoriia," 65.

＊23. ドイツ側の態度については次を参照。Naczelne Dowództwo W.P., Oddział II, "Skoropadski i arcyksiążę Wilhelm," 1921, CAW 1.303.4.2718/102-104.

＊24. 民主主義的要素については次を参照。Tereshchenko, "V'iacheslav Lypyns'kyi."「王位を狙う2人が和解した」という噂については次を参照。MSZ, "Projekt Referatu 'Ukraina,'" November 1921, AAN MSZ 5354/671-681; Kellogg, *Russian Roots of Nazism*, 181. 恋人マリアについては次を参照。Onats'kyi, *Portrety v profil*, 144.「指導的役割」については次を参照。Polizeidirektion Wien to Bundesministerium für Äußeres, 7 February 1921, in Hornykiewicz, *Ereignisse*, vol. 4, 284. アメリカへの移住については次を参照。Wilhelm to Tokary, 23 January 1921, HURI, Folder 1; Julius Lustig-Prean von Preansfeld, "Lebensskizzen der von 1870 bis 1918 ausgemusterten 'Neustädter,'" KA, Gruppe 1, Band 2,536.

＊25. ヴィルヘルムの先見の明と人気については次を参照。Polizeidirektion Wien to Bundesministerium für Äußeres, 7 February 1921, in Hornykiewicz, *Ereignisse*, vol. 4, 284. 新たな「ヴァリヤーグ」については次を参照。Dashkevych, "Vil'hel'm Habsburg i istoriia," 67; Tereshchenko, "V'iacheslav Lypyns'kyi." イェフヘン・チカレンコの記事が載ったのは次である。*Volia*, 23 April 1921.

＊26.「災難」については次を参照。Vivian, *Life of Emperor Charles*, 224. 次も参照。Vasari, *Otto Habsburg*, 32-34; Cartledge, *Will to Survive*, 351-352.

＊27. Rape, *Die österreichischen Heimwehren*, 260-263.

*28. 7月については次を参照。Nußer, *Konservative Wehrverbände*, 225; Rape, *Die österreichischen Heimwehren*, 263.　8月については次を参照。Vogt, *Oberst Max Bauer*, 340, 383.「モダンな君主」については次を参照。Spectator, "Monarkhiia i respublika," *Soborna Ukraina*, 1 November 1921, 2. 政治的活動については次を参照。Polizeidirektion Wien to Bundesministerium für Äußeres, 14 November 1921, in Hornykiewicz, *Ereignisse*, vol. 4, 307-308; IPH, 2 March 1948; TsDAHO 26/1/66498-fp/148980/I/118; Onats'kyi, *Portrety v profil*, 149. ドイツ人によって資金を供給されていたが、ヴィルヘルムが創刊した新聞は親英路線を取っていた。ヴィルヘルムは、ウクライナが将来海軍大国になると考える船乗りであったし、英語を話し、イギリスの王族に知己がいる英国びいきであった（この時点で、ヴィルヘルム自身もイギリス王位継承順位の358番目くらいのところにいた）。

*29.「アウフバウ」の創設趣意書は次のものである。"Die Grundlage für die Statuten einer Gesellschaft m.b.H. des Wiederaufbaus der vom Weltkriege geschädigten Staaten," November 1920, BK 22/74, fiche 1, 18-20. 次も参照。Fiutak, "Vasilij von Biskupskij," 32-33; Kursell, "Erinnerungen an Dr. Max v. Scheubner-Richter," 19; Baur, *Die russische Kolonie*, 258, 267. ヴィルヘルムと「ウクライナ・シンジケート」については次を参照。Vogt, *Oberst Max Bauer*, 383. シンジケートの活動については次を参照。Nußer, *Konservative Wehrverbände*, 226; Thoss, *Der Ludendorff-Kreis*, 446-447.

*30. Onats'kyi, *Portrety v profil*, 150.

*31. ルーデンドルフについては次を参照。Georg Fuchs, "Zur Vorgeschichte der Nationalsozialistischen Erhebung," BA NS26, 38, 130. 武器については次を参照。"Nr. 282/21 von 11.IX.1921," BHStA, Kriegsarchiv, Bayern und Reich Bund 36.「緑色インターナショナル」については次を参照。UNR Mission in Hungary, to UNR Minister of Foreign Affairs, 12 December 1921, TsDAVO 3696/2/466/86; Wilhelm,"Das Ukrainische Problem," *Neues Wiener Journal*, 9 January 1921. 訓練については次を参照。Kellogg, *Russian Roots of Nazism*, 181.「我が愛する祖国」については次を参照。"Abschrift eines Briefes vom Führer der deutschen Kolonisten Dr. Jakob Flemmer an Obersten Wasyl Wyschywanij, Kischineff, 30 August 1921," BHStA, Kriegsarchiv, Bayern und Reich Bund 36.

*32. オーストリアの新聞については次を参照。*Wiener Mittag*, 2 September 1921. フランスの情報機関については次を参照。"Abschrift des Originalberichts der französischen Spionagestelle in Wien," 30 August 1921, BHStA, Kriegsarchiv, Bayern und Reich Bund 36. ロシアの情報機関については次を参照。Zolotarev, *Russkaia voennaia emigratsiia*, 446. チェコの情報機関については次を参照。"Rušti monarchisté v Praze"［1921］, AKPR, ič 276/k. 17. ポーランドの情報機関については次を参照。Embassy in Copenhagen, "Informacje rosyjskie z Berlina," 24 September 1921, AAN MSZ

5351 234.

＊33. ウクライナ側については次を参照。Directory Chief of Staff to UNR Ministry of Foreign Affairs, 17 September 1921, TsDAVO 3696/2/466/84; UNR MFA to Ambassador in Berlin, 16 November 1921, TsDAVO 3696/3/19/119; Bruski, *Petlurowcy*, 335-336.

＊34. Rape, *Die österreichischen Heimwehren*, 273; Tereshchenko and Ostashko, *Ukrains'kyi patriot*, 57.

＊35. Dowództwo Okręgu Korpusnego Nr. II w Lublinie, "Raport Ukraiński," Lublin, 19 April 1922, CAW 1.303.4.6906. Support: Vertraulich Abschrift, 11 February 1922, BHStA, Kriegsarchiv, Bayern und Reich Bund 36. Perfidy: Bauer in Vienna to Ludendorff, 3 February 1922, BK 22/77, fiche 1, 18.　Sendtner, *Rupprecht von Wittelsbach*, 462-463. も参照。

＊36. ルーデンドルフと、銃撃で殺されたマックス・エルヴィン・フォン・ショイブナー＝リヒターがヒトラーと腕を組んで行進していた。

＊37. Bauer to Pittinger, 12 March 1922, BHStA, Kriegsarchiv, Bayern und Reich Bund 36.

LILAC　ゲイ・パリ

＊1. Armie, *Maria Cristina de Habsburgo*, 200, 205; Brook-Shepherd, *The Last Empress*, 219.

＊2. ここで、伝統的な独裁制の概念とモダンな独裁制の概念とがぶつかり合ったわけである。前者によれば確立されていた政治秩序を取り戻す過渡期であるととらえられたし、後者によれば一人の人間による恒久的な支配の状態を指すものであった。

＊3. C. Fuchs to Luise Engeler, 20 October 1931, BK 22/70, fiche 2, 62-63; Vogt, *Oberst Max Bauer*, 406-408; Wilhelm's letters to Piegl in BK 22/71, fiche 2.

＊4. Piegl to Wilhelm, 14 March 1929, BK 22/71, fiche 4, 138; Vogt, *Oberst Max Bauer*, 422, 432; Wasserstein, *Secret Lives*, 214ff.〔リンカーンの死んだ土地は満州でなく上海であるとする説が有力である〕。

＊5. J. Piegl to Wilhelm, 23 June 1927, BK 22/71, fiche 2, 42; Piegl to Wilhelm, 17 January 1928, ibid., 60, 102-103; Piegl to Wilhelm, 21 June 1928, BK 22/71, fiche 3, 102-103; Piegl to Pallin, 8 February 1929, BK 22/71, fiche 4; 131-132; Wilhelm to Piegl, 16 February 1929, ibid., 133. アルフォンソについては次を参照。Gortazar, *Alfonso XIII*.

＊6. Wilhelm to Piegl, 25 May 1928, BK 22/71, fiche 2, 69.

＊7. 借金については次を参照。"A.S. de l'archiduc Guillaume de Habsbourg," 2 August 1935, APP, B A/1680; Carl Schuloff, Vienna, 12 January 1934, copy of letter, APK-OŻ DDŻ 753. エステルハージ兄弟については次を参照。József Kardos, *Legiti-*

*mizmus: legitimista politikusok Magyarországon a két világháború között*, Budapest: Korona,. 1998, 280, 303, 571.

＊8. A. Bonnefoy-Sibour, Le Préfet de Seine-et-Oise to Ministre de l'Intérieur, 24 April 1929, AC, Fonds de Moscou, Direction de la Sûreté Générale, 19949484/154/9722.

＊9. コンタクトについては次を参照。Wilhelm to Sheptyts'kyi, 14 February 1927, TsDIAL, 358/3t/166/26. フランス警察については次を参照。"A.S. de l'archiduc Guillaume de Habsbourg," 2 August 1935, APP, B A/1680. 旅行については次を参照。Wilhelm to Piegl, 2 June 1928, Wilhelm to Piegl, 9 June 1928, Piegl to Wilhelm, 13 June 1928, all in BK 22/71, fiche 3, 85-92.

＊10. "L'archiduc Guillaume de Habsbourg condamné par défaut à cinq années de prison," *Le Populaire*, 28 July 1935, 1, 2; Ostashko, "Pol's'ka viiskova spetssluzhba." 譲渡についての記録は次を参照。APK-OŻ DDŻ 753, 894.

＊11. Romanov, *Twilight of Royalty*, 27. ポロについては次を参照。Georges-Michel, *Autres personnalités*, 122.

＊12. Georges-Michel, *Autres personnalités*, 130-131.〔フロイト的な解釈など無用で〕「時には葉巻はたんに葉巻である」。

＊13. Michel Georges-Michel, "Une histoire d'ancre sympathetique," *Le Jour, 2*. July 1934.

＊14. "A.S. de Couyba Paule et Guillaume de Habsburg," 23 January 1935, APP, B A/1680. Brassaï, *Secret Paris*. もあわせて参照のこと。

＊15. "A.S. de l'archiduc Guillaume de Habsbourg," 2 August 1935, APP, B A/1680.

＊16. 新聞記事の切り抜きは次を参照。Raymonde Latour, "En regardant poser S. A.I. l'archiduc Guillaume de Lorraine-Habsbourg," 28 October 1931, HURI, Folder 2. アガペとスラム探訪癖とが近しいことについては次を参照。Koven, *Sexual and Social Politics*, 276-277 and passim.

＊17. "A.S. de Couyba Paule et Guillaume de Habsburg," 23 January 1935, APP, B A/1680.

＊18. アンリエット・カイヨーについては次を参照。Berenson, *Trial of Madame Caillaux*. ポーレットとジョゼフ・カイヨーについては次を参照。[Legionsrat] Wasserbäck, Österreichische Gesandschaft, Pressedienst, Paris, to Eduard Ludwig, Vorstand des Bundespressediensts, Vienna, 22 December 1934, AR, Neues Politisches Archiv, AA/ADR, Karton 416, Folder: Liasse Personalia Geh. A-H. Monzie: "A.S. de Couyba Paule et Guillaume de Habsburg," 23 January 1935, APP, B A/1680; "Bericht in der Sache gegen Erzherzog Wilhelm und Paule Couyba" [August 1935], AR, Neues Politisches Archiv, AA/ADR, Karton 416, Folder: Liasse Personalia Geh. A-H.

＊19. モーリス・ドゥ・ロートシルトについては次を参照。"A.S. de Couyba Paule et Guillaume de Habsburg," 23 January 1935, APP, B A/1680; Germaine Decaris, "L'archiduc de Habsbourg-Lorraine est condamné par défaut à cinq ans de prison,"

*L'Œuvre*, 28 July 1935, 1,5; Georges Oubert, "La 'fiancée' de l'Archiduc Guillaume de Habsbourg est en prison depuis d'un mois," *Le Populaire*, 15 December 1934.

＊20. Préfecture de Police, Cabinet du Préfet, 7 July 1932, APP, B A/1680. 3度帰化を試みたことについての文書は、すべてここにファイルされている。

＊21. 20世紀も早い頃のパリにおいては、ヴィルヘルムのような性的嗜好を持つ男性が、女優などの有名人と親交を結ぶことは珍しいことではなかった。次も参照。Vicinus, "Fin-de-Siècle Theatrics," 171-173.

＊22. ここに出てくる王たちについては次を参照。Mistinguett, *Queen of the Paris Night*, 60-63. フリードリヒ・ヴィルヘルム・フォン・ホーエンツォレルンについては次を参照。"Friedrich Leopold, Kin of Kaiser, Dies," *New York Times*, 15 September 1931; "Potsdam Sale Fails to Draw High Bids," *New York Times*, 21 February 1931.

＊23. "Michael Swinburn Dies; Paris Soap Firm Head," *New York Times*, 14 November 1930.

＊24. ヴィルヘルムの言については次を参照。Michel Georges-Michel, "Ou 1'Archiduc Guillaume unit Mlle Mistinguett et l'Archiduc Rodolphe" [summer 1932], HURI, Folder 2.「海は背景幕ほどには青くない」はミスタンゲットの回想録の初めに出てくる。Mistinguett, *Queen of the Paris Night*, 1.

＊25. Brook-Shepherd, *The Last Empress*, 215ff.

＊26. Andics, *Der Fall Otto Habsburg*, 67, 74; Vasari, *Otto Habsburg*, 150-151; Interview, *Die Presse*, 10 November 2007, 2.

＊27. Vasari, *Otto Habsburg*, 125-126.

＊28. ハプスブルク家の将来については次を参照。Binder, "Christian Corporatist State," 80. オットーに名誉市民の称号を授与し始めた町々については次を参照。Vasari, *Otto Habsburg*, 109. シュシュニックの苦境については次を参照。Goldinger and Binder, *Geschichte der Republik Österreich*.

＊29. レオは後年になって自分は一家から追放されたのだと主張した。次を参照。Rechtsabteilung, "Volkstumszugehörigkeit der Familie des verstorbenen Erzherzogs Leo Habsburg in Bestwin," Kattowitz, 19 April 1941, BA R49/37.

＊30. Freiherr von Biegeleben, Kanzlei des Ordens vom Goldenen Vlies, Vienna, 1 June 1934, 22 May 1934, 10 December 1934, APK-OŻ DDŻ 1. 猥褻物陳列については次を参照。Brook-Shepherd, *The Last Empress*, 243-244.

＊31. キエフから来ていた料理人については次を参照。Chłopczyk, "Ostatni właściciele," 23.

＊32. Stefan Habsburg, "Mein Testament," 12 June 1924, APK-OŻ DDŻ 85; "Układ spadkowy," 4 May 1934, APK-OŻ DDŻ 753.

＊33. "Wykaz wypłaconych i przekazanych apanażów dotacji i splaty na rach. Kasy Dworskiej," 15 May 1934, APK-OŻ DDŻ 894.

＊34. 飢饉の犠牲者への資金集めなど慈善については次を参照。A.S. de l'archiduc Guillaume de Habsbourg, 2 August 1935, APP, B A/1680; Andrii Sheptyts'kyi to Ilarion Svientsits'kyi, 5 April 1933, in Diakiv, *Lysty Mytropolyta Andreia Sheptyts'koho*, 50. OUN: "Znany Wasyl Wyszywanyj," 1 July 1934, RGVA, 308k/7/322/4; Wilhelm to Oksana de Tokary, 20 November 1933, HURI, Folder 1. 次も参照。IPH, 26 September 1947, TsDAHO 26/1/66498-fp/148980/I/54; Tereshchenko and Ostashko, *Ukrains'kyi patriot*, 58. ヒトラーがムッソリーニに語ったことについては次を参照。Winter, *Die Sowjet union*, 146.

＊35. Polish Ministry of Internal Affairs, Wydział Narodowościowy, Komunikat Informacyjny, 7 June 1933, AAN MSW 1041/68; "Znany Wasyl Wyszywanyj," 1 July 1934, RGVA, 308k/7/322/4. パネイコとの他の機会の接触については次の中に散見。*Zhyttia i smert' Polkovnyka Konovaltsia*.

＊36. ツェッペリン飛行船やオットーについては次を参照。"Pobyt Otty Habsburka v Berlíne," 6 February 1933, AUTGM, fond TGM, R-Monarchie, k. 1; IPH, 5 September 1947, TsDAHO 26/1/66498-fp/148980/I/27. Hitler: Wilhelm to Tokary, 8 August 1934, HURI, Folder 1. Wiesner: Wilhelm to Tokary in Paris, 21 December［1934?］, HURI, Folder 1; Vasari, *Otto Habsburg*, 114.

＊37. Brook-Shepherd, *Uncrowned Emperor*, 83, 85.

＊38. Hendrix, *Sir Henri Deterding*; IPH, 14 April 1948, TsDAHO 26/1/66498fp/148980/I/82.

＊39. 「エロス」号の救助については次を参照。Schmidt-Brentano, *Die österreichischen Admirale*, 474. ロスチャイルド家については次を参照。Ferguson, *World's Banker*, 971, 992.

＊40. ホテル・リッツでの夕食については次を参照。"Bericht in der Sache gegen Erzherzog Wilhelm und Paule Couyba"［August 1935］, AR, Neues Politisches Archiv, AA/ADR, Karton 416, Folder: Liasse Personalia Geh. A-H; "A.S. de Couyba Paule et Guillaume de Habsburg," 23 January 1935, APP, B A/1680; Germaine Decaris, "L'archiduc de Habsbourg-Lorraine est condamné par défaut à cinq ans de prison," *L'Œuvre*, 28 July 1935, 1, 5.

＊41. Österreichische Gesandschaft, Paris, to［Generalsekretär］Franz Peter, Bundeskanzleramt, Vienna, 5 December 1934, AR, Neues Politisches Archiv, AAlADR, Karton 416, Folder: Liasse Personalia Geh. A-H.

＊42. 詐欺と称したフランスの新聞については次を参照。"Une escroquerie au retablissement des Habsbourg," *Matin*, 15 December 1934. 外交官の報告書は次を参照。［Legionsrat］Wasserback, Österreichische Gesandschaft, Pressedienst, Paris, to Eduard Ludwig, Vorstand des Bundespressedienststs, Vienna, 22 December 1934. 貴族たちについては次を参照。Österreichische Gesandschaft, Paris, to［Generalsekretär］Franz

Peter, Vienna, 28 December 1934. 公使館が追い払った件については次を参照。Maurice Bourgain, Paris, to Legation d'Autriche, 26 June 1935. 書簡は3通どれもが次に納められている。AR, Neues Politisches Archiv, AA/ADR, Karton 416. Folder: Liasse Personalia Geh. A-H.

＊43. Burrin, *Fascisme, nazisme, autoritarisme*, 202, 209.

＊44. Georges Oubert, "La 'fiancée' de I'Archiduc Guillaume de Habsbourg est en prison depuis d'un mois," *Le Populaire*, 15 December 1934.

＊45. Ibid.

＊46. オイゲンについては次を参照。Bundeskanzleramt, Auswärtige Angelegenheiten, "Erzherzog Wilhelm," 15 July 1935. Colloredo: Österreichische Gesandschaft, Paris, to Generalsekretär Franz Peter, Vienna, 28 December 1934; both in AR, Neues Politisches Archiv, AA/ADR, Karton 416, Folder: Liasse Personalia Geh. A-H. ウクライナの退役軍人たちについては次を参照。Union des Anciens Combattants de l'Armée de la Republique Ukrainniene en France to Georges Normand（Juge d'Instruction）, 20 May 1935, HURI, Folder 1. ヴィルヘルムの友人たちについては次を参照。Tokary to Le Baron de Villanye, Hungarian Ambassador in Rome, 6 April 1935, ibid.

＊47. 彼は遅くとも6月19日までにはウィーンに戻っていた。次を参照。Wilhelm to Tokary, 19 June 1935, HURI, Folder 1.

＊48. 裁判はある歌とともに始まった。パレ・ドゥ・ジュスティスは、セーヌ川の左岸でも右岸でもなく、シテ島の上に建っている。左岸にあるたとえば上院《セナ》から、右岸にあるたとえばモンマルトルに歩いていく際に、ここは目印になっているのである。夕べには罪の意識を抱えモンマルトルに現れ、朝になれば上機嫌になって上院に顔を出す男。そう、この裁判で最初に弁護されたのが、その辺りを始終歩いたことのあった男で、1931年に死亡していた上院議員のシャルル・クイーバ、モーリス・ブケイの名でモンマルトルのバーで歌っていた男だったのは、いかにもふさわしかった。統括裁判官は、クイーバの遺族の代理を務める弁護士に、特別に冒頭陳述をすることを許可した。クイーバ家としては、被告人であるポーレットとの縁戚関係はまったくない、という点を公判録にはっきりと残したいと考えていた。彼らが雇った弁護士は、クイーバと呼んでもブケイと呼んでも良いが彼の最大のヒット曲である「マノン」を数行朗唱し、その歌の持つ「汚れなき栄光」を汚さないよう求めて陳述を終えた。次を参照。Germaine Decaris, "L'archiduc de Habsbourg-Lorraine est condamné par défaut à cinq ans de prison," *L'Œuvre*, 28 July 1935, 1, 5.

＊49. "Bericht in der Sache gegen Erzherzog Wilhelm und Paule Couyba"［August 1935］, AR, Neues Politisches Archiv, AA/ADR, Karton 416, Folder: Liasse Personalia Geh. A-H; Geo. London, "Il fallait d'abord faire manger le prince," *Le Journal*, 28 July 1935.

*50. AP, D1U6 3068, case 299814, Seizième Chambre du Tribunal de Premier Instance de Département de la Seine séant au Palais de Justice à Paris, "Pour le Procureur de la République et Pour Paneyko Basile et Evrard Charles contre Couyba Paule et De Habsbourg-Lorraine Archiduc d'Autriche Guillaume François Joseph Charles"; "Bericht in der Sache gegen Erzherzog Wilhelm und Paule Couyba" (August 1935), AR, Neues Politisches Archiv, AA/ADR, Karton 416, Folder: Liasse Personalia Geh. A-H.

*51. 「愛する男」については次を参照。Germaine Decaris, "L'archiduc de Habsbourg-Lorraine est condamné par défaut à cinq ans de prison," *L'Œuvre*, 28 July 1935, 5.

*52. 引用は次から。"Bericht in der Sache gegen Erzherzog Wilhelm und Paule Couyba" [August 1935], AR, Neues Politisches Archiv, AA/ADR, Karton 416, Folder: Liasse Personalia Geh. A-H.

*53. AP, D1U6 3068, case 299814, Seizième Chambre du Tribunal de Premier Instance de Département de la Seine séant au Palais de Justice à Paris, "Pour le Procureur de la République et Pour Paneyko Basile et Evrard Charles contre Couyba Paule et De Habsbourg-Lorraine Archiduc d'Autriche Guillaume François Joseph Charles."

*54. Berenson, *Trial of Madame Caillaux*, 1-42.

*55. Paneyko to L. Beberovich, 30 April 1935, HURI, Folder 1; [Österreichische Gesandschaft, Paris], July 1935, AR, Neues Politisches Archiv, AA/ADR, Karton 416, Folder: Liasse Personalia Geh. A-H. これは典型的な、フランス人のドイツ人に対するステレオタイプである。次を参照。Murat, *La loi du genre*, 294-295.

*56. "L'archiduc Guillaume de Habsbourg est condamné par défaut à cinq années de prison," *Le Populaire*, 28 July 1935, 1, 2; *L'Œuvre*, 28 July 1935, 1.

*57. Geo. London, "Il fallait d'abord faire manger le prince," *Le Journal*, 28 July 1935.

*58. Wilhelm to Tokary, 22 June 1935, HURI, Folder 1.

*59. チェコスロバキアについては次を参照。Wilhelm to Tokary, 18 August 1935, HURI, Folder 1. 叔父オイゲンがベルギーの新聞に載せた記事は次を参照。"Une Machination Bolchevique," AR, Neues Politisches Archiv, AA/ADR, Karton 416, Folder: Liasse Personalia Geh. A-H. イェフヘン・コノヴァレツ殺人の告白は次を参照。Sudoplatov and Sudoplatov, *Special Tasks*, 7-29.

*60. "Les Habsbourgs vont-ils rentrer en Autriche?" *Le Figaro*, 4 July 1935, 1.

*61. "A.S. de Couyba Paule et Guillaume de Habsburg," 23 January 1935, APP, B A/1680.

*62. 「偉大な世紀」のくだりについては次を参照。Germaine Decaris, "L'archiduc de Habsbourg-Lorraine est condamné par défaut à cinq ans de prison," *L'Œuvre*, 28 July 1935, 1, 5. 場違いな帽子については次を参照。Georges Claretie, "La fiancée d'un prétendant du trône d'Ukraine," *Le Figaro*, 28 July 1935, 1, 3.

*63. 社会的上昇については次を参照。Weber, *Hollow Years*.

*64. 両者の弁護士たちの発言の引用は次を参照。Germaine Decaris, "'l'archiduc

de Habsbourg-Lorraine est condamné par défaut à cinq ans de prison," *L'Œuvre*, 28 July 1935, 1, 5.

BROWN　貴族的ファシズム

＊1. このできごとを詳述する際の基となったものとしては次を参照。Österreichische Gesandschaft, Paris, to Bundeskanzleramt, Auswärtige Angelegenheiten, Vienna, "Betrügerische Maneuver der im Prozess gegen Erzherzog Wilhelm verurteilten Mlle. Couyba," 19 May 1936, AR, Neues Politisches Archiv, AA/ADR, Karton 416, Folder: Liasse Personalia Geh. A-H.

＊2. Wilhelm to Tokary, 19 June 1935 and 27 November 1935, HURI, Folder 1.

＊3. *Folles de Luxes et Dames de Qualité*, Paris: Editions Baudinière, 1931.

＊4. 猫については次を参照。Wilhelm to Tokary, 27 August 1935, HURI, Folder 1.「ズタズタにされて」しまった神経については次を参照。Wilhelm to Tokary, 19 June 1935, HURI, Folder 1.

＊5. ヴィルヘルムの原稿と実際の記事との比較については次を参照。Declaration to French Press, 1935, HURI, Folder 1 to "Une lettre de l'archiduc Guillaume Habsburg-Lorraine d'Autriche," *Le Figaro*, 13 August 1935, 3.

＊6.「純潔」についてのゴシップは次を参照。Gribble, *Life of the Emperor Francis-Joseph*, 279. オイゲンがオーストリアに戻ったことについては次を参照。"Viennese Hail Archduke," *New York Times*, 11 September 1934. この段落にでてくることについての一般的な記述としては次を参照。Hamann, *Die Habsburger*, 101.

＊7.「必要な人すべてにきちんと口を利いてくれた」ことについては次を参照。Wilhelm to Tokary, 27 November 1935, HURI, Folder 1. Name: Bundesministerium für Inneres, Abteilung 2, "Wilhelm Franz Josef Habsburg Lothringen," 29 November 1952, AR GA, 69.002/1955.

＊8. オーストリア軍将校としての訓練については次を参照。Gauleitung Wien, Personalamt, to NSDAP, Gauleitung, 8 May 1940, AR GA, 170.606.

＊9. Freiherr von Biegeleben, Ordenskanzler, Kanzlei des Ordens vom Goldenen Vlies, Vienna, 26 March 1936, APK-OŻ DDŻ 1.

＊10. "Es existieren laut Inventar 89 Collanen des Ordens vom goldenen Vlies," Vienna, 26 May 1930, APK-OŻ DDŻ 1.

＊11. Wilhelm to Tokary, 27 August 1935, HURI, Folder 1; Wilhelm to Tokary, 18 October 1935, HURI, Folder 1.

＊12. Wilhelm to Tokary, 18 October 1935, HURI, Folder 1.

＊13. Wilhelm to Tokary, 7 October 1936, HURI, Folder 1.

＊14. Wilhelm to Tokary, 24 October 1936, HURI, Folder 1.

＊15. Wilhelm to Tokary, 27 November 1935, HURI, Folder 1. 国家社会主義への貴族

主義的な適応についての総説としては次を参照。Burrin, *Fascisme, nazisme, autoritarisme*.

＊16．4月までに確信していたことについては次を参照。Wilhelm to Tokary, 22 April 1936, HURI, Folder 2. 引 用 は 次 か ら。Wilhelm to Tokary, 7 October 1936, HURI, Folder 2.

＊17．Goldinger and Binder, *Geschichte der Republik Österreich*, 246.　1936年には実質的に解体されてしまった右派の護国団の代表たちは、ちょうど政権から締め出されたばかりだったので、彼らの忠誠心を期待することすらできなかった。

＊18．ヴィルヘルムが「破滅する運命」に言及したものとして次を参照。Wilhelm to Tokary, 27 January 1937, HURI, Folder 2. 1934: Wilhelm to Tokary, 21 December 1934, HURI, Folder 1.「永遠に彷徨い続けるユダヤ人」という表現については次を参照。Wilhelm to Tokary, 18 October 1935, HURI, Folder 1.

＊19．Wilhelm to Albrecht, 15 July 1936, APK-OŻ DDŻ 894; Wilhelm to Negriusz, 31 October and 1 December 1936, APK-OŻ DDŻ 894.

＊20．Gauleitung Wien, Personalamt, to NSDAP, Gauleitung, 8 May 1940, AR GA, 170.606.

＊21．イヴァン・ポルタベツ－オストリアニツァの経歴の概要は次を参照。Kentii, *Narysy*, 30; Bolianovs'kyi, *Ukrains'ki viiskovi formuvannia*, 177; Torzecki, *Kwestia ukraińska*, 119, 125; Lacquer, *Russia and Germany*, 156; Ostashko, "Pol's'ka viiskova spetssluzhba." ポルタベツ－オストリアニツァがヒトラーに宛てた手紙は次を参照。Poltavets-Ostrianytsia to Hitler, 23 May 1935, BA R43I/155.

＊22．Wilhelm to Tokary, 25 February 1937, 19 March 1937, HURI, Folder 2.

＊23．Tokary to Wilhelm, 23 November 1937, HURI, Folder 2, "Trottel."

＊24．記事については次を参照。"Habsburger Kriminalgeschichte," *Völkischer Beobachter*, 11 March 1937.「ユダヤ人の行う事業」という表現は次から。Wilhelm to Tokary, 19 December 1937, HURI, Folder 2.「ユダヤ人とフリーメーソンのおかげ」とか「頑固で先の見えない」などの表現は次から。Wilhelm to Tokary, 19 March 1937, HURI, Folder 2.

＊25．引用とヴィルヘルムの思考の脈略については次を参照。Wilhelm to Tokary, 27 January 1937, HURI, Folder 2.

＊26．時代認識については次を参照。Wilhelm to Tokary, 19 December 1937, HURI, Folder 2. Liquidation: Wilhelm to Tokary, 19 December 1937, HURI, Folder 2.「ウクライナが癒されること」については次を参照。Tokary to Wilhelm, 2 March 1938, HURI, Folder 2. Ropes: Wilhelm to Tokary, 25 February 1937, HURI, Folder 2. 1942年1月18日には日独伊で軍事協定が結ばれた〔これは日独伊新軍事協定であろう。日独伊の軍事同盟はすでに1940年に結ばれている〕。

＊27．たとえば次を参照。Hills, *Britain and the Occupation of Austria*, 18.

BLACK　ヒトラーとスターリンに抗して

＊1. Chałupska, “Księżna wraca”; Marcin Czyżewski, “Arcyksiężna przypilnuje dzieci,” *Gazeta Wyborcz.*（Katowice）, 21 September 2001; Krzyżanowski, “Księżna arcypolskości”; Badeni, *Autobiografia*, 75.

＊2. A. Habsburg, *Princessa och partisan*, 83.

＊3. ソ連のやり口についての古典的著作としては次を参照。Gross, *Revolution from Abroad*. ポーランド将校の殺戮については次を参照。Cienciala et al., *Katyń*. ドイツのポーランド占領から最初の数週間については次を参照。Rossino, *Hitler Strikes Poland*. この2人の家庭教師の非命についての情報源は、マリア・クリスチーナである。下の註＊4を参照。ドイツによるジヴィエツ併合は、9月6日に行われた。

＊4. 引用および出来事については、マリア・クリスチーナが回想したものである。次に引用されている。Bar, “Z Życia koła.” Silver: “Vermerk,” 19 May 1943, BA R49/38.

＊5. アルブレヒトの「血統」については次を参照。Sicherheitspolizei, Einsatzkommando z. b. V. Kattowitz, “Niederschrift,” 16 November 1939, BA R49/38.「反逆罪」については次を参照。Gestapo, Teschen, to Gestapo, Kattowitz, 8 December 1939, BA R49/38.

＊6. Dobosz, *Wojna na ziemi Żywieckiej*, 41-48.

＊7. IPH, 14 April 1948, TsDAHO 26/1/66498-fp/148980/I/143, 145; Gauleitung Wien, Personalamt, to NSDAP, Gauleitung, 8 May 1940, AR GA, 170.606.

＊8. Hirniak, *Polk. Vasyl' Vyshyvanyi*, 35; Wien Stadt und Landesarchiv, Meldezettel, “Habsburg-Lothringen,” 1944, AR GA, 170.606.

＊9. “Entwurf,” Saybusch, 22 October 1940, APK-OŻ DDŻ 1161; Finanzamt Kattowitz-Stadt, “Prüfungsbericht,” 23 June 1941, APK-OŻ DDŻ 1160. ドルとマルクは1941年になっても交換することができた。1941年時点のドルが現在のドルに換算してどのくらいになるかという推定は、消費者物価指数によっている。こうした推定にはさまざまな方法があるが、どれも完璧なものではない。ここでの要点は、彼らが多額の金を手にしたということである。

＊10.「自分の味方」については次を参照。Reichssicherheitsamt to Stab Reichsführer SS（Wolff）, 25 May 1940, BA NS19/662 PK D 0279. 北欧民族の完璧な見本のくだりについては次を参照。A. Habsburg, *Princessa och partisan*, 113-114.

＊11. 手紙の例は次を参照。Botschafter v. Mackensen, 13 February 1940; Hermann Neumacher to Himmler, 19 June 1940, both at BA NS19/662 PK D 0279. 強制的な移住と醸造所については次を参照。Dobosz, *Wojna na ziemi Żywieckiej*, 69-74; Spyra, *Browar Żywiec*, 61.

＊12. ゲシュタポによるアリスの「積極性」についての理解は次を参照。“Schlußbericht,” Kattowitz, 30 January 1941, BA R49/38. 手紙は次を参照。Alice to Albrecht, 15 November 1941, BA R49/38.

＊13. A. Habsburg, *Princessa och partisan*, 122-123; Dobosz, *Wojna na ziemi Żywieckiej*, 102.

＊14. Alice to Albrecht, 15 November 1941, Gestapo translation, BA R49/38.

＊15. レオについては次を参照。Wilhelm to Tokary, 10 December 1937, HURI, Folder 2.

＊16.「恋人」については次を参照。Bundesministerium für Inneres, Abteiling 2, “Bericht: Wilhelm Franz Josef Habsburg-Lothr,” 18 September 1947, AR GA, 69.002/1955.

＊17. Berkhoff, *Harvest of Despair*.

＊18. ウクライナのホロコーストについては次を参照。Brandon and Lower, *Shoah in Ukraine*.

＊19. Hirniak, *Polk. Vasyl' Vyshyvanyi*; IPN, 19 August 1947, TsDAHO 263/1/66498-fp/148980/II/19. ナチスの指導者たちの間でも、ウクライナの扱いについてさまざまな意見があった。アルフレッド・ローゼンベルクのウクライナ人徴募の試み〔本文「BROWN」の章の註＊21の付された段落を参照〕は、帝国管区ウクライナにおける総督エーリッヒ・コッホによる実際の政策と、ヒトラーの独断に直面して失敗に終わった。

＊20. ロマン・ノヴォサドの過去については次を参照。IPN, 3 July 1947, TsDAHO 263/1/66498-fp/148980/I/224, 185, 236. 引用は次から。Novosad, “Vasyl' Vyshyvanyi,” 22-23. 次も参照。Protokol Doprosa（of their joint interrogation）, 12 May 1948, TsDAHO 263/1/66498fp/148980III/195-211.

＊21. Novosad, “Vasyl' Vyshyvanyi,” 23; Hills, *Britain and the Occupation of Austria*, 100-111; Beer, “Die Besatzungsmacht Großbritannien,” 54.

＊22. 転居については次を参照。WSL, Meldezettel, “Habsburg-Lothringen,” 1944, AR GA, 170.606. ポール・マースについては次を参照。IPH, 26 September 1947, TsDAHO 26/1/66498-fp/148980/I/58-59; IPH, 14 April 1948, TsDAHO 26/1/66498-fp/148980/I/150-154; Balfour and Mair, *Four Power Control*, 318. フランスとイギリスの公文書館で、これらを含めたいくつかのタイトルのファイルのありかを突き止めようとする著者の努力は徒労に終わったが、それにはいくつもの理由があったと思われる。著者以外の方々は幸運に恵まれることを願っている。1940年代、さらには1930年代に、ヴィルヘルムがイギリス人やフランス人と接触していたことについて知っておくべきことはまだまだたくさんあるのである。1930年代に彼が頻繁にロンドンを訪れていたこと、1935年にフランスから追放されたことに過剰に反応したことは、その時点でさえある程度の結びつきがあった可能性を示している。

＊23.　Lida: IPN, 19 August 1947, TsDAHO 263/1/66498-fp/148980/II/21.

＊24.　Novosad, "Vasyl' Vyshyvanyi," 25.

＊25.　The Waffen-SS Galizien, IPN, 19 August 1947, TsDAHO 263/1/66498-fp/148980/II/23-26.

＊26.　Rasevych, "Vil'hel'm von Habsburg," 220.

＊27.　Gestapo, Kattowitz, Interrogation of Alice von Habsburg, Vistula, 27 January 1942, BA R49/38. 次も参照。Badeni, *Autobiografia*, 141.

＊28.　Stab Reichsführer SS to Greifelt, Reichskommissar für die Festigung deutschen Volkstums, 1 December 1942, BA NS19/662 PK D 0279.

＊29.　Chef der Sicherheitspolizei to Stabshauptamt des Reichskommissars für die Festigung deutschen Volkstums, 20 July 1942, BA R49/38.

＊30.　A. Habsburg, *Princessa och partisan*, 169. ハイドリヒはボヘミア・モラヴィア保護領の副総督でもあり、彼が暗殺のターゲットに選ばれたのはこのためである。

＊31.　Marie Klotilde Habsburg to Hitler, 29 May 1940, BA, R43II/1361.

＊32.　Greifelt to Heydrich, 23 September 1941, BA R49/39; "Aktenvermerk," 26 June 1941, BA R49/39.

＊33.　SS Rechtsabteilung, "Volkstumszugehörigkeit der Familie des verstorbenen Erzherzogs Leo Habsburg in Bestwin," Kattowitz, 19 April 1941, BA R49/37.

＊34.　マリー・モンジョワについては次を参照。Der Amtskomissar und k. Ortsgruppenleiter to the SS-SD Abschnitt Kattowitz, 2 August 1940, BA R49/37. マリーの「フォルクスリスト」でのカテゴリーについては次を参照。Bezirkstelle der Deutschen Volksliste to Zentralstelle der Deutschen Volksliste in Kattowitz, 19 November 1941, BA R49/37.「売国奴」云々というヒムラーの言については次を参照。"Vermerk zu einem Vortrag des SS-Gruppenführer Greifelt beim Reichsführer SS am 12. Mai 1943," BA NS19/662 PK D 0279; "Besitzregelung der Herrschaft Saybusch," 18 May 1943, BA R49/38.

＊35.　Der Hauptbeauftragte "Eindeutschung von Polen," 13 August 1942, APK-OŻ DDŻ 1150.

＊36.　"Aktenvermerk," 18 May 1944, BA NS19/662 PK D 0279.

＊37.　"Angelegenheit Saybusch-Bestwin," 19 May 1944, BA NS19/662 PK D 0279.

＊38.　この段落の最初の引用は次から。Gauleiter von Oberschlesien to SS Gruppenführer Greifelt, September 1944, BA NS19/662 PK D 0279. 現地当局については次を参照。Beauftragte für den Vierjahresplan to Reichskommissar für die Festigung deutschen Volkstums, 26 November 1943, BA R49/38; "Vermerk für SS Standartenführer Dr. Brandt," 18 November 1944, BA NS19/662 PK D 0279. 2番目の引用は次から。"Vermerk für SS Standartenführer Dr. Brandt," 18 November 1944, BA NS19/662 PK D

0279.

*39. レオポルド・フィグルが入れられていたのは、ダッハウとマウトハウゼンの強制収容所である。ポーランドのような国々であれば、強制収容所に入れられていたといっても、ソヴィエトは彼をドイツの協力者と見なすに吝かでなかったであろう。しかし、アメリカやイギリスも居合わせていたオーストリアでは、ソヴィエトはよそよりも少しは配慮しなければならなかった。

*40. IPH, 26 September 1947, TsDAHO 26/1/66498-fp/148980/I/59; IPH, 14 April 1948, TsDAHO 26/1/66498-fp/148980/I/28; IPN, 19 June 1947, TsDAHO 263/1/66498-fp/148980/I/216; IPH, 5 September 1947, TsDAHO 26/1/66498-fp/148980/I/39-40. Consult generally Müller, *Die Sowjetische Besatzung*, 39-89; Buchanon and Conway, *Political Catholicism in Europe*; Boyer, "Political Catholicism," 6-36.

*41. Hirniak, *Polk. Vasyl' Vyshyvanyi*, 38-39.

*42. Rauchensteiner, *Der Sonderfall*, 131.

*43. このテーマの研究者であれば承知しているように、ここで問題となっているウクライナ民族主義者組織（OUN）はバンデーラ派であったが、この派閥自体、当時内輪揉めで分裂していた。ヴィルヘルムが接触したのは、ウクライナ解放最高評議会で、これは民族主義者がその援助の下で終戦に備えられる広範な政治的・軍事的組織を創ろうとするバンデーラ派の企てであった。本書では、ウクライナ人同士の骨肉相食む争いについて論じることは避けた。この問題については、著者による *Reconstruction of Nations* や、その中で引用したウクライナ、ポーランドをはじめとする関連作品を参照。

*44. IPH, 11 November 1947, TsDAHO 26/1/66498-fp/148980/I/72-74.

*45. オットーについては次を参照。Brook-Shepherd, *Uncrowned Emperor*, 176. 1946年に起きた一連のできごとについては次を参照。IPN, 27 August 1947, TsDAHO 263/1/66498-fp/148980/II/30-38; IPN, 19 June 1947, TsDAHO 263/1/66498-fp/148980/I/204-206; IPN, 23 April 1948, TsDAHO 263/1/66498-fp/148980/II/146-147; Novosad, "Vasyl' Vyshyvanyi," 25. ミコラ・レベディのアメリカでの経歴については次を参照。Burds, "Early Cold War."

*46. IPN, 24 July 1947, TsDAHO 263/1/66498-fp/148980/II/1-5.

*47. ここまでの2段落の引用と、これ以降の段落については拙著2冊を参照。Snyder, "To Resolve"; Snyder, "The Causes".

*48. Mackiewicz, *Dom Radziwiłłów*, 211; Hamann, *Die Habsburger*, 401. レナータの夫のヒエロニム・ラジウィウはドイツ語を話し、青年期には親ドイツと見なされたが、第二次世界大戦中はポーランドの反ドイツ地下活動を援助した。ポーランドの愛国主義者としてソ連に逮捕され、シベリアに流刑中に死亡した。

ORANGE　ヨーロッパの革命

＊1. Novosad, "Vasyl' Vyshyvanyi," 25; Vasyl Kachorovs'kyi, interrogation protocol, TsDAHO 263/1/66498-fp/148980/II/160-164; Rasevych, "Vil'hel'm von Habsburg," 220. 人数については次を参照。"Stalins letzte Opfer"〔原著の翌2009年に刊行されたので、本書の「参考文献」には含まれていない〕。また以下のウエブサイトの一連の記事も参照。www.profil.at.Kachorovs'kyi. カチョロフスキイはフランス側の接触相手はブーディエという名だと吐いた。

＊2. Bundespolizeidirektion Wien to Bundesministerium für Inneres, "Habsburg-Lothringen Wilhelm Franz Josef; Information," 2 March 1952, AR GA, 69.002/1955. ロマン・ノヴォサドの言の引用は次から。IPN, 19 August 1947, TsDAHO 263/1/66498-fp/148980/II/20.

＊3. 昼食のくだりについては次を参照。Hirniak, *Polk. Vasyl' Vyshyvanyi*, 38. 警察の記録の引用は次から。Bundespolizeidirektion Wien to Bundesministerium für Inneres, "Habsburg-Lothringen Wilhelm Franz Josef; Information," 2 March 1952, AR GA, 69.002/1955. カチョロフスキイについてヴィルヘルムが尋問で語ったことについては次を参照。IPH, 11 November 1947, TsDAHO 26/1/66498-fp/148980/I/80.

＊4. 冷戦の発端について論ずるのは、ここで考察するには手に余る。ギリシャ＝ユーゴスラビア＝ソ連の危機については次を参照。Banac, *With Stalin against Tito*, 117-142. アメリカ側の認識については次を参照。Gaddis, *United States*. この数ヶ月間のソ連の方針を概説したものとして次がある。Mastny, *Cold War*, 30-46.

＊5. Kryvuts'kyi, *De sribnolentyi Sian plyve*, 321-322; Novosad, "Iak zahynul," 57.

＊6. ヴィルヘルムと同じ獄中にいたオレスト・マチュケヴィッチ（Orest Matsiukevych）の尋問調書は次を参照。TsDAHO 26/1/66498-fp/148980/2/178.

＊7. Lymarchenko, "Postanovlenie," 29 May 1948, and Tkach, "Akt," in TsDAHO 26/1/66498-fp/148980.

＊8. オーストリア当局の結論については次を参照。Bundesministerium für Inneres, Abteilung 2, "Wilhelm Franz Josef Habsburg-Lothringen," 29 November 1952, AR GA, 69.002/1955.

＊9. その聖職者とは、ヴィルヘルムの保護者であったアンドリイ・シェプティッキイの4歳下の弟、クリミンティ・シェプティッキイで、アンドリイと関わりなく魅力的な人物だった。西ウクライナの戦後の歴史をここで手短に述べることはできないので、次にあたること。Magocsi, *History of Ukraine*; Hrytsak, *Narys*; Yekelchyk, *Ukraine*. ソ連の強制収容所に関する優れた手引きとして次がある。Applebaum, *Gulag*; Khlevniuk, *History of the Gulag*. 東ガリツィア地方のホロコーストについては次を参照。Pohl, *Nationalsozialistische Judenverfolgung*.

ハプスブルク帝国内の領邦である時代から受け継いだ、歴史を有するガリツィア地方の消滅については拙著を含め次を参照。Snyder, *Reconstruction of Nations*; Pollack, *Nach Galizien*.

*10. Kryvuts'kyi, *Za poliarnym kolom*, 39 for quotation, also 59-61, 204.

*11. スワロフスキーについては次を参照。*Die Musik in Geschichte und Gegenwart*. また Baker's *Biographical Music Dictionary of Musicians*. も参照。

*12. オーストリアの民族的ないし国家的アイデンティティの特性を探るには、また別の研究が必要であろう。1955年までのハイポリティックス（軍事や政治問題に限られた外交）についての古典的著作としては次を参照。Stourzh, *Um Einheit und Freiheit*. 中立性については次を参照。Gehler, "From Non-Alignment to Neutrality." 文化については次を参照。Menasse, *Erklär mir Österreich*; Wagnleitner, *Coca-colonization and the Cold War*.

*13. ヴィルヘルムの次姉、レナータは1935年、次兄レオは1939年、そして長兄アルブレヒトは1951年に亡くなった。三女メヒティルディスはリオデジャネイロで1966年まで、長姉エレオノーラはウィーンで1974年まで生きた。

*14. 「連帯」については次を参照。Garton Ash, *Polish Revolution*. 1989年と1991年の関連について最も信頼のおける著作としては次を参照。Kramer, "Collapse of East European Communism."

*15. Badeni, *Autobiografia*. この訴訟の経過について、引用した新聞記事は次の2紙から。*Gazeta Wyborcza* and *Rzeczpospolita*. また著作として次を参照。Spyra, *Browar Żywiec*, 73-75.

*16. クロアチアについては次を参照。Brook-Shepherd, *Uncrowned Emperor*, 193-194. サラエボについては次を参照。*New York Times*, 7 April 1997, 6. ウクライナについては次を参照。Dashkevych, "Vil'hel'm Habsburg i istoriia," 68. オットーのインタビューは次に掲載されている。*Korespondent*, 15 June 2007.

*17. ハプスブルクとの相似を見出すことは可能である。すなわち、ユシチェンコは、1937年のレオ・フォン・ハプスブルクとウィーンにある同じ私立病院で治療を受けたのである。また、1935年のヴィルヘルムの醜聞とも似て、ユシチェンコに対する攻撃は、ウクライナの魅力的な指導者の「イメージ」を損なった。ヴィルヘルムに最も良く似たオレンジ革命主義者は、おそらくユーリヤ・ティモシェンコであっただろう。ヴィルヘルムは、「赤い大公」、小作農たちと一体感を抱く大公だった。一方ティモシェンコは「ガスの王女」、一般庶民を愛することを身に付けたエネルギー産業の「オリガーク」だった。両者とも伝統的なウクライナ風の刺繍が施されたシャツを着て見栄えが良かったが、彼女のドレス姿の方が一般的な成功という点では勝っていた。オレンジ革命のより詳細な説明については拙著（共著）Garton Ash

and Snyder, "Ukraine: The Orange Revolution." を参照。またアンドリュー・ウィルソン（Andrew Wilson）による次の2冊を参照。*Ukraine's Orange Revolution* と *Virtual Politics*.

＊18. 1991年の時は、ウクライナ人愛国者たちは、ヨーロッパからもアメリカからもほとんど支援を受けられなかった。当時のアメリカ大統領ジョージ・ブッシュは、ソ連が維持されることを願い、有名な「チキン・キエフ」演説を行った〔命名はコラムニストのウィリアム・サファイア〕。1940年代終わりから1950年代初めにかけて、数名のウクライナ人愛国者が西側の諜報機関に雇われたが、それは、実現の見込みのない大義のためのささやかな努力に過ぎなかった。お定まりの「欧米からの無視」に対し例外的にいちばん近づけたかもしれないものが、1918年のヴィルヘルムによる占領政策だったのだろう。また、ヘンリク・ユゼフスキ（Henryk Józewski）による、戦間期のポーランド領ヴォーウィン内のウクライナ人に対する寛容政策も特筆すべきである。拙著を参照。Snyder, *Sketches from a Secret War*. 人種問題でなく政治的選択としてのウクライナについては次にあたること。Rudnytsky, *Essays*; Szporluk, *Russia*; Shevel, "Nationality in Ukraine."

＊19. こうしたこみ入った歴史については次を参照。Martin, *Affirmative Action Empire*; Yekelchyk, *Stalin's Empire of Memory*.

＊20. リチャード・パイプスは、著書 *Formation of the Soviet Union* の後年の版で、彼が見落としていた論点としてウクライナ国家の建設に対するハプスブルクの影響について言及している。「西ウクライナのソ連への編入」に内在したジレンマについては次を参照。Szporluk, *Russia*, 259-276. 国家的アイデンティティについて著者がこれまで知った最善の定義は次を参照。Golczewski, "Die ukrainische und die russische Emigration," 77: "Die Zugehörigkeit sagte weniger etwas über Ethnos, Sprache, Konfession, als über das Bekenntnis zu einer historisch-politischen Ordnungsmöglichkeit aus."

＊21. 違った観点からウィーンとガリツィア地方の歴史的役割について見たものとして次を参照。Szporluk, "The Making of Modern Ukraine."

＊22. オットーの言の引用は次を参照。*Korespondent*, 15 June 2007.

＊23. この時代についての最良の手引きとなるものとして次を参照。Judt, *Postwar*. すこぶる価値のあるものとして次の2作も参照。Mazower, *Dark Continent*; James, *Europe Reborn*.

＊24. 著者は、1992年以前にも「欧州連合」を時代にそぐわなくても用いているが、同じ機構に名づけられた「欧州連合」（European Union）と「欧州共同体」（European Community）という名称を往ったり来たりしながら使い分けるよりも、一貫して「欧州連合」を使う方が混乱が少ないと思われるからである。

*25. 20世紀終わりと21世紀はじめの統一されたドイツは、それでも1938年時のドイツの半分にも満たない大きさである。「西ドイツの権益が明確に表現されたもの」として「統合ヨーロッパ」を本書より批判的に見ているものとしては次を参照。Garton Ash, *In Europe's Name*.

*26. 国境での出入国管理撤廃について。2007年11月10日、ウルスラ・プラスニック（Ursula Plassnik）外相がウィーンの連邦首相府での昼食時にした発言。〔なお、クロアチアのEU加盟は、2013年となった〕。

*27. ヴィルヘルムの願望については次を参照。IPH, 5 September 1947, TsDAHO 26/1/66498-fp/148980/I/27; Julius Lustig-Prean von Preansfeld, "Lebensskizzen der von 1870 bis 1918 ausgemusterten 'Neustädter,'" KA, Gruppe 1, Band 2, p. 536. 著者はユダヤ法をハラーハーの意味で用いている。ルドニツキイの母、ミレーナ・ルドニツカ（Milena Rudnyts'ka）は、ウクライナの「5人組」の一人で、議員、フェミニスト、作家として業績があった。その母がオルガ・シュピーゲル（Olga Spiegel）である〔著者によれば、「オルガ・シュピーゲル自身が歴史に名を残す人物ではないが、名前を挙げたのはたんにルドニツキイの家系が母方においてユダヤ人であることを強調するためである」とのことである〕。

# 参考文献


## エピグラフ

Nietzsche, Friedrich. "Nachgelassene Fragmente Frühjahr 1881 bis Sommer 1882." *Nietzsche Werke. Kritische Gesamtausgabe*. Berlin: Walter de Gruyter, 1973, Fünfte Abteilung, Zweiter Band, 411.

## リブレット（オペラ台本）

*Des Kaisers Traum. Festspiel in einem Aufzuge von Christiane Gräfin Thun-Salm. Musik von Anton Rückauf.* Vienna, 1908.

## 小説

Musil, Robert. *The Confusions of Young Törless*, trans. Shaun Whiteside. New York: Penguin, 2001.

Musil, Robert. *The Man without Qualities*, trans. Burton Pike and Sophie Wilkins. New York: Vintage, 1995.

## 新聞

*Berlinske Tidende*, 31 March 1920; *Die Neue Zeitung*, 3 December 1908; *Die Presse*, 10 November 2007; *Gazeta Wyborcza*, 1991-2005; *Korespondent*, 15 June 2007; *Le Figaro*, 4 July, 28 July, 13 August 1935; *Le Jour*, 25 July 1934; *Le Journal*, 28 July 1935; *Le Populaire*, 15 December 1934, 28 July 1935; *L'Œuvre*, 28 July 1935; *Matin*, 15 December 1934; *Neues Wiener Journal*, 9 January 1921; *New York Times*, 14 November 1930, 21 February 1931, 15 September 1931, 11 September 1934, 17 December 1937, 7 April 1997; *Rzeczpospolita, 1991-2005*; *Soborna Ukraina*, 1 November 1921; *Völkischer Beobachter*, 11 March 1937; *Volksblatt*, 6 December 1908; *Wiener Abendpost*, 3 December 1908; *Wiener Bilder*, 9 December 1908; *Wiener Mittag*, 2 September 1921.

## 文献

Abramson, Henry. *A Prayer for the Government: Ukrainians and Jews in Revolutionary Times, 1917-1920*. Cambridge, MA: Harvard University Press, 1999.

Afflerbach, Holger, ed. *Kaiser Wilhelm II. als Oberster Kriegsherr im Ersten Weltkrieg*. Munich, Germany: R. Oldenbourg, 2005.

Andics, Hellmut. *Der Fall Otto Habsburg: Ein Bericht*. Vienna: Verlag Fritz Molden, 1965.

Antonoff, Anne Louise. "Almost War: Britain, Germany, and the Balkan Crisis, 1908-1909." PhD diss., Yale University, 2006.

Applebaum, Anne. *Gulag: A History*. New York: Doubleday, 2003.〔アン・アプルボーム著、川上洸訳『グラーグ――ソ連集中収容所の歴史』白水社、2006 年〕

Armie. *Maria Cristina de Habsburgo Reina de España*. Barcelona, Spain: Ediciones Maria Rosa Urraca Pastor, 1935.

Arz, Artur. *Zur Geschichte des Großen Krieges 1914-1918*. Vienna: Rikola Verlag, 1924.

Badeni, Joachim. *Autobiografia*. Cracow, Poland: Wydawnictwo Literackie, 2004.

Balfour, Michael, and John Mair. *Four-Power Control in Germany and Austria*. London: Oxford University Press, 1956.

Banac, Ivo. *The National Question in Yugoslavia: Origins, History, Politics*. Ithaca, NY: Cornell University Press, 1984.

___. *With Stalin against Tito: Cominformist Splits in Yugoslav Communism*. Ithaca, NY: Cornell University Press, 1988.

Bar, Jacek. "Z Życia koła." Unpublished manuscript, available at http://www.przewodnicy.net/kpt/zycie04/04_10_20.html. 20 October 2004.

Bartovský, Vojtěch. *Hranice: Statisticko-Topografický a kulturný obraz*. Hranice: Nakladem Vojt. Bartovského, 1906.

Basch-Ritter, Renate. *Österreich auf allen Meeren: Geschichte der k.（u.）k. Marine 1382 bis 1918*. Graz, Austria: Verlag Styria, 2000.

Baumgart, Winfried. *Deutsche Ostpolitik 1918*. Vienna: R. Oldenbourg Verlag, 1966.

Baur, Johannes. *Die russische Kolonie in München 1900-1945*. Wiesbaden, Germany: Harrassowitz Verlag, 1998.

Bayer v. Bayersburg, Heinrich. *Österreichs Admirale*. Vienna: Bergland Verlag, 1962.

Beer, Siegfried. "Die Besatzungsmacht Großbritannien in Österreich 1945-1949." In *Österreich unter Alliierter Besatzung 1945-1955*, ed. Alfred Ableitinger, Siegfried Beer, and Eduard G. Staudinger, 41-70. Vienna: Böhlau Verlag, 1998.

Beller, Steven. "Kraus's Firework: State Consciousness Raising in the 1908 Jubilee Parade in Vienna and the Problem of Austrian Identity." In *Staging the Past: The Politics of Commemoration in Habsburg Central Europe, 1848 to the Present*, ed. Maria Bucur and Nancy Wingfield, 46-71. West Lafayette, IN: Purdue University Press, 2001.

Berenson, Edward. *The Trial of Madame Caillaux*. Berkeley: University of California Press, 2002.

Berkhoff, Karel C. *Harvest of Despair: Life and Death in Ukraine under Nazi Rule*. Cambridge, MA: Harvard University Press, 2004.

Bihl, Wolfdieter. "Beiträge zur Ukraine-Politik Österreich-Ungarns 1918." *Jahrbücher für Ge-*

*schichte Osteuropas* 14 (1966): 51-62.

___. *Österreich-Ungarn und die Friedensschlüsse von Brest-Litowsk*. Vienna: Böhlau Verlag, 1970.

___. "Zur Tätigkeit des ukrainophilen Erzherzogs Wilhelm nach dem Ersten Weltkrieg." Sonderdruck aus *Jahrbücher für Geschichte Osteuropas*. Munich: Osteuropa-Institut, 1971.

Binder, Dieter A. "The Christian Corporatist State: Austria from 1934 to 1938." In *Austria in the Twentieth Century*, ed. Rolf Steininger, Günter Bischof, and Michael Gehler, 72-84. New Brunswick, NJ: Transaction Publishers, 2002.

Binder, Harald. *Galizien in Wien: Parteien, Wahlen, Fraktionen und Abgeordnete im Übergang zur Massenpolitik*. Vienna: Verlag der Österreichischen Akademie der Wissenschaften, 2005.

Blanning, Tim. *The Pursuit of Glory: Europe 1648-1815*. New York: Penguin, 2007.

Bolianovs'kyi, Andrii. *Ukrains'ki viiskovi formuvannia v zbroinykh sylakh Nimechchyny (1939-1945)*. Lviv, Ukraine: CIUS, 2003.

Borowsky, Peter. *Deutsche Ukrainepolitik 1918*. Lübeck, Germany: Matthiesen Verlag, 1970.

Boyer, John W. "Political Catholicism in Austria, 1880-1960." *Contemporary Austrian Studies* 13 (2004): 6-36.

Bożek, Gabriela, ed. *Żywieckie projekty Karola Pietschki*. Katowice, Poland: Sląskie Centrum Kultorowego, 2004.

Brandon, Ray, and Wendy Lower, eds. *The Shoah in Ukraine: History, Testimony, and Memorialization*. Bloomington: Indiana University Press, 2008.

Brassaï, *The Secret Paris of the 1930s*. New York: Pantheon Books, 1976.

Bridge, F. R., "The Foreign Policy of the Monarchy 1908-1918." In *The Last Years of Austria-Hungary: Essays in Political and Military History 1908-1918*, ed. Mark Cornwall. Exeter, UK: University of Exeter Press, 1990.

Brook-Shepherd, Gordon. *The Last Empress: The Life and Times of Zita of Austria-Hungary, 1892-1989*. New York: HarperCollins, 1991.

___. *Uncrowned Emperor: The Life and Times of Otto von Habsburg*. London: Hambledon and London, 2003.

Bruski, Jan Jacek. *Petlurowcy: Centrum Państwowe Ukraińskiej Republiki Ludowej na wychodstwie (1919-1924)*. Cracow, Poland: Arcana, 2004.

Bubnii, Mykhailo. *Redemptorysty*. Lviv, Ukraine: Monastyr Sv. Alfonsa, 2003.

Buchanon, Tom, and Martin Conway, eds. *Political Catholicism in Europe*. New York: Oxford University Press, 1996.

Burds, Jeffrey. "The Early Cold War in Soviet West Ukraine." Carl Beck Papers, Pittsburgh, no. 1505, 2001.

Burian, Stephen. *Austria in Dissolution*. London: Ernst Benn, 1925.

Burrin, Philippe. *Fascisme, nazisme, autoritarisme*. Paris: Éditions du Seuil, 2000.

Cartledge, Bryan. *The Will to Survive: A History of Hungary*. London: Timewell Press, 2006.

Cavallie, James. *Ludendorff och Kapp i Sverige*. Stockholm: Almqvist & Wiksell International, 1993.

Chałupska, Anna. "Księżna wraca do Żywca." *Nad Sołą i Koszarową* 4, no. 11 (June 2001).

Chłopczyk, Helena. "Alicja Habsburg-Księżna-Partyzant." *Karta groni* 26 (1991): 28-36.

___. "Ostatni właściciele dóbr Żywieckich." Unpublished paper. Żywiec, 1986.

Cienciala, Anna, Natalia Lebedeva, and Wojciech Materski, eds. *Katyń: A Crime without a Punishment*. New Haven, CT: Yale University Press, 2007.

Clark, Christopher. *Iron Kingdom: The Rise and Downfall of Prussia, 1600-1947*. Cambridge, MA: Harvard University Press, 2006.

___. *Kaiser Wilhelm II*. London: Longman, 2000.

Cohen, Gary. *The Politics of Ethnic Survival: Germans in Prague, 1861-1914*. West Lafayette, IN: Purdue University Press, 2006.

Cornwall, Mark. *The Undermining of Austria-Hungary: The Battle for Hearts and Minds*. New York: St. Martin's, 2000.

Dashkevych, Iaroslav. "Vil'hel'm Habsburg i istoriia." *Rozbudova derzhavy* 1, no. 4 (2005): 57-69.

Deák, István. *Beyond Nationalism: A Social and Political History of the Habsburg Officer Corps 1848-1918*. New York: Oxford University Press, 1990.

Dedijer, Vladimir. *The Road to Sarajevo*. New York: Simon and Schuster, 1966.

Diakiv, Solomiia, ed. *Lysty Mytropolyta Andreia Sheptyts'koho do Ilariona Svientsits'koho*. Lviv, Ukraine: Ukrainski tekhnolohii, 2005.

Dickinger, Christiane. *Franz Josef I.: Die Entmythisierung*. Vienna: Ueberreuter, 2002.

Dobosz, Stanisłas. *Wojna na ziemi Żywieckiej*. Żywiec, Poland: Gazeta Żywiecka, 2004.

*Documents ruthéno-ukrainiens*. Paris: Bureau Polonais de Publications Politiques, 1919.

Dontsov, Dmytro. *Rik 1918*. Toronto: Homin Ukrainy, 1954.

Eudin, Xenia Joukoff. "The German Occupation of the Ukraine in 1918." *Russian Review* 1, no. 1 (1941), 90-105.

Evans, R. J. W. *Rudolf II and His World*. London: Thames and Hudson, 1997. 〔ロバート・J.W. エヴァンズ著、中野春夫訳『魔術の帝国――ルドルフ二世とその世界 上・下』ちくま学芸文庫、2006年〕

Evans, Richard J. *The Coming of the Third Reich*. New York: Penguin, 2003.

Feldman, Gerald. *German Imperialism 1914-1918: The Development of a Historical Debate*. New York: John Wiley & Sons, 1972.

Ferguson, Niall. *The World's Banker: The History of the House of Rothschild*. London:

Weidenfeld and Nicolson, 1998.
Fischer, Fritz. *Griff nach der Weltmacht*. Düsseldorf, Germany: Droste, 1961.
Fiutak, Martin. "Vasilij von Biskupskij und die russische politische Emigration in München." Master's thesis, Ludwig-Maximilians-Universität, 2004.
Frank, Alison Fleig. *Oil Empire: Visions of Prosperity in Austrian Galicia*. Cambridge, MA: Harvard University Press, 2005.
Freud, Sigmund. *Introductory Lectures on Psychoanalysis*. New York: Norton, 1966.〔フロイト著、高橋義孝・下坂幸三訳『精神分析入門上・下』新潮文庫、1977 年〕
Gaddis, John Lewis. *The United States and the Origins of the Cold War*. New York: Columbia University Press, 2000.
Garton Ash, Timothy. *In Europe's Name: Germany and the United Continent*. London: Jonathan Cape, 1993.〔ティモシー・ガートン・アッシュ著、杉浦茂樹訳『ヨーロッパに架ける橋――東西冷戦とドイツ外交　上・下』(みすず書房、2009 年)〕
___. *The Polish Revolution: Solidarity*. New Haven, CT: Yale University Press, 2002.
Garton Ash, Timothy, and Timothy Snyder. "Ukraine: The Orange Revolution." *New York Review of Books*, 28 April 2005, 28-32.
Gay, Peter. *Freud, Jews, and Other Germans*. New York: Oxford University Press, 1978.
Gehler, Michael. "From Non-Alignment to Neutrality? Austria's Transformation during the First East-West Détente, 1953-1958." *Journal of Cold War Studies* 7, no. 4 (2005): 104-136.
Geiss, Imanuel. *Der Polnische Grenzstreifen 1914-1918*. Lübeck, Germany: Matthiesen, 1960.
Gellner, Ernest. *Language and Solitude: Wittgenstein, Malinowski, and the Habsburg Dilemma*. Cambridge: Cambridge University Press, 1998.
Georges-Michel, Michel. *Autres personnalités que j'ai connues, 1900-1943*. New York: Brentano, 1943.
___. *Folles de Luxes et Dames de Qualité*. Paris: Editions Baudinière, 1931.
___. *Gens de Théatre que j'ai connus*. New York: Brentano's, 1942.
Glassheim, Eagle. *Noble Nationalists: The Transformation of the Bohemian Aristocracy*. Cambridge, MA: Harvard University Press, 2005.
Golczewski, Frank. "Die ukrainische und die russische Emigration in Deutschland." In *Russische Emigration in Deutschland 1918 bis 1941*, ed. Karl Schlögel. Berlin: Akademie Verlag, 1995, 77-84.
Goldinger, Waiter, and Dieter A. Binder. *Geschichte der Republik Österreich 1918-1938*. Oldenbourg, Germany: Verlag für Geschichte und Politik, 1992.
Gortazar, Guillermo. *Alfonso XIII, hombre de negocios*. Madrid: Alianza Editorial, 1986.
Grelka, Frank. *Die ukrainische Nationalbewegung unter deutscher Besatzungsherrschaft 1918*

*und 1941/1942*. Wiesbaden, Germany: Harrassowitz Verlag, 2005.

Gribble, Francis. *The Life of the Emperor Francis-Joseph*. New York: Putnam's Sons, 1914.

Gross, Jan. *Revolution from Abroad: The Soviet Conquest of Poland's Western Ukraine and Western Belorussia*. Princeton, NJ: Princeton University Press, 2002.

Grossegger, Elisabeth. *Der Kaiser-Huldigungs-Festzug, Wien 1908*. Vienna: Verlag der Österreichischen Akademie der Wissenschaften, 1992.

Gumbrecht, Hans Ulrich. *In 1926: Living at the Edge of Time*. Cambridge, MA: Harvard University Press, 1997.

Habsburg, Alice. *Princessa och partisan*. Stockholm: P. A. Norstedt & Söners Förlag, 1973.

Habsburg, Elisabeth. *Das poetische Tagebuch*. Vienna: Verlag der Österreichischen Akademie der Wissenschaften, 1984.

Habsburg, Karol Olbracht. *Na marginesie sprawy Żywieckiej*. Lviv: privately printed, 1924.

Halpern, Paul G. "The Cattaro Mutiny, 1918." In *Naval Mutinies of the Twentieth Century*, ed. Christopher M. Bell and Bruce A. Ellman. London: Frank Cass, 2003, 54-79.

Hamann, Brigitte. *Kronprinz Rudolf: Ein Leben*. Vienna: Amalthea, 2005.

___. *The Reluctant Empress: A Biography of Empress Elisabeth of Austria*. Berlin: Ellstein, 1996.

Hamann, Brigitte, ed. *Die Habsburger*. Munich, Germany: Piper, 1988.

Healy, Maureen. *Vienna and the Fall of the Habsburg Empire*. New York: Cambridge University Press, 2004.

Hendrix, Paul. *Sir Henri Deterding and Royal Dutch Shell: Changing Control of World Oil 1900-1940*. Bristol, UK: Bristol Academic Press, 2002.

Herodotus. *The History*, trans. Henry Clay. Buffalo, NY: Prometheus Books, 1992. 〔ヘロドトス著、松平千秋訳『歴史 上・中・下』岩波文庫、1971-72 年〕

Hills, Alice. *Britain and the Occupation of Austria, 1943-1945*. New York: St. Martin's Press, 2000.

Himka, John-Paul. *Religion and Nationality in Western Ukraine: The Greek Catholic Church and the Ruthenian National Movement in Galicia, 1867-1900*. Montreal, QC: McGill University Press, 1999.

Hirniak, Nykyfor. *Polk. Vasyl' Vyshyvanyi*. Winnipeg, MB: Mykytiuk, 1956.

Hornykiewicz, Teofil, ed. *Ereignisse in der Ukraine 1914-1923*. Vols. 3-4. Philadelphia, PA: Lypynsky East European Research Institute, 1968-1969.

Houthaeve, Robert. *De gekruisigde kerk van de Oekraïne en het offer van Vlaamse missionarissen*. Moorslede, Belgium: R. Houthaeve, 1990.

Hrytsak, Iaroslav. *Narys istorii Ukrainy*. Kiev, Ukraine: Heneza, 1996.

Hull, Isabel. *Absolute Destruction: Military Culture and the Practices of War in Imperial Germany*. Ithaca, NY: Cornell University Press, 2004.

___. *The Entourage of Kaiser Wilhelm II, 1888-1918*. Cambridge: Cambridge University Press, 1982.

Husar, Bożena. "Żywieccy Habsburgowie." In *Kalendarz Żywiecki 1994*, 65. Żywiec, Poland: Gazeta Żywiecka 1993.

Hyla, Bogumiła. "Habsburgowie Żywieccy w latach 1895-1947." In *Karta groni*, (1991): 7-27.

Ivanova, Klimentina, ed. *Stara bulgarska literatura*. Vol. 4. Sofia, Bulgaria: Bulgarski pisatel, 1986.

James, Harold. *Europe Reborn: A History, 1914-2000*. Harlow, UK: Pearson, 2003.

Jászi, Oskar. *The Dissolution of the Habsburg Monarchy*. Chicago: University of Chicago Press, 1929.

Jelavich, Charles. *South Slav Nationalism: Textbooks and Yugoslav Union before 1914*. Columbus: Ohio State University Press, 1990.

Judson, Pieter M. *Guardians of the Nation: Activists on the Language Frontiers of Imperial Austria*. Cambridge, MA: Harvard University Press, 2006.

Judt, Tony. *Postwar: A History of Europe since 1945*. New York: Penguin, 2005.〔トニー・ジャット著、森本醇訳『ヨーロッパ戦後史　上　1945-1971』みすず書房、2008年。トニー・ジャット著、浅沼澄訳『ヨーロッパ戦後史　下　1971-2005』みすず書房、2008年〕

Kakowski, Aleksander. *Z Niewoli do Niepodległości*. Cracow, Poland: Platan, 2000.

Kellogg, Michael. *The Russian Roots of Nazism: White Émigrés and the Making of National Socialism, 1917-1945*. Cambridge: Cambridge University Press, 2005.

Kentii, A. V. *Narysy istorii Orhanizatsii Ukrains'kykh Natsionalistiv*. Kiev, Ukraine: NAN Ukrainy, 1998.

Khlevniuk, Oleg V. *The History of the Gulag: From Collectivization to the Great Terror*. New Haven, CT: Yale University Press, 2004.

Killem, Barbara. "Karel Havliček and the Czech Press before 1848." In *The Czech Renascence of the Nineteenth Century*, ed. Peter Brock and H. Gordon Skilling, 113-130. Toronto, ON: University of Toronto Press, 1970.

King, Jeremy. *Budweisers into Czechs and Germans: A Local History of Bohemia, 1848-1914*. Princeton, NJ: Princeton University Press, 2002.

Klimecki, Michał. *Polsko-ukraińska wojna o Lwów*. Warsaw: Wojskowy Instytut Historyczny, 1997.

Knežević, Jovana. "The Austro-Hungarian Occupation of Belgrade during the First World War." PhD diss., Yale University, 2004.

Kořalka, Jiři. *Češi v Habsburské ríse a v Evropě*. Prague, Czech Republic: Argo 1996.

Koselleck, Reinhart. *Futures Past: On the Semantics of Historical Time*. Cambridge, MA: MIT

Press, 1985.
Koven, Seth. *Sexual and Social Politics in Victorian London*. Princeton, NJ: Princeton University Press, 2004.
Kramer, Mark. "The Collapse of East European Communism and the Repercussions within the Soviet Union." *Journal of Cold War Studies* 5, no. 1 (2003), 3-16; 5, no. 4 (2003), 3-42; 6, no. 4 (2004), 3-64; 7, no. 1 (2005), 3-96.
Krauss, Alfred. "Die Besetzung der Ukraine 1918." In *Die Militärverwaltung in den von den Österreichisch-Ungarischen Truppen besetzten Gebieten*, ed. Hugo Kerchnawe, Rudolf Mitzka, Felix Sobotka, Hermann Leidl, and Alfred Krauss. New Haven, CT: Yale University Press, 1928.
Kryvuts'kyi, Ivan. *De sribnolentyi Sian plyve* ... Kiev, Ukraine: Brama, 1999.
___. *Za poliarnym kolom: Spohady viaznia Hulah Zh-545*. Lviv, Ukraine: Poltava, 2001.
Krzyżanowski, Piotr. "Księżna arcypolskości." *Wprost*, 11 January 2004.
Kuhnke, Monika. "Polscy Habsburgowie i polska sztuka." *Cenne, bezcenne/utracone*, March-April 1999.
Kursell, Otto v. "Erinnerungen an Dr. Max v. Scheubner-Richter." Unpublished manuscript, BA. Munich, Germany, 1966.
Lacquer, Walter. *Russia and Germany*. Boston: Little, Brown, 1965.
Laverdure, Paul. "Achille Delaere and the Origins of the Ukrainian Catholic Church in Western Canada." *Australasian Canadian Studies* 24, no. 1 (2006): 83-104.
Liulevicius, Vejas. *War Land on the Eastern Front: Culture, National Identity, and Occupation in World War I*. Cambridge: Cambridge University Press, 2000.
Lubomirska, Maria. *Pamiętnik*. Poznań, Poland: Wydawnictwo Poznańskie, 1997.
Lucey, Michael. *Never Say I: Sexuality and the First Person in Colette, Gide, and Proust*. Durham, NC: Duke University Press, 2006.
Ludendorff, Erich. *The General Staff and Its Problems*. Vol. 2. London: Hutchinson & Co., n.d. MacKenzie, David. *Apis: The Congenial Conspirator*. Boulder, CO: East European Monographs, 1985.
Mackiewicz, Stanislaw. *Dom Radziwiłłów*. Warsaw: Czytelnik, 1990.
Magocsi, Paul Robert. *A History of Ukraine*. Toronto: University of Toronto Press, 1996.
Majchrowski, Jacek M. *Ugrupowania monarchysticzne w latach Drugiej Rzeczypospolitej*. Wrocław, Poland: Ossolineum, 1988.
Malynovs'kyi, B. V. "Arkhykniaz Vil'hel'm fon Habsburh, Sichovi Stril'tsi ta 'Zaporozhtsi' u 1918 r." *Arkhivy Ukrainy* 1-6 (1997).
Markovits, Andrei, and Frank Sysyn, eds. *Nationbuilding and the Politics of Nationalism*. Cambridge, MA: Harvard University Press, 1982.
Markus, Georg. *Der Fall Redl*. Vienna: Amalthea, 1984.

Martin, Terry. *The Affirmative Action Empire: Nations and Nationalism in the Soviet Union, 1923-1939*. Ithaca, NY: Cornell University Press, 2001.

Mastny, Vojtech. *Cold War and Soviet Insecurity: The Stalin Years*. New York: Oxford University Press, 1996.

Mayer, Arno J. *The Persistence of the Old Regime: Europe to the Great War*. New York: Pantheon Books, 1981.

Mazower, Mark. *Dark Continent: Europe's Twentieth Century*. New York: Knopf, 1999.

Mędrzecki, Włodzimierz. "Bayerische Truppenteile in der Ukraine im Jahr 1918." In *Bayern und Osteuropa*, ed. Hermann Bayer-Thoma, 442-458. Wiesbaden, Germany: Harrassowitz Verlag, 2000.

Menasse, Robert. *Erklär mir Österreich*. Vienna: Suhrkamp, 2000.

Michalski, Krzysztof. *Płomień wieczności: Eseje o myślach Frydyryka Nietzschego*. Cracow, Poland: Znak, 2007.

Miller, Aleksei. *Imperiia Romanovykh i natsionalizm*. Moscow: Novoe Literaturnoe Obozrenie, 2006.

Milow, Caroline. *Die ukrainische Frage 1917-1923 im Spannungsfeld der europäischen Diplomatie*. Wiesbaden, Germany: Harrassowitz Verlag, 2002.

Mistinguett. *Mistinguett: Queen of the Paris Night*. London: Elek Books, 1954.

*Monitor Polski*, 6 March 1919, Number 53.

Mosse, George. *The Fascist Revolution: Towards a General Theory of Fascism*. New York: Howard Fertig, 1999.

Müller, Wolfgang. *Die Sowjetische Besatzung in Österreich 1945-1955 und ihre politische Mission*. Vienna: Böhlau Verlag, 2005.

Murat, Laure. *La loi du genre: Une histoire culturelle du "troisième sexe."* Paris: Fayard, 2006.

Niemann, Alfred. *Kaiser und Revolution*. Berlin: August Scherl, 1922.

Novosad, Roman. "Iak zahynul Habsburh-Vyshyvanyi." *Zona* 10 (1995): 56-58.

__. "Vasyl' Vyshyvanyi, Iakyi ne stav korolom Ukrainy." *Ukraina* 26 (1992): 22-25.

Nußer, Horst G. W. *Konservative Wehrverbände in Bayern, Preußen und Österreich 1918-1933*. Munich, Germany: Nußer Verlag, 1973.

Onats'kyi, Ievhen. *Portrety v profil*. Chicago: Ukrainian-American, 1965.

Ostashko, Tetiana. "Pol's'ka viiskova spetssluzhba pro ukrains'kyi monarkhichnyi rukh." *Ucrainika Polonika* 1 (2004): 240-256.

Owen, Charles. *The Maltese Islands*. New York: Praeger, 1969.

Palmer, Alan. *Twilight of the Habsburgs: The Life and Times of Emperor Francis Joseph*. New York: Atlantic Monthly Press, 1994.

Pavliuk, Oleksandr. *Borot'ba Ukrainy za nezalezhnist' i polityka SShA, 1917-1923*. Kiev, Ukraine: KM Akademia, 1996.

Pelenski, Jaroslaw. "Hetman Pavlo Skoropadsky and Germany (1917-1918) as Reflected in His Memoirs." In *German-Ukrainian Relations in Historical Perspective,* ed. Hans-Joachim Torke and John-Paul Himka. Edmonton, AB: CIUS, 1994.

Perotti, Eliana. *Das Schloss Miramar in Triest (1856-1870)*. Vienna: Böhlau Verlag, 2002.

Petriv, Vsevolod. *Viis'kovo-istorychni pratsi. Spomyny*. Kiev, Ukraine: Polihrafknyha, 2002.

Pipes, Richard. *The Formation of the Soviet Union*. Cambridge, MA: Harvard University Press, 1997.

Plaschka, Richard Georg, Horst Haselsteiner, and Arnold Suppan. *Innere Front: Militärassistenz, Widerstand und Umsturz in der Donaumonarchie 1918*. Munich, Germany: R. Oldenbourg Verlag, 1974.

*Podvyzhnyky Chynu Naisviatishoho Izbavitelia v Ukraini*. Ternopil, Ukraine: Monastyr, Uspennia Presviatoi Bohorodytsi, 2004.

Pohl, Dieter. *Nationalsozialistische Judenverfolgung in Ostgalizien 1941-1944: Organisation und Durchführung eines staatlichen Massenverbrechens*. Munich, Germany: R. Oldenbourg Verlag, 1996.

*Pola: Seine Vergangenheit, Gegenwart und Zukunft*. Vienna: Carol Gerold's Sohn, 1887.

Pollack, Martin. *Nach Galizien: Von Chassiden, Huzulen, Polen und Ruthenen: Eine imaginäre Reise durch die verschwundene Welt Ostgaliziens und der Bukowina*. Vienna: C. Brandstätter, 1984.

*Polski Słownik Biograficzny*. Vol. 9. Wrocław, Poland: Polska Akademia Nauk, 1960-1961.

Popyk, Serhii. *Ukraintsi v Avstrii 1914-1918*. Kiev, Ukraine: Zoloti Lytavry, 1999.

Rak, Jiří. *Byvali Čechové: České historické mýty a stereotypy*. Prague, Czech Republic: H & H, 1994.

Rape, Ludger. *Die Österreichischen Heimwehren und die bayerischen Rechte 1920-1923*. Vienna: Europaverlag, 1977.

Rasevych, Vasyl'. "Vil'hel'm von Habsburh-Sproba staty ukrains'kym korolom." In *Podorozh do Evropy*, ed. Oksana Havryliv and Timofii Havryliv, 210-221. Lviv, Ukraine: VNTL-Klasyka, 2005.

Rauchensteiner, Manfried. *Der Sonderfall: Die Besatzungszeit in Österreich 1945 bis 1955*. Vienna: Verlag Styria, 1979.

Redlich, Joseph. *Emperor Francis Joseph of Austria*. New York: Macmillan., 1929.

Remak, Joachim. "The Healthy Invalid: How Doomed the Habsburg Empire?" *Journal of Modern History* 41, no. 2 (1969): 127-143.

Reshetar, John. *The Ukrainian Revolution*. Princeton, NJ: Princeton University Press, 1952.

Roberts, Mary Louise. *Civilization without Sexes: Reconstructing Gender in Postwar France, 1917-1927*. Chicago: University of Chicago Press, 1994.

Romanov, Alexander. *Twilight of Royalty*. New York: Ray Long and Richard R. Smith, 1932.

Ronge, Max. *Kriegs- und Industriespionage*. Zurich: Amalthea, 1930.

Rossino, Alexander. *Hitler Strikes Poland: Blitzkrieg, Ideology, and Atrocity*. Lawrence: University of Kansas Press, 2003.

Rudnytsky, Ivan. *Essays in Modern Ukrainian History*. Edmonton, AB: CIUS, 1987.

Rumpler, Helmut. *Max Hussarek: Nationalitäten und Nationalitätenpolitik im Sommer des Jahres 1918*. Graz, Austria: Verlag Böhlau, 1965.

Rusniaczek, Jerzy. "Jak powstał zamek w Żywcu." *Karta groni* (1991): 37-51.

Rutkowski, Ernst. "Ukrainische Legion." Unpublished manuscript, in the author's possession. Vienna, 2005.

Ryan, Nellie. *My Years at the Austrian Court*. London: Bodley Head, 1916.

Schmidt-Brentano, Antonio. *Die Österreichischen Admirale*. Osnabrück, Germany: Biblio Verlag, 1997.

Schorske, Carl E. *Fin-de-Siecle Vienna: Politics and Culture*. New York: Vintage, 1981.

Sendtner, Kurt. *Rupprecht von Wittelsbach: Kronprinz von Bayern*. Munich, Germany: Richard Pflaum, 1954.

Senecki, Ireneusz, and Dariusz Piotrowski. "Zbiory malarstwa w pałacu Habsburgów w Żywcu." *Gronie* 1, no. 25 (2006): 58-60.

Shanafelt, Gary W. *The Secret Enemy: Austria-Hungary and the German Alliance*. Boulder, CO: East European Monographs, 1985.

Shevel, Oxana. "Nationality in Ukraine: Some Rules of Engagement." *East European Politics and Societies* 16, no. 2 (2002): 386-413.

Skoropads'kyi, Pavlo. *Spohady*. Kiev, Ukraine: Knyha, 1995.

Skrzypek, Józef. "Ukraińcy w Austrii podczas wojny i geneza zamachu na Lwów." *Niepodległość* 19 (1939): 27-92, 187-224, 349-387.

Snyder, Timothy. "The Causes of Ukrainian-Polish Ethnic Cleansing, 1943." *Past and Present* 179 (2003): 197-234.

___. *The Reconstruction of Nations: Poland, Ukraine, Lithuania, Belarus, 1569-1999*. New Haven, CT: Yale University Press, 2003.

___. *Sketches from a Secret War: A Polish Artist's Mission to Liberate Soviet Ukraine*. New Haven, CT: Yale University Press, 2005.

___. "'To Resolve the Ukrainian Problem Once and for All': The Ethnic Cleansing of Ukrainians in Poland, 1943-1947." *Journal of Cold War Studies* 1, no. 2 (1999): 86-120.

Sondhaus, Lawrence. *The Habsburg Empire and the Sea: Austrian Naval Policy, 1797-1866*. West Lafayette, IN: Purdue University Press, 1989.

___. *The Naval Policy of Austria-Hungary, 1867-1914: Navalism, Industrial Development, and the Politics of Dualism*. West Lafayette, IN: Purdue University Press, 1994.

Sonnenthal, Hermine von, ed. *Adolf von Sonnenthals Briefwechsel*. Stuttgart, Germany:

Deutsche Verlags-Anstalt, 1912.
Spector, Scott. "Where Personal Fate Turns to Public Affair: Homosexual Scandal and Social Order in Vienna 1900-1910." *Austria History Yearbook* 38 (2007): 15-24.
___. "The Wrath of the 'Countess Merviola': Tabloid Exposé and the Emergence of Homosexual Subjects in Vienna in 1907." *Contemporary Austrian Studies* 15 (2006): 31-46.
Spyra, Adam. *Browar Żywiec 1856-1996*. Żywiec, Poland: Unigraf, 1997.
Stevenson, David. *Cataclysm: The First World War as Political Tragedy*. New York: Basic Books, 2004.
Stourzh, Gerald. *Um Einheit und Freiheit: Staatsvertrag, Neutralität, und das Ende der Ost-West-Besatzung Österreichs 1945-1955*. Vienna: Böhlau, 1998.
Stoye, John. *The Siege of Vienna*. London: Collins St. James's Place, 1964.
Strachan, Hew. *The First World War*. New York: Penguin, 2005.
Sudoplatov, Pavel, and Anatoli Sudoplatov. *Special Tasks: The Memoirs of an Unwanted Witness, a Soviet Spymaster*. Boston: Little, Brown, 1994.
Suleja, Włodzimierz. *Orientacja Austro-Polska w latach I Wojny Światowej*. Wrocław, Poland: Wydawnictwo Uniwersytetu Wrocławskiego, 1992.
Szporluk, Roman. "The Making of Modern Ukraine: The Western Dimension." *Harvard Ukrainian Studies* 25, nos. 1-2 (2001): 57-91.
___. *Russia, Ukraine, and the Breakup of the Soviet Union*. Stanford, CA: Hoover Institution, 2000.
Tanner, Marie. *The Last Descendant of Aeneas: The Hapsburgs and the Mythic Image of the Emperor*. New Haven, CT: Yale University Press, 1993.
Taylor, A. J. P. *The Habsburg Monarchy, 1809-1918: A History of the Austrian Empire and Austria-Hungary*. London: Macmillan, 1941.〔A.J.P. テイラー著、倉田稔訳『ハプスブルク帝国 1809〜1918——オーストリア帝国とオーストリア＝ハンガリーの歴史』筑摩書房、1987 年〕
Tereshchenko, Iu. I., and T. S. Ostashko. *Ukrains'kyi patriot z dynastii Habsburhiv*. Kiev, Ukraine: NAN Ukrainy, 1999.
Tereshschenko, Iurii. "V'iacheslav Lypyns'kyi i Vil'hel'm Habsburg na politychnykh perekhrestiakh." *Moloda Natsiia* 4 (2002), 91-126.
Thoss, Bruno. *Der Ludendorff-Kreis 1919-1923: München als Zentrum der mitteleuropäischen Gegenrevolution zwischen Revolution und Hitler-Putsch*. Munich, Germany: Kommissionsbuchhandlung R. Wölfle, 1977.
Thun-Salm, Christiane, and Hugo von Hoffmansthal. *Briefwechsel*, ed. Renate Moering. Frankfurt, Germany: S. Fischer, 1999.
Torzecki, Ryszard. *Kwestia ukraińska w polityce Trzeciej Rzeszy*. Warsaw: Książka i Wiedza, 1972.

Tunstall, Graydon A., Jr. "Austria-Hungary." In *The Origins of World War I*, ed. Richard F. Hamilton and Holger H. Herwig, 112-149. Cambridge: Cambridge University Press, 2003.

Turii, Oleh. "Istorychnyi shlakh redemptoristiv skhidnoi vitky na ukrainskoi zemli." In *Redemptorysty: 90 lit v Ukraini*, ed. Iaroslav Pryriz. Lviv, Ukraine: Misia Khrysta, 2003.

Tylza-Janosz, Marta. "Dobra czarnieckie i porąbczanskie Habsburgów Żywieckich w XIX i XX wieku." Master's thesis, Akademia Pedagogiczna, Cracow, Poland, 2003.

Ullman, Richard. *Anglo-Soviet Relations 1917-1920*. 3 vols. Princeton, NJ: Princeton University Press, 1961-1973.

Unowsky, Daniel. *The Pomp and Politics of Patriotism*. West Lafayette, IN: Purdue University Press, 2005.

Vasari, Emilio. *Dr. Otto Habsburg oder die Leidenschaft für Politik*. Vienna: Verlag Herold, 1972.

Vicinus, Martha. "Fin-de-Siecle Theatrics: Male Impersonation and Lesbian Desire." In *Borderlines: Genders and Identities in War and Peace, 1870-1930*, ed. Billie Melman, 163-192. New York: Routledge, 1998.

Vivian, Herbert. *The Life of the Emperor Charles of Austria*. London: Grayson & Grayson, 1932.

Vogelsberger, Hartwig A. *Kaiser von Mexico*. Vienna: Amalthea, 1992.

Vogt, Adolf. *Oberst Max Bauer: Generalstaboffizier in Zwielicht 1869-1929*. Osnabrück, Germany: Biblio Verlag, 1974.

Vushko, Iryna. "Enlightened Absolutism, Imperial Bureaucracy and Provincial Society: The Austrian Project to Transform Galicia, 1772-1815." PhD diss., Yale University, 2008.

Vyshyvanyi, Vasyl. "U.S.S. z vesny 1918 r. do perevorotu v Avstrii," 1920. Typescript at HURI. Wagnleitner, Reinhold. *Coca-colonization and the Cold War: The Cultural Mission of the United States in Austria after the Second World War*. Chapel Hill: University of North Carolina Press, 1994.

Wandycz, Piotr. *The Lands of Partitioned Poland*. Seattle: University of Washington Press, 1979.

___. *Soviet-Polish Relations, 1919-1921*. Cambridge, MA: Harvard University Press, 1969.

Wasserstein, Bernard. *The Secret Lives of Trebitsch Lincoln*. New Haven, CT: Yale University Press, 1988.

Weber, Eugen. *The Hollow Years: France in the 1930s*. New York: Norton, 1996.

Wheatcroft, Andrew. *The Habsburgs: Embodying Empire*. London: Penguin, 1996.

Wiggermann, Frank. *K. u. k. Kriegsmarine und Politik: Ein Beitrag zur Geschichte der italienischen Nationalbewegung in Istrien*. Vienna: Österreichische Akademie der Wissenschaften, 2004.

Williams, Robert C. *Culture in Exile: Russian Émigrés in Germany, 1881-1941*. Ithaca, NY: Cornell University Press, 1972.

Wilson, Andrew. *Ukraine's Orange Revolution*. New Haven, CT: Yale University Press, 2005.

___. *Virtual Politics: Faking Democracy in the Post-Soviet World*. New Haven, CT: Yale University Press, 2005.

Wingfield, Nancy. *Flag Wars and Stone Saints: How the Bohemian Lands Became Czech*. Cambridge, MA: Harvard University Press, 2007.

Winter, Eduard. *Die Sowjetunion und der Vatikan, Teil* 3: *Russland und das Papsttum*. Berlin: Akademie-Verlag, 1972.

Yekelchyk, Serhy. *Stalin's Empire of Memory: Russian-Ukrainian Relations in Soviet Historical Memory*. Toronto, ON: University of Toronto Press, 2004.

___. *Ukraine: The Birth of a Modern Nation*. Oxford: Oxford University Press, 2007.

Zacek, Joseph. "Metternich's Censors: The Case of Palacky." In *The Czech Renascence of the Nineteenth Century*, ed. Peter Brock and H. Gordon Skilling, 95-112. Toronto, ON: University of Toronto Press, 1970.

Zalizniak, Mykola. "Moia uchast u myrovykh perehovorakh v Berestiu Litovs'komu." In *Beresteis'kyi Myr: Spomyny ta Materiialy*, ed. Ivan Kedryn, 51-81. Lviv-Kiev: Kooperatyvna Nakladna Chervona Kalyna, 1928.

Zeman, Z. A. B. *The Breakup of the Habsburg Empire: A Study in National and Social Revolutions*. London: Oxford University Press, 1961.

*Zhyttia i smert' Polkovnyka Konovaltsia*. Lviv, Ukraine: Chervona kalyna, 1993.

Zolotarev, V. A., et al., eds. *Russkaia voennaia emigratsiia: Dokumenty i materialy*. Moscow: Geiia, 1998.

Żurawski vel Grajewski, Przemysław Piotr. *Sprawa ukraińska na konferencji pokojowej w Paryżu w roku 1919*. Warsaw: Semper, 1995.